新NFTの教科書

THE NFT TEXTBOOK

web3時代の
ビジネスモデルと
法律・会計・税務

Animoca Brands Japan
副社長COO
天羽健介

弁護士・一橋大学特任教授
増田雅史 編著

朝日新聞出版

JN191468

Contents

Chapter 2
NFTのユースケース　　83

Contents

Contents

【 まえがき 】

NFTは死んでいない
web3は新たな時代へ

『NFTの教科書』の発行から3年。NFT、そしてweb3業界の景色は一変した。生き残ったもの、淘汰されたもの、これから成長するもの、さまざまなビジネスモデルが存在している。現在アニモカブランズで副社長COOを務める天羽健介が、本書の背景と意図を解説する。

Author

Animoca Brands Japan 副社長COO
天羽健介　　　　　　　　　　　　　　　　　　Amo Kensuke

2018年コインチェック株式会社入社。暗号資産の新規取り扱い、業界団体などとの渉外を統括。2020年より執行役員として日本の暗号資産交換業者初のNFTマーケットプレイスや日本初のIEOなどの新規事業を創出。日本暗号資産ビジネス協会にてNFT部会長に就任し、NFTガイドラインの策定を行う。2021年コインチェックテクノロジーズ代表取締役、2022年6月にコインチェックの常務執行役員に就任。web3領域の事業責任者としてNFT事業をリード。2024年2月Animoca Brands Japanの副社長COOに就任。

NFTは死んでいない。ブームを経て新たな局面に突入

　2021年3月から世界的ブームとなったNFT（Non-Fungible Token＝非代替性トークン）ですが、当時はTwitter（現X）の共同創業者であるジャック・ドーシーのツイートが3億円で落札されたり、アーティストのBeeple（ビープル）の絵が数十億円で取引されたり、Bored Ape Yacht Club（BAYC）の猿のイラストが5000万円で売買されたり、ニュース性をもった話題が世界中を駆けめぐりました。前著『NFTの教科書』を発行したのは、その渦中の2021年11月のことでした。

　しかし、ブームが過熱するとGoogleの画像検索で出てくる画像をブロックチェーンに紐づけただけのものが販売されるなど、NFTを使う必要のないものが出回りNFT業界が迷走した時期もありました。その後、そういったもの

は次々とマーケットから淘汰されていき、最近では市場価格の急落とともに「NFTは死んだ」と言われることもあります。とにかくアップダウンが激しい3年間でしたが、この黎明期のさまざまな局面において私は良い時も悪い時もずっとこの市場を近くで見てきました。だからこそはっきりと断言できます、

「NFTは死んでいない」

　あれから3年、世界中ではさまざまな実験的取り組みが行われ、かたちを変えながらNFTの事例が出現し、新しいweb3時代の局面に突入しています。そのため、多くの方に手に取っていただいた『NFTの教科書』をアップデートする必要を感じ、今回出版に至りました。

web3が普及した未来と私たちの生活

　あらためてここでweb3が普及した社会についてイメージを共有しておきたいと思います。キーワードは2つ。「情報やデータの民主化」と「トークンコミュニティとの共創」です。インターネットをコアテクノロジーとするこれまでのWeb2時代はGAFAM（米国のIT産業を代表するGoogle、Apple、Facebook＝現meta、Amazon、Microsoftの総称）を中心とした大企業が情報やデータを独占していた社会でした。NFTが使用されるweb3が普及した社会はどのようなものかというと、その情報やデータが1人ひとりに帰属、民主化されていくというものです。次ページの図1のようにデジタル上のウォレットを持って、そのウォレットが自分のものだということを証明する免許証のようなIDが紐づき、そのウォレットからエンタメや金融、行政などさまざまなアプリケーションに接続するイメージです。
　現在は情報を中央集権的な大きな機関や企業が管理していますが、これらを介さずに情報やデータが民主化され個々が起点となって、すべてのやり取りが完結する世界になっていきます。そして1人ひとりが所属するコミュニティも多様化が進んでいきます。これまでのSNSフォロワーを中心としたコミュニティ内では「いいね」や「シェア」などの承認欲求を満たす報酬がありました。web3ではこれに加えてトークンでの金銭的インセンティブが追加され、それぞれのコミュニティに貢献した人にはトークンが配られます。そしてコミュニ

ティが盛り上がればトークンの価値は上がり、売買することで値上がり益を期待することもできます。

　このように当たり前にさまざまなトークンを保有しながら、多様なコミュニティで相互に交流・共創しながら生活していくことになるでしょう。この時に自分のデータを証明したり、コミュニティに入る権利としてNFTが使われたりするのです。

図1　web3で今後予想される世界

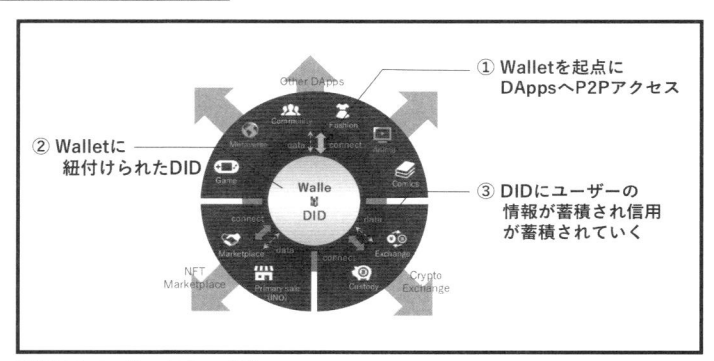

① Walletを起点に
DAppsへP2Pアクセス

② Walletに
紐付けられたDID

③ DIDにユーザーの
情報が蓄積され信用
が蓄積されていく

出典：Animoca Brands Japan制作

幻滅期を越えてNFTのマスアダプションへ

　2024年8月7日に発表されたガートナー社の「日本における未来志向型インフラ・テクノロジーのハイプ・サイクル：2024年」（図2）によれば、現在は幻滅期に入っていると予想されています。マスアダプション（社会に浸透すること）に要する年数があと2〜5年といわれているなか、現在は仕込み期間中でこれから徐々に表出してくるというわけです。多くのweb3プロジェクトを見る限り、2025年あたりから大手企業の取り組みやキラーアプリと共にまた注目を浴びることになるだろうという予想です。

　実際、NFTのアップデートはさまざまな領域で発生しています。NFTの活用事例の増加はもちろん、日本において大きいのは国がサポートする体制が整ってきたことが挙げられるでしょう。本書でも執筆いただいている自民党web3PT（プロジェクトチーム）の方々によるルールメイキングで、事業者がビジネスしやすい土壌が整えられています。また、これによりこれまではス

図2 日本における未来志向型インフラ・テクノロジのハイプ・サイクル：2024年

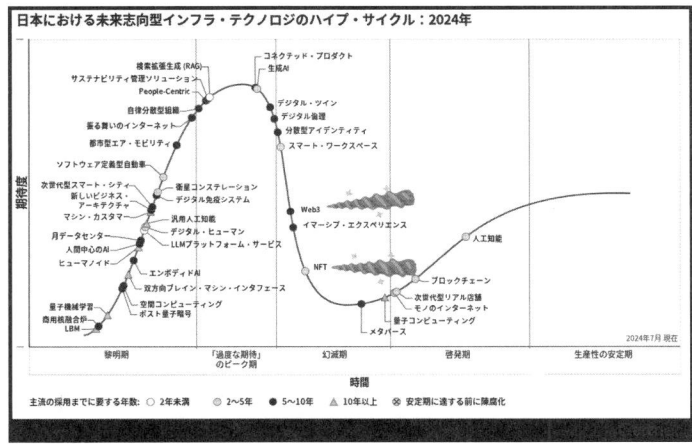

出典：ガートナー社

タートアップ中心だったものが、NTT、KDDI、メルカリ、楽天、SONYなど、さまざまな大企業がweb3、NFT事業に参入をはじめています。

また、世界で見ると、ヨーロッパではアートやファッションのプロジェクト、アジア圏ではゲームやマンガ・アニメコンテンツを中心としたエンタメ領域のプロジェクトが多数生まれている印象です。ドバイ、サウジアラビアなど、中東諸国では国を挙げてweb3プロジェクトを進めるケースも増えてきました。

3年前は黎明期ということもあり、NFTはシンプルにイラストやアートとブロックチェーンを紐付けるケースが多かったと思います。しかし現在ではNFTに加え、暗号資産やSBT（ソウルバウンドトークン、ID等に利用される譲渡不可能なNFT）、ポイントなどを組み合わせたトークンエコノミクスが複合的に設計され、そのなかで代替できない唯一無二な特徴をもつNFTだからこそできる役割やユーティリティ（利用用途）として組み込まれることが主流になってきました。

ユーティリティの変化でいうと、NFTはあるコミュニティへのアクセス権といったかたちで使用されるケースが確立してきています。大企業がロイヤリティプログラムなど、次世代のマーケティングとしてトークンエコノミーを

使った試みを開始しているのです。これまでは主にマネタイズをしていたのは暗号資産取引所と通貨（プロトコル）が中心でした。しかし、NFTがでてきたことにより投資目的の金融商品としてだけではなく、実際に使われるアプリケーションとして認識が進み、さまざまなマネタイズ方法が生まれてきています。そのアプリケーションに接続する手段としてウォレットも進化し、トークンホルダーコミュニティと共創するかたちでさまざまなビジネスや取り組みをするといった状況になっている現状です。

　図3はUSドル建てのNFT取引額、右は取引件数です。少し小さくてわかりにくいかもしれませんが、ドル建てでの取引額は2024年現在ではまだ回復していませんが、取引件数は一定量が継続的にあるのです。

図3：NFTの取引額（USドル建て）と取引件数の推移

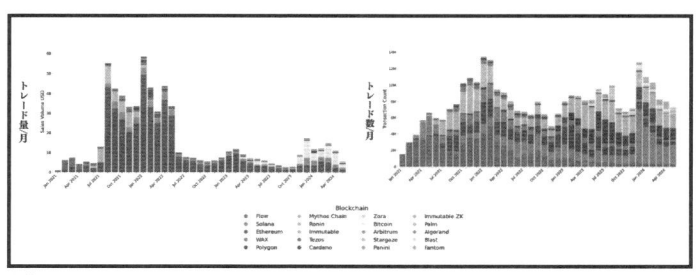

出典：Hashhub Reserch
出所：CryptoSlam（作図：masao i）

NFTやweb3が社会に根付くために

　本書はそのような新たなweb3時代の教科書、羅針盤となるべく2024年10月1日時点の情報をもとに制作しました。前作は28名だった執筆者も今回は46名に増加、現在web3業界の第一線で活躍するメンバーがそろったと思っています。
　第1章「NFTのインフラ」では、ルール整備やウォレットやDIDやDAOなど、この3年間で急速に進んだインフラパートを新設しています。第2章「NFTのユースケース」では最新のビジネスモデル動向を3年前からアップデートしてジャンル別に記載しています。さらにこの3年で参入が進んだ大手企業のパートにも注目です。第3章「NFTの法律・会計・税務」は前作同様最新情報を専

門家の各先生が解説。法律会計も大きく整備が進んだので読みごたえがあると思います。そして第4章「NFTの未来」では、業界の豪華有識者の方々にNFTの未来を語ってもらいました。

　NFTやweb3の最新情報を世の中に発信することで、事業者の参入が促進されます。そして、良質な事業者やNFTプロジェクトが生まれるとユーザーの選択肢が増え、市場が活性化し、また事業者が増えるという良いスパイラルを生み出せます。それを目的に第一線で活躍する執筆者に声をかけ、趣旨に賛同いただき、本書は制作されました。ぜひ、各執筆者のユニークな事例や見解を多面的に味わってください。本書を通じてNFTやweb3が社会に根づき、社会が豊かになるきっかけとなることを願っています。

【参考：本書で頻出する基礎的な用語】

　本書はweb3業界以外の方でも理解できる解説を心がけていますが、一般には浸透していない用語が頻出するため、主なものを以下にまとめました。正確な定義というよりは、未経験の方でもイメージできるよう意訳したものです。詳細な定義は専門的な資料等をご参照ください。

　スマートコントラクト：ブロックチェーン上で動く自動実行プログラム。ブロックチェーン上に記録された実効性のある取引・契約について、その発効などの条件をプログラムとして記述し、履行管理を自動化することで、さまざまな業務をシームレスにつなげられると期待されています。

　DID：分散型ID（Decentralized ID）の略。外部サービスではなく、自分で管理する自己主権型のID。web3が世の中に浸透した社会では、従来のようにサービスごとにアカウント／IDをつくり、サービス事業者がサービスごとに管理するのではなく、1人ひとりがDIDに紐づいたウォレットを持ち、さまざまなサービスに接続していくといわれています。

　DAO：分散型自立組織（Decentralized Autonomous Organization）の略。ブロックチェーンを活用した新しい組織形態です。従来の中央集権型組織とは異なり、DAOはオープンで分散型のプラットフォーム上で運営され、参加者はトークン等のデジタル資産を持ち、投票や意思決定に関与することが可能に。日本では2024年4月1日に「DAO法」が成立し、DAO協会も設立されています。

PFP：Picture For Profile、いわゆるプロフィール画像です。保有している NFTのイラスト像をX（旧Twitter）等のSNSのプロフィール画像にすることで、そのNFTプロジェクト及びコミュニティに参加していることを示したりします。

web3ウォレット：ブロックチェーンの世界において、ユーザーがデジタル資産を管理・取引するためのデジタル上のツール。代表的なサービスはmetamask。暗号資産やNFT、その他デジタル資産を保管する機能を備えています。web3ウォレット内に実際に保存されるものはデジタル資産そのものではなく、「秘密鍵」と呼ばれるデジタル資産の取り出しに必要なコード。web3時代では1人ひとりがウォレットを保有するといわれています。

マスアダプション：社会に根づき、浸透すること。インターネットやSNSのように、誰もが当たり前のように細かい技術を意識せずに利用している状態を指します。web3／ブロックチェーンにはマスアダプションに向けて解決しなければならない課題がまだまだあり、世界中に事業者・プロジェクトが改善に取り組んでいます。

エアドロップ：web3プロジェクトが、販促を目的として特定の条件を満たしたユーザー（たとえば指定されたNFTやポイントの保有者）に暗号資産を付与する行為を指します。自身のweb3ウォレットに自動的に送られてくる場合もあれば、プロジェクトの特設サイトで申請した後に送られる場合があります。

トークン：本書では主に暗号資産のことを指しています。NFTもNon-Fungible Token（非代替性トークン）と名称に「トークン」が付きますが、NFTをトークンということはほとんどありません。使うシーンによってはさまざまなトークンの総称として利用されることもあります。

FT：Fungible Tokenの略で、暗号資産を指します。NFT（Non-Fungible Token）と対比して使われます。金融業界出身者は暗号資産を「クリプト」や「トークン」と表現することがありますが、ゲームやエンタメ出身者は「FT」という表現を使うことが多いです。文脈にもよりますが本書では「クリプト」「トークン」「FT」はおおむねすべて同じ意味で、暗号資産を指しています（一般的に「トークン」はNFT、暗号資産、セキュリティトークン、ステーブルコインなどさまざまなトークンの総称として使われることも多くあります）。

RWA（リアルワールドアセット）：現実世界の現物資産を裏づけとした資産を指します。世界標準ではブロックチェーン上でトークン化されるRWAには不動産、高級酒、アート作品、トレーディングカード等の実物資産、株や債券等の有価証券などがあります。しかし日本においてはホテルなど宿泊施設の宿泊券NFTなどを「RWAのNFT」と表現することがあります。

NFTのインフラ

Chapter 1

Section 1 ▶ Section 9

1

NFTのインフラ

❰ 1章　はじめに ❱

2021年のNFTバブルを経て
進化するweb3マーケットの可能性

NFTは一時期のブームで終わってしまったのか？　世界最大のweb3メディアCoinDeskの日本版「CoinDesk JAPAN」、国内最大の法人会員制web3ビジネスコミュニティを運営する神本侑季がNFT・web3マーケットの変遷、そして最新トレンドをレポートする。

Author

N.Avenue / CoinDesk JAPAN 代表取締役CEO

神本侑季　　　　　　　　　　　　Kamimoto Yuki

2013年にヤフー株式会社に入社。メディア・広告の事業開発に従事し、イスラエル企業と共に事業立ち上げを経験。2018年、ヤフー傘下でweb3情報サービスを運営するN.Avenue株式会社を設立し代表取締役社長に就任。その後MBOにより同社資本を独立させ、世界最大のweb3メディアCoinDeskの公式日本版や国内最大の法人会員制web3ビジネスコミュニティN.Avenue clubを運営。一般社団法人ブロックチェーン推進協会(BCCC)の理事、Japan Blockchain Weekのオーガナイザー。

2024年以降、さらに高まるweb3全体の機運

　NFTという言葉が社会的に話題になった2021年から2024年現在まで、web3市場にはさまざまな進展がありました。たとえば、世界各国の伝統的な大手金融機関が主導するブロックチェーン技術を使った債券や不動産などの有価証券・預金のトークン化。そして、Bitcoin（ビットコイン）等の暗号資産とは異なり法定通貨等に連動させることで価格が安定したステーブルコインの発行・流通が世界的に進んでいます。また、2024年はじめには、暗号資産を保有しなくても証券口座を通じて取引が可能となるビットコインの現物ETF（上場投資信託）が米国でスタートしました。

　さらには、2024年11月の米大統領選でも、web3はドナルド・トランプ氏をはじめとする共和党を中心に選挙公約の重要なアジェンダとして位置づけら

れ、暗号資産産業の成長を支持する発言が頻繁に飛び交うようになっています。

　国内でも、2023年からメルカリの売上金・ポイントを利用して簡単なプロセスで1円からビットコインが購入可能になり、現在ではビットコインでの商品売買や、積立までが可能になりました。これは、国内の暗号資産ユーザー数の拡大に大きく寄与し、2024年6月に暗号資産口座数は2021年の約2倍になる1000万となりました。他にも、地域創生の文脈で、自治体がNFT等のトークンを活用して財源や関係人口を増やそうとする取り組みが増えてきています。

　並行して、規制の枠組みも大きく進みました。自民党のデジタル社会推進本部が2022年のNFTブームの最中、本領域の政策を検討・推進するために立ち上げた「NFT」プロジェクトチームは、2023年さらに枠組みを広げた「web3」プロジェクトチーム（web3PT）に改名されました。

　そして、web3PTを中心に、官民一体のより広い視点で根本的な課題を徹底的に洗い出し、暗号資産の発行体向けの税制改正からステーブルコイン、DAO等、実際にいくつもの重要な法整備を実現しています（P.20参照）。2022年6月には、内閣府の「骨太の方針」において「Web3.0の推進に向けた環境整備の検討を進める」という文言が盛り込まれました。

表1　CoinDesk JAPAN 関連ニュース記事

日付	記事タイトル（URL）
2024年1月19日	ビットコインETFの運用資産残高、すでに銀ETFを大きく上回る https://www.coindeskjapan.com/216610/
2024年2月28日	京都のWeb3経済構想、じわじわと前進：世界遺産と府庁はメタバース、NFTを試行錯誤 https://www.coindeskjapan.com/221304/
2024年4月1日	北國銀行、「預金型ステーブルコイン」を開始──能登震災復興にも一役 https://www.coindeskjapan.com/226498/
2024年5月30日	メルカリ、直近1年の暗号資産口座開設数が業界No.1に──日本の口座数は1000万突破と発表 https://www.coindeskjapan.com/234401/
2024年7月28日	トランプ氏、何を語った？【ビットコインイベントでのスピーチ】 https://www.coindeskjapan.com/242953/

　これにより日本において事業を展開するうえで当然重要となってくる「予測可能性」が高まったことは世界からも評価され、日本のweb3のハブとしてのポジションを確実に向上させたといえるでしょう。

2021年のNFTブームが果たした役割

　約3年前の2021年、NFTは異常なまでに高騰する価格と、メインストリームのメディアやアーティスト・企業からの注目で世界を魅了しました。これは、明らかに前述のようなweb3全体の環境の整備に対して大きな役割を果たしたといえるでしょう。というのもこの事象により、NFTやその基盤にあるブロックチェーン技術の投機以上の可能性が多くの人に研究されるようになり、同時に課題も浮き彫りになったからです。NFTの社会的なブームは、いずれにしても不可逆的な大潮流であるweb3／トークン化が水面下で進むなか、日本でも国民の認知と、政治家の熱量を上げ、最終的には国家戦略のひとつとして位置付けられるまでになりました。

　また、もう少しさかのぼって、「Satoshi Nakamoto」という匿名の人物が2008年に公開した論文をもとにビットコインが生まれたのが2009年。当社を含む多くの企業がこの15年間で創業・参入していますが、web3がここまで広範囲に、重要なアジェンダとして取り扱われることはなかったように思います。

　まだまだ課題はありますが、web3は、イノベーターの熱量をまったく失わず、むしろよりさまざまなブームにより多くの人を巻き込み、社会実装に向けて着実に進化し続けていることを、本書を通じてぜひ知っていただきたいと思います。

NFTはどこへ行った？

　とはいえ、事実として、2022年後半以降にNFT市場の価格は急反落しました。大半の方々からすると、NFTは「一時のブームだった」と評価してしまうことも無理はありません。ですが、それはあまりにも表面的な解釈である、と間違いなく言い切れます。

　では、NFTはどこへ行ったのでしょうか。そもそもNFTは、資産の権利を誰が保有しているかを記録する手段に過ぎません。所有権や真正性をデジタル上で証明でき、相互運用性、安全な移転、検証などブロックチェーンの多くの特徴を備えており、さまざまな無形資産に流動性を与える画期的なシステムです。

　その意味では、一時期取りざたされたような、単なる「PFP（Picture For

Profile、いわゆるプロフィール画像）」として、NFTそのものや絵にただただ高値がつくことは非常に稀になり、むしろ最初に述べたような世界的なトークン化のなかで、アプリケーションの特典やコミュニティの会員権として機能しているのです。

　NFTテクノロジーは、音楽、動画、チケット、ゲーム、貿易金融、高級品、身分証明、カーボンクレジット、現物商品、さらには車両登録にまで革命をもたらしています。時には、ある地域のデジタル住民権として、時にはトークン化された有価証券の特典として、時にはカーボンクレジットの表象として、また時には特定の物理的なアクションの証明として、今ではweb3体験に溶け込んで設計されています。

シームレスな未来をつくるインフラの必要性

　ただし、その体験はまだまだ一部の人々、一部のコミュニティのなかにしか浸透していません。今後、web3の未来は、シームレスなユーザーエクスペリエンス（UX）を基盤にして構築されるべきです。せっかくブロックチェーンという自律分散的で、非中央集権、ボーダレスでオープンな仕組みにもかかわらず、それを活用するための各国法規制や、アプリケーションがバラバラでは十分な価値を発揮できないのです。

　つまり、web3プロジェクトの成功は、シームレスな利用、シームレスな収益化、そしてシームレスなガバナンスをもってして、開発者や企業を含め、すべてのユーザーにそれを届けられるかどうかにかかっています。

　web3の普及の次なる波の究極的な理想は、基盤となるテクノロジーを理解する必要なく、ユーザーがシームレスにより良い体験をすることです。VoIPを知らなくてもビデオ通話ができることと同じように、web3においても摩擦のない、ユーザーフレンドリーな価値とデータの流通手段となるべきです。当社が運営する世界最大のweb3メディア日本版「CoinDesk JAPAN」でも、そのような未来をつくるためのインフラの動向を日々報道しています。

　この章では、規制の枠組み、マーケットプレイス、DID、DAO、ウォレット等、web3とNFTを取り巻くインフラを整備する第一人者の皆様に取り組みを解説いただきます。これをもって、読者の皆様にweb3のさらなる普及への道を具体的に想像していただければと思います。

2

NFTのインフラ

政策

日本のweb3政策を牽引する
自民党web3PTの挑戦

「自民党web3PT（プロジェクト・チーム）」とは、web3に関する政策立案やルール整備を推進する組織のこと。その3代目事務局長でもある川崎ひでと衆議院議員が、日本のweb3政策についての見解と実績、そして社会実装に向けた今後の展望について解説する。

Author

衆議院議員
川崎ひでと　　　　　Kawasaki Hideto

1981年11月4日三重県上野市（現：伊賀市）生まれ。2006年法政大学経済学部を卒業後、株式会社NTTドコモ入社、2015年に退職。2021年10月に行われた「第49回衆議院議員総選挙」において三重県2区から自民党公認で出馬し、小選挙区において初当選。現在、自民党デジタル社会推進本部事務局次長、デジタル社会推進本部web3PT、デジタル人材育成PT各事務局長、AIの進化と実装に関するPT、防災DXPT各事務局次長を務める。

なぜ我々政治家がweb3の政策づくりを行ってきたのか

　まだ世の中に「NFT」も「web3」も浸透していない2022年1月下旬、党内の「デジタル社会推進本部」の本部会議が開催される直前に、本部長の平井卓也衆議院議員と、本部長代理の平将明衆議院議員（のちのweb3PT座長）が「NFT市場をしっかり見て、日本の成長戦略に入れるべきではないか」と話しているのを私は隣で聞いていました。NFTは皆様もご存知のとおり、アートや音楽、ゲーム、スポーツなどさまざまな分野で、新しい価値や収益モデルを生み出していました。いや、「生み出されはじめていた」というほうが正しいかもしれません。それゆえ、このタイミングでweb3／NFTを成長戦略に入れるべきだと話していた平井・平両名の嗅覚は驚嘆に値します。

　その1週間後には、平将明議員が座長に、日本銀行出身で政策通の小倉将信

議員が事務局長に就任され、自民党内でweb3PT（当時の名称はNFTPT）が発足しました（余談ですが、小倉将信議員は同年8月10日に内閣府特命担当大臣に就任されたため、2代目事務局長として我が同期の塩崎彰久議員が指名されましたが、翌年9月13日に厚生労働大臣政務官に就任されたため、私は3代目となります）。このPTの羅針盤は、「web3時代の到来は日本にとって大きなチャンス。しかし今のままでは必ず乗り遅れる」という危機感でした。GAFAM（米国のIT産業を代表するGoogle、Apple、Facebook＝現meta、Amazon、Microsoftの総称）をはじめとする大手プラットフォーマーがデータやユーザーを囲い込み、支配してきたWeb2時代。そこから脱却したいという願いに呼応するかのごとく、ブロックチェーン技術を基盤とする分散化されたネットワーク上で、特定のプラットフォームに依存することなく自律したユーザーが直接相互につながる新たな「web3」経済圏が構築されようとしていました。

諸外国はweb3の覇権を握るべく、急ピッチで投資環境や事業環境の整備をはじめました。米国は、2022年3月9日に大統領令を発令し、web3時代においてもデジタル経済圏のイノベーションをリードし続ける決意と覚悟を示し、国家戦略のとりまとめを命じました。また、中国やスウェーデン、カンボジアは、加速度的に中央銀行デジタル通貨（CBDC）導入をめざして準備を開始するなど、新たな経済のフロンティアをめぐる世界の熾烈な競争がすでにはじまっていました。

ここで日本が指をくわえていたら、GAFAMの後塵を拝したWeb2時代と同じ歴史を繰り返してしまう危機感を我々PTは常に持っていました。本項で詳しくは語りませんが、web3時代のデジタル経済圏を力強く拡大していく起爆剤と考えられていたのがNFTであり、日本は、アニメやゲームといった国際的競争力を有する豊富かつ上質な知的財産を保有しており、NFTビジネス、ひいてはweb3において世界をリードする大きなポテンシャルを秘めています。これを知った我々は、「イノベーションを阻害する規制は取っ払う」「ルールがないために思い切って前に進めないのであれば、ルールをつくる」ことを誓いました。以降、定期的にNFTPT会議を開催し、業界団体・有識者（海外からはオンライン参加）・各省庁からさまざまな取り組みや課題を聴取し、「NFTホワイトペーパー」（2022年3月）を策定。そして、「NFTという枠組みのみならず複合的に課題解決を図らなければならない」と、平将明座長の発案でPTの名称を「NFTPT」から「web3PT」に改称し、「web3ホワイトペーパー」（2023

年5月）「web3ホワイトペーパー2024」（2024年5月）を2年連続で策定しました。また「DAOルールメイクに関する提言書」（2024年1月）を策定し、政府にDAOを安心して活用できる環境を整備するための提言もしました。

　そうした努力の結果、政府における「経済財政運営と改革の基本方針」いわゆる骨太の方針」に「web3」の言葉が入るようになり、岸田文雄内閣総理大臣も、2022年10月に開会された臨時国会の所信演説をはじめ、さまざまな場面でweb3の取り組みに力を入れる旨を表明されました。

　ここでいったん、振り返ってみてください。わずか3年前の2021年、私のまわりの方々の多くは「web3」という単語さえ知りませんでした。NFTやブロックチェーンという言葉がメディアに登場しても、過熱した投機や詐欺というネガティブなイメージしかなく、多くの人は無関心でした。政府や官僚も、web3に対する理解は浅く、規制やルール整備 は後手に回るばかりでした。しかし、私たちはその状況を変えるべく奮闘しました。業界や有識者の声を聞き、政府に働きかけ、時には抵抗に直面しながらも、web3に対する正しい認識やビジョンを広めていきました。そして、先進的な法令案や政策を次々と提出し、成立させることで、日本のweb3ビジネスの道筋を切り開いていきました。

　あるweb3事業者が、「2〜3年前までは、web3スタートアップ企業として起業したくても、事業内容に『web3』や『NFT』と書くと銀行で口座開設ができなかった。それが今では堂々と記載し、口座開設ができるようになりました！　世界の景色が変わりました！」と興奮気味に話し、携わってきた政治家としてとてもうれしかったことを覚えています。そして、今では日本はweb3分野で世界に誇れる国になりました。web3技術を活用した革新的な事業が数多く誕生し、それぞれが地球環境や地方創生、スポーツ・エンタメビジネス等の拡張に貢献しました。web3に関するイベントが数多く開催されるようになり、こうしたイベントに国会議員が呼ばれるのが「当たり前」になってきました。まさに日本が持続可能な社会をめざすうえでweb3が重要な要素になったといえるとともに、「政治家も巻き込んで政策を実現しよう」という新しいムーブメントが生まれたのではないかと感じます。

web3PT発足後、web3に関する法整備や規制の変化

　web3PT発足後、私たちはとにかく国内外の有識者とのヒアリングを重ね、web3時代に求められる新たなルール整備や規制のあり方について深掘りして

いきました。この過程で重要視したのは、現行の規制や税制が新しい技術革新に対応しきれていないという点でした。特に暗号資産に対する課税の問題は、web3ビジネスにとって大きな障害となっていました。そのため、web3PTは以下のような提案を行い、実現に向けて尽力してきました。

- 暗号資産の課税制度見直し：多くのスタートアップ企業が海外に流出する事態を防ぐため、2023年度には自社発行のトークンを期末時価評価の対象外とするよう税制改正を行い、2024年度には第三者保有のトークンも期末時価評価の対象外とするよう税制改正を行いました。
- DAO（自律分散型組織）の法的位置づけ：DAOは、ブロックチェーン上のスマートコントラクトによって、メンバーの意思決定や資産の管理を行うことができる組織で、web3の特徴である分散化や自律化を体現しています。しかし、DAOは法人格を持たないため、社会的信用がなく、口座開設が困難であったり、行政から補助金等の支援を受けられなかったりという課題が存在していました。私たちは、DAOが法人格を取得できるようにするとともに、DAOの内部規則や責任の所在などに関するガイドラインを作成することを提案しました。結果、現存する「合同会社」というスキームを使ってDAOが必要に応じて法人格を取得できるように2024年4月に金融商品取引法の府令改正等を行いました。
- NFTの知的財産権の保護：NFTは、デジタルコンテンツに多様な権利や特典を紐づけることで、その価値を高めることができる技術です。しかし、NFTの発行や取引に伴って、知的財産権の侵害や紛争が発生する可能性がありました。私たちは、NFTの発行者や購入者が知的財産権の内容や範囲を明確に把握できるようにするために、NFTにメタデータを埋め込むことや、NFTのライセンスの標準化を推進することを提言しました。
- パーミッションレス型ステーブルコインの流通促進のための措置：私たちは2023年4月に「web3ホワイトペーパー」にて、web3、デジタル資産取引およびメタバースなどの産業振興を図るために、その決済手段となるパーミッションレス型ステーブルコインが我が国で発行・流通されることが重要であると提言しました。そして、2023年6月に資金決済法が改正され、パーミッションレス型ステーブルコインが発行および取引できるようになりました。しかしながら、改正法令の施行から約10カ月が経過しているにもか

かわらず、発行・流通事例がありませんでした。そこで私たちはヒアリングを重ね、2024年4月「web3ホワイトペーパー2024」にて、目詰まりの原因の解消を提言しました。これにより、金融庁と事業者が密にコミュニケーションを図り、発行に向けた準備が進んでいます。

- web3の社会実装の促進：web3の技術は、社会のさまざまな分野に応用できることを確信した私たちは、web3の社会実装を促進するために、次のような取り組みを提案しました。ひとつは、web3を活用した公共サービスの開発や実証実験を行うことです。たとえば、ブロックチェーン上で住民票や選挙権などの個人情報を管理することや、NFTを使って福祉や教育のサービスを提供することなどが考えられます。もうひとつは、web3に関する社会的な議論やコンセンサス形成を促すことです。一例として、web3がもたらす利益やリスク、倫理や価値観などについて、多様なステークホルダーが参加できるフォーラムを設けることなどが考えられます。

　これらの提案は、政府や国会の協力を得て、次々と実現に近づいています。日本は、web3に関するルール整備や規制の先進国として、世界から注目されるようになりました。しかし、私たちはまだ満足していません。web3の技術や市場は日々進化しており、常に新たな課題やニーズが生まれています。私たちは、その動向を見逃さず、日本のweb3ビジネスの競争力を高めるために、必要なルール整備や規制の改善を提案し続けます。

未来のweb3政策において、我々がめざすべき方向性とは

　web3PTは、web3の可能性を信じて、その実現に向けて尽力してきました。しかし、私たちは単にweb3の技術や市場を発展させることだけを目的としているのではありません。私たちが本当にめざしているのは、web3がもたらす新たな社会の姿です。web3は、デジタル経済のパラダイムシフトを起こすだけでなく、社会の価値観や構造も変える可能性を持っています。

　たとえば、あなたがどれだけボランティアに貢献しても、これまでは誰も知るよしがありませんでした。しかし、今ではNFTを用いることで、これまでは測れなかったあなたの「善意」や「貢献度」がブロックチェーンに刻まれ、誰もが見ることができます。まさにweb3が新たな価値を生んだ事例です。これ

からもすばらしい事例はたくさん出てくるでしょう。それゆえ「これがweb3の未来だ！」と断言することは誰にもできません。もちろん我々web3PTにも。

　しかし、政府が示した「デジタル田園都市国家構想総合戦略」（2022年12月23日閣議決定）においては、日本はデジタルの力を活用することで、「全国どこでも誰もが便利で快適に暮らせる社会」をめざすということが明示されています。以下に挙げるようにweb3がこの社会の実現に大きく寄与すると私は確信しています。

- 分散化された社会：web3は、中央集権的なプラットフォーマーからの独立を可能にします。そして、データや資産を自分で管理し、自分で決定権を持ち、自分で価値を創造することができます。つまり、web3は、個人の自由と自律を尊重し、多様な価値観やライフスタイルを認める社会を実現できます。
- 協働化された社会：web3は、個人やコミュニティが、デジタル空間内で国境や立場を超えて、共通の目的やビジョンを持ち、たがいに信頼し、責任を分かち合い、コミュニティの連帯や協働を促進する社会を実現できます。
- 持続可能な社会：web3は、トークンエコノミーを活用することで、新たな仕組みを生み出します。たとえば、森林保護団体が発行するトークンを購入することで森林保護活動に資金提供したり、CO_2排出量削減に貢献した個人や企業に対して、トークンでインセンティブを付与したりするといったことが考えられます。このように、web3は従来の枠組みを超えたかたちで、人々の行動変容を促す社会を実現できます。

　このような社会を実現するために、私たちはweb3政策に取り組んできました。しかし、私たちだけではなく、多くの皆様にweb3の社会実装に参加していただきたいと思います。web3の社会実装は、技術や政策だけではなく、社会全体の変革を要求します。その変革は、私たち1人ひとりの意識や行動によって推し進められます。ぜひweb3に関する知識やスキルを身につけていただくとともに、web3に関する議論やコンセンサス形成に積極的に参加していただきたいと思います。

　web3は、私たちに新しい社会の可能性を示してくれます。しかし、その可能性を現実にするかどうかは、皆様次第です。なにとぞご協力とご支援を、心よりお願い申し上げます。

3

NFTのインフラ

【　海外マーケットプレイス　】

OpenSea1強から
複数チェーンでの群雄割拠時代へ

状況が刻々と変わる海外のNFTマーケットプレイス。OpenSeaが定番となっているが、時代も変化しつつあるという。累計取引高100億円越えのマルチチェーンNFTマーケットプレイスであるtofuNFTを運営し、NFT黎明期から動向をウォッチする沼崎悠が解説する。

Author

COINJINJA

沼崎 悠　　　　　　　　　　　　　　　Numazaki Yu

2011年にアジア圏での人材採用企業を起業。その後、フジサンケイグループ内で複数社の事業開発に携わる。2017年に株式会社COINJINJA設立以降、仮想通貨情報アプリコイン相場（2023年に株式会社Aerial Partnersへ事業譲渡）、NFTマーケットプレイスtofuNFTなど複数のサービスを立ち上げる。

本項監修：CRYPTO TIMES

OpenSeaとBluechip時代

　2024年現在、世界的に知名度のあるNFTのマーケットプレイスといえばOpenSeaであり、優良なNFTであることを示すBluechipが良く知られています。本項ではここに至る経緯、そして今後の展望を解説していきたいと思います。

　2021年初頭、当時NFTアートと呼ばれるプロジェクトが注目され、市場に大きな影響を与えました。その中でも特に注目されたのがCryptoPunksとHashmasksです。NFT（ERC-721）トークン規格がEthereum（イーサリアム）において流通していたことから、Bluechip NFT（またはPFP＝Picture For Profile、いわゆるプロフィール画像）の最初の主要市場はEthereumと

なりました。2021年から2022年初頭にかけて多くのBluechip NFTプロジェクトが立ち上がり、代表的なものとしてBored Ape Yacht Club、Cool Cats、Doodles、Clone X、Azuki、Pudgy Penguinsなどが挙げられます。これらのプロジェクトは、NFTの発行枚数に限りがあり、各NFTの絵柄が異なるという特徴を持っていました。人気の一因は、ホルダーのアイデンティティを刺激し、市場に受け入れられたことでしょう。このタイプのNFTプロジェクトは人気となり、世界的なブームを引き起こしました。この形式を踏襲したのが、現在Bluechip NFTと呼ばれるプロジェクトです。

当時、OpenSeaは市場の1強であり、二次流通のほとんどがOpenSeaで行われました。初期販売より高い価格で二次流通されることにより、OpenSeaの取引ボリュームが増加したのです。この独占状態は2021年8月から2022年5月ごろまで続き、2022年1月にはOpenSeaの最高取引ボリュームが45億9370万7062ドルに達しました。また、2022年1月にはBored Ape Yacht Clubの取引ボリュームが3億4610万3208.89ドルに達し、フロアプライス（最低出品価格）が100ETH（イーサ）を超えることもあり、明らかにNFT市場を牽引している状態でした。しかし、2022年6月から9月にかけてNFT市場のブームが落ち着き、取引ボリュームが急激に下落。2022年9月にはOpenSeaの取引ボリュームが3億1592万8001ドルまで下がりました。その後、新たなマーケットプレイスであるBlurがOpenSeaを追いかけるかたちで台頭していきます。

OpenSeaへのヴァンパイア・アタックとBlur時代への突入

2022年から、OpenSea以外のNFTマーケットプレイスがユーザーにインセンティブを提供するかたちで、トークン発行をはじめました。これには、ユーザーに自社のマーケットプレイスを利用させるためのマーケティング施策が背景にあります。代表的な例として、Looks Rare、X2Y2、Blurがトークン発行を行いました。以下でその概要を説明します。

LOOKSトークン

LOOKSトークンは、NFTマーケットプレイスのLooks Rareが提供するトークンです。2021年6月16日から2021年12月16日の期間で、OpenSeaで

3ETH以上取引をしたユーザーがLOOKSトークンのエアドロップ（無料配布）対象となりました。Looks Rareでは、リリース当初すべてのNFT取引に2%の手数料がかかり、この手数料はLOOKSトークンをステーキングしているユーザーに分配されます。

　また、トークンが発行された2022年1月ごろには、対象となるコレクションのNFTを売買すると、LOOKSトークンを獲得できました（その後、すべてのNFTが対象になりました）。これらの要因が影響して、2022年1月から5月にかけてLooks Rareの取引ボリュームが増加しました。しかし、その後、取引ボリュームは減少しはじめました。LOOKSトークン価格が下がったことが影響していると考えられます。

X2Y2トークン

　X2Y2トークンは、NFTマーケットプレイスのX2Y2が提供するトークンです。2022年2月にローンチされました。ILO（ユーザーから初期の流動性を募集すること）というかたちでトークン販売が行われたのが特徴です。X2Y2トークンをステーキングしているユーザーは、X2Y2のNFTマーケット手数料の収益を獲得できます。X2Y2マーケットでの取引から集められたすべてのETHの手数料は、24時間ごとにX2Y2トークンのステーカーに分配されます。また、ステーカーにはX2Y2トークンも報酬として分配されています。さらに、「入金手数料と出金手数料が無料」というメリットも提供されています。OpenSeaのスマートコントラクトで取引した86万1417人のユーザーを対象に、X2Y2トークンがエアドロップされました。

BLURトークン

　BLURトークンは、NFTマーケットプレイスのBlurが提供するトークンです。Blurはトークンをエアドロップする前に、3回のケアパッケージ・エアドロップ（BLURトークンを獲得できる権利アイテムを複数回配布する仕組み）を行い、2023年2月15日にトークンをローンチしました。この2段階のシステムの導入が他のマーケットプレイスとの大きな違いであり、長期的に自社のマーケットプレイスを利用してもらうことを狙っていたことが考えられます。

　これらの事例が起きたことで、一部のユーザーは、トークン発行の際のエア

ドロップを狙い、対象のマーケットプレイスを利用するようになりました。エアドロップでトークンを多く獲得するために、一部で空取引、いわゆるウォッシュトレードが行われている可能性があるといわれています。

そして、この3つの事例のなかで、もっともOpenSeaの取引ボリュームに影響を与えたのが、Blurのエアドロップシステムです。ケアパッケージがエアドロップされた段階ですでに影響が出ており、2022年12月には、BlurがOpenSeaの取引ボリュームを上回りました。

当時、話題になった事例としては、BlurのBIDS（入札）機能の影響で対象のNFTプロジェクトのフロアプライスが下がる傾向が見られました。BIDS機能は、Blurの3回目のケアパッケージエアドロップの対象となった機能で、NFTマーケットプレイスとしては目新しい機能でしたが、インセンティブをつけることで一部のNFTの価格に影響を与えたといわれています。

トークン発行またはエアドロップでインセンティブをユーザーに提供し、自社のマーケットプレイスを利用してもらう施策により、OpenSeaの1強時代から取引ボリュームが徐々に分散していきました。最終的に、OpenSeaがBlurに取引ボリュームで抜かれたという背景があります。

ここでは、トークンのエアドロップ施策をメインで記述していますが、Blurに関しては、UI／UXが従来のNFTマーケットプレイスと異なり、トレーダー向けに提供されていた点も要素として考慮すべきだと思われます。

ETH1強からETH、BTC、SOL時代へ

2021年にOpenSeaをはじめとしたEthereumのNFT市場が確立された後、別のブロックチェーンであるSolanaのNFT市場が徐々に形成されてきました。Solana NFTの取引ボリュームが増加しはじめたのは、2021年8月ごろからです。Solana NFTの取引ボリュームが増加しはじめた初期には、Solana Monkey BusinessやDegenerate Ape AcademyなどのNFTプロジェクトが登場しました。これらは、Ethereum NFTのプロジェクトと同じように、発行上限があり、1点ごとに絵柄の特徴が異なる形式で提供されました。

この時期には、Solsea、Solanart、Magic Edenなどの複数のNFTマーケットプレイスが存在していましたが、EthereumのOpenSeaのような絶対的な存在はありませんでした。しかし、Magic EdenがSolana NFTのPFPをメインのマーケットプレイスとしてユーザーに提供したことにより、Magic Eden

表1　海外の主なNFTマーケットプレイス兼アグリゲーター

マーケットプレイス	対応ブロックチェーン	主な特徴
OpenSea	Ethereum、Solana、Polygon、Arbitrum、Avalanche、BNB Chain、Base、Blast、Klaytn、Optimism、Sei、Zora	NFTマーケットプレイスの第一人者であり、対応ブロックチェーンも多いです。一般的なユーザーが最初にたどりつきやすいマーケットプレイスです。
Blur	Ethereum	トレーダー向けのUIが特徴的で、シンプルな機能に加え、BIDS機能やLOANS機能を備えた玄人向けのマーケットプレイスです。
Magic Eden	Ethereum、Solana、Bitcoin、Polygon、Base	Solana NFT市場で最初に認知を獲得し、現在はマルチチェーン型のマーケットプレイスです。BTC NFTであるOrdinalsやRunesを取り扱っている点も他のマーケットプレイスとの違いです。
X2Y2	Ethereum	2021年から稼働するEthereumのマーケットプレイスです。X2Y2トークンをステーキングすることで、各種メリットを提供しています。また、X2Y2 Fiを提供しており、NFTのローン機能が備わっているのが特徴です。
Looks Rare	Ethereum	Looks Rareは、EthereumのNFTマーケットプレイス兼アグリゲーターです。前述のLOOKSトークンを発行したサービスとなっています。
Tensor	Solana	Solanaのマーケットプレイス兼アグリゲーターです。AMM Swap、NFTのショート/ロングが行えるPrice Lock、NFTコレクションのTensorians、TNSRトークンなどが機能として備わっていることが特徴です。
Dew	Polygon、Immutable zkEVM、X Layer	PolygonのNFTをメインとして扱うマーケットプレイス兼アグリゲーターです。他のマーケットプレイスとの違いとして、Immutable zkEVMやX Layerに対応しています。また、The Origin PassというNFTパスを提供しています。

2024年9月執筆者作成

はSolana NFT市場の取引ボリュームシェアを高めていきました。

Magic EdenがSolana NFTの市場シェアを獲得するのには、それほど時間がかからず、すぐに「Solana NFTのマーケットプレイスといえばMagic Eden」となりました。その後、Claynosaurz、Okay Bears、DeGods、Mad Ladsなどが登場し、Solana NFT市場を牽引するかたちとなりました。

2023年には、Bitcoin（ビットコイン）でOrdinalsというトークンが実現できる仕組みがリリースされたことで、OrdinalsのNFTプロジェクトが登場しました。これにより、2023年3月頃から一定の取引ボリュームを獲得する傾向が見られました。2023年末には、Ethereum NFTよりもOrdinals NFTのほうが、取引ボリュームが多かったことが記録されています。

同時期に、Solana NFTもEthereum NFTと同等の取引ボリュームが記録されており、ETH1強の時代から2年かけて、NFT市場がEthereum、Solana、Bitcoinの時代に突入しました。

また、Solana NFT市場では、Tensorというマーケットプレイス兼アグリゲーターも登場しており、一時期はMagic Edenよりも取引ボリュームが多い時期もありました。Magic Edenは、Ordinals向けのマーケットプレイスもリリースしており、Ordinalsを取引するユーザーたちを取り込むことに成功しています。ここでしっかりと取引ボリュームを獲得しており、Magic EdenはSolanaだけでなく、Ethereum、Bitcoin、Polygon、Baseに対応したマルチチェーン型のマーケットプレイスになりました。

NFT市場は、Ethereumの1強の時代から大きな変遷を遂げ、SolanaやBitcoinといった新しいブロックチェーンが台頭し、市場の多様化が進んでいます。また、Blurのような新たなマーケットプレイスが登場し、従来の枠組みを超えたトレーダー向けの機能や独自のエコシステムを構築するなど、市場に革新をもたらしています。これまでの歴史が示すように、市場は常に変化し続け、新しいプレイヤーが現れることで次のステージへと進化してきました。

今後、単なる取引プラットフォームに留まらないマーケットプレイスや、ユーザー体験を一層深化させる新たなプロジェクトが市場をリードし、ふたたび活気を取り戻すでしょう。

4 NFTのインフラ

〖 国内マーケットプレイス 〗

大手事業者の参入で一変
国内NFT市場の今とこれから

海外の情勢とは異なり、独自に進化を続ける国内のNFTマーケットプレイス。スタートアップが乱立した後、近年では大手事業者の参入で情勢は変わってきている。コインチェック等でNFTマーケットプレイスを運営した経験を持つ中村一貴が最新の市場動向を解説する。

Author

株式会社メルカリ
中村一貴 Nakamura Kazutaka

三菱UFJモルガン・スタンレー証券株式会社、楽天グループ株式会社、コインチェック株式会社を経て、2024年9月、株式会社メルカリに入社しweb3事業のIncubationに従事。コインチェックでは主にNFT領域の事業開発に携わり、2023年、NFT事業部長としてCoincheck INO（Initial NFT Offering）をリリース。2024年、一般社団法人日本暗号資産ビジネス協会（JCBA）のNFT部会長（当時）として「RWAトークンを発行する上での主要な規制にかかる考え方」を公表。

NFTマーケットプレイスの変化と現在の市場動向

　本項では具体的な国内プレイヤーにも言及しつつ、現時点の国内NFTマーケットプレイスの市場動向に触れていこうと思います（なお、本項において「マーケットプレイス」とはユーザー間のNFT売買の場を提供するサービスだけではなく、ユーザーがNFTの購入をすることができる販売チャネルのことを広く指します）。

　まず、NFTが世間で注目された2021年〜2022年に比べ、さまざまな事業会社が新規事業のひとつとしてNFTマーケットプレイスを検討する機会が増えていることが挙げられるでしょう。本書の別項でも言及されている大手通信会社、大手インターネット企業はもちろんのこと、航空会社や百貨店などの伝統的な産業も含めたあらゆる産業の新規事業としてNFTマーケットプレイス

が検討及びリリースされているのが昨今の特徴です。

　これはweb2時代にECの事業者のサービスが普及していく過程と同様だと考えられており、現在参入している事業者の中から現在の楽天やAmazonのようなマス層に対して大きなシェアを持つ総合型マーケットプレイスの事業者が現れる可能性を示唆しています。また、ECでいうところの領域特化型（アパレルでのZOZO等）や、自社ECのような部分化されたNFTマーケットプレイスの存在の確立も進んでいくものと思われ、今はそのプロセスの途中であるといえるでしょう。

　一方で、「投機性を帯びたNFTの売買」は落ち着きを見せており、NFTのマーケットプレイスをつくれば売買が活発化し、新規事業としてビジネス観点で成立する、というフェーズでもなくなっています。つまり、各事業者の創意工夫が必要な段階ともいえるのです。また、同時に、「投機性」ではないNFTのあるべき姿を確立しに行くフェーズの側面がより色濃くなっていると考えられています。

　国内においても、上記のようなプロセスの過程として今後もさまざまな取り組みが試されていくと思われますが、以降で国内NFTマーケットプレイスの現時点の主要な傾向を紹介していきます。

NFTプロジェクトのローンチパッドとしての役割

　国内のNFTマーケットプレイスの大きな変化の一つとして「一次販売の重視」があります（なお、ここでいう「一次販売」とは、NFTの発行者からユーザーに対しての初売り（プライマリーセール）を行うことを指しています）。「マーケットプレイス」である以上、ユーザー間の売買の場（セカンダリーセール）の提供は行いつつも、当該NFTの「一次販売」にNFTマーケットプレイスとして協力し、当該プロジェクトのNFTをなるべく多くの人に届けることで、そのNFTプロジェクトが初期のユーザー基盤を獲得しweb3のプロジェクトとして成功していくことをマーケットプレイスが後押ししている傾向があるのです。

　このような取り組みを「ローンチパッド」と表現したり「INO（Initial NFT Offering）」と表現したりすることが多く、国内だとカイカフィナンシャルホールディングスの「Zaif INO」やAnimoca Brands Japanの「SORAH」、

コインチェックの「Coincheck INO」などが挙げられます。

　こうした変化が起こるのは、マーケットプレイスとしてユーザー間の売買ボリュームを拡大していくためにも、まずは最初にNFTを手に取ってもらう人を増やしていくことが必要だと事業者が感じているからでしょう。NFTプロジェクトの成功が最終的に自社のNFTマーケットプレイスのユーザー間の売買ボリュームの拡大にもつながっていくのです。

マーケットプレイス周辺領域へバリューチェーン拡張の兆し

　国内NFTマーケットプレイスとコンサルティング領域とのかかわり方にも変化が訪れています。現在も多くの事業者がNFTマーケットプレイスの参入検討を行うと同時に、NFTプロジェクトの立ち上げの検討を行っています。その結果、「どのようにNFTを発行して管理すればいいのか」「NFTプロジェクトはどのように立ち上げるべきか」といったニーズが多く発生し、また、そのニーズに対応するかたちで、総合コンサルティング会社各社がweb3の部署を組織したり、web3のニーズに特化したコンサルティングを行うスタートアップが出現したりしているのです。

　そんな環境下で、NFTプロジェクトを運営する事業者が発行するNFTを取り扱うマーケットプレイスの事業者も、単純にNFTを流通する場を提供するだけでなく、流通させる「前」と流通させた「後」への関与が求められるシーンが多くなってきています。具体的には、国内だとSBINFTがNFTマーケットプレイスである「SBINFT Market」の提供を行いつつ、「NFT Consulting」の名称でNFTプロジェクトに対してのコンサルティング事業や、「TOKEN CONNECT」の名称でNFTプロジェクトが自社ドメインでマーケットプレイスを構築できるようなWebAPIの提供などマーケットプレイス周辺領域の事業に進出している、などのケースが存在しています。

　このようにビジネス領域（バリューチェーン）拡張が進んでいることがうかがえます。

大手事業会社の参入

　NFTマーケットプレイスに限らない国内web3ビジネスにおけるここ数年の

もっとも大きな変化は、大手事業会社の参入です。2021〜2022年ごろ、web3ビジネスに参入するのはスタートアップ企業が中心でしたが、現在ではNTT、KDDI、メルカリ、楽天など、誰もが知っている大手事業会社がビジネスをはじめています。

　詳細は本書の別項（P.214〜244）を参照いただければと思いますが、これにより国内NFTマーケットプレイスに起こったのは、既存の大手事業会社が保有する顧客基盤に対してNFTを手に取ってもらう試みができるようになったということです。

　たとえば、大手通信キャリアは現時点でKDDIやソフトバンクがNFTマーケットプレイスに進出していますが、「αU market」というNFTマーケットプレイスを提供しているKDDIを例にとると、6700万超(出典：https://www.kddi.com/corporate/ir/finance/mobile-subscription/)の携帯電話契約の顧客基盤を有しており、その顧客に対して「αU market」を通してNFTを手に取ってもらうアプローチができるといえるでしょう。

　NFTはブロックチェーンの仕組みにより、デジタル世界の価値を現実世界のモノの価値と同じように表現するものですが、一定数以上の人がNFTを価値として認識するとNFTを売買する人が増え「NFTマーケットプレイス」というサービスが成立しやすくなります。より多くの顧客基盤にNFTを手に取ってもらうアプローチができるプレイヤーが出現していることは、国内におけるNFTマーケットプレイスの環境としても、非常に大きなことだと考えます。

　今後は、既存のweb3業界のNFTマーケットプレイスが一定以上web3リテラシーを持っているユーザーへNFTを届けるアプローチ、そして、大手通信キャリアのような元々はweb3に関係のない大きな顧客基盤を抱えるプレイヤーがそのユーザーへNFTを届けるという両側面からのアプローチが必要になってきます。その結果、NFTを手に取る人の絶対数が増え、それが一定の水準を超えた時に、NFTマーケットプレイスとして次のフェーズに入っていくと考えられます。

ユーザーに届けられているNFTプロジェクトの傾向

　ここまでいくつか個別のNFTマーケットプレイスの事業者にも触れながら現時点の国内市場動向に言及してきましたが、国内のNFTマーケットプレイ

スで、どのようなNFTプロジェクトがユーザーの手に届けられているかについてもお伝えしたいと思います。

　現在、国内NFTマーケットプレイスで販売されているNFTプロジェクトのテーマとして、「ブロックチェーンゲーム」と「推し活」の2つの動きが比較的活発です。1つ目のブロックチェーンゲーム（BCG）については、先述のようなローンチパッドとして「一次販売を重視する」役割を推進しているNFTマーケットプレイスの事業者がユーザーに届けているNFTプロジェクトに多く見られる傾向があります。NFTマーケットプレイスとしてどういったBCGのNFTを取り扱えるかが、NFTマーケットプレイスとしての総販売数量にも影響を与えるような状況です。BCGプロジェクトの運営者側としても、スタート時に一定数以上のユーザー基盤を確保することができるため、初期ユーザー確保のためにNFTマーケットプレイスでのNFT販売が活用されている状況となっています。BCGによってはゲームスタート直前に複数のNFTマーケットプレイスでの販売を行うような事例も見られます。

　また、直近の傾向として上場しているゲーム会社（もしくはその関係会社）のBCGがNFTマーケットプレイスにおいて、ゲーム内で利用するNFTの販売を行う事例も見られるようになってきています。

　2つ目として挙げた「推し活」とは、自分の好きな芸能人、スポーツ選手(チーム)、キャラクターなどを応援する活動の総称です。NFTプロジェクトにおいても「推し活」の要素を持ったNFTがNFTマーケットプレイスでの販売も活

画像1

セレッソ大阪の公式NFT
出典：https://lp.nft.financie.io/cerezo/

用しながら、ユーザーに届けられているケースが増えてきています。左ページの画像1はNFTマーケットプレイスを通して販売された国内サッカークラブのセレッソ大阪の公式NFTの事例です。サポーターがこのNFTを保有することで「新しい応援のカタチを楽しむ」ことを試みています。

　これはweb3の持つ「トークンの保有によってプロジェクトの当事者になる」という性質と、推しのグッズを保有するなどして推しを応援する「推し活」との相性が良いことに起因しているからでしょう。こういったNFTを活用した「新しい応援」の形成がNFTマーケットプレイスを活用しながら試みられています。

国内NFTマーケットプレイスの今後

　ここまで述べてきた「NFTマーケットプレイス事業への参入検討事業者の増加」「大手事業者の参入」「上場企業のNFTの販売事例の出現」などからもわかるように、NFTはビジネスとして確実に前に進んでいるといえるでしょう。

　現時点におけるNFTマーケットプレイスには解消していくべき課題は多くありますが、まずは前述のように「より多くの人にNFTを手に取ってもらう」状態を、さまざまな切り口でNFTプロジェクトの事業者に対して提供することがNFTマーケットプレイスには求められています。

　また、現状の市場環境に鑑みると、これからも新たなプレイヤーがNFTマーケットプレイスのビジネスに参入してくることが想定されます。たとえば、ここ数年の事例として、現実世界の資産（RWA＝リアルワールドアセット）と紐づけたNFTの一例として、宿泊施設の宿泊権利を伴ったNFTが見られます。そのNFTを保有すると現実世界の資産である特定の宿泊施設に宿泊できる権利が付与されるといったものですが、そのような現実世界の体験と紐づけたNFTの流通に特化したマーケットプレイスを提供するプレイヤーも出現しています。このように今後さまざまな切り口で新たなプレイヤーが参入しNFTマーケットプレイスとしての役割を担っていくことが想定されます。

5

NFTのインフラ

web3ウォレット

デジタル資産を管理する
web3ウォレットの現状

web3サービスに欠かせないのが、銀行口座のようなweb3ウォレット。国内でも大手プラットフォーマーを中心に当該領域への参入が活発化しており、今後ますます発展していくと考えられている。次世代ブロックチェーンを提供するHashPortの吉田世博がその特徴と可能性を解説する。

Author

株式会社HashPort
吉田世博　　　　　　　　　　Yoshida Seihaku

2018年に株式会社HashPortを創業。2025年の大阪関西万博にてEXPO2025デジタルウォレットを提供するなど、web3ウォレット領域のプロダクトを展開している。HashPort創業以前は、ボストンコンサルティンググループのデジタル事業開発部門であるBCG Digital Venturesにて、日本及び中国でのプロジェクトに従事。日本暗号資産ビジネス協会理事、東京大学工学系研究科共同研究員及び慶應義塾大学KGRIの共同研究員を務めている。

web3ウォレットとは

web3ウォレットとは、ブロックチェーンの世界において、ユーザーがデジタル資産を管理・取引するためのツールであり、暗号資産やNFT、その他デジタル資産を保管する機能を備えたデジタル世界の銀行口座のような存在です。web3ウォレット内に実際に保存されるものはデジタル資産そのものではなく、「秘密鍵」と呼ばれるデジタル資産の取り出しに必要なコードです。web3ウォレットは、図1のように「秘密鍵」を入れておく容器であり、web3の世界において主に以下の3つの機能を提供しています。

- 秘密鍵・公開鍵（アドレス）の管理：ユーザーのデジタル資産を保管
- トランザクションおよび電子署名の作成：ブロックチェーン上でデジタル資

産の送受信

- ブロックチェーン上のデータの参照・書き込み：DeFi（分散型金融）やNFT
マーケットプレイスなどのDApps（分散型アプリケーション）に接続する窓口

図1　暗号資産・送金時のウォレットの利用イメージ

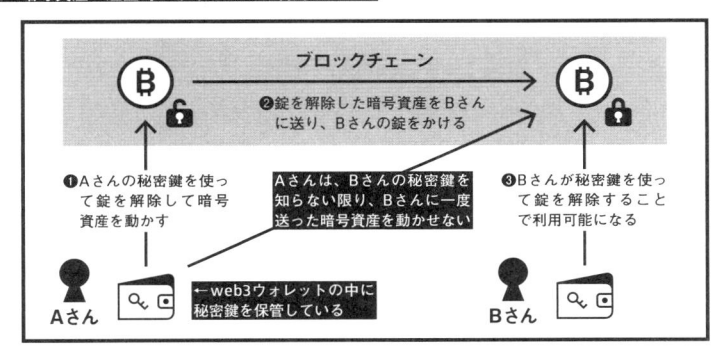

　上記の各機能は、一般のユーザーがweb3サービスを利用するために必要不可欠な機能です。本書でも多くのweb3サービスが紹介されておりますが、それらのサービスはユーザーがweb3ウォレットを持たない場合は、利用できません。その意味でweb3ウォレットはすべてのユーザーがweb3サービスを利用する際のゲートウェイとなります。

　弊社では次のページの図2のようにweb3の産業構造を整理しており、web3ウォレットを「インフラ領域」のなかの「アクセスレイヤー」と分類しています。アクセスレイヤーはすべてのweb3サービスを利用するゲートウェイとなります。今後さまざまなweb3アプリケーションが登場すると思いますが、それらはすべてweb3ウォレットを通じて利用されます。また、また一度設定したweb3ウォレットのなかにあるデジタル資産を他のウォレットに移動させることは理論上容易ですが、実際のユーザー体験においてはまだハードルが高く、一度使い慣れたweb3ウォレットを長く使い続けるユーザーが多いといわれています。上記を踏まえると、まさにweb3市場においては「ウォレットを制する者がweb3を制する」といっても過言ではありません。

第1章　NFTのインフラ

図2　web3のユーザーフロー

領域	レイヤー	ユーザー	市場規模	代表事例	
				国内	国外
インフラ領域	アクセスレイヤー	STEP1：ウォレットにアクセス web3ウォレット	インフラ領域は 全Web3サービスの基盤	・αU ウォレット ・EXPO デジタルウォレット	・Metamask ・Coinbase Wallet
	プロトコルレイヤー	STEP2：ブロックチェーンにアクセス ブロックチェーン		・Sonienum ・Oasys	・Ethereum ・Solana
アプリケーション領域 （実用例の一部）	基礎レイヤー	STEP3：アプリケーションにアクセス ❶ステーブルコイン	約400兆円（2028年時点） 出典:Bernstein	・JPYC ・Progmat	・USDC ・USDT
		❷DeFi	約67兆円（2028年時点） 出典:Statistia	・（国内で規制上課題有）	・Uniswap ・AAVE
		❸SBT/DID/VC	約80兆円（2030年時点） 出典:コインテレグラフ	・xID ・VESS	・Polygon ID ・POAP
	ユースケースレイヤー	❹DePIN	約525兆円（2028年時点） 出典:Messari	・Play Mining ・TEKKON	・Filecoin ・Render Token
		❺RWA	約2,300兆円（2030年時点） 出典:ボストンコンサルティンググループ	・ニセコパウダートークン ・NOT A HOTEL	・BUIDL ・Render Token
		❻X to Earn	約6兆円（2028年時点） 出典:ATカーニー	・Brilliantcrypto ・THE LAND	・STEPN ・Axie Infenity
		❼ファントークン	約10兆円（2034年時点） 出典:三菱UFJリサーチ&コンサル	・FNCT ・Nippon Idol Token	・Socios ・Chilize
		❽NFT/DAO	約80兆円（2030年時点） 出典:コインテレグラフ	・山古志 DAO ・NinjiaDAO	・BAYC ・CloneX
		❾ロイヤリティ	約0.2兆円（2029年時点） 出典:Mordor Intelligenceより推測	・Ponta ・SyFu	・Black Bird ・Odyssey

5年以内に上記以外にも兆円規模のアプリケーションレイヤーの市場が複数誕生すると想定

web3ウォレットの種類と特徴

web3ウォレットの種類は、複数ありますが、そのコアな機能である秘密鍵管理の方法によって主に以下の3つの項目に基づいて分類されます。以下ではそれぞれについて解説をしていきます。

1. 誰が管理しているか（カストディアル／ノンカストディアル）

ユーザーの秘密鍵をサービス提供者が管理するタイプのウォレットを「ホステッドウォレット」、ユーザーが秘密鍵を自ら管理するタイプのウォレットを「アンホステッドウォレット」と呼びます。仕組みとしてはユーザーが秘密鍵を自ら管理していますが、その管理をサービス提供者がアシストする「セミカストディアルウォレット」と呼ばれる「アンホステッドウォレット」の一形態も誕生しています。日本においては、「ホステッドウォレット」の提供には暗号資産交換業免許の取得が必要である一方、「アンホステッドウォレット」の提供には免許による規制はありません。

表1　ウォレットの種別

ウォレット種別		概要	特徴比較		対ユーザー価値	
			メリット	デメリット	分散性	UI/UX
ホステッド	カストディアル	ユーザーに代わってウォレットサービス提供者が秘密鍵を管理するもの。日本においては暗号資産交換業ライセンスが必要。	・鍵管理が簡単	・分散性がない ・登録にKYCが必要	×	◯
アンホステッド	セミカストディアル	サービス提供者やその関連会社とユーザーそれぞれで秘密鍵の一部ずつを持ち合って管理するもの。	・鍵管理が簡単 ・登録にKYC不要	・分散性が相対的に低い	△	◎
	セルフカストディアル	ブラウザ拡張・モバイルアプリ・ハードウェアなどによって提供されるユーザーのローカル環境で秘密鍵を管理するもの。	・分散性が高い	・鍵管理が煩雑	◎	△

出典：HashPort調べ

2. インターネット接続されているか（ホット／コールド）

インターネットに接続されているウォレットを「ホットウォレット」、インターネットに接続されていないウォレットのことを「コールドウォレット」と呼びます。ホットウォレットはインターネットに直接接続されており、ユーザーからの要求にしたがい、すぐに送金が行える方式です。スムーズなユーザー体験が実現しやすいというメリットがある一方、ハッキングへの耐性が弱いというデメリットがあります。

コールドウォレットは、インターネットから隔離された環境に秘密鍵を保管する方式です。安全性が高いというメリットがある一方、秘密鍵を記録したハードウェアや紙が操作のプロセスにおいて必要であり、スムーズなユーザー体験の実現が困難というデメリットがあります。

日本において、暗号資産交換業者はユーザーの秘密鍵を直接預かるカストディアルウォレットのかたちでサービスを提供しているため、ハッキング等による流出のリスクが高く、ホットウォレットとコールドウォレットを組み合わせた管理が法律上求められております。またマルチシグ（本項での紹介は省きます）という複数鍵で証明するかたちで安全性を高めています。

一方で、アプリ型のweb3ウォレット事業者はユーザーの秘密鍵を直接預からないノンカストディアルウォレットのかたちでサービスを提供しているため、サービス提供者のシステムがハッキングされても流出のリスクは低く、通常は利便性の高いホットウォレットの形で提供されています。

3. どのように管理しているか（EOA／AA）

鍵の管理方法は、公開鍵・秘密鍵のかたちでデジタル資産を管理する「EOAウォレット」とスマートコントラクトのかたちでデジタル資産を管理する「コントラクトウォレット」に大別されます。

EOAウォレットはユーザーが秘密鍵を介して制御するウォレットです。EOAは「Externally Owned Account」の略であり、ユーザーがブロックチェーンの外から公開鍵・秘密鍵を使って管理できることを指しています。ユーザーが外部から秘密鍵を使ってウォレットの所有者であることを証明し、デジタル資産を管理しています。

コントラクトウォレットは秘密鍵が存在せず、スマートコントラクトによって制御されているウォレットです。ユーザーは、コントラクトアカウントを用

図3　今後のウォレットについて

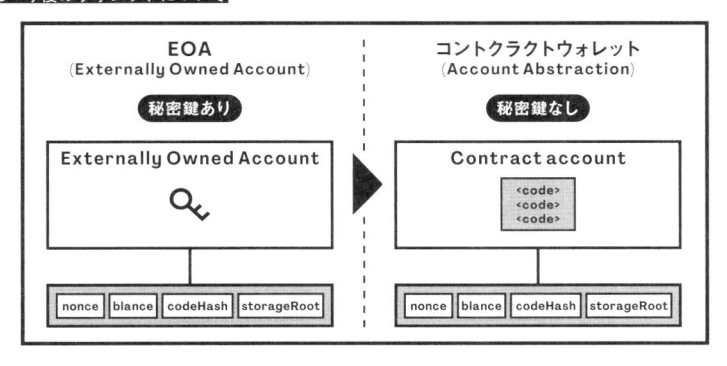

いることで、ブロックチェーン上のスマートコントラクト（Solidity等で自由にロジックを書けるEthereum等のブロックチェーン上で動くプログラム）を介して、デジタル資産を管理しています。

　コントラクトウォレットを実現する技術の一つが「アカウントアブストラクション（Account Abstraction＝AA：アカウントの抽象化）」であり、Ethereumの規格の一つであるERC-4337によって定義されております。「アカウントの抽象化」とは、アカウントタイプの詳細がEthereumなどのプロトコルからは見えないことを意味します。すべてのアカウントは単なるスマートコントラクトであり、ユーザーは個々のアカウントをどのように管理・運用するかを自由に設計できます。特定の技術的な処理の詳細が、インターフェースの後ろに隠されることによりウォレットのユーザー体験が改善され、web3ウォレット利用へハードルが大幅に軽減されます。

　アカウントアブストラクション型のコントラクトウォレットが普及すると以下のようなユーザー体験が実現します。

- 秘密鍵の保持が不要になり、パスワードや生体認証を元にウォレットを操作できる
- 任意のセキュリティ機能をつけることができる（例：特定トークンにかかわる操作だけ2段階認証を必要とする）
- ガス代（ネットワーク手数料）の支払い代行が可能（例：ガス代を別のトークンで支払う、クレジットカード決済する）

- ウォレット作成時に暗号資産、NFT、SBTなどのトークンを付与できる
- 今まで複数回トランザクションを実行する必要があったものを1回でまとめて実行し、ガス代を節約することができる

　特にガス代の支払い代行はユーザー体験の改善の面で大きな注目を浴びており、この機能は「ペイマスター（Paymaster）」と呼ばれております。この機能により、ユーザーがガス代支払いのために多種多様な暗号資産を保有する必要性がなくなり、以下のようなガス代処理が可能になります。

- ガス代をスポンサーする（ユーザーの代わりに第三者がガス代を支払う）
- ステーブルコインでガス代を支払う
- 指定された以外のトークンなどでガス代を支払う

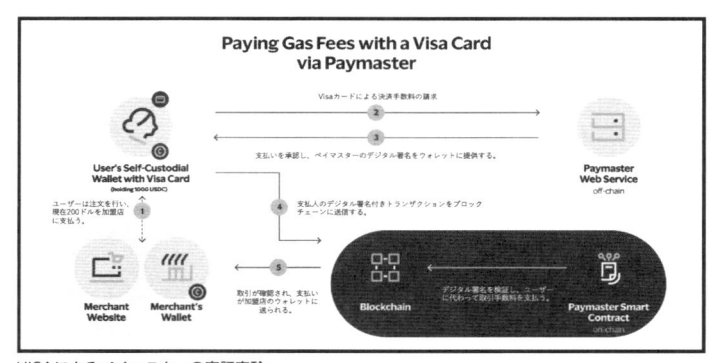

VISAによるペイマスターの実証実験

　この機能は、大手金融機関も実証実験を開始しており、2023年にクレジットカード世界最大手のVISAは、ユーザーがVISAカードを使って法定通貨でガス代を直接オフチェーン（ブロックチェーン上に刻まないこと）で支払うことができるようにする仕組みに関する実証実験を開始しております。

web3ウォレットのビジネスモデルと日本市場の動き

　web3ウォレットの競争は世界的にも活発化しており、 世界最大手の

MetaMaskは3000万人、2位のCoinbase Walletは1600万人のユーザーを抱えています。報道によると、MetaMaskの売上の60％は、ウォレットに備え付けられている暗号資産交換仲介機能によってもたらされた収益であるといわれています。2021年にMetaMaskの取引機能を介した取引は32億ドルといわれており、手数料率が0.875％であるとすると、2800万ドル以上の手数料を得ている計算になります。この数字は世界的なDeFiマーケットの成長によってさらにその金額を増やしていると考えられます。

　国内においては、ウォレットを経由した暗号資産取引の仲介はまだルール整備が進められている段階であり、今後法改正によって大きな市場に成長していく可能性があります。webウォレットに関わる新しいルールの整備は、自民党web3PTの「ホワイトペーパー2024」のなかでも「web3の推進に向けてただちに対処すべき論点」として言及されており、近い将来に大きなアップデートがなされると期待されています。

　現在、国内においてはweb3大手プラットフォーマーを中心に当該領域への参入が活発化しており、NTTドコモ、KDDI、LINE、楽天、SONYなど大手各社が参入しております。またメルカリはweb3ウォレットのかたちではないですが、ビットコインを購入できるサービスの提供を開始してから1年で200万人以上のユーザーを集め、大きな話題となりました。これからweb3のゲートウェイであるweb3ウォレットをめぐる競争は、ますます加速化していくと考えられます。web3ウォレットのユーザー体験に大きな影響を与える要素の一つとして、オンランプ・オフランプと呼ばれる法定通貨とのシームレスな接続が挙げられます。その意味で、すでに銀行口座の接続が完了しており、ユーザーの金融サービス利用動線のハブとなっている既存の決済サービスはweb3ウォレットと連携をしていく重要なチャネルになっていくと考えられます。金融プラットフォーマーとの連携はweb3ウォレットのマスアダプションを実現していくと同時に、web3そのもののマスアダプションも実現していくと期待しております。

　弊社HashPortにおいても2025年の大阪・関西万博において、EXPO2025デジタルウォレットを提供させていただく予定です。当該ウォレットは、史上はじめて完全キャッシュレスで行われる今回の万博の柱となるサービスであり、決済領域と事業連携領域の2つの部分に分かれております。弊社HashPortはアプリ本体の開発と事業連携領域の提供を担当しております。事業連携領域で

表2　決済事業者とweb3への取り組み

国内主要QR決済事業者	QRコード決済サービス		web3領域への参入		
	会員数（人）	加盟店数	Web3ウォレット	サービス開始時期	既存サービスとの連動
PayPay	4100万	340万	現状なし	―	
LINE Pay	4000万	405万	LINE BITMAX	2020年8月	LINE Pay残高と連携
NTT	3735万	352万	scramberry Wallet	2024年3月	現状なし
KDDI	2700万	440万	αU Wallet	2023年3月	au簡単決済と連動
メルカリ	1067万	234万	Mercoin	2023年3月	メルカリアプリ内でサービス提供
楽天	非開示	500	Rakuten Wallet	2019年8月	楽天ポイントと連動

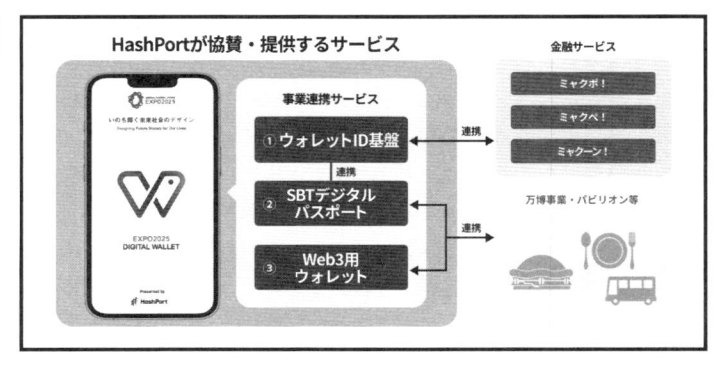

は、万博に関する各種web関連サービスの受け皿となる「web3ウォレット」、決済領域や万博内のさまざまなサービスとのAPI連携を行うための「ウォレットID基盤」、ウォレットID基盤のユーザー情報をブロックチェーン上で利用可能にする「SBTデジタルパスポート」の3つから構成されております。閉会までにEXPO2025ウォレットアプリ内からWeb2・web3のサービスと連携する「Connect Hub」機能も加わる予定であり、より広範囲なユースケースを実現可能になります。

　2020年のドバイ万博は2200万人超の来場者を集めました。2025年の大阪・関西万博は2800万人以上の来場者を見込んでおります。その中の1/3以上の1000万人の方がweb3ウォレットの利用者となると予想しております。大阪・関西万博を通して日本においてweb3ウォレットが大きく広がっていく

ことが、将来今回の万博の大きなレガシーとなることを期待しております。

web3ウォレット規制の展望と将来像

近い将来、web3ウォレットが金融サービスと密接に連携し、web3のマスアダプションを牽引していくなかで、デジタル世界の銀行口座としての役割がさらに明確になっていくと考えられます。その流れのなかで、これまで規制が明確でなかったアンホステッド型web3ウォレットに対する規制の議論も活発化しています。

私の知る限り、2022年1月4日の『金融財政事情』に金融庁総合政策局国際政策管理官 羽渕貴秀氏（当時）が寄稿した記事「FATF改訂版暗号資産ガイダンス」で、アンホステッド型web3ウォレット規制の可能性について具体的な言及がなされたことが最初でしょう。当該記事では、金融当局の規制対象となるVASP（Virtual Asset Service Provider＝暗号資産交換業者・電子決済手段等取引業者）の定義として、FATF基準の5類型（①暗号資産と法定通貨の交換、②暗号資産間での交換、③移転、④保管／管理、⑤発行関連金融サービス）を基本としつつ、「アンホステッド・ウォレットの開発者や販売者等は、それ自体としてはVASPsには該当しないものの、上記5類型に該当する機能を併せ持つ場合はVASPsに該当する」と指摘しており、「個別主体がVASPsに該当するかどうかは、その名称ではなく機能に沿って判断すべき」と述べています。今後、FATFのフレームワークを踏まえ、暗号資産関連の各種サービスに接続する機能を持つMetaMaskモデルのアンホステッド型web3ウォレットに対する規制の検討が加速化されていく可能性は高いといえるでしょう。

一方で、アンホステッド・ウォレットに対する規制がイノベーションの阻害要因にならないよう、新たな規制の枠組みについて検討する流れも国内ではじまっています。直近においては、2024年9月6日に公表された金融庁事務ガイドライン（暗号資産交換業者関係）の一部改正において、暗号資産交換業における「媒介」ではなく「紹介」に留まる行為の範囲が具体化され、web3ウォレットにおいて適法に暗号資産関連の各種サービスに接続する機能を提供する方法が明確になりました。web3ウォレットに関する規制は現在大きな転換期を迎えており、ビジネスに取り組む事業者にとって規制上の動きに今後ますます注視する必要があります。

6

NFTのインフラ

web3コミュニティ

web3プロジェクトの鍵を握る
コミュニティ運営の現況

web3プロジェクトにおいて重要度が増しているコミュニティ運営。トークン経済圏とコミュニティのかかわりは、もはや切っても切り離せない関係となっている。数々のweb3プロジェクトやコミュニティ運営を経験したマネックスグループの塚田竜也が、その成功と潮流を解説する。

Author

マネックスグループ株式会社ゼロ室web3事業マネージャー
塚田竜也　Tsukada Tatsuya

2012年に双日株式会社に入社し、海外都市開発事業等に従事。その後2019年に三井不動産株式会社にて「デジタル×不動産」関連の新規事業開発を経験。2022年コインチェック株式会社入社。「NFT×メタバース」プロジェクトOASISの立ち上げ時から参画しコミュニティオーナーとして従事。2023年コインチェック社の親会社であるマネックスのweb3事業に転籍。企業向けweb3事業の支援や海外プロジェクトの日本展開のチームを立ち上げ推進中。

なぜNFTにはコミュニティが重要なのか？

　本項ではweb3コミュニティを「ブロックチェーン技術を活用しトークンホルダーを巻き込み運営されているコミュニティ」と定義します。web3プロジェクトは、以下のステップでトークン経済圏を取り込んで進めるため、コミュニティがプロジェクトの成功に欠かせない存在となるのです。また、トークンとコミュニティのかかわりは一般的に下記のようなものです。

①投資家、ファン層がトークンに投資し保有する
②コミュニティ内でのさまざまなイベントや活動を通してトークンが配布されたり販売されたりする
③コミュニティが活性化し注目が集まることで、需給のバランス上トークンの

価値が向上する

④さらに投資が集まる

　トークンホルダーコミュニティのなかには、ファンや投資家、クリエイターなど、さまざまな人たちが存在します。ファンはプロジェクトやクリエイターを熱心に応援し、積極的にコミュニティ活動に参加します。投資家は市場の成長を支えつつ、プロジェクトに資金を提供しています。一部のメンバーはファンでありながら投資家でもあり、プロジェクトを応援しつつ直接的な利益を重要視し積極的にコミュニティに参加します。web3のコミュニティはファンと投資家が一体となって存在しているのです。

　トークンはコミュニティ内でのインセンティブとして、メンバーのモチベーションを高め、エンゲージメントを促進します。たとえば、コミュニティ内で特定の貢献をしたメンバーに対してトークンが報酬として与えられ、積極的な参加が促されるケースがあります。また、トークンを持っているメンバーは、時にはコミュニティの投票権を持つこともあります。経済的なインセンティブも重要で、トークンの価値が上がれば、早期に取得したメンバーはその利益を享受できます。これにより、長期的なプロジェクト参加を促進し、コミュニティの安定成長を支えます。

成功するNFTコミュニティの要素

　web3の理想は完全に自立分散化されたコミュニティといわれていますが、現実には多くのNFTプロジェクトは運営者が管理しています。その前提で、コミュニティ運営者が考慮すべきポイントを紹介します。コミュニティ運営には多くの重要な要素がありますが、特に大切な点を以下に挙げます。

1. 組織づくり

　コミュニティ運営には、ファウンダー、ディレクター、コミュニティマネージャーなど多様な役割の人々が関与します。運営者の情熱やビジョンはメンバーに大きな影響を与えます。コミュニティは金銭的な投資だけでは形成できません。お金をかけても、コミュニティの熱意は自然には高まりません。コミュニティマネージャーを選定する際には、その人の経験やスキルも重要ですが、

それ以上に、プロジェクトや商品・サービスに対する情熱と愛着を持ち、本当のファンになってくれるかどうかが大事です。

　また、NFTコミュニティにおいては、「モデレーター」や「サポーター」といった役割も重要です。プロジェクトを広め、他のメンバーをリードします。彼らはコミュニティで信頼され、影響力を持ち、その熱意で支えています。このような人たちをアサインすることで、コミュニティ運営がさらに円滑になります。さらに、コミュニティを広げるには、マーケティングと運営の両方を戦略的に考える必要があります。キャンペーンやイベントを企画し、コミュニティの魅力を伝えつつ、うまく連携することが大切です。

2. 目的・コンセプトの明確化

　プロジェクトを進めるためには、目的やコンセプトを明確にすることが大切です。コミュニティが成長し、さまざまな活動やイベントが進むなかで、元の目的とずれることがあります。その場合、軌道修正しながら進めることが大切です。コミュニティの目的が明確で、外部からも理解できると、新しいメンバーも参加しやすくなります。だからこそ、共通認識のために目的やコンセプトを明確に言語化することは重要になります。

3. エンゲージメントの促進

　コミュニティ運営には、独自の価値を提供することが大事です。たとえば、メンバー限定の早期アクセスや特別割引、ユニークなデジタルやフィジカルグッズを提供して、エンゲージメントを高めます。他にも、ロイヤリティプログラムやコンテストを開催することもあります。これらの仕組みで、メンバーの長期的な関与を促します。

　NFTやweb3のコミュニティには、「トークン経済圏」があります。これによって、エンゲージメントがトークンの価値に反映され、経済的なインセンティブを提供できます。こうしたインセンティブ設計で、メンバーの積極的な参加と継続的な関与を促進するのが特徴です。

4. メンバーが自走できる環境の構築

　初期段階では、運営がプロジェクトの方向性を示し、さまざまな施策を実行します。しかし、ファン層が増え、コミュニティが成熟すると、メンバーが自

発的に活動をはじめます。まわりを巻き込んで活動するメンバーが現れることは、コミュニティの活性化にとても重要です。運営はこうした活動を支援し、サポートする必要があります。また、メンバーの貢献を称え、感謝することも大切です。

自走できる環境をつくるためには、メンバーの自主性を尊重し、アイデアを試せる環境を整えることが大事です。運営はメンバーの提案に柔軟に対応し、必要なサポートを提供することで、メンバーのモチベーションを高められます。

これらの要素を組み合わせることで、コミュニティの価値を高め、メンバーのエンゲージメントを維持することが大切です。

具体的なコミュニティの事例

NFTのトレンドは変化が早く、常に状況が変わっています。数年前はPFP（Picture For Profile、いわゆるプロフィール画像）としてNFTを使うプロジェクトが人気でしたが、現在その傾向は大きく変わりました。一部のPFPプロジェクトは価格が下がったものの、独自のユーティリティを提供し、コミュニティ活動を続けています。本項ではコミュニティに注目した海外および日本のプロジェクトを紹介します。

Pudgy Penguins

Pudgy Penguins（パジーペンギン）は2021年7月に開始されたNFTプロジェクトです。8888体のユニークなペンギンキャラクターからなるこのプロジェクトは、開始当初から多くの注目を集め、その魅力的なキャラクターで世界中に広く知られるようになりました。

初期段階では主にPFPとして利用されていましたが、その後、さまざまな施策を打ちながら進行しています。特に2023年のWalmartとのコラボレーションは、大きな注目を集めました。Pudgy Toysとしてフィギュアなどのコレクションを展開し、Amazonでもベストセラーとなり、3000以上のWalmart店舗で販売されました。このコラボレーションにより、Pudgy Penguinsはデジタルコレクティブルから物理的な製品へと進化し、Pudgy Toysは1年足らずで75万個以上を販売し、1000万ドル以上の売上を達成しま

した。

　Pudgy Toysには各アイテムにQRコードが付いており、これでオンライン
ゲームにアクセスできます。このゲームでは、プレイヤーがペンギンキャラク
ターをカスタマイズし、ストーリー性のあるクエストを楽しめます。さらに、
NFT所有者はOverpassIPというプラットフォームを通じてロイヤリティを受
け取れる仕組みもあり、コミュニティに経済的価値を提供しています。

　Pudgy Penguinsはweb3のイベントでもサイドイベントとして盛り上が
りを見せています。2024年4月に香港で開催されたイベントに私自身も参加
しましたが、Pudgy Penguinsのサイドイベントは非常ににぎわっており、
その活気を肌で感じました。これらの活動は、Pudgy Penguinsコミュニティ
の活発さと人気の高さを物語っています。

Pudgy Toys（左）、Pudgy × Pome Gallery by Pudgy HK（右）
出典：https://nftnewstoday.com/2023/05/22/pudgy-penguins-nft-toy-collection-sells-over-
500000-in-2-days/

CryptoNinja Partners (CNP)

　CNPは、日本発の人気NFTプロジェクトで、独自のキャラクターとストー
リーが魅力です。2021年にはじまり、クリエイター、コレクター、ファン、
投資家など、多くの参加者に支えられています。CNPはファンアートガイド
ラインを用意しており、その範囲であれば商用利用や二次創作を自由に楽しめ
る点が特徴です。CNP Ownersというサービスを展開しており、CNP NFT所
有者向けに特典や割引を提供しています。国内外の店舗やオンラインショップ
でさまざまな特典を受けることができます。これにより、CNP保有者にとっ
て魅力的なサービスを提供しています。

　また、キャラクターブランド「クリプトニンジャ」をベースにしたweb3時

代のゲームコミュニティ「CryptoNinja Games（CNG）」を立ち上げ、IEO を目指しています。CNGはトークンやNFTを活用したゲームコミュニティで、すでに多くのクリエイターが参加しています。

OASIS

「OASIS」は「豊かな自分に変化するためのきっかけや新たな出会いの場を創出する」というビジョンに沿ってストーリーや体験を設計し提供する「メタバース×NFT」のコミュニティです。2022年1月にスタートし、バーチャルファッションショーや音楽ライブの実施など多くの著名人や企業とのコラボレーションを進めているマネックスグループが運営するデジタルコミュニティです。独自に立ち上げたコミュニティの公式Discordには約6000名が参加し、コミュニティメンバーが中心となってメタバース周遊イベントやコンテストへの参加等が進められています。マネックスグループ内で進められているweb3に関するリサーチや企業支援等の事業と連携しながらさらなる進化と加速を目指しています。

　他にも盛り上がりをみせている多くのNFTプロジェクトが存在しており、各プロジェクトは独自の工夫を凝らしてコミュニティを形成しています。日本ではさまざまなNFTのコミュニティが一堂に会するイベント等も実施されたりもしており、一部の価格自体はさがっているもののコミュニティは熱量高く継続しているプロジェクトも存在しているという印象があります。

画像2

出典：https://oasis-monex.com

NFTコミュニティにかかわるツールやサポート体制

NFTコミュニティの構築と運営を支援するプラットフォームやツールは日々進化しています。最近のトレンドとして、ポイントシステムを取り入れたエコシステムが注目されています。この仕組みで、メンバーは特定の活動に参加してポイントを獲得し、それをNFTやトークンに交換できます。これにより、メンバーのエンゲージメントが高まり、コミュニティが活性化します。多くのNFTプロジェクトがこのシステムを導入し、コミュニティの持続的な成長を支えています。

たとえばGalxeは、NFTプロジェクトがコミュニティを活性化するためのプラットフォームで、1400万人以上のユーザー基盤があります。プロジェクトは参加者に報酬を提供し、関与を促すためのツールを提供しています。具体的にはプロジェクトは特定のタスクを設定し、完了するとNFTやトークンを報酬として提供することができます。これにより、ユーザーは積極的にプロジェクトに関与し、コミュニティが活性化します。さらに、Galxeはマーケティングやパートナーシップの支援も行っており、プロジェクトが広くユーザーベースにリーチできるようサポートしています。

日本でも、FiNANCiEやSBINFT MitsなどのNFTコミュニティ運営支援ツールが複数提供されており、各コミュニティのニーズに応じて活用されています。

ツールの提供だけでなく、コミュニティ構築や運営代行サービスを提供する企業もあります。 たとえば、Ox Consulting GroupやSHINSEKAI

出典：Galxe

Technologiesは、さまざまなプロジェクトや企業のコミュニティ構築や運営をサポートしています。また、マネックスグループは企業や自治体がweb3を活用して新たなビジネスを展開する際のコミュニティ構築を支援しており、日産のNFTプロジェクト（P.148参照）のコミュニティ運営も実施しています。

　これらのツールやサポート体制を活用することで、NFTプロジェクトはより効果的にコミュニティを構築し、維持することができます。各ツールやサービスの特性を理解し、プロジェクトのニーズに合わせて適切に活用することが、成功するNFTコミュニティの鍵です。

コミュニティが進化していくために

　コミュニティはweb3プロジェクトの成功と成長に欠かせません。しかし、いきなり完全な自立分散型で運営するのは難しく、運営コストの負担が増えて存続が難しくなることもあります。多くの場合、コミュニティはプロジェクトの成功を支える手段として機能しますが、コミュニティ自体が目的となるプロジェクトもあります。たとえば、NFTを活用してファンやサポーターのコミュニティを構築し、メンバーが交流し価値を共有することが目的のプロジェクトでは、マネタイズやユーティリティの設計が課題になります。そのため、トランザクション手数料、メンバーシップ料金、プレミアムコンテンツの提供など、複数の収益源を持つことが重要です。また、パートナーシップやスポンサーシップを通じて外部からの支援を受けることで、コミュニティの経済的基盤を強化する必要もあります。

　今後、NFTコミュニティはさらに多様な形態と機能を持つようになるでしょう。エンターテインメントや不動産分野でのコミュニティ形成、環境保護や社会貢献を目的としたプロジェクトの増加など、さまざまな分野での展開が期待されます。

　まだまだ今後も多くのNFTのユースケースがでてくると思いますが、各プロジェクトの特性に合わせ、コミュニティの最適な戦略を見出しながら臨機応変に進めていくことが重要だと考えます。

7

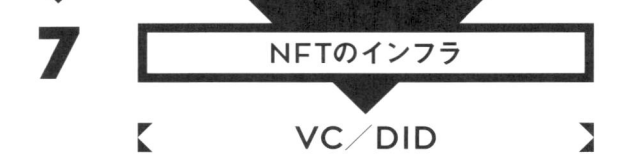

NFTのインフラ

VC／DID

デジタルアイデンティティを活用した未来社会の実現

VC（Verified Credential）、そしてDID（分散型ID）を用いたデジタルアイデンティティの利活用は国内のさまざまなシーンで進み、安心安全な社会基盤の実現が期待されている。web3PTのWGメンバーでもある白石陽介が、その最新情勢を解説する。

Author

日本暗号資産ビジネス協会 副会長／MZWeb3Fund GP

白石陽介　　Shiraishi Yosuke

ヤフー株式会社にてPayPayを立ち上げた後、株式会社ディーカレットにCTOとして参画。デジタル通貨事業を立ち上げる。2020年に株式会社ARIGATOBANKを設立、代表取締役に就任。株式会社MZ Cryptos代表取締役、株式会社Hashport社外取締役、Decima Fund Co-Founder、東京都 国際金融フェローのほか、自由民主党web3PTWGにも参画。

なぜいま、VC／DIDが注目されているのか？

　2024年4月に自民党web3PTが公開した「web3ホワイトペーパー2024」において、「VC及びDIDの利活用促進」が、「web3の推進に向けてただちに対処すべき論点」として提言されました。私はweb3PTWG（プロジェクトチームワーキンググループ）事務局として、ホワイトペーパーの取りまとめ及び、「VC及びDIDの利活用促進」の項を担当し、VC（Verified Credential）及びDID（分型型ID）が、web3のマスアダプションに際し、広く社会のデジタル化に資する有望な技術として注目されている旨を述べさせていただきました。我が国が提言するSociety 5.0（日本政府が提唱する「サイバー空間とフィジカル空間を高度に融合させたシステムにより、経済発展と社会的課題の解決を両立する人間中心の社会」）の実現には、web3領域を単体でとらえるのでは

なく、フィジカル空間との連動性を意識したメタバースや、AIとの連動性を意識して推進する必要があります。DIDはこのような複数の領域を接続する際の識別子としての役割が期待されています。

　また、昨今VCやDIDが注目されている背景として、現代のデジタル社会におけるアイデンティティ管理の課題が深く関係しています。GAFAM（米国のIT産業を代表するGoogle、Apple、Facebook＝現meta、Amazon、Microsoftの総称）のような巨大IT企業の台頭により、個人のアイデンティティ情報が限られた企業によって管理される現状は、ユーザーの情報に対するプライバシー侵害やデータの不正利用のリスクが高まっているといえます。

　巨大IT企業による寡占化への対応策として、EUではDSA（デジタルサービス法）においてVLOP（超大規模プラットフォーマー）とVLOSE（超大規模検索エンジン）を指定し、プラットフォーマーを規制しています。我が国においても、「特定デジタルプラットフォームの透明性及び公正性の向上に関する法律」が施行され、特定デジタルプラットフォーム提供者を指定し、透明性・公平性を図るよう運用されています。

　巨大IT企業の寡占化に対応した動きが加速する中で、データ戦略にかかる議論が各国で進んでいます。EUは、GDPR（一般データ保護規則）に加え、DGA（データガバナンス法）を制定し、ユーザーが自身のデータを安全に共有し、コントロールした上で再利用できる仕組みを提供しています。米国は、ADPPA（American Data Privacy and Protection Act）を制定し、ユーザーのデータ保護を強化し、企業による個人データの収集、利用に関して規制しています。こういった国際的な動きは、データの自由な流通と信頼の両立を目指す国際的なコンセプトであるDFFT（Data Free Flow with Trust）の実現にもつながっています。

　このような国際的な動きを背景として、特定のサービスに依存せずに、やり取りするデータや相手を検証できる仕組み等の新たな信頼の枠組みを付加することをめざす「Trusted Web」や、Self-Sovlin Identity（自己主権型アイデンティティ）の構成要素であるVCやDIDにかかる議論が進んでいるのです。

　我が国のデジタル化を担う省庁であるデジタル庁の重要指針、「デジタル庁デジタル社会の実現に向けた重点計画 (2024/06/21)」においても、デジタルアイデンティティに関する指針が述べられています。

- 信頼性を確保しつつデータを共有できる標準化された仕組み（データスペース）の構築とDFFTの推進の推進

DFFT具体化のための国際的な枠組み（IAP）にて、データ越境移転時に直面する課題を解決するプロジェクトを実施します。二カ国間では、より野心の高い取組やより政治的配慮が必要な各国の国情に照らし機微なデータなどについて議論を進めます。

また、このような国際的な国境・産業等を跨いでデータの連携、保護措置を促す枠組み（データガバナンス）について、国内外で一体となって進めるため、国際データガバナンスアドバイザリー委員会や国際データガバナンス検討会を活用。産業界のニーズを踏まえ、国際的なデータ流通や利活用に関する、官民協力および関係省庁の連携強化を図ります。

- トラストおよびデジタル上における属性情報の集合
（デジタル・アイデンティティ）

国際標準化をはじめとした議論に参画し、データのやり取りにおける新たな信頼の枠組みを構築する取組（Trusted Web）の検討も踏まえながら、実装にあたっての制度的・技術的課題の整理等を進め、デジタル上における属性情報の集合（デジタル・アイデンティティ）の在り方を検討します。また、検証可能なデジタル証明書（VC）や分散型識別子（DID）の社会実装を促すため、行政における先行的なユースケースの創出に関係省庁が連携して取り組むとともに、個人・法人の属性や資格情報を保存し提示できる仕組みおよびアプリ（デジタル・アイデンティティ・ウォレット）の実装に向けたロードマップを策定します。

出典：https://www.digital.go.jp/policies/priority-policy-program

VC／DIDとはなにか？

　VC（Verified Credential）は日本語に直訳すると、「検証可能な資格情報」となります。W3C（World Wide Web Consortium）によりVCs（Verifiable Credentials）Data Modelとして定義されています。VCは、自己主権型で検証が可能な資格証明書を発行者（Issuer）が、保持者（Holder）に対して発行した証明書を、第三者である検証者（Verifier）がオンライン上で検証可

能にする仕組みを指します。VCは情報を内包するものではなく、あくまで検証可能な証明書情報を発行・保持・検証するための仕組みです。

図1　W3C VCs Scheme model

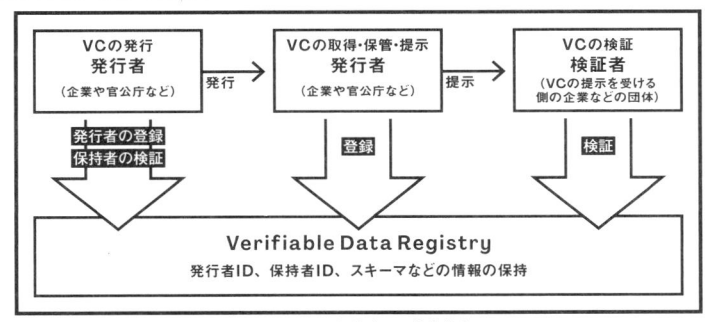

出典：https://www.w3.org/TR/vc-data-model/ を元に著者作成

DIDは、Decentralized Identity（分散型ID）の略称で、ブロックチェーン技術などを用いてIDを管理することにより、個人のアイデンティティ情報が特定の企業・組織に依存しないように構成することを目指す考え方です。なおW3CによりDIDs（Decentralized Identifiers）として定義されているのは分散型識別子にかかる仕様であり、web3の世界においてDIDという言葉が用いられる際は、分散型識別子ではなく、分散型IDという広い意味を示すことが一般的です。

図2　W3C DIDs Scheme model

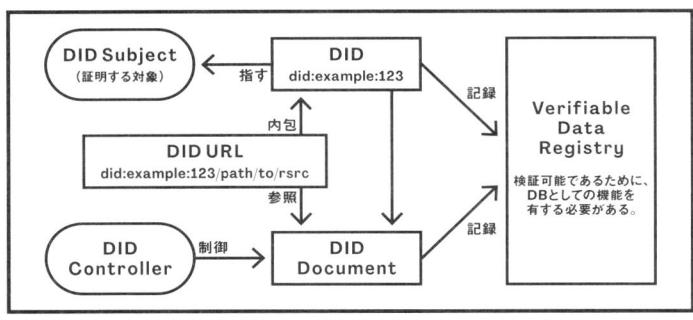

出典：https://www.w3.org/TR/did-core/ を元に著者作成

では、VCやDIDを用いることで何ができるようになるのでしょうか？

たとえば、都知事選において話題となった候補者の学歴詐称問題。このような問題も、VCを用いて大学が発行した証明書を提示することで、卒業の事実が明確となり、疑念が解消されます。従来の紙で発行された証明書では、証明書の真偽を確認するために多くの手間と時間がかかりますし、証明書自体が改ざんされるリスクも拭えません。VCを用いることで、証明書の信頼性が確保され疑念を即座に払拭することができます。

同様に、就職活動における学校の卒業証明や、転職時の在籍証明など、人々が日常生活で必要とするさまざまな証明行為を簡単かつ明確に行うことができます。たとえば、求職者が自身の学歴や職歴を証明する際に、信頼できるVCを提示することで、雇用主はその情報の信頼性を容易に確認できます。これにより、採用プロセスが迅速化され、求職者と雇用主の双方にとっての利便性が向上します。

また、VCとDIDを理解するためには、役割の違いを理解しておくことが重要です。DIDは分散型の識別子であり、個人や組織が、中央集権的な機関に依存せずに識別情報を管理する仕組みです。DIDを用いることで、ユーザーは自身のアイデンティティを自律的に管理し、必要に応じて自身の意思で第三者に提供することができます。一方、VCは自己主権型で第三者が検証可能な証明書を発行する仕組みであり、個人の資格や属性を証明するために使用されます。

このVCやDIDを実現するための仕組みは、ブロックチェーンを基盤技術として用いているものも多く、web3を構成する技術との親和性が高いといえます。ただし、実装に際して、必ずしもブロックチェーンを用いる必要があるわけではない点は留意してください。分散型というキーワードから、ブロックチェーンを前提としているように思ってしまいますが、あくまでブロックチェーンの分散性や改ざん防止性、透明性の担保が行いやすいという技術的特性により、基盤技術として採択されていると考えられます。

ブロックチェーン技術を基盤とした証明書の発行形態としては、SBT（Soulbound Tokens）を用いた実装もあげられます。SBTは、ブロックチェーン上に発行されるトークンで、一度発行されると所有者から他者に移転できないという特性を持ちます。この特性により、特定の個人やエンティティにトークンを永続的に紐づけることができるため、資格情報の発行に用いることができます。

このように、VCやDIDを用いたデジタルアイデンティティを利活用することにより、安心安全な社会基盤の実現が期待されているのです。

VC／DID／SBTのユースケース

1. VCのユースケース例

新型コロナワクチン接種証明書アプリ／デジタル庁

　デジタル庁が提供する「ワクチン接種証明書アプリ」は、COVID-19ワクチン接種状況の証明書をデジタル化し、簡便に証明できるスマートフォン向けアプリです。このアプリは、VC（Verified Credential）の仕組みを活用することで、ユーザーのワクチン接種記録が安全に管理されており、QRコードを提示することで、海外渡航やイベント参加時に簡単にワクチン接種状況を証明することができます。VCを用いることで、紙の証明書に比べ、大幅な利便性と安全性の向上を実現しました。

画像1

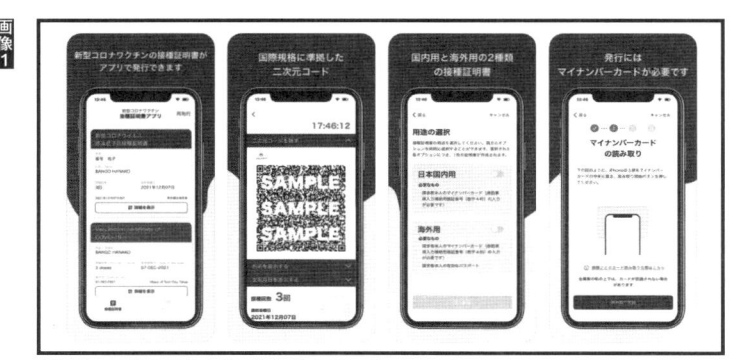

出典：https://www.digital.go.jp/policies/vaccinecert

2. DIDのユースケース例

VESS Labs／VESS

　VESSは、株式会社VESS Labs が提供するデジタルアイデンティティサービスです。グローバル標準に準拠し、資格、本人確認、実績などの個人データをDID(Decentralized Identifier)やVC(Verifiable Credential)を活用し検証可能な形で管理・持ち運びできます。これらのデータをビジュアライズし、

デジタル上にアイデンティティを表現する機能も備えています。またDIDとウォレットアドレスを紐づけられるため、オンチェーンでは扱えない個人情報を安全にweb3の世界へ組み合わせることが可能です。

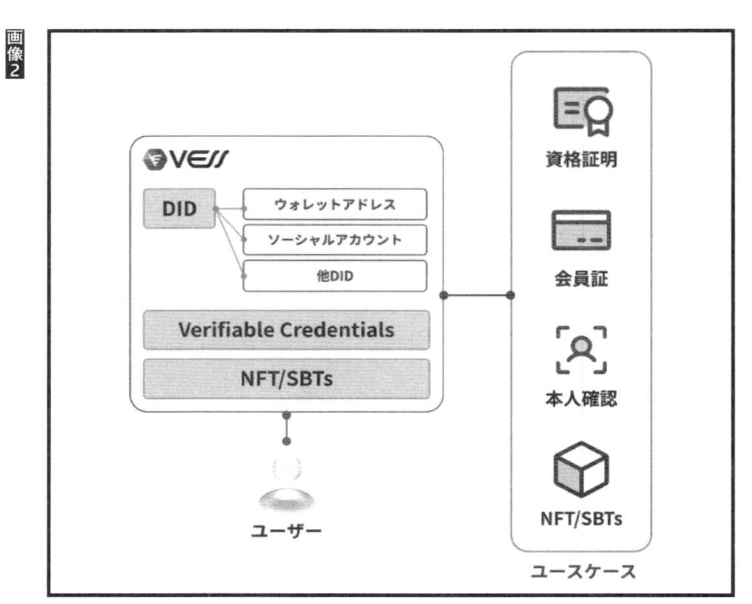

出典：株式会社VESS Labs（https://www.vess.id/）提供

3. SBTのユースケース例

Hashport / EXPO 2025 デジタルウォレット SBTパスポート

　株式会社Hashportが提供するEXPO 2025 デジタルウォレット（P.46参照）は、大阪・関西万博のウォレットサービスで、決済サービスやweb3ウォレットの機能を有しています。このウォレットは、ユーザーのさまざまなアクティビティデータが、ソウルバウンドトークン（SBT）のかたちで保存されます。このSBTをパビリオンや事業連携先と連携することで、EXPO2025でさまざまな体験を得ることができます。SBTを活用したデジタル身分証により、会場内外の各種サービスのシームレスな連携を実現しています。

VC／DIDが実装された未来へ向けて

　普及が先行している海外の例を見ると、VCやDIDの社会実装は、行政サービスから進むケースが多いようです。この背景として、多くの企業やサービスが参照したい資格情報は、政府や官公庁が保有しているものも多く、ニーズがあるところから普及が進んでいくということがいえると思います。これらの技術が広がることで、私たち個々人のプライバシーの保護、安全な第三者への開示、信頼性の高い資格情報の証明を両立させることが可能となります。

　VCやDIDが日常生活に浸透すると、社会はどう変わるのでしょうか？　たとえば、行政手続きがデジタル化され各種手続きがオンラインで簡単に安全に行えるようになります。役所へ行き長い時間待つことなく、スマートフォン上からオンラインで即座に証明書を発行し、必要な場所へ提示することができます。

　医療記録はデジタル化され、ユーザーが自身で管理することができるようになります。診断情報や投薬情報等をデジタル上で把握し、医療機関への連携を自分の意思で簡単に行えるようになります。これにより、スムーズな診察の実現はもちろんのこと、セカンドオピニオンを取得する際、ユーザーの判断でデータを連携することができるようになり、患者と医療機関の公平な関係を実現することができます。

　教育や職業資格の領域もデジタル化され、就学記録や、就業記録をユーザーの意思で開示することができます。これにより、今までどのようなキャリアを経てきたのかを、安全に信頼性の高いかたちで第三者へ共有することができ、より適切な就学や就職の選択が期待されます。

　このように、デジタルアイデンティティの領域は、社会実装が期待される仕組みのひとつです。ブロックチェーンのマスアダプションという観点や、web3の社会実装という点においても、VC／DIDの普及は重要な要素であるといえます。

　デジタルアイデンティティがもたらす未来には大きな期待が寄せられています。VCやDIDの利活用が進むことで、プライバシー保護と信頼性を両立した情報提供が実現可能になるのです。これにより、社会全体のデータの利活用が促進され、安心で安全なデジタル社会が到来することでしょう。

NFTのインフラ

DAO

日本で成立した「DAO法」 web3経済圏のこれから

2024年4月1日に日本でも成立した「DAO法」。これまでと何が異なり、どのようなことが可能になったのか。株式会社ではない組織を通じて、社会に大きなインパクトを与えられる方法とは。日本屈指の暗号資産取引所であるbitFlyer執行役員の金光碧がその背景を解説する。

Author

株式会社bitFlyer執行役員

金光 碧　　　　　　　　　　　　Kanemitsu Midori

一橋大学経済学部卒業。2006年からゴールドマン・サックス証券投資銀行部門資本市場本部でデリバティブストラクチャリング（主に株式デリバティブとCBと為替デリバティブ）を担当。日本初のストラクチャーとなる案件を複数手掛ける。2015年に暗号を学習する過程でビットコインに強い興味を持ち、2016年1月にbitFlyerに入社。当初はPR業務と管理部業務全般を担当。その後、金融機関としての財務、トレジャリー業務の担当を経てクリプト関連ビジネスを担当。

日本でも誕生した「DAO法」？

　DAO（Decentralized Autonomous Organization＝ダオ）とは、日本語に訳すと「分散型自律組織」のことでweb3プロジェクトには欠かせないものです。そのDAOに関して日本でも「DAO法」なるものが成立しました。しかし日本において想定されている「DAO」は、グローバルのCryptoの世界で一般的にDAOとして知られているものとは要件が異なります。

　日本では2024年4月1日に「DAO法」を受けてDAO協会も設立されていますが、まだまだ本件に関する議論が十分にされていないように感じています。本項では改めて「DAO法」とは何なのか、どのような経緯でできたのか、これによって何が可能になったのかについてまとめてみました。

「DAO法」にいたる経緯

DAOについては、2023年4月に自民党web3PTが発表した「web3ホワイトペーパー」で下図のように書かれていました。DAOに関するルールメイクの方向性が明記されたのは、これが日本でははじめてではないかと思います。

図1　「合同会社型DAO」の仕組み

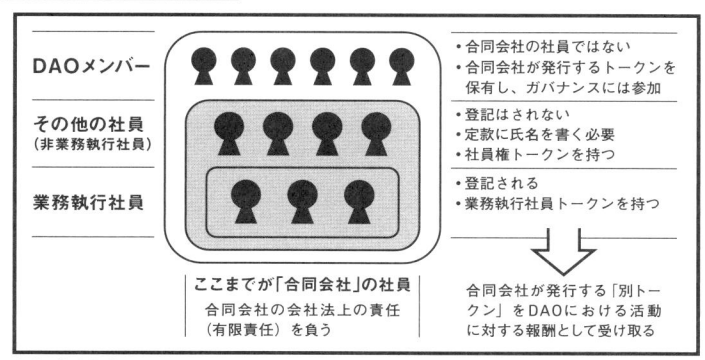

出典：筆者作成

ここでのDAOに関する論点は「構成員の有限責任性」「機動的に設立できるDAOに適した法人格」です。つまり、有限責任性＝DAOメンバーがDAOに対して出した金額を超えて金を払えといわれない、機動的に設立＝法人の中で簡単に設立できるもの、ということを意味しています。有限責任の法人（簡単にいうと株式会社か合同会社）で簡単に設立できるのはたしかに「合同会社」になります。これを実現するための提言としては以下が含まれています。

- 合同会社をベースにするDAO特別法を制定する
- 会社法、金融商品取引法（金商法）を一部変更する

これらに関しては「議員立法」（内閣が提出した議案ではなく、議員が提出した議案が成立して立法されること。世の中的には内閣立法のほうが多いのでこのように書いているようです）で実施するかもしれない、ということになっていました。しかし、4月以降は議員立法がされることはなく、2023年11月

に自民党web3PTより「DAOルールメイクハッカソン」が開催されることが発表されました。そこでの「検討したいポイント」については以下のようにまとめられています。

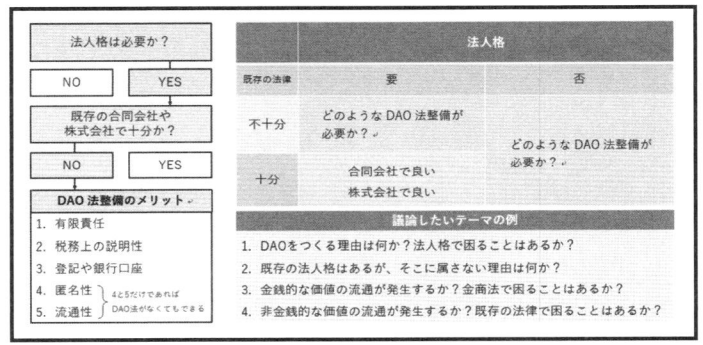

出典：https://www.jimin.jp/news/information/206923.html

web3PTの方に聞いてみたところ、DAOのための法改正の方向性について自民党内で議論していくなかで、今の方向性（合同会社型）でいいか、トークンの流通はどのような類型があるか、実際にDAOを運営している人たちに聞いてみよう、となったとのことです。

こちらのDAOルールメイクハッカソンには21個の団体が参加し、上記の「検討すべき点」について個々のプロジェクトの現状説明、さまざまな提言が行われました。そして、これを経た2024年1月25日、「DAOルールメイクに関する提言〜 我が国における新しい組織のあり方について〜」が自民党政調審議会で了承されました。具体的なルールメイクに関する提言の内容はこちらのページ（https://www.taira-m.jp/2024/01/dao.html）にまとめられています。「web3ホワイトペーパー」では議員立法で「DAO特別法」を策定するという話もありましたが、こちらの提言はざくっとまとめると以下のようなものです。

• DAOを合同会社を活用して設立できるようにし、合同会社型DAOの定款フォーマットをつくり設立コストを下げる

- DAOのスマートコントラクトによる業務執行、DAOメンバーの匿名性、メンバーの持ち分変動の円滑化などは法改正なしで、解釈で対応できる範囲を明確化する
- 金商法内閣府令の改正で、DAOの「社員権トークン」の規制を緩和する

　つまり、「合同会社型DAO」については法改正不要な範囲で運営方針を示しましょう、社員権トークンについては金商法内閣府令を改正しましょう、というかたちに落ち着いています（今後は「DAO協会」により「合同会社型DAO」の法改正不要な範囲での運営方針などはリードしてつくっていく予定のようです）。

　この提言に沿って、2024年2月1日には金融庁から「『金融商品取引法第二条に規定する定義に関する内閣府令の一部を改正する内閣府令（案）等』の公表について」が発表され、3月4日までパブリックコメントに付されていました。

「DAO法」＝金商法内閣府令の改正で何が変わるのか

　上記の金商法内閣府令の改正によって具体的に何ができるようになるかというと、一定の条件を満たす合同会社型DAOの社員権トークンについて、1項有価証券から2項有価証券となり、自己募集に係る業規制や開示規制（50％超有価証券投資の場合を除く）が適用されないかたちとなりました。つまり、DAOのかたちでトークンを用いた資金調達ができるようになる、ということになります。「金融商品取引法第二条に規定する定義に関する内閣府令9条の2」を改正することで、以下が業登録不要で行えるようになるのです。

- 合同会社型DAOが発行する社員権トークン（NFTを想定）を募集すること
- 業務執行社員による取得の勧誘（自身のX、DAOのホームページなどでの取得の勧誘を行うこと）は可能
- 業務執行社員以外のその他の社員による取得の勧誘は二種金融商品取引業に該当するので不可。ただし、Xのリポスト等は許容される可能性がある
- 合同会社型DAOが発行する「別トークン」（条件を満たすもの）の取得の勧誘
- 会員が保有する社員権トークンの譲受の勧誘

ちなみにここでいう「勧誘」とは、金融取引への誘引を目的として特定の利用者を対象として行われる行為で、インターネット等で広告をすることです（「企業内容等開示ガイドラインB4-1」等）。また、業務執行社員による自己募集であれば、開示規制が適用されません（「金商法4条1項5号、13条、24条1項但し書き、施行令3条の6の2項2号」）。そして、前述の「業務執行社員」と、その他の社員は以下の違いがあります。

　業務執行社員：合同会社の会社法上の責任を負い、登記で氏名が記載される。意思決定への参画、業務の全部または一部に従事。業務執行社員トークンを保有し、このトークンを業務執行社員以外に譲渡できない場合は出資額を超える収益分配が可能

　その他の社員：登記に氏名が記載されない。社員権トークンに出資し、出資額を超える収益分配は行わない。出資額を超える物品やサービスをあげることも不可（出資額を超える収益分配をしたら、1項有価証券に当たることになる。別トークンの付与は除く）。ただし、登記はされないものの定款に非業務執行社員として名前は載り、合同会社社員としての有限責任は負います。ここの匿名性を高めるための議論がDAO協会でされており、法解釈により事実上の匿名性を確保できる取り扱いが可能になりました。

　なお「別トークン」というのは社員権トークンとは明確に区別されて発行、職務執行の対価として発行、社員以外の者にも同じ条件で発行のいずれかという条件があるようです。主にDAOでの活動に対する報酬として配布される「トークン」や、DAOでの意思決定に使えるガバナンストークンが想定されており、これは基本的には資金決済法上の暗号資産には該当しない、前払い式支払い手段やポイントのかたちになります。
　別トークンをエアドロップする場合は別トークンを暗号資産とすることが可能です。つまり図3のような3層構造のDAOになって、「社員権トークン」と「別トークン」でDAOとして資金調達が可能になります。
　また、「開示規制がない」とは社員権トークンや別トークンを「勧誘」するにあたって有価証券届出書、目論見書、有価証券報告書が不要ということです。一方、いわゆる「インベストメントDAO」のように、出資総額が1億円以上で

表1　2023年の「web3ホワイトペーパー」における「ただちに対処すべき論点」

テーマ	問題の所在	提言
DAO	DAOの活用・検討事例は増える中、構成員の有限責任を確保し、機動的なDAO設立・運営に適した法人・組合形態がない。	合同会社をベースにLLC型のDAO特別法を制定し、会社法上の規律や金融商品取引法上の規律を一部変更して適用する。早急な法制化を目指し、議員立法も検討すべき。

出典：https://note.com/akihisa_shiozaki/n/n669dee962b15

50％超を有価証券に投資し「社員権トークン」を取得する人数が500人以上となる場合は開示規制の対象となります。なお、出資総額が1000万円以上の場合は、「有価証券通知書」が必要になります。

日本の「DAO法」的「DAO」のユースケース

　ここで想定されている「DAO」はいわゆるグローバルなCryptoの世界で一般的な「DAO」とは要件が違うものです（詳細は後述します）。では日本の「DAO法」のユースケースとしてはどのようなものが想定されているのでしょうか。行政側から明確に示されているのは「空き家古民家DAO」です。「DAO協会」キックオフ資料の説明によると、それは以下のようなものです。

- 合同会社型のDAOを設立し、社員権をトークン（NFT）の形で個人投資家等に付与して資金調達。その他、ローンでも民間金融機関等から調達。調達資金を用いて空家などの不動産を取得・賃貸借、建物を改修したうえ、賃貸物件や宿泊物件などにして収益化
- NFT保有者に対しては出資額を上限とする現金・トークン・暗号資産の利益配当又は社員優待としてNFTやFTを付与、貢献者にはトークン・暗号資産を付与。NFT保有者はNFTのユーティリティ、FTのユーティリティによるベネフィットを得られ、FTの価値向上に直接関与できる。更に場合によってはトークン等を流通市場で売却することでベネフィットを確保
- 定款において分散型意思決定（貢献に応じて取得できるトークンを用いた意思決定等）の導入、社員の非公開/社員変更時の定款変更自動化、業規制・開示規制の適用免除により、DAO側・社員側の参入障壁を減らし、簡易・広範囲に資金調達が可能になる

つまり、これまでは地元の不動産管理会社だけが行っていた、空家・古民家再生事業に地元の個人や事業会社なども「合同会社型DAO」の「その他社員」として入ってもらい（お金を出してもらい）、出資の比率に応じて意思決定にかかわってもらい、出してもらったお金を上限にユーティリティトークンなどのかたちでリターンを返していこう、という試みです。

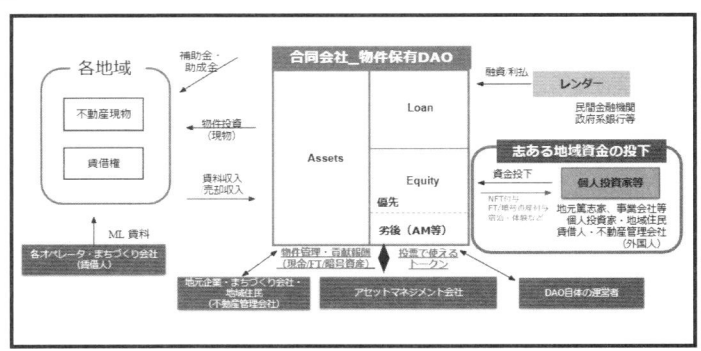

（図）「DAO協会キックオフ資料」より

- 地元の不動産会社、アセットマネジメント会社→登記された合同会社型DAOの業務執行社員。業務執行社員トークンホルダー。DAOが営む事業からの収益について、当初出資分以上の超過収益を受け取る権利がある

- 地元の個人など→登記されない。社員権トークンホルダー。当初出資した（社員権トークンに支払った）金額の範囲内で、DAOからトークンなどを受け取れる。このトークンはたとえばDAOで管理する物件の宿泊割引トークンなど。DAOの活動をがんばってDAOで管理する物件の価値が上がれば宿泊割引トークンの価値が上がってうれしいことになります。これとは別に物件の清掃や宣伝などの貢献に応じてトークンをもらえることもあります。

実際に空き家DAOを運営している株式会社ANGOのクリス氏に話を聞いたところ、「社員権トークンホルダーのリターンが出資金の1.0倍が上限であると

ころをもう少し引き上げられればトークンの魅力も上がる」と考えており、この点も今後の論点となりそうです。なお、ここでは宿泊割引トークンが、DAOが社員権トークン以外に発行できる「別トークン」になります。これは資金決済法上の「暗号資産」として流通させることもできますが、この例では前払い式支払い手段やポイントとして整理される性質のように見えます。

グローバルで一般的に「DAO」と呼ばれているもの

では、グローバルで一般的に「DAO」といわれているものとはいったい何なのでしょうか。明確な定義はありませんが、DAOとして、以下の特徴を備えていると考えられます。

- トークン、またはNFTの保有者がDAOのメンバー（web3ウォレットベースで認識）
- トークン、またはNFTの購入代金はDAOのトレジャリーウォレットで管理され、ブロックチェーン上で誰でも見ることができる
- DAOの目的に資する提案がされ、DAOメンバーの投票で提案が可決された場合、トレジャリーウォレットから提案者に提案資金がスマートコントラクトで自動的に支払われる

Nouns、ENS、Gitcoin、Optimism Collectiveなど、このかたちで運営されているDAOはいくつかあります（詳細は以下の筆者noteでもいくつか紹介していますのでご参照ください）。

https://blog.blockchain.bitflyer.com/n/n5deae20a76a3
https://note.com/midolix/n/nbe6c30ea7589

Crypto界隈で長く働いている身としては、スマートコントラクトとトレジャリーウォレットがないものをDAOと呼んでいいのかという気持ちもありますが、現状合同会社型DAOを手がけている方と話すと「合同会社型DAO」の実態はDAOというよりは「株式会社」ならぬ「トークン式会社」と呼ぶべきケースが多いのでは、という声も聞かれます。

グローバルで「DAO」と呼ばれているものの日本における実装については今後の継続事項として自民党web3PTの提言資料にも記載があります。web3PTの皆様も「合同会社型DAO」は第一歩にすぎない、とおっしゃっており、こういったグローバルで「DAO」と呼ばれるものが十全なかたちで日本において制度化されていくか。それを見きわめるためにも引き続きプレイヤーと行政の対話が必要になってくるのだと認識しています。

日本における今後の「DAO」の発展

　現状を受け、日本で今後「DAO」と呼ばれるものは2つの方向で発展する可能性があります。

1. 事業会社が主体となってつくる合同会社型DAO（「トークン式会社」、収益事業型）

　今回金商法定義府令が改正され、「合同会社型DAO」をつくり、NFTを使った社員権トークン、主に前払い式支払い手段やポイントのかたちになりそうな「別トークン」での資金調達が可能になりました。これは、すでに収益事業を行っている企業が、ユーザーやファン、対象事業の関係者を巻き込むかたちで社員権トークンを使って資金調達を行い、社員権トークン保有者、DAOメンバーと一緒に収益事業を行っていく形態が想定されます。2023年末に行われた「自民党ルールメイクハッカソン」においては、出場23団体のうちほとんどが、事業会社が中心となりトークンまたはNFT保有者をプロジェクトに巻き込むというものでした。こういった企業にとっては今回の金商法定義府令の改正は追い風になるものだと感じます。

2. 民間が主体となってつくる非営利型DAO

　一方で、民間が主体となってつくるNon-profit型のDAOもweb3PTでは引き続き検討事項とされています。たとえば、私が個人で参加している新潟県山古志地域の「牛の角突きファンクラブ」はファンクラブメンバーから集めた資金（法定通貨とCrypto）を、牛の角突きを盛り上げるための提案として可決されたら拠出していく形をとっています（スマートコントラクトは未整備）。会員証、投票権にはNFTを使い、投票はsnapshotで行っています。NFTを持っ

ていないメンバー用にも、Google Formで投票できるようになっています。これまでにTreasuryの資金を使って大会への協賛、東京駅でのポスター掲載などを行っており、今後はDAOで「牛持ち」になることをめざしています。「合同会社」は設立時に10.2万円、維持費用として最低年額7万円はかかるため、「牛の角突きファンクラブ」のような非営利型DAOにとってはこの形態は選択しづらいものになります。

　NPO法人を活用すれば設立費用、税金（申請免除可）、役員変更の登記費用はかからないうえ、定款や規定で柔軟にガバナンスを設計できるので、今後はNPO法人の活用というのも選択肢になってきます。しかし設定の手間に鑑み、現状は「権利能力なき社団」として活動しています。

「権利能力なき社団」の設立は簡単ですが、銀行口座や暗号資産取引所に口座を開くことは現状では困難です。

　この場合、DAOのトレジャリーウォレットから起案者のメタマスクにCryptoを送り、起案者のメタマスクから暗号資産取引所の口座に送り、そこで法定通貨に換えて闘牛会等に支払うフローも想定されるのですが、この資金が起案者の所得にならず、起案者が資金決済法違反にならない、というような手当てが整備されていません。

　こういった課題が解決されると、「牛の角突きファンクラブ」のような小さな経済圏が自律的にまわっていく事例が生まれてくるのではと考えています。

　なお、ここまで読んでいただければ自明ではありますが、「DAO法」と書いていますが、今回実施されたのは金商法定義府令の一部改正です。個人的には民間主導非営利型DAO（スマートコントラクト、トレジャリーウォレットがあるもの）に特化した制度化に期待していたので、「トークン式会社」に重きを置かれるかたちで制度化されたことについては少し残念な気持ちもあります。しかし、合同会社型DAOは大きな一歩ですし、活用事例が多く出てくることに期待しています。たとえば地域の振興のために役に立つ自律的な経済圏が、NFTなどのブロックチェーン技術によってより運営されやすくなるというのは有用なブロックチェーンのユースケースだといえると思います。

※本稿執筆においては以下の方々にご協力いただきました。Macくん from DAO協会、ANGOのクリスさん、Ryuさん、めりちゃん先生 from ネオ山古志村。この場を借りて御礼申し上げます。

9

NFTのインフラ

技術的課題

新たなデジタル社会を創出する NFTの4つの技術的課題

NFTの技術的進化は、デジタル社会における価値の概念を根本から変える可能性を秘めている。しかし、まだまだ発展途上でさまざまな課題も山積している。セクション1の最後はAnimoca Brandsでさまざまなプロジェクトを担う善方淳がNFTの技術的課題を4つに分けて解説する。

Author

Animoca Brands Japan

善方 淳　　　　　　　　　　　　Zempo Jun

2018年3月にコインチェック株式会社に新卒入社し、ウォレット開発や国内初となるCoincheck NFT、Coincheck IEOの開発プロジェクトマネージャーを担当。2023年6月にオンチェーンのポートフォリオ解析およびマーケット分析を目的としたbyteStreame株式会社を創業（https://bytestreame.com/）。2024年2月よりAnimoca Brands株式会社にて、プロダクト部の部長としてNFTマーケットプレイスであるSORAHのプロダクト設計と開発を行う。

NFTの技術的な課題と解決策

　NFTはデジタルアートやコレクティブル、ゲーム内アイテムなど、さまざまな分野で注目を集めていますが、その普及と発展には、いくつかの技術的な課題が存在しています。本項ではNFTが直面する技術的な課題を4つ取り上げ、それらに対する解決策について詳しく見ていきます。

1. NFTの流動性

　NFT市場の急速な成長に伴い、一部のNFTは非常に高額で取引されるようになりました。たとえば、デジタルアーティストBeepleの作品「Everydays - The First 5000 Days」が、2021年3月にクリスティーズのオークションにて約75億円で落札されたことは、NFT市場に大きな衝撃を与えました。

しかし、こうした高額なNFTは、その価格の高さゆえに購入できる人が限られてしまい、結果として市場の流動性が低下してしまうという大きな課題があります。この課題は、以下のような問題を引き起こします。

(1) 投資機会の損失：一般の投資家やコレクターが高額NFTに投資する機会が失われる
(2) 価格算定の困難：取引頻度が低いため、NFTの適正価格を見出すことが困難

　このように、NFTの流動性不足の問題というのは、NFT市場全体の成長と発展を妨げる要因となってしまいます。

　この問題に対する解決策として最近注目されているのが、ERC404と呼ばれる新しい規格です。ERC404の主な特徴としては、従来のNFTとFTのハイブリッドのような規格であり、一つのNFTを複数のFTとして分割して管理することが可能になります。
　ERC404の実装例として、Pandora（https://www.pandora.build/）というプロジェクトがERC404を実装していて、Pandoraでは、一つのNFTをFTとして分割して保有することが可能であり、このFTとなるトークンを購入すると、NFTの一部をFTとして保有することができます。また、分割されたFTのトークンをすべて保有すると、完全なNFTとして保有することが可能です。
　ERC404を利用することで、一般投資家でも高額NFTの一部をFTとして所有できるようになり、より多くの人々が取引に参加可能になることで市場全体が活性化し結果的にNFTの流動性増加につながったり、取引の頻度が増えたりすることでNFTの適正価格がより正確に反映されるようになる可能性があります。
　ただし、ERC404は、現時点において、Ethereum（イーサリアム）コミュニティから正式な承認がなされておらず、公式に認められている規格ではないため、現在多くのNFTマーケットプレイスなどでは、ERC404の規格がサポートされておりません。Ethereumコミュニティから、ERC404の正式承認が下りるかどうかはまだ不透明ではありますが、NFTの流動性という観点にお

いては、非常に注目する規格であると思います。

　NFTの大きな特徴の一つに、クリエイターが継続的にロイヤリティを得られる仕組みがあります。これは、従来のデジタルアートの販売方法と比べて革新的な点であり、クリエイターの持続的な創作活動を支える重要な要素です。

　しかし、従来のNFT規格（主にERC721やERC1155）では、このロイヤリティの支払いをマーケットプレイス側が任意で実施できてしまうという問題がありました。つまり、クリエイターに支払われるべきロイヤリティが、マーケットプレイスの判断で恣意的に決定されたり、場合によっては支払われたりしない可能性がありました。

　この問題は以下のような弊害を引き起こしていました。

(1) クリエイター収入の不安定性：ロイヤリティが確実に支払われないため、クリエイターの収入が不安定になる

(2) マーケットプレイス間の不公平：ロイヤリティを支払うマーケットプレイスと支払わないマーケットプレイスが混在し、不公平な競争環境が生まれる

(3) NFTエコシステムの持続可能性への懸念：クリエイターへの適切な還元が行われないことで、長期的にNFT市場の健全性が損なわれる可能性がある

　この課題に対応するために開発されたのが、ERC721Cという規格です。この新しい規格は、スマートコントラクトレベルでロイヤリティの強制を可能にします。

　ERC721Cの主な特徴は以下の通りです。

(1) スマートコントラクトレベルでのロイヤリティ強制：ロイヤリティの支払いがNFTのスマートコントラクト自体に組み込まれている

(2) 売買時に自動的にロイヤリティを徴収：NFTが売買される際に、スマートコントラクトが自動的にロイヤリティを計算し、クリエイターに送金する

(3) マーケットプレイスに依存しない仕組み：マーケットプレイスの判断ではなく、NFT自体のスマートコントラクトの実行によってロイヤリティが支払われる

ERCの導入により、NFTの売買が行われるたびに、設定されたロイヤ
リティ率に基づいて自動的に報酬がクリエイターに送られます。これにより、
NFTマーケットプレイスの方針や意図に関係なく、クリエイターの権利が保
護されることになります。

ただし、ERC721Cにも課題はあります。たとえば、既存のNFTプロジェク
トをERC721Cに移行する際の技術的な問題や、一部のユーザーからは、
強制的なロイヤリティ支払いに対する反発も予想されます。また、

これらの課題に対しては、クリエイター、コレクター、マーケットプレイス
など、NFTエコシステムに関わるすべてのステークホルダーの意見を取り入
れながら、バランスの取れた解決策を模索していく必要があるでしょう。

3. ガス最適化

Ethereumなどのブロックチェーン上でNFTを発行したり取引したりする
際には、「ガス代」と呼ばれる手数料が発生します。このガス代は、ブロック
チェーンネットワークの混雑状況によって変動し、特にネットワークが混雑し
ている時期には非常に高額になることがあります。

高いガス代は、以下のような問題を引き起こしています。

(1) ユーザーの参入障壁：高額なガス代が、新規ユーザーの参入を妨げている
可能性がある

(2) 小規模取引の困難：ガス代が取引額を上回ってしまうケースもあり、少額
のNFT取引が事実上不可能になっている

(3) クリエイターの負担増：NFTを発行する際のコストが高くなり、特に新
規のクリエイターにとって大きな負担となっている

(4) プロジェクトの実現性低下：大規模なNFTプロジェクトを実施する際、ガ
ス代の総額が膨大になり、プロジェクトの実現可能性に影響を与えている

これらの問題は、NFT市場全体の成長と普及を阻害する大きな要因となっ
ています。

この課題に対応するために開発されたのが、ERC721Aという規格です。こ
の規格は、特にバッチミンティング（一度に複数のNFTを発行すること）に

77

技術的課題

おいて、NFTを発行する際のガス代の支払いをガス代が高騰している時に行わず、先送りすることでクリエイターの負担を軽減するような設計になっています。

ERC721Aの主な特徴は以下の通りです。

(1) バッチミンティングの最適化：複数のNFTを一度に発行する際のスマートコントラクトの処理を最適化
(2) ガス代の負担軽減：従来のERC721規格と比較して、ガス代の支払いを先送りすることで負担を軽減
(3) 大規模プロジェクトへの適合：多数のNFTを発行する大規模プロジェクトに特に適している

ERC721Aでは、複数のNFTをミンティングする際に、各NFTに対して必要最小限のデータのみを書き込む方式を採用しています。これにより、任意のタイミングまでガス代の支払いを先送りすることで、ガス代が高騰している時間を避けることでガス代を削減することが可能になりました。

ERC721Aの導入により、以下のような利点が期待されます。

(1) ユーザーの負担軽減：ガス代の削減により、より多くのユーザーがNFTを利用しやすくなる
(2) 大規模プロジェクトの実現：コストを抑えて多数のNFTを発行できるため、大規模なコレクションやプロジェクトが実現しやすくなる
(3) クリエイターの参入障壁低下：初期コストを抑えられるため、より多くのクリエイターがNFT市場に参入しやすくなる
(4) 取引の活性化：ガス代の低下により、小規模な取引も経済的に見合うようになり、市場全体の取引量が増加する可能性がある

ただし、ERC721Aは、現時点において、Ethereumコミュニティから正式な承認がなされておらず、公式に認められている規格ではありません。プロジェクトの目的や規模に応じて、ERC721AとオリジナルのERC721を適切に使い分けることが重要になるでしょう。また、今後のさらなる技術革新により、これらの課題が解決されていくことも期待されます。

NFTは革新的な技術ですが、一般ユーザーにとっては複雑で扱いづらい面があります。この複雑さは、NFTの普及を妨げる大きな要因となっています。

具体的には、以下のような問題が挙げられます。

(1) ウォレット管理の複雑さ：暗号資産ウォレットの作成や管理、秘密鍵の保管など、技術的な知識が必要
(2) セキュリティリスク：秘密鍵の紛失やフィッシング詐欺など、セキュリティ上のリスクが高い
(3) 複雑な用語：ブロックチェーンやNFTに関する専門用語が多く、理解が難しい
(4) 取引の不可逆性：一度実行した取引を取り消すことができないため、ミスが許されない

これらの問題は、特に技術に詳しくない一般ユーザーにとって大きな障壁となっており、NFTの普及を妨げる要因となっています。

この課題に対応するために注目されているのが、アカウントアブストラクションと呼ばれる技術です。ERC4337として提案されているこの技術は、ユーザーがより直感的にウォレットを扱えるようにすることをめざしています。

ERC4337の主な特徴は以下の通りです。

(1) スマートコントラクトウォレット：従来のEOAベースのウォレットではなく、スマートコントラクトベースのウォレットを使用
(2) ソーシャルリカバリー機能：失われたアカウントを回復できる機能が組み込み可能
(3) 柔軟な認証方法：生体認証や多要素認証など、より使いやすい認証方法を選択可能
(4) バッチ処理：複数の操作を一つのトランザクションにまとめることができ、効率的な処理が可能

ERC4337の実装例として、Argent（https://www.argent.xyz/）とい

うプロジェクトが挙げられます。このプロジェクトでは、ユーザーは従来の複雑な秘密鍵管理から解放され、より使いやすいインターフェースでウォレットを扱うことができます。

アカウントアブストラクションの導入により、以下のような利点が期待されます。

(1) ユーザビリティの向上：複雑な暗号技術の知識がなくても、NFTを簡単に扱えるようになる
(2) セキュリティの強化：スマートコントラクトベースのウォレットにより、より安全な資産管理が可能になる
(3) 柔軟な機能拡張：スマートコントラクトベースのウォレットにより、新しい機能を容易に追加できる

ただし、ERC4337にも課題はあります。たとえば、既存のアプリケーションとの互換性や、スマートコントラクトウォレットの監査・セキュリティ確保の問題などが挙げられます。また、法規制や税務上の取り扱いなど、制度面での課題も存在します。

これらの課題に対しては、開発コミュニティであったり、各国の規制当局の協力であったりが不可欠です。また、ユーザー教育や啓蒙活動を通じて、新しい技術に対する理解を深めていくことも重要でしょう。

技術的課題の解決がNFTをもっと身近なものにする

本章で紹介した4つの技術的課題（流動性、ロイヤリティ、ガス最適化、アクセシビリティとユーザビリティ）は、NFTの普及と発展において大きな問題となっていると考えています。しかし、それぞれの問題に対して、革新的な解決策が提案され、日々実装が進められています。

ERC404による高額NFTの流動性向上、ERC721Cによるクリエイターの権利保護、ERC721Aによるガス代の最適化、そしてERC4337（アカウントアブストラクション）によるユーザビリティの改善。これらの技術革新により、NFTはより多くの人々にとって身近で使いやすいものとなり、その可能性をさらに広げていくことが期待されます。

しかし、これらの解決策にも新たな課題が存在することを忘れてはいけません。技術の進化に伴い、法規制や税制、セキュリティ、プライバシーなど、さまざまな側面での対応が必要となってきます。これらの課題に対しては、技術者だけでなく、法律の専門家など多様な分野の専門家が協力して取り組んでいく必要があります。

　また、ユーザー側の理解と受容も重要です。新しい技術や概念をより多くの人々に理解してもらうための教育や啓蒙活動も、NFTの普及には欠かせません。

　NFT技術は今後も進化を続け、新たな課題とそれに対する解決策が生まれ続けるでしょう。この動向に注目しつつ、NFTがもたらす可能性を最大限に活かすためには、技術開発、制度設計、ユーザー教育の3つの側面からバランスの取れたアプローチが求められます。

　NFTは単なるデジタルアートの所有証明以上の可能性を秘めています。デジタル資産の新しい形態として、さまざまな産業や社会システムに変革をもたらす可能性があります。例えば、以下のような応用が考えられます。

（1）エンターテインメント産業：音楽や映画の権利管理やファンとアーティストの新しい関係性構築
（2）ゲーム産業：ゲーム内アイテム所有権
（3）不動産業：物件の権利証書のデジタル化や部分的所有権の実現
（4）教育分野：学位や資格の証明、生涯学習の記録

　これらの可能性を現実のものとするためには、本項で紹介した技術的課題の解決が不可欠です。NFTにかかわるすべての人々が、これらの課題と解決策を理解し、それぞれの立場でNFTの発展に貢献していくことが重要です。

　技術者は新しい規格や解決策の開発に取り組み、クリエイターは革新的なNFTプロジェクトを生み出し、投資家やコレクターは市場の活性化に寄与し、一般ユーザーは新しい技術を積極的に学び活用していくことで、NFTの真の可能性が開花すると考えています。

　NFTの技術的進化は、デジタル社会における価値の概念を根本から変える可能性を秘めています。それは単にデジタルアートの世界に留まらず、私たちの日常生活や社会システム全体に大きな影響を与える可能性があります。NFTは、デジタル時代における新しい価値創造の形を示す重要な技術として、今後

も私たちの関心を集め続けることは間違いありません。

　さらに、NFTの発展は、ブロックチェーン技術全体の進化と密接に関連しています。Ethereumの「The Merge」に代表されるような大規模なアップグレードや、新たなレイヤー2ソリューションの登場により、NFTの利用環境は急速に改善されつつあります。これらの進化は、NFTの可能性をさらに広げるとともに、より持続可能でスケーラブルなエコシステムの構築を可能にするでしょう。

　同時に、NFTの普及に伴い、デジタルアイデンティティや知的財産権の概念も大きく変容していく可能性があります。個人のデータや創作物の所有権をより明確に定義し、管理することが可能になれば、現在のインターネット環境におけるさまざまな問題——たとえば、個人情報の不適切な利用やコンテンツの無断複製など——に対する新たな解決策となるかもしれません。

　NFTは、web3時代の重要な基盤技術の一つとして、分散型インターネットの実現に向けた大きな一歩となる可能性を秘めています。しかし、その真の価値を実現するためには、技術的な進化だけでなく、社会的な受容と適切な規制のバランスが不可欠です。私たちは、NFTがもたらす可能性と課題を慎重に見きわめながら、この革新的な技術を社会のために最大限活用していく責任があります。NFTの未来は、まさに私たち1人ひとりの手にかかっているのです。

第2章

NFTのユースケース

Chapter 2

Section　1　▶　Section　20

1 NFTのユースケース

2章 はじめに

需要と課題が激変した3年間
NFTの現在位置

2021年ごろには投機的資産として注目を集めたNFTだが、現在は実用性やデジタル資産の所有権に焦点を当てたものとして再定義されはじめている。NFT業界のニュースを発信するインフルエンサー、miinがNFTを取り巻く国内外の最新トレンドを解説する。

Author

NFT情報コレクター
miin
2021年よりNFTについてXやnoteで情報発信。国内外のNFTについてのニュースや、さまざまなNFTプロジェクトの解説、インタビューなどを行う。主にNFTを実務として活用したい企業やクリエイター・エンジニアに向けた発信を心がけている。

　本章では、各分野のリーダーが具体的なNFTのユースケースについて解説していきます。そして本項は、NFTが話題となった2021年以降の約3年間で、NFTのユースケースがどのように変化したかをお伝えしたいと思います。

　2024年現在、NFTは単なる投機的資産ではなく、実用性やデジタルアイテムの所有権に焦点を当てたものとして再定義されつつあります。2021年に取引量の大半を占めていたNFTは、Ethereum（イーサリアム）上のPFP（Picture For Profile、いわゆるプロフィール画像）とアートやイラストをNFT化したものが主流でした。他の項でも述べられているように、NFT取引量の低下は主にPFPの価格低下に起因するものです。一方で、2024年にはNFTのユースケースに多くのバリエーションが見られるようになりました。

世界的な大型NFTプロジェクトが提供するユーティリティ

　PFPからスタートしたNFTプロジェクトも、NFTホルダーに対して継続的に新たなユーティリティを提供しています。2つの大型プロジェクトが、さらにホルダーの利便性を高める機能を公開しました。

Bored Ape Yachet Club（BAYC）
「Made by Apes」

　ライセンスプラットフォーム「Made by Apes」を公開しました。このプラットフォームでは、BAYCなど該当するNFTの絵柄を使用してホルダー自身が作成したプロダクト、または、第三者に許諾したプロダクトを提出し、BAYC運営元の審査を経て承認を得ると、認証番号の記載された公認のロゴを獲得することができます。BAYCはNFTホルダーに対して画像の商用利用権を付与しているため、これまでもさまざまな商品やプロダクトがつくられてきました。しかし、本当にホルダーが許諾したものか証明できないという課題がありました。「Made by Apes」では提出時にウォレットを接続する必要があるため、該当NFTを保有していることがオンチェーン上で証明されます。ホルダー側は獲得したロゴを掲載することで信頼性を高めることができ、利用者側は認証番号をサイトで調べることで出自を確認することが可能となりました。実際にBAYCの画像を使用したアルコール飲料やアパレル等が登録されています。

出典：https://madeby.yuga.com/apes

Pudgy Penguins

「Overpass」

　ライセンスプラットフォーム「Overpass」を公開しました。ここではキャラクターの画像を商用利用したいクライアントと、ホルダーのマッチングが行われています。Pudgy penguins関連のNFTホルダーはOverpassに登録することで、自身が保有するPudgy Penguinsのキャラクター画像の利用権を第三者にライセンスすることが可能になります。ライセンスを貸し出したホルダーには、条件に応じてライセンス使用料として商品の売上金の分配など報酬が発生します。実際にPudgy Penguinsの運営元は、数十種類のNFTホルダーのキャラクターでぬいぐるみを作成し、米国ウォルマートでの販売を実施しました。ぬいぐるみのデザインの元となったNFTホルダーに売上金の分配が発生し、NFTを保有することで利益を得られる構造を実現しています。

出典：https://www.overpassip.com/deal/29

国内人気NFTプロジェクトが提供するユーティリティ

　国内でも2023年までに比べると新規でローンチするプロジェクトの数は激減し、いつしか活動が止まってしまったプロジェクトも少なくありません。一方、取引量でトップを走るプロジェクトは流行にあわせて、ホルダーに新たなユーティリティを提供し続けています。

Murakami.Flowers

　現代アーティスト村上隆氏が手掛けるMurakami.Flowersは、独自のNFTマーケットプレイスを公開しました。他のマーケットプレイスで出品されたものを取引できるアグリゲーション機能も兼ね備えています。さらに、ホルダーごとのNFT保有量や期間に応じて獲得したポイントを表示するリーダーボード（ランキング表）を導入しています。これにより、コレクションを横断して関連するNFTを保有することが評価につながる仕組みを実現しました。さらにNFTから派生したデザインでフィジカル、および、デジタル上でのトレーディングカードを販売しました。その際、リーダーズボード上位のホルダーが先行で購入できるようにしました。

出典：https://mfctc.kaikaikiki.com/

CryptoNinja Partners

　CryptoNinja PartnerのNFTを所有することで、レストランなどの店舗やオンラインショップで特別なサービスや割引を受けることができる「CNP Owners」を展開しています。「CNP Owners」には2024年8月時点で国内外180以上の店舗が登録されています。また、"みんなで育てるIPプロジェクト"としてCNのキャラクターが登場する地上波アニメの放送、無料スマートフォンゲームの公開、ふるさと納税返礼品としての展開、フリー素材サイトの提供など、IPを認知拡大する施策に精力的に取り組んでいます。

　これら国内外トッププロジェクトの事例のように、2021年と比較して多くのユーティリティが提供されるようになりました。NFTプロジェクトがもたらすユースケースは、単なるデジタルアートのコレクションだけではなく、実際に利用することができるものへと進化しつつあります。

NFT無料配布、web3socialでの活用

低価格のNFT販売プラットフォーム

　BaseをはじめとしてEthereumレイヤー2の普及により、低価格でのNFT販売が実現しやすくなりました。2024年春にはXCopy氏をはじめ、それまでEthereumチェーンで高額な1点ものの作品を販売してきたOGクリプトアーティストが、レイヤー2チェーンで1〜3ドル程度の低価格のNFT販売を行ったことは大きなインパクトを生みました。NFT販売プラットフォーム「Zora」では、同じ絵柄のNFTが48時間などの期間内に個数無制限で販売されています。販売されているNFTは縦型ショート動画や、チャート、詩などに多様化しています。2024年のBaseチェーンの普及とともに、盛り上がりを見せており、なかには数万体のMINT数になるコレクションも生まれ、NFTの販売方法の一として定着しつつあります。

NFT発行型暗号資産レンディングサービス

　Apas Port社が2024年8月にNFTを通して投資家と労働者が共に貧困問題を解決するサービス「HARVEST FLOW」をローンチしました。これはレンディングを通じて調達した暗号資産によって、カンボジアで車両を持たないドライバーにトゥクトゥクを所有する機会を提供します。レンディングに参加するユーザーには、応援証明書NFTが発行される。このNFTを保有することで利息と元本の受け取りや、トゥクトゥクの稼働情報などにアプリ上でアクセスできるようになっています。また、NFTであることでユーザー側はレンディング期間中（36カ月）であっても、二次流通で売却することが可能となります。Axie Infinityのスカラーシップ制度のように、新興国の人々をエンパワーメントする試みにNFTが活用されています。

出典：HARVEST FLOW

サービス終了したNFTコレクション

　2021年より野球やサッカーなどプロスポーツのNFTが国内各企業から販売されましたが、現時点でサービス終了しているものが多く見られます。一部サービスはNFTを購入したユーザーへの返金対応も行っていました。NBA TOP Shotの盛り上がりを参考に事業計画が立てられた背景が予想されますが、事業展開に足る売上を継続的に得ることが難しかったように感じます。

表1　すでにサービス終了した主なNFTコレクション

スポーツ	サービス名	提携企業	開始時期	現状
野球	パ・リーグ Exciting Moments	PLM	2021年12月	2024年3月サービス終了
野球	LIONS COLLEC-TION	西武ライオンズ	2021年9月	2024年1月サービス終了
野球	横浜DeNAベイスターズ PLAYBACK 9	DeNA	2021年11月	2023 年末より新規販売なし
サッカー	PLAY THE PLAY	博報堂 DYMP	2022年2月	2024年2月サービス終了
サッカー	Players Anthem	楽天、Jリーグ	2022年2月	2024年3月より新規販売なし
サッカー	DAZN MOMENTS	ミクシイ、DAZN	2022年4月	2023年3月サービス終了
サッカー	トレサカ	プレイシンク	2022年11月	2024年1月サービス終了
サッカー	Jリーグ エールトレカ	OneSports、LINE	2022年11月	2023年11月サービス終了

※ SUSHI TOP事例共有会 資料を参考に執筆者が作成

　その他、日本発で販売されたコレクティブNFTやコミュニティを形成するタイプのNFTでも、サービス終了を発表し返金対応したものや、販売後に活動が緩やかに停止しSNSの更新もなくなってしまったものも少なからず存在します。

　一方、米国ではSEC（米国証券取引委員会）による警告によって、過度に投機性を煽る宣伝方法や、購入者へのリターンを明示するスキームなど証券性があるとみなされ罰金の支払いやサービス終了に追い込まれたNFTコレクションもあります。SEC内でも不透明さや行き過ぎた警告への反対意見もあるようですが、企業は以前よりもNFTの販売に慎重にならざるを得ない状況が続いています。

NFTにおける新規格

　NFTに対して現実世界でのユースケースを拡張したり、流動性を向上したりするためのソリューションなどが公開されてきました。それぞれ、NFTの機能性を拡張することができ、より自由度の高いプロダクトをつくることがで

きるようになりました。

PBT (Physical Backed Token)

　NFTプロジェクト「Azuki」のチームが公開した、現実世界の実物アイテムをNFTに結びつけるためのオープンソースのトークン規格です。Azukiでは、スケートボードやアパレルアイテムにNFCタグを埋め込み、スマートフォンでスキャンすることで所有権を紐づけたウォレットに反映する機能を提供しています。これは実物アイテムの所有状態をブロックチェーン上で証明する試みとなっています。

ハイブリッドNFT

　「ERC404」に代表される、ハイブリッド規格のNFTが登場しました。これはNFTでありながら、細分化されたFT（仮想通貨）としても取り扱うことができる規格となります。たとえば、FTを同一のウォレットで100個保有すると、1NFTが付与される、また保有するFTが転送され99個になるとNFTは消失するといったプログラムが可能になっています。これまで高額なNFTはその価格帯ゆえに流動性が低いという問題がありましたが、ハイブリッドNFTによって一部での売買も可能となり流動性の向上を実現します。

トークンバウンドアカウント

　「ERC-6551」は、既存のNFTにスマートコントラクトウォレットを付与する規格です。つまり、NFT自体をウォレットとして機能させることができます。NFTが他のトークンやデジタル資産を保有し、取引することを可能とします。具体的にはキャラクターの絵柄のNFTが、NFTの服などを保有することによって着せ替えができるコレクションが生まれました。これまでもカスタマイズ可能なNFTコレクションは存在していましたが、トークンバウンドアカウントによって、オンチェーンデータを伴うかたちでの実現が可能となりました。また、アイテムのエアドロップについても直接NFT宛てに行うことが可能となり、リアルタイム性が向上します。

　ERC6551に類似した規格として、Solanaネットワーク上で開発された「xNFT」があります。NFTにプログラムコードを内包しており、ユーザーがウォレット内で直接アプリケーションを実行することができます。NFT保有者だ

けがプレイできるミニゲーム等に、都度のウォレット接続が不要となります。不要な接続による詐欺被害を減らす効果も兼ね備えています。

新たに生まれたユースケース

　NFTにおいての課題解決や周辺状況の整備により、2021年にはなかった新たなユースケースも生まれています。

NFT無料配布の盛り上がり

　マーケティングやプロモーションなどを目的として、NFTを配布する試みが行われています。NFTの配布による認知度の向上やSNSフォロワーの増加のみならず、同じNFTを持つユーザーとの継続的な関係構築などにより顧客のロイヤリティの向上につなげる効果も期待されています。SUSHI TOP MARKETING社が提供する「NFT Shot」では、ウォレットや暗号資産を持っていなくてもパブリックチェーンのNFTを簡単に受け取ることができる機能を提供し、多くのNFT配布を実現しました。画像6の日本発NFTの配布数ランキング（2023年11月）で1位となった、「SAI by IZUMO」では、複数クリエイターのイラストを世界中の人々に32.4万枚以上のパブリックチェーンのNFTとして配布されました。またNFTに紐づくデジタルアイテムを活用して観光地等でのスタンプラリーキャンペーンを行う事例も増えてきています。

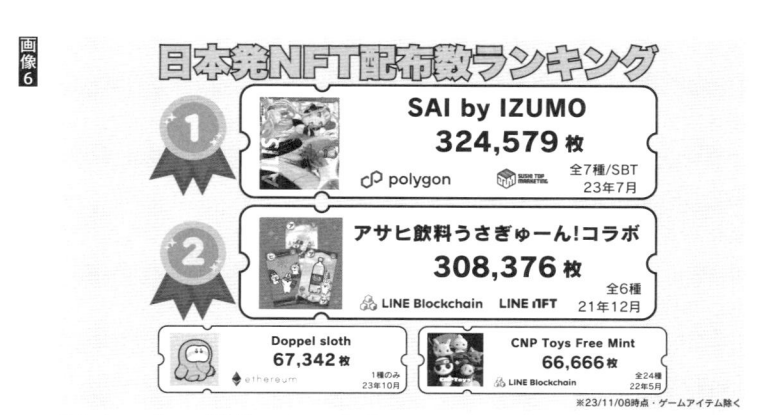

画像6

出典：https://x.com/NftPinuts/status/1722553548788146222

web3socialでの活用

farcasterやLens Protocolなど、web3socialといわれるSNSが生まれています。ブロックチェーンの採用によってユーザーがプラットフォームに依存せず、自身のデータをコントロールできる特徴があります。一部のweb3socialでは、ユーザーのアカウントとウォレットが接続されており、SNSのタイムライン上で他のページに遷移することなくNFTを入手することが可能となる機能が提供されています。その手軽さから低価格のイラストや動画NFTであればSNSでLIKEをする感覚で、気軽にNFTを購入する文化が生まれていました。

これまで紹介した事例のように、NFTを取り巻く環境は進化しています。以前よりいわれてきたNFTにまつわる課題が解決されていく動きがあり、機能の拡張により新たなるユースケースを提供できる地盤が整ってきています。

仕組みのレイヤーとコンテンツのレイヤーの双方の発展により、今後、NFTが活用されていくシーンが増えていくことに期待したいと思います。この後の「NFTのユースケース」の章では、さまざまな実用例が第一人者の方々が解説されています。これらユースケースに触れることでweb3ビジネス検討の参考にしていただければと思います。

2　NFTのユースケース

国内NFTゲーム

NFTを活用したゲームがもたらすコンテンツ共創・拡張の新しい体験

NFTのユースケースとして代表的なものがゲームでの活用。当初はスタートアップが中心だったが、近年は大手もその可能性を見出している。スクウェア・エニックスにて初のNFTプロジェクトを立ち上げた畑圭輔が、国内のNFTゲームの潮流、そして同社の取り組みを紹介する。

Author

株式会社スクウェア・エニックス

畑 圭輔　　　　　　　　　　　　　　Hata Keisuke

株式会社スクウェア・エニックス インキュベーションセンター ブロックチェーン・エンタテインメントディビジョン ディレクター。2012年に株式会社スクウェア・エニックスに入社し、モバイル事業のテクニカルディレクターとして従事。その後、各プラットフォーム関連の交渉、対外折衝などを担う業務部に異動、部門長を経験し、同時に同社初のNFTビジネスとなるNFTデジタルシール「資産性ミリオンアーサー」を2021年にプロデュースし、現在に至る。

NFTを活用したユーティリティへのニーズの高まりとゲーム

　ブロックチェーンを活用したデジタル資産としてのNFTは、ブロックチェーン上に刻まれる発行数や発行者の情報に加え、見た目による希少性を中心としたNFTが2021年頃をピークに多く発行、取引されました。同年は、NFTがXにおいてもトレンドに載るなど、まさにNFT元年といわれた年でした。しかしながらその後、急激にムーブメントは収まっていきます。その背景には、NFTの購入、保有、取引以外の用途（ユーティリティ）に注目が集まり、ユーザーがNFTを保有するメリットを求めるようになってきたことがあります。相性が良いユーティリティのひとつがゲームです。保有するNFTを会員証としたサービス、さらにNFTに付帯するパラメーターを活用したゲームコンテンツなども登場し、保有メリットに加え、NFT自体の付加価値が上がりました。

それにより取引の流動性も高まり、NFTの発行に付随してユーティリティとしてのゲームをセットで提供することが定番となってきました。

　代表的な例としては、発行済みのNFTプロジェクトのNFTを活用したカードゲーム「NFTWars」（CryptoGames株式会社）やモバイルアプリとして無料かつ手軽にはじめられる体験を踏襲し、NFTキャラクターを活用した育成、クエスト、バトルが楽しめるゲーム「EGGRYPTO」（株式会社Kyuzan）が挙げられます。

NFT保有のオーナーシップによる事業貢献

　NFTを保有するということは、同時に、それが提供されるサービスを離れてもデジタル資産として取引する権利が保証されていることでもあります。従来の運営型ゲームは、ゲームに必要なデータをサービス内のショップなどで購入・入手しても、その利用は提供側が定義する方法かつゲーム内での利用のみに制限されていました。しかし、NFTは、サービスとは別に独立したブロックチェーン上で発行され独自に取引可能なトークンと紐づいているため、サービス外であっても提供側が許諾する範囲であればユーザー同士が暗号資産等を用いて、売買や譲受が可能となりました。これにより、有償譲受であれば、NFTの価格の変動を伴うユーザー同士の取引が実現され、両者を組み合わせることでユーザーが独自にサービスを拡張したり、事業貢献したりする活動事例も出てきました。

　代表的な例としては、5年以上継続的なアップデート、拡張が行われ、活発なユーザーコミュニティによって、事業運営に貢献する活動が日々行われているMy Crypto Heroes（MCH株式会社）が挙げられると思います。

　スクウェア・エニックスでは、NFTを利用したサービス・ゲームとして2つのサービスを提供（一部、サービス終了予定あり）しています。ここからは、NFTにて実現できた具体的な事例とともにご紹介します。

コンテンツ拡張型の資産性ミリオンアーサーの事例

　資産性ミリオンアーサーは、スクウェア・エニックス初のNFTプロジェクトとして、2021年10月から開始したNFTサービスです。NFTになじみのな

い方にも親しんでもらえるようweb3界隈の用語を極力使わず、NFTデジタルシールという新しいジャンルとしてサービスを構成し、手軽にNFTに触れてもらえる価格帯をめざし500円から販売をスタートしました。

© SQUAER ENIX　資産性ミリオンアーサーキービジュアル

　購入したデジタルシールには、その背景や枠の組み合わせなど最終的なデザインをユーザー自身で決定できるカスタマイズ性を持たせ、NFTに愛着を持ってもらうことをコンセプトに開発しました。
　2021年10月販売の第1弾から同年12月第3弾まで販売し、その後、ゲーム

© SQUAER ENIX　デジタルシールの背景とフレームデザインの選択画面

コンテンツをモジュールのように拡張するかたちで追加開発を行い、2023年4月からゲームコンテンツ「シール研究所」がスタートしました（シール研究所は、2024年5月31日にて既に提供終了しています）。

　シール研究所では、メガプレス、ギアシールといった新しい要素が加わりました。ゲームをプレイすることでギアシールというNFTを生成することができ、さらにギアシールをキャラクターシールにメガプレスすることで細かいカスタ

ミニゲームをプレイすることでデジタルシールをカスタマイズするギアシールを入手。

（右）展示場。カスタマイズされたデザインのシールを展示して、アワードイベントなども開催
（左）ゴージャスMCショップ。ギアシールを売却したり、ゲームの進行などによって得られたりするゲーム内通貨のMCを使ってNFTなどと交換

マイズデザインを作成できるようになりました。

　ゲームコンテンツにおいては、メガプレスやギアシールといった機能面に加え、ゲーム内で発行されるギアシールをゲーム内で売却することなどで得られるMCと限定NFTなどを交換するゴージャスMCショップや、作成したシールを展示し、たがいに評価（いいね）できる展示場なども提供してきました。

　ゲームプレイとNFT発行はともに無料だったため、220万を超えるNFTがゲーム内で発行され、デジタルシールは、最終的に19万枚を超える販売実績となりました。

　しかし、NFTが過剰供給されてしまうと、当然ながら取引されるアイテム数も過剰供給となり、価格競争が生まれ、価格が下がる傾向となり、適正な価格を維持するためにも流通総数を含めたバランスに常に気を配る必要が出てきます。資産性ミリオンアーサーでは、対策として以下のようなイベントを実施してきました。

ブロックチェーンがつなぐユーザー同士の赤い糸？ 「ししゃもグミまつり」イベント

　2021年12月に実施された「ししゃもグミまつり」は資産性ミリオンアーサーにおける初イベントとなります。

　資産性ミリオンアーサーでは、購入したデジタルシールをサービス内のデジタルホルダーに貼ることで、OMJ（おまんじゅう）という独自のポイントが1日10MJとしてシールに蓄積される仕様になっています。また、購入・ホール

画像5

© SQUARE ENIX　サイプレスによるデザインの変更

ド・売買以外にNFT保有を楽しめる要素として、「サイプレス」という仕組みも提供しています。サイプレスは、デジタルシールをホルダーに貼り付けると貯まるOMJのポイントが上限に達すると一度だけ行える機能で、デジタルシールのカラーリングを変更することができます。この仕組みは、いわゆる対戦ゲームにおける2Pカラー要素であり、保有するオーナーの意思で色やデザインを変更できるため、発行数に加え、デザインのバリエーション総数における流通量の変化も検証する目的として提供されました。

　ししゃもグミまつりでは、イベント期間中にユーザーがサイプレスを行う際に、デジタルシールに記録された情報が参照され、イベント限定のポイント「SMG」付与の条件に従い、対象者が決定し、対象者にSMGが運営から付与される仕組みとなっていました。このSMGを一定数貯めることでイベント限定のNFTデジタルシールが運営より配布されました。ポイント付与の対象者を決定する条件は、「デジタルシールを最初にホルダーに貼り付けたユーザー」「デジタルシールをホルダーに貼り、OMJを最大までためたユーザー」「サイプレスを実行したユーザー」の3つの条件が存在します。

　1人でこの条件を満たすこともできますが、あえて条件が獲得できるようにマーケットに流通させ、購入した人にも恩恵が得られるように設計したことで、イベント限定デジタルシールほしさにマーケットプレイスでサイプレス前のデジタルシールを購入するニーズが生まれることを期待しました。結果、マーケットプレイスでは、ししゃもグミまつり用に調整されたデジタルシールが流通し、流動性が増加しました。自分だけではなく相手にもメリットを与えるかどうかもユーザーに委ねつつ、ブロックチェーン上で記録される情報を通して、「相手とつながっているような赤い糸」という声もいただくことができました。

目標にむけて挑戦する「メガししゃもグミまつり」「ミナプレス」「ゴージャスMCショップ」イベント

　ゲームコンテンツが提供されてからは、さらにNFTの発行数が大幅に加速したこともあり、マーケット内でのNFTの流通量が増加し、NFTの価値が希釈化されやすくなったため、その対策として、NFTの償却（バーン）の仕組みを導入し、流通量の調整を試みました。

　具体的には、イベントとして配布する専用のデジタルシールに専用のギアシールをメガプレスすることでポイントがもらえる、メガししゃもグミまつり

を新たに企画し、実施しました。結果として、大量のNFTが償却されたものの、反省点として、メガプレスを大量に実行させること＝作業感が発生してしまい、楽しめる要素がかなり薄くなってしまいました。

　このような学びを経て実施された施策として、ゲーム内でギアシールを売却することで得られるゲーム内通貨「MC」に注目し、MCを各ユーザーが集め、イベント開催期間中に限り、限定NFTキャラ、ギアシールなどに交換可能なゴージャスMCショップを開催しました。ギアシールの売却レートはレア度によって異なるため、ゲーム内で売却をしてMCを貯め、目的に合わせてゲーム内でMCを使用する方もいれば、ゲーム内で売却せず高いレートのギアシールをマーケットプレイスにて売買をし、暗号資産や法定通貨を得るユーザーが生まれることで、二次流通も活性化させることができました。

　ゲーム内通貨MCは、ゲームコンテンツをプレイするためにも必要なものであり、ユーザーが保有しているデジタルシールのOMJ総数によってゲーム内のランクが異なるため、ゲーム内でもらえるMCを中心としたデイリー報酬の違いによってゲームの進行度に優劣が生まれていました。そのため、期間中にゴージャスMCショップにすべてつぎ込んでしまうと、ゲームの進行にも影響が出てしまうといったデメリットが生じることになり、ユーザーにとっては自らのランク帯に応じて立ち振る舞いを慎重に考えるイベントにもなりました。

　ミナプレスは、文字通りみんなで（メガ）プレスするイベントとして実施し、全ユーザーの期間中プレスの総数に応じて報酬を用意し、イベント参加者全員にNFTを配布しました。プレス数が表示されることで、自分の貢献度が可視化され、SNSでも現在の達成数をポストするなどして盛り上がることができました。

ユーザー主体による独自イベントの実施

　NFTがマーケットで譲渡できることにより、運営が用意したイベントだけではなく、ユーザー自身が商品をマーケットから調達してコンペの入賞者に直接商品を譲渡するという、事業者が介入しないで独自にイベントを実施するケースも生まれました。

　このようにサービスを拡張させることで、購入→保有→コレクションだけでなく、NFTを売買したり、譲渡したりすることの新たな体験を生み出す事例を提供できたサービスだったと思います。残念ながらサービスは、2024年10月

15日をもって終了となりますが、販売・生成されたNFTは引き続き二次流通などで売買できる状態として残します。

共創・拡張に意欲的なSYMBIOGENESISの事例

SYMBIOGENESIS（シンビオジェネシス）は、NFTサービス第2弾として、2023年12月に配信開始となりました。「コレクティブアート」に「ゲームユー

© SQUARE ENIX
（左）SYMBIOGENESISのキービジュアル
（右）すべて異なるデザインで構成される計1万体NFTキャラクターを販売

© SQUARE ENIX　NFTオークション画面

ティリティ」を加えた新しいNFTエンタテインメントとして開発されました。NFTコレクティブアートは、すべてユニークかつさまざまな種族・職業のキャラクターとして全身画像まで制作されており、PFP（Picture For Profile、いわゆるプロフィール画像）としても使用できます。

　NFTの販売方式は、イングリッシュオークション形式を採用しており、オークションの仕組みは、ブロックチェーン上で開発されています。入札時にガス代を支払い、入札から落札までブロックチェーン上に記録されているため、オークション最中のおたがいのウォレットの状態も意識した駆け引きも生まれました。

　ゲームのジャンルは、「ストーリー解放型エンタテインメント」で、メインストーリーと各キャラクターそれぞれが持つストーリーを解放しながら世界の謎を紐解いていきます。

独占と分配による情報交換

　SYMBIOGENESISには、メインストーリーパートのほか各章ごとのアイテムを集めるクエストパートもあります。このアイテムを探し出すには、NFTキャラクターを保有することで得られるストーリーや情報を用いる必要があり、その難易度は非常に高く設定されています。各キャラクターは、オークションで購入したそれぞれのユーザーが保有しており、各々が持つ情報を独占するか、分配するかはユーザーに委ねられています。これがSYMBIOGENESISにおける重要なコンセプトとなっており、情報の分配に必要な仕組みとして、次に説明する「レプリカ」を提供しています。

レプリカによる情報分配と遊びの拡張性

　レプリカは、オリジナルのNFTキャラクターを保有しているユーザーがゲームを進行していくことでレプリカポイントを獲得し、発行できるNFTを指します。オリジナルのキャラクターは手放したくないけれど、情報の分配をしたいユーザーにとって活用できる機能です。発行されたレプリカは、譲渡・販売が運営から許可されているため、相手に直接譲渡しても良いですし、売買することもユーザーに委ねられています。

　SYMBIOGENESISでは、このようにサービスのコンセプトとして、「ユーザーに委ねる」というケースがよく出てきます。ゲーム性がシンプルだからこ

そ、情報の独占と分配というコンセプトのなかでユーザーそれぞれの遊び方（拡張性）に余白を持たせているのが特徴です。

プレイヤーVSプレイヤーの「イデアバトル」

SYMBIOGENESISでは、事前に運営サイドが決めた場所を条件に従ってアイテムを探していきます。イベントのひとつ「イデアバトル」では「該当者」候補と呼ばれる候補者を運営が選出し、その候補者が隠すアイテムを、他のプレイヤーが探すプレイヤーvsプレイヤーのイベントとして実施しました。候補者が出すヒントを頼りにアイテムを探すことになるため、通常とはまた異なった難易度かつ楽しみ方が話題となりました。

画像8

© SQUARE ENIX

ストーリーを考察し自分なりに世界観を深掘りする「考察リーグ」

SYMBIOGENESISのストーリーは、まだ全貌がユーザーに明らかにされておらず、考察して楽しんでもらうことも重視しています。各章運営中、ストーリーの鍵を握る事件やキャラクターについてのお題を提供し、考察してもらい、優れた考察にはアイテムが贈呈されます。

このようにSYMBIOGENESISでは、大半のコンテンツはすでに用意されているものの、さらにそれらをユーザーとともに共創し、補完する「遊びの拡張性」に特化した挑戦的なタイトルになっています。NFTを保有することをスタートとし、そこからユーザーの創造力で何倍にも楽しめるコンテンツを目指し、開発・運営を行っております。

ビジネスモデルとマネタイズ

　トークンを発行せず、NFTのみでゲームを開発運営する際に多くの事業者が気になるポイントとしては、その収益性（ビジネスモデルとマネタイズ）でしょう。

　NFTを活用したコンテンツでのマネタイズ手法は大きく2つに分けられると考えます。1つ目は、NFTの作成・販売と二次流通における収益。2つ目は、NFTを取り扱うマーケットプレイスの開発・運営における手数料を中心とした収益。この2つに分類されます。

　上記以外のビジネスモデルとしては、NFTのユーティリティとしての他のサービスでの利用といったライセンスビジネスやNFTホルダー向けのグッズ販売といったマーチャンダイズなども挙げられると思います。

　NFTの作成は画像と付帯するテキスト情報などを用意するだけで良いため、発行に必要な準備は少ないものの、実際に販売するとなると、自分達で販売サイトや決済手段を用意し、構築する必要があり、難易度が急激にあがります。資産性ミリオンアーサーやSYMBIOGENESISでは、この方式を採用しておりますが、メリットとしては、販売にかかわる手数料等も含めて事業者が主体的に決めることができます。しかし、その分、販売時に発生するオペレーションやトラブルなどにもしっかり対応する必要がありますので、もし手軽に販売したい場合は、販売代行を持つプラットフォームやマーケットプレイスを利用する選択肢も検討することができます。

NFTの価格にもよりますが、NFTは希少性が価値に連動しやすくなるため、発行数に上限を置いた販売スキームを取ることがほとんどで、収益としてのアップサイドが狙いづらい状況に陥りやすくなります。

　そこで、開発運営におけるNFT販売の収益源として、次に期待されるものがマーケットプレイスにおける二次流通取引手数料（ロイヤリティ）となりますが、2022年頃から登場したBlurなどの新しいマーケットプレイスは、ユーザー間取引において、手数料を徴収しない方針を打ち出したことで人気を博し、2023年にはOpenSeaの取引高を上回りました。マーケットプレイスは取引高が選択肢の1つですが、事業者側にロイヤリティが入りづらい仕組みが人気ともなると、ロイヤリティビジネスを成立させるための設計は、一筋縄ではいかない状況が続いています。

　マーケットプレイスと一口にいっても、C2C取引における縛りが少なく開けたマーケット（競合が多くやロイヤリティ条件がさまざま）や閉じたマーケット（競合が少ないがロイヤリティ条件が固定）など、展開したいビジネスに合わせて選択する必要があります。

　もし仮に、マーケットプレイスを自前で用意するならば、より柔軟なビジネスモデルを設計できますが、その開発コストと期間に加え、各国のNFTに対する法的な規制状況、税対応などリーガルやファイナンシャルを含めたさまざまな要素を考慮する必要があります。

NFTゲームの可能性

　NFTを活用したゲームやサービスの登場により、保有していることで得られるユーティリティを通して、さまざまな体験価値を提供することが可能になりました。これまでのゲーム業界では、完成された作品をお客様に届け楽しんでもらうことが主流でしたが、ブロックチェーン技術を通じて、お客様同士で直接NFTの譲渡や売買などが可能になったことで、お客様自身が運営に参加したり、場合によっては貢献することも実現されています。

　私は、これを「コンテンツの共創と拡張」と考えており、お客様とともにつくり上げていくこの仕組みは、今後のゲーム開発運営の新しいかたちのひとつになっていくと考えております。

3

NFTのユースケース

海外NFTゲーム

ゲームの新たな可能性を示す
web3ゲームの現在地

世界的に見ればNFTや暗号資産を活用したweb3ゲームが隆盛し、新たな
ビジネスモデルが生まれている。これまでのゲームの枠組みを超えた
web3ゲームの現状はどうなっているのか。海外のweb3ゲームをウォッ
チするJapanBlockchainWeekの絢斗優が解説する。

Author

一般社団法人JapanBlockchainWeek

絢斗 優　　　　　　　　　　　　　　　　　　　　　　　Ayato Yu

2018年よりNFT業界で活動開始。 BAYC Japan共同創業者、多くのブロックチェーン
プロジェクトのエンジェル投資家。 メタバース関連企業Vportalを経営中。また、
Decentralandなど多くのメタバースプロジェクトをプロデュース。2018年よりブロッ
クチェーン領域に特化したクリエイティブイベントチームとして活動。
JapanBlockchainWeekや、web3メタバースをリードするOMA3と提携する
MetaverseJapanのディレクターも務める。

web3ゲームとは何か

　web3ゲームとは、NFTや暗号資産を活用したゲームを意味します。従来の
ゲームと違い、ゲーム内の活動を通じて獲得した暗号資産やNFTを売買でき
るのが大きな特徴といえるでしょう。一時期は過度に投機的な要素を強調した
ゲームが目立っていましたが、2024年現在、業界全体としては新しいビジネ
スモデルが確立されはじめています。ただし、web3ゲーム自体がまだ黎明期
でありビジネスモデルも世界中で試行錯誤が続いている状況です。本項では、
まずはweb3ゲームの歴史的背景から紹介し、これから起きるビジネスの変化
について解説していきたいと思います。

web3ゲームの歴史

　web3ゲームの歴史は2017年に発表されたCrypto Kittiesにはじまります。NFTを掛け合わせて新たなNFTを創るだけの単純なゲームでしたが、新しい領域の誕生は多くの挑戦者を引きつけました。

　CryptoKittiesに触発されてAxieInfinityやMyCryptoHeroesといったゲームが2018年に誕生しました。しかし、当時はインフラが整っていなかったこともあり、ゲームの表面的な見た目はかなりシンプルなつくりでした。そのため、「web3ゲーム＝単純なゲーム」という世間の認識が続いてしまいます。

　2020年になると、web3ゲームの暗号資産的側面が注目されるようになります。これは、当時CompoundやUniswap等の多くのDeFi（分散型金融）プロジェクトがガバナンストークンを発行して、DeFiバブルが発生していたことも影響したといえるでしょう。2020年秋にはAxieInfinityのガバナンストークン AXS が世界的大手取引所に上場したのをきっかけに、第一次web3ゲームバブルがはじまります。当時はコロナで多くの人が収入源を断たれて困窮していたこともあり、AxieInfinityの報酬で生計を立てる東南アジアの家族を紹介したドキュメンタリーは大いに注目を集めました。

　2022年、アメリカの利上げに伴い暗号資産全体が大きく縮小。web3ゲーム関連トークンも軒並み値下がり、第一次web3ゲームバブルは沈静化します。しかし、このバブル沈静化と同じタイミングで次の世代の種はすでにまかれていたのです。2022年頃からゲーム性、グラフィック共にクオリティの高いweb3ゲームが増えはじめていきます。ハイクオリティ型web3ゲームで初期に有名になったのは、元DecentralandファウンダーのAriが立ち上げたAAA級のweb3ゲーム BigTimeです。Web2ゲーム業界でもおなじみのゲームエンジンUnreal Engineを使ったハイクオリティなゲームはたちまち評判になり、ゲームとしてのクオリティがWeb2に追いつく未来が示されました。

　また、2024年には農場系ゲーム Pixelsの1日のアクティブユーザー数が安定的に100万人を超えるようになり、ほとんどのWeb2ゲームよりもユーザー数の多いweb3ゲームが誕生することになりました。web3ゲームは2024年時点ですでに部分的にはWeb2ゲームを超える規模感のゲームが海外では出はじめているので、今後5年以内に歴史的な大ヒットを記録するweb3ゲームが出ることでしょう。

ゲーム業界にこそweb3が必要とされているかもしれない

　そもそも昨今のWeb2ゲーム業界は課題が多いといえます。全世界的に長寿の有名ゲームがユーザーの可処分時間の多くを占めている飽和状態が続いているため、新作が売れにくくなっているのです。その一方でゲームの製作費・広告費は膨らみ続けており、AAA級のゲーム開発は非常にリスクの高いギャンブルとなっています。1年以内にサービス終了するゲームも珍しくなく、もはやWeb2ゲームとweb3ゲームのどちらの寿命が長いかわからないぐらいです。

　そのような状況のため、ゲーム業界にこそweb3が必要だという議論が2022年頃から徐々に増えはじめています。web3ゲームがWeb2ゲームに対して特に有利な点は2つあります。

　1つ目は、暗号資産のエアドロップ（無料配布）等を広告費として考えられることです。近年のゲームは製作費の高騰と同じぐらい広告費の高騰も問題になっています。一方、web3ゲームは暗号資産をプレイヤーに配布することが可能なので、ゲームを通じて儲かった人は当然そのことをSNS等で自ら積極的に拡散するようになります。2024年に話題になったエアドロップ過熱問題は賛否両論を巻き起こしましたが、マーケティングのためにユーザーにお金を配るのは何もweb3だけの現象ではありません。日本での身近な例だと、QR決済戦争の時にPayPayが100億円をユーザーにばらまいたのが有名な事例です。web3ゲームの場合、ユーザーにエアドロップされるのはステーブルコインではなくそのゲーム自体に紐づいた暗号資産であることがほとんどです。ゲームが盛り上がっていけば暗号資産の値上がりによるキャピタルゲインも見込めるため、早期プレイヤーはますます積極的にゲームの宣伝をはじめます。熱心なゲーマーに暗号資産をエアドロで配ることは、ゲーマー1人ひとりを熱心なプロモーターに変える力があるのです。

　2つ目は、ベータ版開発中に売上を建てられることです。web3ゲームの場合、ベータ版の時からNFTの販売やゲーム内アイテムの販売を通じて売上を立てることが可能となっています。有名な例だと、BigTimeはゲーム開発開始から2年目ですでにベータ版を公開し、そのベータ版に参加する権利NFTで約4.5億円の売上をたてました。その後の2023年末から2024年春の5カ月間のベータテスト期間中に約100億円もの売上を実現しています。

　そもそも、ベータ版に参加する権利を販売するという概念がおそらくweb3

業界以外では理解し難いことでしょう。お金を払ってでもベータテストに参加しようと思わせる最大の動機は、早期プレイヤーへの暗号資産のエアドロップです。web3ゲームではユーザーに暗号資産を配布する場合が多いが、より早い段階からより多くの時間をゲームに費やした早期ユーザーほど多くの利益を得られることが多いのです。そのため、有望web3ゲームの新作にはお金を払ってでもベータ版に参加したいユーザーが世界中に存在するのです。

　ちなみにBigTimeの場合、2022年に販売されたベータ版参加権NFTは定価で約8万円、二次流通価格で50万円ぐらいまで上昇しました。それでも、ベータ版参加券NFTを買ってまじめにゲームをしていたユーザーは平均して数百万円単位で利益を上げています。このBigTimeの成功は当然話題となり、等価交換モデルとしてその後の多くのweb3ゲームのエコシステムが参考にするエコシステムモデルとなりました。

工場モデルから等価交換モデルへ

　BigTimeの示した等価交換エコシステムモデルの原理はシンプルです。より多くの資金と時間を早期に費やしたゲーマーほど多くの利益を得られ、より少ない時間と資金を費やしたゲーマーには、ほとんど収入が入ってこないというモデルです。

　早期サポーターの証しとなるジェネシス（基軸）NFT、ゲーム内で使うユーティリティNFTをなるべくたくさん買うことでゲームプレイ時の収益率が上がるのです。ジェネシスNFTの呼び方はゲームによって異なりますが、Land NFTやPFP NFTの形態をとることが多いといえます。ここで重要なのは、ゲームをより長時間プレイすることが収益を得る条件として重視される傾向が強まったことです。2021年頃に主流だった工場モデルの時代は投入資金額が最重要であり、ゲームをプレイする時間はさほど重要ではありませんでした。この等価交換モデルはBigTimeに限らず、2022年以降に開発スタートした多くのweb3Gameで取り入れられています。そのため、2024年現在世界的に注目を集めているMATR1X FireやSpaceNationも類似のエコシステム設計となっています。

　たとえばMATR1X FIREは基本プレイ自体無料ですが、$FIREトークンを稼ぐにはアバターNFT（PFP）を保有している必要があります。同様に、

SpaceNationoもゲームプレイ自体は無料でも可能ですが、$OIKトークンを取得するには宇宙船NFTや船員NFTを保有する必要があります（2024年7月現在）。また、PFPやAlphagateといったジェネシスNFTを保有することでより多くのトークンを稼げるよう倍率が上がる設計になっているのです。

　これらのゲームでは、無料でもゲーム自体は遊べるようにすることでプレイヤーの参加層を増やしますが、一方でNFTホルダーしかトークンを稼げないようにすることでトークンの過度な希釈を避ける方式になっています。かつてはPFPといえばBAYCやAZUKIのように特定のユーティリティを持たない文化の象徴としての意味合いが強かったのですが、これらのゲーム系プロジェクトの場合は、PFPはゲーム内暗号資産獲得に必要なツールとしての用途が追加されている場合が多いといえるでしょう。これらのweb3ゲームプロジェクトのPFPに、トークン獲得用の実需以上の価値が今後発生するのかどうかも興味深い点です。

　また、これらのゲーム会社は共通して、ジェネシスNFTの保有者を株主に近い存在として重視しているのも注目に値します。

　web3ゲームというと投機勢による短期的な売買のイメージがいまだに強い人も多いかもしれませんが、これは2021年〜22年ごろの第一次web3ゲームバブルの時にはやった工場モデルの印象が強すぎたためでしょう。工場モデルの代表例は、初期のAxieやSTEPNです。これらのゲームの初期は、NFTの配合ガチャがユーザーの一番稼げるポイントだったので、とにかく初期に大量のNFTを買い集めた大口投資家が有利だったのです。ゲーム自体は二の次であり、とにかく工場を回転させることが利益の最大化をもたらしました。しかし、この工場システムはトークン価格の高騰と暴落を発生させやすい上に、そもそもゲームをプレイするよりも工場を回転させる方が効率が良かったのでゲームというよりはDeFiに近いものでした。これらの教訓も踏まえて、現代ではゲームを長くプレイする人ほど報酬を得られる等価交換モデルが主流になりはじめ

表1　ゲームのNFT一覧

	ジェネシス NFT	ユーティリティ NFT
BigTime	Warden NFT	Hourglass NFT
SpaceNation	Alpha Gate, PFP	Ship, Crew
MATR1X FIRE	Character, PFP, kuku	武器スキン等

BigTimeにおけるGenesis NFT TimeWarden
出典：BigTime:Time Wareden

SpaceNationのGenesis NFT AlphaGate
出典：SpaceNation: Alpha Gate

MATR1X FIREにおけるGenesis NFTの一つMatr1x Fire Character
出典：MATR1X FIRE : Character

ています。工場モデルの代表例だったAxieやSTEPNも、徐々にゲームをしないと稼ぎにくくするようエコシステムを調整していきました。業界全体として、投機勢を減らしてゲーマーに還元するのをめざす方向に進んでいるといえるでしょう。

　一方で、DeFi要素の強いゲームは投機勢に根強い人気があるので、GameFiとして別のカテゴリーとして進化していきました。既存のゲームの延長線上にあるweb3ゲームと違い、GameFiは他のプレイヤーをいかに出し抜くかの心理戦と札束の殴り合いを兼ねた一種のスポーツ的魅力を持つようになり、世界中でコアな熱狂的なファンを獲得して独自の進化を遂げていきます。日本でも話題になったGasHeroはGameFiの代表例です。このように投機勢をGameFiが引き受けるようになったため、web3ゲームからは投機勢が減り、ゲーマーがメインのコミュニティとなっていきました。日本ではまだ、web3ゲームとGameFiを混同している議論が多数散見されるので、本書をきっかけに議論の土台が整うのを願っています。

ゲーム特化チェーン

　web3ゲーム業界の大きな転換点は、ゲーム特化チェーンの誕生です。2022年にはAxieInfinity開発会社のSkyMavis社の独自ブロックチェーンRoninを稼働開始。同年秋には日本発のOasysBlockchainが誕生しました。その後、2024年には多くのゲーム特化チェーンが雨後の竹の子のように生まれるようになりました。

　ゲーム特化チェーンのビジネスモデルは、SwitchやXboxのようなプラットフォームを想像するとイメージしやすいでしょう。特にRoninは自社IPがあるので任天堂との比較で説明されることがあります。たとえば任天堂は、自社ゲームを発表するハードウェア任天堂Switchを出していますが、Switch自体は他社もゲームをローンチできるようにすることでプラットフォーマーとしても収益を上げています。同様に、SkyMavisはAxieという土台になるゲームを出しつつ、Roninブロックチェーンに有望なゲームを誘致することで、ゲームプラットフォームとしての土台をつくっています。特に2024年は、PolygonからRoninに引っ越したPixelsの大成功がRoninの成功を印象づけました。Pixelsは元々Polygon版の頃はアクティブユーザー数千人でしたが、

Roninに引っ越してからユーザー数が急増。2024年春にPixelsトークンがバイナンスに上場する頃にはデイリーアクティブユーザー数が100万人を安定的に超えるようになりました。ここ数年の全世界のブロックチェーンのデイリーアクティブウォレット数はずっとTronが首位をキープしていましたが、2024年7月現在でRoninのデイリーアクティブウォレットが210万を超え、Tronを超えて世界で一番使われるブロックチェーンとなりました。

　新規にゲームを出すプロジェクトとしては集客効率の観点からすでにユーザーがいるプラットフォームでゲームを出したいので、次々に有望タイトルがRoninチェーンでゲームを出そうとしています。こうして、続々と人気ゲームが出れば安定したプラットフォームの完成です。

　2024年7月現在ではRoninがユーザー数で圧倒的1位ですが、もちろん他のゲーム特化チェーンもこれから伸びていくのが予想されるので、2024〜25年はゲーム特化チェーン戦国時代になるでしょう。しかし、Web2ゲーム業界のコンソールがSwitch、Xbox、Playstationの3つにほぼ集約されていることを考えると、ゲーム特化チェーンもかなりの淘汰が進むのではないかと思います。

ゲームプラットフォーム

　ゲーム特化チェーンがコンソールに近い考え方とすると、Web2ゲーム業界でのSteamやEpicStoreに近い考え方をしているのがOpenLootやXterioです。これらのゲーム配信プラットフォームはさまざまな新作ゲームのNFT販売やゲーム本体のDL機能を備えています。年々web3ゲームのタイトルが増えていった結果、いかにしてユーザーに認知されるかが課題になってきているのです。以前はゲーム会社が自社サイトでNFT販売をするのが主流でしたが、2024年現在、自社サイトでの販売だけでは困難になってきており、ゲームプラットフォームでのNFT販売が増えはじめています。

持続可能なエコシステムという幻想

　web3ゲームの暗号資産と他の暗号資産の最大の違いは、ゲーム自体の寿命にトークンの寿命が影響されることです。当然ながら、Web2、web3関係な

図2 主なweb3ゲーム

サービス名称	特徴（URL）
AxieInfinity	Axie(アクシー)と呼ばれるモンスターのNFTを育てるweb3ゲーム。ゲームを通じて報酬を受けるという仕組み自体がまだ珍しかった時代に流行ったので、一時期はweb3ゲームの代名詞的存在となった。現在もさまざまなバージョンが発展中 https://axieinfinity.com/
ドキュメンタリー『Play to Earn』	コロナ期に多くの人が仕事が無くなり困窮する中、Axieによる報酬で生活するフィリピンの人々のドキュメンタリー https://www.youtube.com/watch?v=Yo-BrASMHU4
STEPN	工場型web3ゲームの代名詞として一世を風靡したゲーム https://stepn.com/
BigTime	ゲームトークンの価格上昇に依存しないビジネスモデルで話題になったweb3 MMOゲーム https://www.bigtime.gg/
Pixels	100万人規模のアクティブウォレット数を記録した農場系web3ゲーム https://www.pixels.xyz/
SpaceNation	等価交換型経済モデルを提唱したweb3 MMOゲーム https://spacenation.online/
MATR1X	スマホ対応のFPSが有名になったweb3ゲーム https://matr1x.io/
Xterio	web3ゲームのローンチパッド https://xter.io/
OpenLoot	主にMMO系のゲームが集まっているweb3ゲームローンチパッド。BigTimeと同じ企業が運営 https://openloot.com/

くゲームには寿命があります。ゲーム過多の現代では、新作ゲームが1年持てば良いほうで、3年後もゲームがはやっているのはかなり稀です。当然、一般的にはゲームのユーザーが減るとそのゲームの暗号資産も取引高が減っていき価格はゼロに近づいていきます。したがって、web3ゲームの暗号資産は原則ローンチした初年度にどれだけ流動性を上げるかが重要になります。しかし、日本国内の新規トークンの上場審査にはかなり時間がかかるのが課題となっているのです。

　国内企業がweb3ゲームを出す場合は主に2つの選択肢があります。1つ目はIEO（トークンを発行した資金調達）してからゲームをローンチすることです。2つ目は先にゲームをローンチして暗号資産を海外取引所に上場させ、後から国内取引所にリスティングすることです。1つ目のIEOパターンですが、これはそもそもIEOのハードルが高いので一般的なベンチャーには実現困難でしょう。さらに、IEOの順番待ちをしている間にトレンドが変わる可能性も高く、ゲームがローンチする頃には2世代古い設計のゲームとなっているリスク

があります。

　そのため、2つ目の方法である海外取引所に先に上場させてから日本国内にリスティングする方法を選ぶケースが増えています。しかし、これは無免許の海外取引所へ日本居住者を誘導する行為の蔓延（まんえん）につながっておりトラブルも多く報告されています。また、国内取引所へのリスティング待ちをしている間にゲーム自体の寿命が尽きることも珍しくありません。

　そもそもゲームの寿命が1年前後であることを考えると、web3ゲームの暗号資産に他の暗号資産と同じ基準の審査をすること自体に限界があります。今後のweb3ゲーム業界の健全な業界の発展のためには、暗号資産上場ルールがより柔軟になることが望まれます。

web3ゲームの今後

　web3ゲームは第一次web3ゲームバブルの後の幻滅期を超え、緩やかな成長フェーズに入りはじめています。今まで広告宣伝費に回っていたお金がゲームプレイヤーに配分される恩恵は大きく、web3ゲームだけで生計を立てる人も増えていくでしょう。一方で、すべてのWeb2ゲームがweb3化していくわけではなく、当分の間は共存が続くのが予想されます。

　web3ゲームは一般層へのブロックチェーンの教育的側面も注目されており、はじめてのweb3体験がweb3ゲームとなる若者が今後増えていくでしょう。そして、今後の大きな業界の成長が見込まれる一方で、web3ゲーム業界もまたWeb2ゲームと同様に資本集約型のビジネスになってきています。特にweb3ゲームの場合、ゲームの開発費の高騰はもちろんのこと、暗号資産の流動性の確保、グローバル大手取引所との調整など金融面での必要作業が多く、中小ベンチャー企業が参入するには正直難しい業界に急速に変化していっているのです。すでに2024年時点で数十億円の資金調達は当たり前となっていることを考えると、web3ゲーム業界の勢力図の大勢が決するのは案外近いのかもしれません。

4

NFTのユースケース

マンガ・アニメ

技術革新で加速する
アニメ・マンガの新たな可能性

日本が誇るアニメ・マンガ産業。日本のIP（知的財産）コンテンツの web3進出が進むかたわら海外では web3ネイティブなアニメ・マンガプロジェクトが誕生している。この世界の潮流を Anime Foundation 及び San FranTokyo CEOのDavid Tainがグローバルフラットな視点で解説する。

Author

San FranTokyo CEO
デヴィッド・タン   David Tain

グローバル企業で20年以上の経験を持つ経験豊富な起業家。前職のベンチャー企業の成功に続き、現在は San FranTokyoのCEOとして、web3とアニメ文化に全力を注いでいる。

アニメ文化とweb3

かつてインターネット、スマートフォン、SNSの技術革新が主流になるのを目の当たりにした瞬間の興奮を、私は今でも忘れられません。そしてweb3は、これらの技術革新に次ぐ主要なデジタルパラダイムシフトのひとつであると考えています。 しかし、前者の技術黎明期と同様に、web3にはさまざまな観点から改善が必要です。この数年間、私は多くのグローバル企業、業界の思想的リーダー、プロジェクト、そして友人たちとweb3の未来について深い会話を交わしてきました。タイミングに関する意見はさまざまですが、一般的なコンセンサスは一貫しています。技術は不可避であり、その可能性を無視することはできません。

web3、つまり次世代のインターネットの進化は、個人のデータ主権とエンパワーメントを次のレベルに引き上げるための推進力となります。そのなかでも特にアニメカルチャーとweb3は切っても切り離せない関係にあり、自己表

現において重要な役割を果たすでしょう。

　私は、web3の本質は「所有」という概念にあると考えているのですが、さらに興味深いのは、それが解き放つ新しいパラダイムです。自分のアイデンティティやデジタル、フィジカル、またはバーチャルな資産の所有が日常生活のすべての側面でシームレスに統合され、必要に応じて認識される世界を想像してみてください。これこそがweb3が約束する未来であり、これまでにないレベルでのコントロール、パーソナライゼーション、認知を提供します。

　web3によって提供される新しい体験は日々試行錯誤され、アップデートされています。インターネットが情報へのアクセスを解放したように、web3はデジタル所有権の概念によって新たな可能性の波を起こしました。アニメ文化は、今ではそのメディアを超えて音楽、ゲーム、ファッションに影響を与え、ますますグローバルなポップカルチャーに浸透していますが、アニメ文化はその恩恵を享受するのに最適なオーディエンスをすでに持っているのです。

　今日、デジタルネイティブ世代がこれまでにないほどアニメコンテンツや体験を消費しているなかで、世界中の人々がかつて何度も目にしてきたように、web3のマスアダプションへの転換点を生み出すのは時間の問題でしょう。

web3におけるアニメとマンガ

　アニメやマンガに見られるアートや世界観は、web3プロジェクトやNFTと自然なシナジーを見出しています。しかし、この業界はまだインフラの整備を必要としています。メールやSNS、eコマースにおける転換点と同じように、大規模な消費者行動の変化が起こるのは、その明確な転換点が訪れた時です。

　アニメ業界は、その消費者、ファン、クリエイターの特性とデモグラフィックにより、大きな利益を得る立場にあります。特に日本国外では、この傾向がより顕著であり、web3をもっとも効果的に活用する人々が本格的に普及した際に非常に強力な競争優位性を持つことになるでしょう。現時点で、web3にはいくつかの主要な要素が含まれています。

- クリエイター: オリジナルコンテンツやIPを制作するアーティストやスタジオであり、物語とビジョンで観客や支持者を引きつけます。
- プラットフォーム: ユーザーがデジタル資産を作成、購入、販売、活用でき

るようにするためのマーケットプレイス、プロトコル、分散型アプリケーションです。

- コレクター: NFTを購入・取引するファンや投資家であり、デジタルコレクティブルへの需要を促進し、クリエイターを経済的に支援します。
- コミュニティ: オンラインおよびオフラインでクリエイターとファンの間のエンゲージメントと交流を促進するグループであり、プロジェクトに対する最大の支持者であり、時には最も厳しい批評家でもあります。
- 体験: 資産の所有を通じて、トークンゲートアクセスによるロイヤリティや排他性を報酬としたり、NFTを創造的に発行したりすることで強化された体験を提供します。

　上記の関係値を見た際に、既存のアニメ業界にとってのチャンスはどこにあるのでしょうか？　web3 IPは、一夜にして強力なコミュニティを築き上げました。現在のアニメ業界もこれらのインセンティブを活用し、消費者行動の根本的な変化を再現することで、より強力なファンエンゲージメントを生み出し、より成功するIPをインキュベートすることができると考えています。そしてそれは、最終的にはコンテンツの質の向上にもつながるでしょう。

アニメIP

　IPの管理はデジタル時代の到来によりさらに複雑になったのではないでしょうか。インターネットの普及とデジタル配信の容易さにともない、多くの業界が海賊版による収益減の問題や、クリエイターとファンベースとの断絶といった問題に直面してきました。デジタル資産の所有を確実に証明し、スマートコントラクトによる不変のルールを自動化する能力は、これらの課題に対処する明確な手段となるのではないでしょうか。web3がすべての問題を解決する万能薬とまではいえませんが、IPの管理をデジタル化することで、ファンやクリエイターのサポートや共創を促進するかたちでアクセスを容易にし、ロイヤリティや認知をプログラム的に保証できるようにすることが、将来の最大のアニメIPの創造方法になるでしょう。

　web3には、クリエイターが自身の作品を制作・販売し、その真正性を保証できる分散型プラットフォームを実現する力があります。これにより新たな収

益源が開かれ、デジタル資産の所有と出自を確認できるようになり、またそれが、海賊版や盗作の問題の解決につながる可能性があります。世界中で何百万もの人々を魅了し、楽しませているアニメやマンガ業界にとって、この分野には明確なチャンスが存在しています。

　現在、アニメIPに関しては業界がその大部分を独占している状態にありますが、クリエイター、スタジオ、ファンが自分たちの関与がより大きいIPに対してより多くの報酬とインセンティブを受けられるようになれば、今以上にオリジナルIPの増加が期待できるでしょう。すでにコンテンツクリエイター、YouTuber、ストリーマーの台頭の台頭によって、彼らがエンターテインメントの未来を担う存在になりつつあります。彼らはファン層と直接対話することで、映画やテレビといった従来のメディアエンターテインメントよりもはるかに優れた消費者体験を提供しています。

アニメとweb3プロジェクト

web3におけるIPとコミュニティ

　NFTの台頭は、消費者行動に根本的な変化をもたらしました。人々にデジタル資産の所有権を与え共創の物語を売り込む機会を提供したのです。これにより、プロジェクトの成功を願う声高で積極的な支持者のコミュニティが生まれました。この新しい行動は、私が2021年半ばに実際に体験したもので、自分が共感できるプロジェクトを見つけ、そのNFTを購入したときに明らかになりました。たとえばAzukiやRTFKTのような日本のアニメのアートワークや世界観にインスパイアされたweb3プロジェクトは、アニメの美学とデジタル所有権を融合させ、同じような興味を持つサブカルチャー好きな人々の心を突き動かしました。RTFKTが日本の著名なアーティストである村上隆とのコラボレーションを行ったときも大きな反響を呼びました。当時、web3プロジェクトによるこのような前例のない動きは、技術が真剣に受け止められていることを世界に示すシグナルとなったのです

　このような新しい取り組みにインスパイアされ、私たちはSan FranTokyoを設立しました。これはオリジナルIPの構築に注力し、アニメとマンガ業界に特化したweb3の思想をベースにスタートしたプロジェクトで、既存のIPファンダムを通じてさらに多くのファンを取り込み、web3を通じてグローバ

ルなアニメ文化を拡大するという目標に向けて努力をつづけています。

デジタル資産の所有権、NFT、IP共同制作

　先ほども名前を挙げたAzukiは、アニメの美学とデジタル所有権を組み合わせることで、NFTホルダーに対する独自の特典を通じて強力なコミュニティをつくり上げました。私自身もこのコミュニティで多くの時間を過ごし、デジタル資産の所有が生み出す共創とブランド保護の力を体験しました。

　なぜなら、各NFTホルダーが自分自身のユニークなバージョンのIPを持っていたため、その所有感が多くの人々を動機づけ、SNS上でこれらをPFP（Picture For Profile、いわゆるプロフィール画像）として公に「着用」するようになりました。また彼らは自分のキャラクターのアートワークにおいて許諾された商業権を行使して製品を作成、マーケティングし、販売しました。この高いレベルでのコミットメントと共創は、IPやブランドを、単独では到達できなかったレベルまでサポートできる忠実なブランド支持者を生み出す可能性を持っています。

ゲーム

　『原神』や『LOL』のようなオリジナルIPゲーム、または『Fortnite』での『NARUTO』とのコラボ事例は、現在のゲーム業界におけるIPの大きな需要と力を示す強力なユースケースです。ゲーマーたちはすでにデジタル資産に慣れており、現実には触れられないモノの価値について疑問を持つことはありません。人々がもっとも多くの時間を過ごすプラットフォーム内で資産を使用できるということが重要です。web3が解き放つインターオペラビリティは、私たちが購入するデジタル資産を所有することの重要性を示すことになります。web3ゲームはこの点においてもっともすぐれたユースケースとなるでしょう。

web3時代におけるアニメ業界の未来

ユニバーサルプロフィールとDID（分散型アイデンティティ）

　ユニバーサルプロフィールとは、特定のプラットフォームによって閉じられない相互運用可能なアイデンティティのことです。これまではGAFAM等の巨大なユーザーデータベースを抱えている企業が私たちのIDを管理していました。

web3ではこのIDが個人に帰属し、個人を起点にさまざまなアプリケーションと接続していく自己主権型のIDになります。そしてブロックチェーンを活用しアイデンティティ同士の相互作用をより強力に管理できるようにすることで、クリエイターとファンに真の価値をもたらし、今より高いアニメ文化の価値を引き出すことになるでしょう。DID（分型型ID）は、個人が自身のアイデンティティ、レピュテーションを、デジタル、フィジカル、バーチャルなすべてのチャネルで安全かつプライベートに管理できる方法を提供します。

　クリエイターにとって、DIDは彼らの作品が確実に自分に帰属していることを保証し、彼らの知的財産が海賊版や不正使用されるリスクから保護します。ファンにとっては、DIDを使用して、個人情報を公開することなく専用コンテンツにシームレスにアクセスし、コミュニティの運営に参加したり、クリエイターと直接対話したりすることが可能になります。この自己主権型アイデンティティシステムは、ファンにとって、より信頼でき、より魅力的な環境の成長を促進し、デジタル時代におけるアニメ文化の体験を向上させるでしょう。

新しいビジネスモデル

　ユニバーサルプロフィールやDIDのような技術の採用が進むにつれて、新たなビジネスモデルが登場し、さまざまな業界で大きな変革を引き起こすでしょう。ひとたび転換点が訪れ、消費者がすでに所有している資産と互換性のある体験を求めはじめると、ブランドや企業はそれに応じるか、ユーザーを失うかの選択に迫られる状況に直面することになります。これは、インターネットとeコマースやSNSのようなパラダイムシフトが登場したときに見られた現象です。

　たとえばAzukiなどのweb3プロジェクトは独自のアニメを制作する取り組みを進めています。従来のようにライトノベルやマンガで人気を築き、アニメ製作委員会を形成するルートを選ばず、プロジェクトは自ら資金を調達したり、コミュニティからの支援を活用したりしてアニメを制作しています。すでにこれらのブランドは、彼らのコミュニティと共に、高いファンエンゲージメントを通じて、この業界に進出する別の道があることを示しています。

業界特化の新たな取り組み――Anime Foundation

　Anime Foundation（以下、AF）は、ブロックチェーンとweb3技術を通

じてアニメ業界を支援し、促進することに専念する新たな取り組みです。AF
の使命は、世界中のアニメファンをweb3にオンボードさせ、グローバルレベ
ルでのファンネットワークを育成することで、グローバルなアニメ文化を推進
することです。　戦略的なローンチパートナーには、Animoca Brands、
Animoca Brands Japan、San FranTokyo、MyAnimeListが含まれています。

インセンティブエコシステムとグローバルネットワーク

　　AFが発行するエコシステムユーティリティトークンは、新しいアニメやマ
ンガプロジェクトに直接的な資金調達方法を提供し、ファンが直接お気に入り
のクリエイターに投資し支援できるようにします。この民主化された資金調達
モデルは、クリエイターに必要な資本を提供するだけでなく、そこから生まれ
た経済的な成功を最も献身的なサポーターと共にすることも可能にします。さ
らに、トークンはステーキングや報酬を得るために使用でき、コミュニティ内
での長期的なエンゲージメントと投資を促進します。

　　DeFi（分散型金融）を活用することで、アニメ業界はより公平で持続可能
なエコシステムが構築でき、クリエイターはより多くの報酬を得ながら、自ら
の作品に対するコントロールを強化することができるようになると考えていま
す。これによりすぐれたコンテンツが生まれ、グローバルなアニメコミュニ
ティが成長していきます。このような統合は、トークン化されたグッズやコレ
クションを通じた新しい収益源の創出を推進し、アニメプロジェクトの成長と
成功に直接貢献する、活気に満ちた参加型のファン文化を育てることにつなが
るのではないでしょうか。

コミュニティプロジェクトとイニシアチブ

　　多くのweb3プロジェクトは、インセンティブの付与によりコミュニティ主
導のプロジェクトと取り組みが可能であるだけでなく、そのプロジェクトの成
功に重要な役割を果たせることを示しています。　NFTや一種の商業権を持つ
デジタル資産を所有することで、コミュニティは自分たちでイベントの開催、
グッズ作成、ポッドキャストやXスペースの主催、さらには自分たちの資金で
アーティストを雇ってPFPの二次創作を依頼していたりします。

　　また、さまざまなDAO（分散型自律組織）を通じて、コミュニティが重要
な意思決定に参加したり、新しいプロジェクトに資金を提供したり、クリエイ

ターと直接対話することを可能にしているのも目にしました。最終的に、パッシブな消費者からアクティブなコミュニティへのシフトを促進する仕組みは、web3には本質的に存在しているということが考えられます。

そのすぐれた例として挙げられるものに、Azukiが「Bobu」というキャラクターを使用して開始した断片的なIP所有体験があります。これは本質的にはDAOであり、このコレクションのデジタル資産を所有する誰もが提案に対する投票権を持っています。設立以来、コミュニティはウェアラブルからぬいぐるみまで、多くのプロジェクトに資金を提供することを投票にて決定しました。このレベルの関与は、コミュニティの間に強力な帰属意識と忠誠心を生み出すことが示されています。

AFのユーティリティトークンもまた、ファンデーションのエコシステムファンドと取り組みに対するガバナンスを提供するために使用されます。

クリエイターのエンパワーメント

web3は、クリエイターに新しい収益化と配信の手段を提供することで、クリエイターのための環境を根本的に変えています。デジタルチャネルに注力し、グローバルなリーチを目指している今日のクリエイターは、急速に次世代のもっとも影響力のあるリーダーやビルダーになりつつあります。しかし、現在の多くのケースでは、ファンベースの所有権はクリエイターではなく、中央集権的なプラットフォームにあります。web3は、本質的に価値をクリエイターやアーティストに直接還元するため中央集権的な存在に依存することなく、将来的にクリエイターと支援者の関係値に大きな影響を与えることが容易に想像できます。

web3のもう一つの大きな利点は、クリエイターが自分の作品を直接収益化できることです。作品をNFTとして発行することで、従来の仲介者に頼ることなく作品を販売することができます。さらに、クリエイターは自身のNFTが二次市場で取引されるたびにロイヤリティを得ることができます。この直接的な収益化アプローチにより、クリエイターは利益のより大きな部分を受け取ることができ、作品の価格設定と配信に対するコントロールを強化することができます。 たとえば、アニメアーティストがデジタルイラストシリーズを作成し、それを限定版NFTとして販売するとします。仲介者を排除することで、アーティストは販売収益のより高い割合を保持しながら、配信と価格設定の条

件を自分で決定することができます。

ファンエンゲージメントの強化

　web3は、ファンが自分の好きなコンテンツと新しいかたちでかかわることができるようにすることで、ファンエンゲージメントを強化しています。検証可能なデジタル所有権により、チャネルや居住地、特定の中央集権的な存在に縛られることなく、ファンはこれまで以上に物語やキャラクターとつながる機会を得ることができるようになりました。

　NFTは、ファンに所有感や特別感を提供し、お気に入りのIPやコンテンツの一部を所有することを可能にします。この所有感とは、デジタルアートやコレクションのみでなく、インタラクティブな体験といったかたちを取ることもできます。つまり、強力なコミュニティを形成するファンは、受動的な消費者ではなく共同プロデューサーとなり、自分が情熱を注ぐプロジェクトの成功を確実にするために、単にお金を使うだけでなく、より影響力のあるかたちで時間や創造力を注ぎ込むようになります。

透明で公平なモデル

　ブロックチェーンは、透明で不変の取引記録を提供し、クリエイターが自分の作品に対して機械的に認識され、報酬を受け取れるようにします。この透明性は、クリエイターとそのオーディエンスの間に信頼を築き、より公平なエコシステムを育成します。スマートコントラクトがロイヤリティ支払いなどの収益分配メカニズムを自動化する機能を持っているため、クリエイターが長期にわたって自分の作品から利益を享受し続けることが保証されます。これはアニメ業界にとって、すぐれたアニメやマンガコンテンツに対する需要の増加に対応するために、世界中で十分な才能とモチベーションを持つクリエイターを確保するための大きなメリットです。

持続可能な成長

　web3プラットフォームは、イノベーションとコラボレーションを促進することで、持続可能な成長を支援するように設計されています。クリエイターに成功するために必要なツールやリソースを提供することで、これらのプラットフォームは新しいプロジェクトやアイデアの開発を奨励します。この持続可能

性への取り組みは、アニメとマンガ業界がデジタル時代において繁栄し続けることを確実にします。

　Anime Foundationは長期的な計画のもと、世界最大のオンチェーンでつながったアニメとマンガファンのネットワークによって支えられるエコシステムの構築を目指しています。ファウンデーションとパートナーが継続的な活動をエコシステム内にて行っていくことが、アニメ業界全体の成長と活力に貢献し、最終的にはWeb2やweb3に関係なくIPとブランドにとって強力な機会になるでしょう。

　web3技術の浸透は避けられないものであり、アニメやマンガ業界へ与える影響は計り知れません。NFTや分散型マーケットプレイス、バーチャルワールドやコミュニティガバナンスに至るまで、この技術がもたらす進化は、デジタルコンテンツの創造、共有、そしてそれとのかかわり方を変革しています。

　業界が可能性を追求し続けるなかで、アニメ文化の未来は、ファンエンゲージメントや新しい体験を通じて、クリエイターとファンの双方が力を得る場として最大の恩恵を享受する準備が整っています。ファンダムの未来には強力でまだ見ぬ新しい可能性が開かれており、私たちはその最前列でその瞬間を目撃できる幸運に恵まれています。

5

NFTのユースケース

カルチャー・アート

NFTで生まれる熱狂が新たなカルチャーをつくる

NFTアートはなぜ売れるのか。その背景にはNFTだからこそ生まれたカルチャーが存在している。NFTのデジタルアートは現在どのような需要があるのか。そして、新たに生まれているカルチャーはどのような発展の可能性があるか、BONSAI NFT CLUBを運営する間地悠輔が解説する。

Author

まじすけ株式会社代表取締役
間地悠輔　　　Maji Yusuke

オーストラリア・ニューヨークへの留学を経て、スタートアップ企業「Lang-8」に入社。同社のグローバルマーケティングの責任者として、約400万人の海外新規ユーザーを獲得。2019年、スタートアップのグローバルマーケティング支援を行うまじすけ株式会社を設立。同社の新規事業として2022年より、盆栽産業を紐づけたNFTプロジェクト「BONSAI NFT CLUB」をリリースし、2024年、盆栽コミュニティトークン「BONSAI COIN」をプロデュース。

加速するデジタルアート投資

あるトークンが「いつ・どこから・どこへ送られたか」ということを証明できるのがNFTの特性の一つです。そして、この特性と非常に相性が良いのがデジタルアートです。それまでデータの複製が可能なことから希少性という価値がつきにくいデジタルアートでしたが、NFTの登場により急速に市場が成長していきました。

2021年のNFTブームのきっかけになったのもデジタルアートでした。デジタルアーティストのBeepleが2007年から作成しているアートのコラージュ作品「Everydays—The First 5000 Days」は、オークションにて約79億円で落札され、NFTの知名度が世界的に広がっていったのです。NFTが存在しなければ、デジタルアートの発展は遅れていたことでしょう。

しかし、デジタルアートをブロックチェーンに紐づけることが、作品の価値向上につながるわけではありませんでした。Beeple以後、多くのデジタルアートNFTがリリースされましたが、一部のトップアーティストを除き、その後相場の下落とともに淘汰されていったのです。なぜならば、アートとしての価値は制作者が意図した文脈に起因し、「ブロックチェーンを使うこと」自体に価値がついたわけではなかったからです。また爆発的にアートNFTが増えてしまったことにより、デジタルアートを支持するコミュニティが分散してしまったことも淘汰の要因でした。

では、2024年現在、どのようなデジタルアートが評価されているのでしょうか。ひとつはプログラミングによる規則性と偶然性が合わさる「ジェネレティブアート」があります。2023年にはDmitri Cherniakがジェネラティブで制作した「Ringers #879（The Goose）」がオークションにおいて約8.8億円で落札されました。同作品はNFTジェネラティブアートを代表するブランド「Art Blocks」にてリリースされました。Art BlocksはジェネラティブアーティストSnowfroによって2020年に設立されたジェネラティブアート専門のキュレーションを行う団体で、アーティスト・コレクターともに根強い支持とコミュニティを形成しています。Art Blocks発のジェネラティブアートNFTは、2024年までの5年間で累計約2200億円の取引が行われています。

また、現代アーティストのDamien Hirstが2021年に制作した「The Currency」や、2018年からNFTアートの第一人者として活動を続け、累計約110億円の取引が行われているX COPYの作品などがあります。これらは2024年現在も多くの取引が行われ、今後もデジタルアートとしての価値が残り続ける作品になっていくでしょう。

既存のアート市場同様、アートの価値はアーティストがつくり上げてきた思想に賛同するコミュニティの価値そのものだといえるでしょう。アートの価格は「そのアーティストがつくり上げたコミュニティの価格」と言い換えることもできます。そして、このコミュニティへのアクセス権やインセンティブとしてコミュニティをより活性化させるための手段としてNFTが使われているのが近年の潮流でもあります。

アーティストを支持するコミュニティの強さが価格により数値化でき、作品の思想だけでなくその作品に熱狂する人々の熱量が価値に反映されてしまっています。たとえ投資的な文脈を持たずに制作されたNFTだとしても、そこに

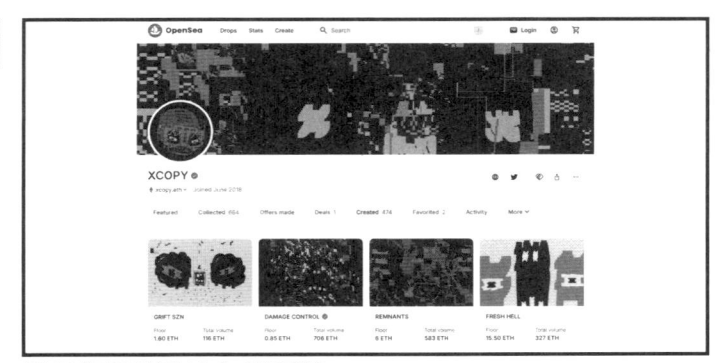

累計110億円の取引が行われているXCOPY氏
出典：https://opensea.io/XCOPY/created

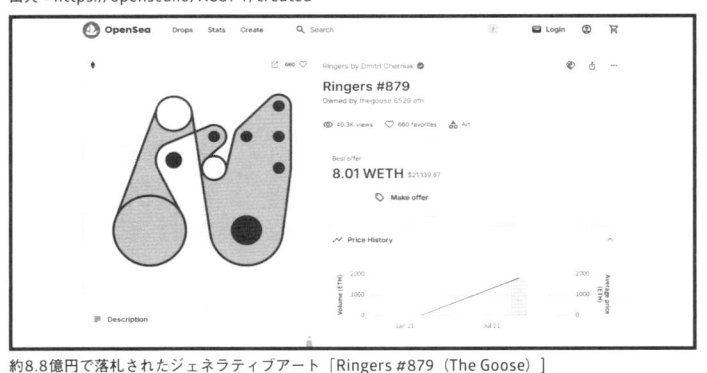

約8.8億円で落札されたジェネラティブアート「Ringers #879（The Goose）」
出典：https://opensea.io/assets/ethereum/0xa7d8d9ef8d8ce8992df33d8b8cf4aebabd5bd270/13000879

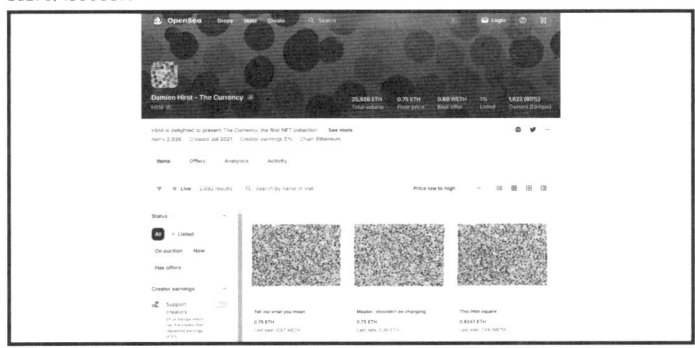

Damien Hirstが手掛けたNFTコレクション「The Currency」
出典：https://opensea.io/collection/thecurrency

集まるコミュニティによって評価を受ける可能性があるのです。これらのコミュニティに対する投資がNFT市場全体を押し上げており、今後も一定の市場規模を継続すると考えられています。

コミュニティに熱狂が生まれる仕組み

デジタルアートNFTの価値はコミュニティであると説明しましたが、その力を上げるために必要なのがカルチャーです。熱狂的なカルチャーが生まれるためには、熱狂するストーリーが必要になります。そのストーリーを構成する要素は大きく3つに分かれます。

①思想: プロジェクトの社会や課題に対するスタンスを明確にする
②体験: そのコミュニティでしか得ることのできない特別な情報や経験
③伝説: 目標までの適切な競合相手や課題を定め、コミュニティの共創で打ち勝つ

一定規模のコミュニティであれば、NFTの有無にかかわらず、上記の3つを満たしたストーリーが存在しています。そして、アートの場合は二次流通などの金銭的インセンティブがここに加わります。コミュニティが拡大することによる思想の拡大と並び、金銭的メリットが働くことにより爆発的な熱狂が生まれていくのです。思想を高め→コミュニティで特別な体験をし→伝説をつくる。この一連の流れがより大きな熱狂をつくっていくのです。

デジタルアートNFTとビジネスとの共存

これらによって生まれる熱狂的なストーリーは、ビジネスにおいては「ブランディング」と言い換えることもできます。つまり、飲食品・化粧品・ファッション・ゲーム・アートなど、さまざまな領域で、デジタルアートNFTの熱狂をビジネスに展開できる可能性があるのです。

たとえば、上記で説明したArt Blocksは著名作家をキュレーションし、コミュニティを集めて作品を販売するNFTのキュレーションギャラリーのようなブランディングを行っています。ビジネスモデルは初回セール価格の10%

出典：TOKYO STUPID GAMES（https://tokyostupidgames.io/）

を手数料として受け取り、契約作家ごとに二次流通の手数料を設けております。NFT×ファッション領域を手がけたRTFKTは、さまざまなコラボレーション企画でSNSの拡散によりコミュニティを熱狂させ、自社制作のデジタルスニーカーをブランド化させました。RTFKTと現代アーティストの村上隆がコラボレーションした「Clone X」は初回セールで約680億円、NIKEとのコラボレーションNFT「RTFKT×NIKE」は約250億円の売上を出しました。

　他にも日本発の取り組みとして、「web3とカルチャーの架け橋となる経済圏」をビジョンに掲げるTOKYO STUPID GAMESは、そのビジョンをベースにカジュアルゲームのようなユーザー体験、および金銭的インセンティブを組み合わせた熱狂的なコミュニティをつくり、グッズ・ファッションアイテムのブランド化を狙っています。

BONSAI NFT CLUBの挑戦

　それでは実際にNFTにおけるコミュニティとカルチャーを用いるにはどうしたら良いのでしょうか。手前みそではありますが、弊社で2022年4月より活動しているBONSAI NFT CLUBを例に、熱狂のストーリーの事例を先ほど挙げた3つの要素に沿って解説いたします。

1. BONSAI NFT CLUBの思想
　盆栽と聞くと高齢者の趣味と受け取る人もまだまだ多いかと思います。しか

し、盆栽は日本のみならず、世界でも認められている文化になっているのです。2020年になって黒松盆栽がEUに輸出解禁になるなど、近年盆栽市場は急速にグローバルに拡大しています。

　BONSAI NFT CLUBは「盆栽を世界中のアート好きが熱狂するコンテンツへ」をビジョンに掲げています。日本で継承されてきた盆栽カルチャー拡大の追い風となるよう、年間約10兆円規模のアート市場と盆栽の接続を行うのが当プロジェクトの目的となります。

2. BONSAI NFT CLUBの体験

　BONSAI NFTとは、3種類のNFTコレクションからなるプロジェクトです。第1弾「BONSAI NFT CLUB」は100体限定の会員権型NFTとなり、初期のコミュニティへの参加券となりました。また、購入することで盆栽が自宅に届くことが反響を呼び、徐々にコミュニティの拡大につながりました。第2弾「BONSAI NFT FARM（以下FARM NFT）」は8031体のコミュニティNFT、第3弾「BONSAI NFT GALLERY（以下GALLERY NFT）」はRWA（リアルワールドアセット）型のNFTとなります。GALLERY NFTに紐づく盆栽は、弊社が提携する盆栽園で管理されており、NFTを通じた「実物の盆栽の二次流通販売」が可能となります。FARM NFTはGALLERY NFTと連動しており、FARM NFTの所有数に応じてGALLERY NFTの抽選会に参加できる権利となっております。盆栽市場の向上によりGALLERY NFTの価値が上がるほど、抽選会に参加できるFARM NFTの価値も連動する仕組みになっており、両NFTを通じて、盆栽市場の流動性と関心の向上に貢献しております。

　また、2022年から2023年の間、BONSAI NFT CLUBが発行するNFTを一定数所有することで、毎シーズン（年4回）季節に合わせた盆栽が自宅に送られるキャンペーンを行いました。「せっかく盆栽がもらえるなら」と1000名を超えるユーザーにBONSAI NFTを購入いただき、多くのユーザーに盆栽に触れる機会を提供しました。日々の盆栽の手入れとコミュニティのサポートにより、盆栽の深みにハマるユーザーが増え、自宅の庭を盆栽棚に改装したり、数百万円の盆栽を購入したりするユーザーも現れました。

3. BONSAI NFT CLUBの伝説

　盆栽の価値向上を目指すBONSAI NFT CLUBは、活動開始からフェーズご

とに目標を定め、コミュニティの共創による成果を残してきました。2024年
9月までの成果を一部抜粋して紹介します。

- 2023年2月　：さいたま市の盆栽園との提携を樹立
- 2023年11月：海外の人気NFTプロジェクト「Moonbirds」との共同盆栽
　　　　　　　イベントをロサンゼルスで開催
- 2024年4月　：コミュニティオークションにて約199万円で盆栽が落札
- 2024年7月　：コミュニティトークン「$BONSAICOIN」をリリース（価格
　　　　　　　が約40倍に高騰）

　落札された画像5の作品は、盆栽職人である平尾成志氏が手がけた作品と
なっており、メディアの露出も高くコミュニティが注目する作品となっていま

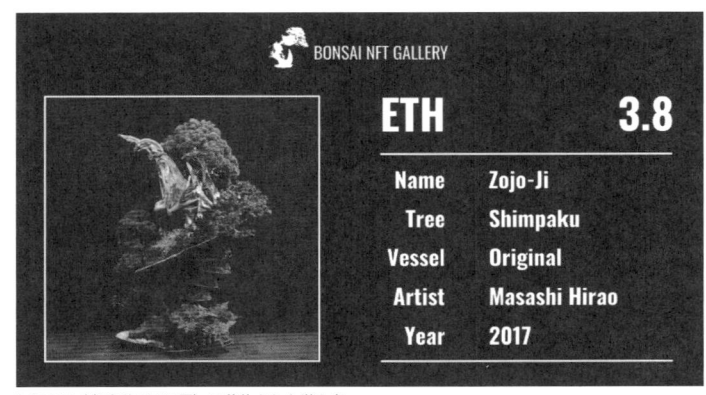

3.8 ETH（当時 約199万円）で落札された増上寺

した。本作品もGALLERY NFTに紐づいており、NFTでの二次流通販売が可
能となります。

　従来の盆栽は各盆栽園にて取引が行われ、販売の記録管理も各盆栽園が行う
ため取引の透明性がありませんでした。そのため、BONSAI NFT CLUBは
NFTを取引管理および盆栽自体の流動性を向上させるためのツールとして用
いています。

　初期から賛同しているユーザーがコミュニティをつくり、次なる熱狂・カル

チャーを生み出し、アート市場に着実にコマを進めていく。まるでドラマのような展開がコミュニティにさらなるカルチャーを醸成し、プロジェクト全体がビジョンの実現に向かう原動力となっています。また、成果が大きくなるたびにコミュニティの参加者も増え、NFTや盆栽の販売数増加によりコミュニティ全体の金銭的メリットにも貢献する好循環を生み出しているのです。

NFTアートはカルトになりうるのか？

本項の最後にこのNFTアートが生み出す熱狂をネガティブな視点から評価します。ここまで紹介した一連の流れは一種のカルト的要素を含んでおり、悪用することで詐欺的な行為になりかねません。また悪用をせずとも、カルト的な熱量は時として牙をむく諸刃の剣です。そのプレッシャーから途中で撤退を余儀なくされたNFTプロジェクトも少なくありません。

京セラ創業者 稲盛和夫の哲学「人生・仕事の結果＝考え方×熱意×能力」にもあるように、考え方や姿勢がマイナスになってしまうと、結果は180度変わってしまいます。ジェネラティブアートにも見られる通り、NFTアートはデジタルの情報や履歴を未来に残す技術です。AI等のデジタルアルゴリズムによって出力された情報の価値を担保させるためにNFTが当たり前に使われる未来もあります。また、これまでにNFTがもたらした熱量の高い新たなカルチャーは、使い方次第でアーティストや組織のビジョンを実現する大きな武器になります。コミュニティの声を聞き、市場を分析し、適切に活用できるようBONSAI NFT CLUBも精進したいと考えています。

6

NFTのユースケース

スポーツ

リアルとデジタルを融合した
NFT×スポーツの新しいかたち

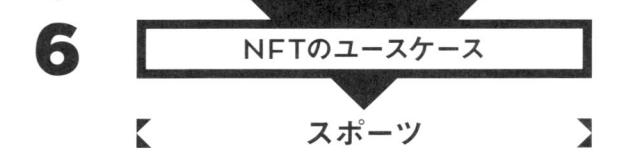

SorareやLinksDAOの成功は、近年NFTを使ったスポーツ体験が今後ますます進化していくことを示している。加えて、DePINなどの新しい技術もスポーツやインフラ分野での利用を拡大しはじめている。ゴルフとweb3技術を融合させた「GOLFIN」を推進する小松賢が解説する。

Author

ワンダーウォール 株式会社代表取締役
GOLFIN Founder

小松 賢   Komatsu Ken

2017年にワンダーウォール株式会社を設立。ITシステム開発やアミューズメント施設の運営など、多岐にわたる事業を展開。2021年には、NFTゲームの自動システムを開発し、ブロックチェーン技術を活用したエコシステムの構築に注力。現在は、ゴルフとweb3技術を融合させた革新的なプロジェクト「GOLFIN」を推進し、スポーツ業界に新たな価値を提供する持続可能なエコシステムを構築している。

　従来、スポーツは観戦やプレイという物理的な制約に限られていましたが、NFTを活用することで、これまでになかった新しい体験がデジタルの世界で実現できるようになりました。NFT（Non-Fungible Token）が持つ革新的な技術を用いることで、個々のプレイヤーのスキルや成績をデジタルの資産として保存し、それを共有したり、取引したりすることが可能になります。つまり、プレイヤーがリアルなゴルフ場で培った経験が、デジタルの世界でも価値を持つようになるのです。本項では、スポーツとNFTに関しての現状や将来性などについて解説します。

デジタルとリアルの融合

　NFTは単にデジタルアートやトークンを保有することにとどまりません。

それは、リアルな体験をデジタル資産として認識し、それを保有者同士で取引できる新しい経済圏を構築する力を秘めています。スポーツをただ観るだけ、プレイするだけでなく、デジタル技術を通じてスポーツの価値を共有し合い、新たな体験を構築できるのです。スポーツ業界におけるこのようなNFTの活用は、ファンエンゲージメントを飛躍的に高め、スポーツとデジタル技術の新しい接点を提供するものです。NFTを通じて、ファンは選手やクラブとの距離を縮め、リアルなプレイがデジタル上で継続的に評価される時代が訪れようとしています。

Sorareの事例から見るプロスポーツとNFTの融合

Sorareは、サッカーやNBA、MLBなどのスポーツ選手のNFTカードを集めて仮想チームをつくり、実際の試合結果に基づいてポイントを競うファンタジースポーツプラットフォームです。選手のパフォーマンスがカードの価値に影響を与えるため、リアルタイムの試合がデジタル体験に直接結びついています。Sorareのプロジェクトは、2021年以降大きな成長を遂げています。

2021年には、資金調達もあり、Sorareの評価額が43億ドルに達し、NFTを活用したフットボールファンタジーゲームとしての地位がさらに強固になりました。

2023年1月にはプレミアリーグとの公式パートナーシップを締結し、プレミアリーグ全クラブおよび選手のデジタルカードを利用可能にすることで、サッカーNFT市場での独占的な地位を強化しています。さらに、サッカーにとどまらず、他のスポーツにも進出しています。2022年から2023年にかけて、メジャーリーグベースボール（MLB）やNBAとも提携し、ベースボールやバスケットボールの選手カードを新たに提供開始。これにより、ファンタジースポーツプラットフォームとしての多様性が広がり、さらなるユーザーベースの拡大が期待されています。

他スポーツのNFT事例

1. Nike's .SWOOSH

Nikeが展開する .SWOOSH は、デジタルファッションやスポーツアイテムをNFTとして提供するプラットフォームです。このプラットフォームのユニー

クな点は、単なるNFTアイテムの販売にとどまらず、ユーザーが自分のデジタルアバターにスポーツウェアやスニーカーを着せることができる体験を提供しているところです。また、リアルなNike製品との連動を意識しており、NFTを購入することで限定商品やイベントへのアクセスが得られるといった、デジタルとリアルを融合させたサービスも展開しています。ファッションとスポーツのブランド力を生かし、ファンエンゲージメントを強化している点が大きな特徴です。

2. Binance Fan Token

Binance Fan Token は、スポーツチームのファンが、クラブや選手により深くかかわることを目的としたトークンです。トークン保有者は試合の投票権や特典へのアクセスを得られるほか、クラブの意思決定にも関与できるようになります。これにより、ファンは単に観戦するだけでなく、クラブ運営に参加するという新しい体験が提供されます。この点で、ファンコミュニティと密接に結びつくプロジェクトであり、スポーツファンに特化しているSorareと似た側面を持ちながらも、よりクラブ運営に重点を置いている点がユニークです。サッカーやモータースポーツなどのトークンを所有することで、ファンはクラブ運営に参加したり、特典を受け取ることができます。FC PortoやSS Lazioのトークンが利用されており、ファンとチームの新しい関係を築いています。

3. RealFevr

RealFevrは、サッカーのハイライト映像をNFT化して販売するプラットフォームです。ユーザーは、特定の試合のハイライトを所有できるだけでなく、それを他のユーザーと取引することができます。Sorareが選手カードに焦点を当てているのに対し、RealFevrは映像コンテンツに特化しており、ファンが大好きな瞬間をデジタル資産として保有できるという点で独自性を持っています。

スポーツ×NFTでの活用が期待される周辺領域

1. メンバーシップ（会員権）

スポーツ分野におけるNFTの革新の例として、LinksDAOが注目を集めています。LinksDAOは、メンバーシップ（会員権）NFTを用いてゴルフクラ

ブの運営を行う新しいアプローチを提案しています。LinksDAOはDAO（分散型自律組織）の形式で運営され、メンバー全員がクラブ運営に参加できる仕組みを提供しています。このコミュニティ参加型の運営は、従来のトップダウン型のクラブ運営とは大きく異なり、より多様な意見やアイデアが反映される可能性が高まります。

　2022年に開始されたLinksDAOは、初期のNFT販売で9000枚以上を完売させ、短期間で1000万ドル以上の資金を調達しました。この成功は、NFT技術がスポーツ業界に新たな収益モデルを提供できることを示しています。特定のゴルフ場への優先的なアクセス権や割引、ゴルフブランドとの提携による特典が付与され、これによりNFTは単なるデジタル所有物にとどまらず、現実のゴルフ体験をさらに充実させる手段として活用されています。

2. GameFi（ゲームファイ）

　NFT技術がゲーム業界でも急速に成長していることは広く知られています。初期には、Axie InfinityやThe Sandboxといったゲームがブロックチェーンを活用したNFTゲームの先駆者となり、注目を集めました。これらのゲームは、プレイヤーが所有するキャラクターやアイテムをNFTとしてトークン化し、それを現実世界の収益に結びつける「プレイ・トゥ・アーン（Play-to-Earn）」モデルを採用しています。このモデルは、単なるゲーム内アイテムの所有にとどまらず、ユーザーが自らの時間とスキルを資産化し、それを他者と取引することで収益を得ることを可能にしました。その後、ブロックチェーンゲームの世界では新たなトレンドも生まれています。たとえば、STEPNのようなMove-to-Earnモデルが登場し、ユーザーがリアルな運動を通じてデジタル報酬を得る仕組みが注目されています。Move-to-Earnは、健康志向のユーザー層に特に人気があり、デジタル技術がフィジカルな活動に新たな価値を与える例として評価されています。このモデルは、デジタルとリアルの統合が進む中で、ゲーム業界においても革新をもたらしています。

3. DePIN

　2024年には、さらに新しい技術としてDePIN（Decentralized Physical Infrastructure Networks=分散型インフラネットワーク）が注目を集めています。DePINは、物理的なインフラを分散型ネットワークで管理する技術

であり、ユーザーはこれをデジタル資産として所有・運用できます。この技術により、インフラがゲーム内報酬に直結し、リアルなフィジカル活動がデジタル世界での報酬に変わる道筋を示しており、これもまた、スポーツ業界やフィットネス分野に応用できる技術となるでしょう。

GOLFINのプロジェクト

　ここで、弊社がスポーツ×NFT領域で手掛けるGOLFINについてご紹介します。GOLFINは、ゴルフとweb3技術を融合させたプロジェクトであり、ゴルファーやゴルフファンに新しいスポーツ体験を提供することをめざしています。このプロジェクトでは、特にGPSアプリとゴルフゲームアプリという2つの主要なアプリを通じて、リアルなゴルフ体験とデジタル体験をシームレスにつなげることが目的とされています。これにより、プレイヤーは現実世界のゴルフを楽しみながら、デジタル資産を獲得し、その価値を高めることができます。主な特徴は次の4つです。

1. GPSアプリ

　ユーザーが実際のゴルフ場に訪れてチェックインすることで、キャラクターNFTを強化するためのポイントや特典を獲得することが可能です。この仕組みにより、現実のゴルフ場を訪れる動機が強化され、ゴルフゲームをプレイしないユーザーにとっても、実際のゴルフ場での体験を通じてゲーム内の活動に参加する機会が得られる点も魅力的です。

2. ゴルフゲームアプリ

　プレイヤーがゲーム内でモードをクリアし、キャラクターやクラブを強化することができます。また、トーナメントに参加して上位に入賞することで、報酬として賞金やNFTを得ることが可能です。リアルなゴルフ体験とゲーム内のプレイをシームレスに統合することで、プレイヤーはデジタルとリアルの両方で価値を高めることができます。

3. スカラーシップ制度

　GOLFINではスカラーシップ制度の導入も予定しています。リアルなゴルフ

でスキルを磨いたキャラクターをゲームが得意なプレイヤーに貸し出すことで、両者が利益を得ることができる仕組みです。この制度は、ゴルフをプレイする人とゲームをプレイする人の双方に新たな収益機会を提供するだけでなく、スポーツとゲームの融合をさらに推進します。

4. ゴルフ場との提携

　GOLFINでは、現実のゴルフ場とも提携し、そのコースをゲーム内でシミュレーションすることも可能です。これにより、ユーザーは実際のゴルフコースをゲーム内で事前に体験し、実際のプレイに役立てることができます。この機能は、ゴルファーにとって非常に魅力的なものであり、ゴルフ場の集客にも貢献することをめざしています。

　GOLFINは、リアルなスポーツとしてのゴルフとデジタル技術を融合し、すべてのプレイヤーが楽しめるのです。ブロックチェーン技術を駆使し、持続可能なエコシステムを作り上げることで、ゴルフ業界全体の発展に寄与することを目指しています。このプロジェクトは、現実のゴルフ場の活性化にもつながり、スポーツとしてのゴルフの魅力をさらに高めることができると信じています。

NFTとスポーツの進化

　本項で紹介してきたとおり、NFTはスポーツの楽しみ方を劇的に変える可能性を秘めています。プロ選手やチームを応援するためのファントークンやNFTは、ファンがより深くかかわり、選手やチームとの絆を強める新たな手段として進化しています。

　さらに、個人のスポーツ記録をNFTやGPSと連動させることで、パフォーマンスの可視化や記録の資産化など、これまでになかった体験が生まれるでしょう。スポーツはゲームや他のデジタル領域と融合し、また、自身の行動データがマーケティングに活用されるなど、個々の体験が新たな価値を生み出す日も近いと考えます。NFTは、スポーツの枠を超えて新たな可能性を切り開き、ファン、選手、企業が共に発展する未来を創造する鍵となるでしょう。

7

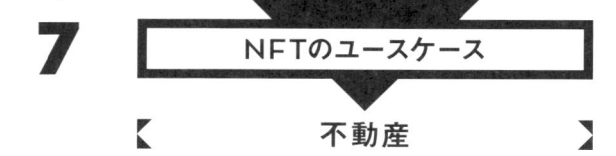

NFTのユースケース

不動産

不動産業界で急増する
NFTの最新活用

発展途上ながらも不動産業界でもNFTの導入事例が増えてきている。さまざまな法律問題をクリアしながらも、メリットはどこにあるか業界全体が模索しているという。デジタル技術を使って空き家問題に取り組むLIFULL Financiaの二人が最新動向を解説する。

Author

株式会社LIFULL Financial
代表取締役
清水哲朗
Shimizu Tetsuro

株式会社LIFULL Financial
取締役
中嶋敏貴
Nakajima Toshitaka

1990年日本長期信用銀行（現SBI新生銀行）入社。その後アイワイバンク銀行（現セブン銀行）でコンビニATM拡大に従事、楽天株式会社では金融事業室で楽天の金融事業の強化、推進を実施。2023年にマネックスグループ専門役員、株式会社LIFULL取締役就任、株式会社LIFULL Financial代表取締役に就任。

1996年株式会社リクルートコスモス（現コスモスイニシア）入社。その後複数の不動産会社で営業、マーケティング、経営企画、新規事業、株式上場業務に従事。ベンチャー不動産ファンドアセットマネジメント会社での経営企画、ファンド推進業務を経て2020年株式会社LIFULLに入社。2023年株式会社LIFULL Financial取締役就任。

不動産市場におけるデジタル化の意義

現在、不動産業界におけるブロックチェーンやRWA（リアルワールドアセット）における取り組みは大きく金融商品に分類され、ST（セキュリティトークン）、とNFTの2つに分かれます。海外ではRWAというと一般的にSTを指していることが多いですが、日本国内においてはSTだけではなく宿泊施設の利用権にNFTを活用した取り組みを指すケースが多いといえます。活用はまだまだ発展途上ではありますが、システム的、ビジネス的なプラットフォームを提供する企業も増えてきており、今後の市場拡大が期待されているのです。

本項ではそのような不動産業界のNFTの活用についてSTの取り組みにも触れながら最前線をご紹介します。

一般的に不動産は地域性、個別性が強いことから地域に根差した小規模事業者が多く、資金、人材などが手薄なことから、デジタル技術などの活用が遅れていると考えられています。一方で大企業が手がける大型物件、プロジェクトにおいては早くからさまざまな金融技術を活用して、グローバル化・小口化・流動化などが行われています。そもそも、不動産業界的にデジタル技術、特にSTO（セキュリティトークン・オファリング）、NFTを活用することにより実現したいことは、取引コスト、手続きの煩雑さを低減させること、また各国バラバラな制度を統一することで、市場参加者を増やすことが目的でしょう。しかし、現状は制度面の遅れなどから小型物件では意味がなく（複数の小型物件を集めファンド化したものは出てきているものの）小規模事業者が扱うような小型物件での活用が現状では期待されているのです。

不動産で進む証券化・小口化

それでは、不動産業界において不動産の小口化・デジタル化がどのような手法を用いてきたのかをご紹介します。

1. 不動産の証券化

不動産の証券化とは、土地や建物から生み出される収益を証券の仕組みを使って小口化し、多くの投資家に買ってもらう仕組みの総称です。これを実践するには、不動産を保有する事業専門会社SPC（Special Purpose Company）をつくり、その会社に不動産を保有させ、運用会社が運用を行い、投資家に収益を分配します。この証券化の仕組みを使うと、小口化された商品は金融商品となり、取り扱うには金融商品取引法の規制下で必要なライセンスを取得して事業を行うことになります。証券化には、一部の限定した投資家からお金を集める私募ファンドや、上場投資信託であるREIT（不動産投資信託）、証券化後にその権利を小口化しデジタル化したSTOなどがあります。

2. 証券化以外での不動産の小口化

そのほか、不動産の証券化の小口化の方法として、一般的に「不動産クラウ

ドファンディング」と呼ばれている不動産特定共同事業法を活用した手法もあります。

　これは、国土交通省による許可制になっており、事業会社が複数の投資家から事業資金を集めて収益不動産を購入し、その収益を分配する事業を規制する法律です。1995年に制定され、2013年、2017年、2019年に法律が改正されています。2013年は倒産隔離をする特例事業に関してのルールが定められ、2017年・2019年には電子募集（インターネットを通して投資家を広く募集する方法）が追加され、不動産小口化商品として不動産クラウドファンディング市場が拡大してきています。

　不動産クラウドファンディング商品は1万円から購入できる商品も多く利回りは3〜10％を超えるものまであります。期間は3カ月〜数年、物件の規模は1000万円程度から数十億のものまで、物件の種類も戸建て、アパート、マンション、ホテルなど、海外の不動産を投資対象とした商品も出ており投資家は多くの商品から選ぶことができるようになりました。2022年には募集額は500億を突破、許可取得事業社数も増加し、マーケットの拡大はつづいています。

　また、不動産にNFTを活用して小口化する取り組みが、2022年にはじめて販売されました。不動産NFTの活用がこれまでの証券化・小口化と大きく異なるのは、不動産の収益を小口化するのではなく、不動産を利用する権利（これまでは主に宿泊権）を小口化していることです。これまで販売されてきたリ

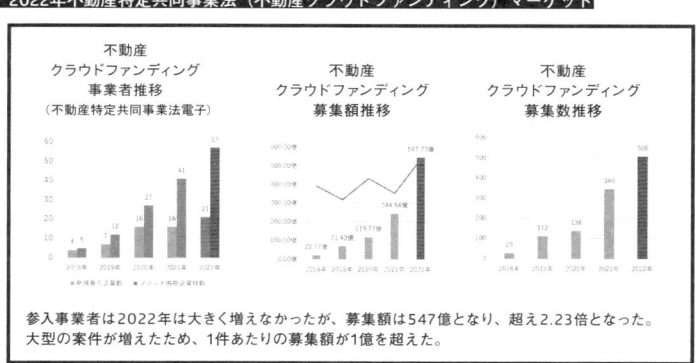

株式会社LIFULL調査・作成

ゾート会員権の手法がベースになっており、利用しない宿泊権を二次流通マーケットで販売できることが大きなメリットとなっています。

2024年8月までに販売された不動産NFTは6件（Not A Hotel NFTは1件で計算）です。これらの事例は利用できる期間が3〜5年程度と短いものが多く、販売個数も数個から数十個と多くないものです。各社とも手探りでどのような商品、どのような価格帯が売れ筋なのかについて手探りで販売をしている状況でありますが、およそ約7億円程度が発行されたものと推測されています（販売金額などについて非公開情報となっている会社が多いため）。

また、デジタル不動産（メタバース内の仮想不動産）の取引なども海外では行われるようになり、事例も増えています。

不動産のNFT販売に向けて確認・検討が必要な事項

不動産NFTについては多くの事業者が検討をしていると思われますが、不動産宿泊権NFTを発行するにあたり、確認・検討が必要な事項について記載をします。

1. 法的検討

まず、発行する不動産宿泊権NFTがどのような法的規制を受けるかについて専門の弁護士と十分に協議が必要となります。これは商品性・販売スキーム・契約内容などによっては金融商品取引法・資金決済法・旅行業法・旅館業など、どの法律の規制を受けるかが変わってくることによります。また、販売に関して資金決済法・特定商取引法などに基づく規約の作成も必要となります。これまで発行された不動産NFTはすべて自家型前払式支払手段となるものであり、資金決済法の規制を受けています。

2. 販売手法の検討

販売の方法としては「自社で販売ページを作成しての販売」と「NFTマーケットでの販売」という2つが考えられます。これは主に購入時の支払手段をどのようにするのか、どのような層をターゲットに販売するのかによって変わってくるものです。自社ページでの販売は現金振込・クレジットカードでの販売、NFTマーケットでの販売は暗号資産での販売が可能となります。またクレジッ

トカード決済については、決済会社によっては換金性のあるNFTの販売には利用できない場合もあるので注意が必要です。

3. 二次流通手法の検討

パブリックチェーンでのNFTであれば、NFTの二次流通はどのマーケットでも基本的に販売可能となります。プライベートチェーンとすると、決まったマーケット（主に自社マーケット）での販売となります。購入者の使いやすさ、二次流通での販売のしやすさなどの商品性をどうするかなども含めて総合的に判断が必要となります。

4. ブロックチェーンの規格等技術的な検討

販売、ユーティリティー制、システム関連コストなどからどのようなブロックチェーン規格、ウォレットを採用するかなど技術的観点からの検討が必要です。

5. 宿泊予約、宿泊利用のユーティリティー制

NFT保有者が宿泊をどのようにできるのか、宿泊予約方法（宿泊日を発行側が指定をする方法もあります）、鍵の受け渡し、いつでも予約できる（宿泊には繁忙期と閑散期がある）ようにすると、予約方法が複雑になるため混乱することが想定されます。繁忙期利用可能、閑散期利用可能など、商品特性をどのようにするのかを事前に決めておく必要があります。

不動産業界におけるNFTの最新活用事例

以下で日本の代表的な不動産NFTの活用事例を3つ紹介します。

1. Not A Hotel

2022年11月に販売が開始され、話題となり完売したプロジェクトです。二次流通マーケットでの売買もなされています。通常宿泊だと1泊50万円超の物件を、1泊換算で4万円から宿泊でき、宿泊日・宿泊施設は発行者がランダムに指定（宿泊日は年間同じ日、宿泊できる施設は毎年変わる）することができます。宿泊権NFTを保有していると、毎年利用できる施設が記録されたNFT

が発行されます。メンバーシップは150万円、345万円、570万円と3種類発行され、それぞれ年間1泊、2泊、3泊宿泊ができ、期間は47年とこれまでに発行された不動産NFTではもっとも期間の長いものになっています。

2. LIFULL STAY

　2024年1月に販売された、那須にある空き家を再生した屋外サウナつきの施設に宿泊できるNFTです。宿泊できる曜日、宿泊回数などで商品が分かれており、通常宿泊よりも27〜37%お得に宿泊できます。平日のみ宿泊可能、週末宿泊可能など購入者のライフスタイルに合わせて購入商品を選べるようになっており、クレジットカード、暗号資産での購入ができます。また二次流通も可能な商品となっており、NFTマーケットで販売可能です。

3. Hash Port／The Court、ウェルス・マネジメント

　2024年2月に発売されたEN RESORT GrandecoHotel NFTは、ハイシーズンに2泊できる宿泊権をNFTで発行した商品です。スイートルームに宿泊できる権利に、全日本選手権で優勝経験のあるスキーヤーのレッスン、スキー場のファストトラック、選任担当者によるフルアテンドサービス等が付与されています。2024年3月に発売したWealth ManagementNFTはラグジュアリーホテルの宿泊権をNFT化した商品です。180万円、240万円、1000万円の3種類の商品が販売され、毎年1泊2日、2泊3日、の宿泊が3年間利用できます。

表2　主な国内不動産NFTの概要

	Not A Hotel NFT	LIFULL STAY	Hash Port ウェルス・マネジメント
商品	自家発行型 前払式支払手段	自家発行型 前払式支払手段	自家発行型 前払式支払手段
期間	47年間	3年間、5年間	3年間
価格	150万円〜 570万円	7万8540円〜 23万7600円	49.9万円〜 1000万円
年間利用泊数	1泊〜3泊	1泊	1泊〜2泊、 日付は決まった日程から
宿泊施設	ランダムに指定	1物件に固定	1物件に固定 （ホテルの部屋タイプも固定）
販売	自社ページ、 CoincheckNFT	自社ページ、 CoincheckNFT	自社ページ、 PLT Place
支払方法	銀行振込、暗号資産	クレジットカード、 暗号資産	銀行振込

株式会社LIFULL調査・作成

朝食・ディナーの利用権も付帯されています。

不動産NFTの未来とLIFULLのチャレンジ

　最後に我々LIFULL社の試みを通して不動産業界の未来についてご紹介します。株式会社LIFULLは2024年1月に100％出資のLIFULL Financial社で空き家の別荘を利活用した宿泊施設の宿泊権NFTを発行しました。この目的は、社会課題の一つとして増加し続けている「空き家問題」の解決です。空き家という埋もれている社会資本を顕在化・持ち主の意向確認・再生・活用までを自治体、民間の力を結集させて活用しようという考えでスタートしました。

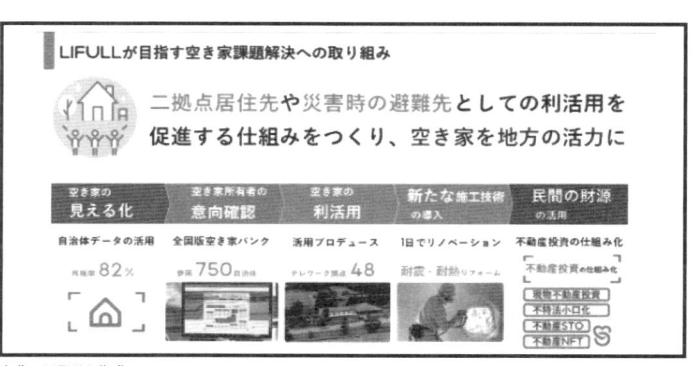

出典：LIFULL作成

　その過程でSTO、NFT、不動産クラウドファンディングなどの手法について検討し、準備をしています。まずは、LIFULL Financialで保有している栃木県那須町所在の空き家を再生し、宿泊施設として運用中の物件を不動産宿泊権NFTの発行事例として選定しプロジェクトをスタートしました。

　本項ではこれまで不動産業界のNFT使用に関して事例、検討必要事項などについてみてきました。不動産NFTについての事例はまだそれほど多くなく、まだまだ黎明期にあります。しかし、今後は着実に増えていくものと考えられます。

　同じ不動産のデジタル化であるSTOについては2021年8月に初号案件が発

売され、2021年に約30億円だった発行額が2023年には約450億と3年間で15倍と一気に拡大しました。不動産NFTがこれと同じような拡大をすることはないと考えられますが、一般社団法人日本暗号資産ビジネス協会からも「RWAトークンを発行する上での主要な規制に関する考え方」が公表されるなど、新たな事業者の参入を促進する環境が整備されてきています。つまり、現時点で多くの企業、団体が不動産NFTの発行について具体的に検討をしている状況となっているのです。

　今後については主に下記4つのパターンの商品が販売され、市場が拡大をしていくのではないかと考えられます。

①宿泊権をNFT化した案件
②宿泊権以外の不動産に関する権利をNFT化した案件
③合同会社DAOを活用し、不動産をNFT化した案件
④①〜③を組み合わせた案件

　また、これまで発行された、NFTは国内居住者を対象にした商品でしたが、海外の居住者に向けて発行する商品もでてくることも予想されています。このように、不動産NFT市場は拡大をしていくことが予想されており、魅力的な商品が販売されることにより、不動産の新たな活用、価値創出ができるものと考えられるのです。

8 NFTのユースケース

自動車

カーライフに新たな可能性を
自動車業界におけるweb3情勢

テクノロジーの進化に敏感な自動車業界。顧客の体験価値向上のため、国内外のさまざまな自動車メーカーがweb3を導入している。自動車業界に訪れたweb3テクノロジーの現状を日産JAPAN-ASEANデジタルトランスフォーメーション部 部長の山口稔彦が解説する。

Author

日産自動車株式会社
山口稔彦 Yamaguchi Toshihiko

日産自動車入社後、補修部品価格自動設定システム、価格改訂システムの立ち上げ、日本市場の日産社内及び販売会社における販売情報システム全面再構築プロジェクトを担当する。1998年にnissan.co.jp再構築プロジェクトの担当となり、以降、一貫して日本市場及びグローバルのデジタルマーケティング、CRM、CX、DXを専門とする。現在、JAPAN-ASEANデジタルトランスフォーメーション部にて日本とASEAN市場のB2C／B2B全領域のDX、CXを手掛けている。

自動車業界がweb3に取り組む理由

　現在、自動車業界でも顧客への提供体験は、アップデートが急務となっています。コロナ期の急速なテクノロジーの発展やXR（クロスリアリティ）等の進化により、顧客のマインドや購買行動も大きく変化が生まれ、従来重視されてきた価格や機能等の合理的な価値よりも、よりエモーショナルでリアルな体験価値が重視されるようになってきたこともその一因でしょう。ここで自動車業界におけるweb3のユースケースを私なりの視点で整理させていただきます。

　まず、日産では下記の3つの要素をコロナ期より、マーケティング活動の主力テーマに置いています。

- 重要度が増すリアルとデジタル体験のシームレスな連携
- 他社との差別化要因となる、車を取り巻くカーライフサービスの高度化
- 顧客1人ひとりと深く持続的なエンゲージメントを築ける仕組み

　日産ではこれらを実現するために、全国の販売店舗網や、レンタカーやファイナンスなどのグループ会社間においても、顧客体験を統一し、フルパーソナライズするための「共通ID・データ基盤」を構想し、その実現に取り組んでいます。

　このような、リアルとデジタルが融合した、全タッチポイントのジャーニーオーケストレーションを司る「共通ID・データ基盤」の実現を進めてゆくなかで、顧客体験をより革新するために以下のweb3テクノロジーに着目し、その導入検討をはじめたのがweb3との出会いです。

- 分散型の個人データの保有やアイデンティファイの技術
- ブロックチェーンによるデータの透明性や信頼性
- リアルアセットのトークン化による所有権のスマート化
- トークンエコノミクスによる革新的なインセンティブモデル
- トークンゲートによる便利な認証プラットフォームや相互運用性

　コロナ期の2021年ごろ、当時は自動車業界ではまだパーミッション型か、パブリック型でもアート系のユースケースが主流で、我々が着想した、マーケティングサービスやカーライフを刷新するNFTのケースは存在していませんでした。

自動車業界のユースケース

　本項では、日産のweb3へのアプローチをご紹介するとともに、自動車業界におけるそのユースケースにも少し触れたいと考えています。

プライベート型：〜2021年

・BMW、Volkswagen、TOYOTA BLOCKCHAIN LABほか
各社様、独自の取り組みをされておりましたが、共通点として、パーミッショ

ン型のプライベートチェーンでの実証実験が主のようでした（Hyperledger
FabricやCordaほか）。サプライチェーンの効率化、自社経済圏内におけるID
やデータの利便性向上によるモビリティサービスの革新。各々とても興味深い
取り組みでしたが、web3ならではのパーミッションレスの要素はまだこれか
ら、という段階だったように思います。

コンソーシアム型：〜2021年

・MOBI（Mobility Open Blockchain Initiative）

　複数企業間でブロックチェーンの標準規格を策定し、クルマのID化を軸に
相互運用型のモビリティサービスの実現を目的に2018年に始動。Ford、
BMW、Honda、日産、AAIS、Aioi Nissay Dowa Insurance、Densoなど、
車業界だけでなく他業種からも企業が参画し、交通インフラの効率化、クルマ
のメンテナンスや走行データの連携、環境貢献のトレーサビリティなど、多岐
にわたるプロジェクトを検討していました（2024年現在もコンソーシアムは
存続し進行しているプロジェクトも存在）。

パブリック型：2021年〜2023年

・Porsche、Renault、Mercedes

　BAYCを筆頭に、当時のNFTトレンドを追い風にしたアート系やコレクティ
ブル系NFTの発売による、コミュニティ形成や新たなブランディング手法など、
クルマ業界にも、この文脈のユースケースが多数生まれました（日産もカナダ
でGT-RのアートNFTを発売）。Porsche、Mercedes、Renaultなど、主に
外資系の高級ブランドが新世代との関係構築やデジタルコミュニティ、ブラン
ドの革新等をテーマにしていました。

・Hyundai、McLaren Automotive、Aston Martin

　コロナ期のメタバース需要を捉えた、デジタル空間におけるクルマ体験の拡
張を目的にしたNFTプロジェクトも、トレンドのひとつだったといえます。

パブリック型：2023年〜2024年

　web3に「冬の時代」が到来したことにより、良い意味でさまざまな淘汰が
ありました。そして、web3の独自性をより活用し、モビリティサービス自体

の革新に挑戦する実証実験やサービスが生まれてきているように思います。

・KINTO
　サブスクリプションサービスにおける優良運転ドライバーの証明の実証実験（VC的なケース）。

・TOYOTA BLOCKCHAIN LAB
　自動運転社会を見据えた、クルマのweb3ウォレット化の研究発表（Account Abstraction）。

・Hyundai
　サプライチェーンにおけるカーボン排出管理サービスをヘデラネットワークで実現。

　2024年の9月時点では、まだ自動車業界の代表となるような象徴的サービスは存在していないように見受けられますが、その機運が着実に近づいてきているようにも感じられます。「web3の冬」に各社様はしっかりプロジェクトを研磨／推進されていたことと推察され、我々も勇気をもらいつつも身を引き締める次第です。

日産web3の取り組み

　日産web3の独自性は、フルオンチェーンによる新たなweb3事業モデルの実現というよりも、リアルとデジタルが融合した「共通ID・データ」によるWeb2のマーケティング基盤をweb3テクノロジーにコネクトさせた、Web2企業ならではフィジタル（デジタルとフィジカルが融合した造語）体験の拡張であると考えています。web3と相性の良いテクノロジーのみを連携させた、Web2.5のサービスと表現したほうが的確かもしれません。
　まずは強みとなる「共通ID・データ基盤」との連携により、販売会社・各グループ会社・メーカー・顧客がこのWeb2.5サービスを有効活用でき、顧客にさらなる感動体験を提供できる状態にすることをweb3プロジェクトのファーストステップとして考えています。

以下では2024年11月にローンチした日産web3プロジェクトを紹介します。日産web3は下記の4つの要素の実現により、web3時代の新しいマーケティング基盤の構築を目的にしています。

図1　NISSAN PASSPORT BETA版　「https//nft.nissan.co.jp」

＊2024年11月時点での日産web3サービスはBETA版となります。
＊NISSAN PASSPORT NFTは無料のメンバーバーシップNFTですが、応募制を採用しています。どなたでも応募可能ですので、ぜひご応募ください。

1. 共通ID・データと紐づいたメンバーシップNFT（約5000枚）

　顧客との持続的なエンゲージメントを実現する「鍵」として、共通ID・データ基盤に紐づいたメンバーシップNFT（NISSAN PASSPORT NFT）をPolygonで提供します。これは日産のフィジタル体験を拡張する譲渡不可能なSBT（ソウルバウンドトークン）で、嗜好性に合わせて4つのタイプを用意しています。さまざまなアクションによってNFT自体が進化し、独自ロールや称号も付与。将来的にはERC-6551を採用し、日産圏内の全サービスをスマートに利用できるDIDへと進化させる予定です。

2. ファンと日産／ファン同士で共創に挑戦するコミュニティのBETA版

　期間限定でDiscordコミュニティを立ち上げ、日産とファンや、ファン同士の新しい関係性の構築にチャレンジしていきます。新しいマーケティング手法や先進的なサービスの共創の機会をNFTホルダーと検証し、本プロジェクトも参加者の意見を基に進化させていきます。他ブランドやweb3プロジェクトとのコラボレーションにも積極的にチャレンジする予定です。

3. コミュニティ主導の新しいリワードプログラム

　トークン機能を活用した新しいリワードプログラムを導入します。コミュニティ参加や、さまざまなミッションをクリアすることで、独自の日産トークンがもらえ、体験型の特典や特別限定車の優先購入権等への交換も検討しています。さらに、長年の日産車のオーナーや、日産ブランドに深く貢献いただいたファンの方々には、日産圏内でVIP体験が得られる「公式の称号」も付与する予定です。

4. だれでも簡単に利用できる日産独自のweb3ウォレット

　web3に不慣れな人でも簡単・安心してNFTやトークンを利用できる、日産独自のweb3ウォレット（NISSAN PASSPORT）を提供します。日産のwebサイトのID（NISSAN ID）があれば、簡単にウォレットが取得でき、ガス代なども不要です。秘密鍵の管理は日産側が行うためセキュリティも確保され、ウォレット内では最新のユーティリティやイベント情報もいち早く紹介していきます。

web3サービスにチャレンジする上での課題

　先進性のあるプロジェクトを実現する上では、さまざまな困難が付きものですが、日産においても、以下3つの課題のブレイクスルーが大きなチャレンジとなっています。

　(1) Centralize vs Decentralize のリバランス
　(2) Decentralize（分散化）という概念の社内理解
　(3) web3時代に合った開発体制や手法の課題

グローバル企業の多くが採用しているシングルアプリケーション戦略は、web3の分散型・非中央集権の理念と相反しており、コンフリクトが生まれます。web3の実現には、ローカルごとのカスタマイズやweb3エコシステム上でのDAppsやサービスとの連携が必須ですが、従来の開発アプローチではこのシングル化の戦略が大きな阻害要因となります。

　一方で、シングルアプリケーションには、セキュリティやガバナンスの効率化といったメリットもあるため、その解決策としては、インフラテクノロジーはシングル化しつつ、そのインフラ上で分散型アプリケーションやマイクロコンポーネントを開発する、「強いガバナンス」と分散化の「柔軟性」を両立させたバランスの取れたアーキテクチャーが最適解と考えています。

　しかし、長年培われた企業文化や成功体験に基づくシングルアプリケーションへのバイアスの変革には大変な労力と時間を要します。また、大企業ではシステム開発はコストセンターと見られがちです。今回のような先進的な取り組みは「戦略的投資」と捉えて、クイックな投資判断ができる承認プロセスや市場変化に柔軟に対応できる開発体制の維持も重要になってきます。

　自動車業界においては、基幹システム中心のウォーターフォール型の開発プロセスが主流です。しかし、web3のようなイノベーションを迅速に実現するには、これまでの開発組織やプロセスから脱却し、市場の急速な変化に対応すべく、アジャイル型のスピーディーな開発や改善サイクルが回せる開発組織や人材の育成が必要になっていくことでしょう。

web3で自動車業界が変わる未来

　本項の最後にこの日産web3プラットフォーム（NISSAN PASSPORT）のビジョンや未来の可能性について触れたいと思います。それは主に以下の3点で構成されています。

1. DID／VC時代のデジタル証明と、ストレスフリーのサービス体験

　マイナンバーカードやさまざまなVCがNISSAN PASSPORTで連携・管理できるようになり、日産車の契約更新や、所有車の下取り時等でも、よりスマー

トで簡単に契約できるようになっていきます。他にもレンタカーやカーシェア、充電サービスでもNISSAN PASSPORTを活用することで、NISSAN PASSPORTを数タップするだけで利用できる世界をめざしていきます。

2. 車の所有権のNFT化による革新的なカーライフ

　車の所有権がNFT化されることで、メンテナンス履歴や走行内容も紐づけられ、さまざまなサービス展開の可能性が広がります。AIによる下取り価格のリアルタイム提案、メンテナンスのオートメーション化、NFTを担保にしたDefiなどその可能性は尽きません。EVであれば、その走行が省エネのカーボンクレジットの創出となり、カーボンニュートラルに貢献するDrive to Earn（運転することで稼げる仕組み）の検討もはじめています。web3時代のVCを活用した新しいカーシェアなど、その夢は広がるばかりです。

3. デジタルツインによるフィジタルなカーライフの充実

　NFTを活用することで、メタバース上でのレースゲームやそのアイテムの売買が可能になります。愛車の走行内容やメンテナンス状態がデジタルツインの車に反映されるなど、デジタル世界でもカーライフを楽しめるようになります。

　このように、日産はweb3テクノロジーを活用して従来の自動車メーカーの枠を超えた、新しい顧客体験や事業モデルの創出にチャレンジしていきます。また、この取り組みは、日産と顧客との関係性を根本から変革する、新たなカーライフやサービスの共創へのチャレンジともいえます。このような取り組みは自動車業界全体で加速していくことでしょう。日産は、そんなweb3／AI/時代においても、競争力のあるグローバル企業となれるよう今後も奮闘していきます。

9

NFTのユースケース

チケット

ブロックチェーン技術がもたらす
チケット×NFTの未来型サービス

保有者向けにさまざまな付加価値を与える新たな利用シーンも多く、期待されているNFTチケット領域。不正利用・転売の防止に加え、さまざまな可能性とテーマが存在している。NFT関連プラットフォーム事業を展開し、ブロックチェーン推進協会 理事も務める高長徳が解説する。

Author

SBINFT株式会社代表取締役
高 長徳　　　　Ko Jangdeok

GMOメディア、LINEヤフー、ドリコムやモブキャストでプラットフォーム事業のプロデューサーを歴任。2018年よりブロックチェーン領域でウォレット事業を立ち上げる。2021年4月、NFTマーケットプレイス「nanakusa」をリリース、同年9月にSBIグループにジョインし、SBINFT株式会社代表取締役に就任。現在はNFTマーケットプレイス「SBINFT Market」及び、NFTを活用したファンマーケティングプラットフォーム「SBINFT Mits」を運営。

チケットNFTの特性

　デジタルデータの所有証明技術として2017年に誕生したNFTは、現在までにデジタルアートやゲーム、PFP（Picture For Profile、いわゆるプロフィール画像）と称される収集要素のある特典付きNFTなど、さまざまなかたちで活用されています。

　なかでも特に注目されているのが、従来のチケットのようにイベントや物との交換などに利用が可能なNFT（以下、チケットNFT）です。本項では、そのチケットNFTに関しての現状や将来性などについて解説します。

　チケットNFTは、ブロックチェーン技術基盤による特性から、従来の紙のチケットやQRコードの代わりに使用されることで、さまざまな利点が期待されています。主な利点は次の3つです。

1. 耐改ざん性

　NFTはブロックチェーン技術によってデジタルデータの唯一性を証明します。この技術によりチケットの改ざんや偽造が非常に困難となり、不正利用を防止することができます。

2. 透明性

　ブロックチェーン上に記録された取引情報は公開されており、NFTの取引履歴や所有者情報を誰でも確認することができます。これにより、取引の透明性が確保され、不正な転売行為の抑制につながります。

3. 追跡性

　NFTの発行日や取引履歴は全て時系列に保存され、チケットの有効期間や使用状況の管理が容易になります。これにより、チケットの管理が効率的に行えるようになります。

　従来のチケット事業においては、偽造や転売などが社会問題となっていますが、NFTチケットの導入によりこれらの問題の解決が期待されています。

チケットNFTによる新たな付加価値

　チケットNFTは、ブロックチェーン技術による従来の問題への解決もさることながら、その特性を生かした付加価値にも大きく期待されています。代表的なものは次の2つです。

1. チケット保有者への特典付与

　従来のチケットでは、イベント終了後はチケットそのものの役目を終えていました。しかしNFTチケットの場合は、イベント来場者に後日、新しいイベントチケットの招待やハイライトムービー、保有者限定イベントの招待などさまざまな特典を付与することができます。

2. 運営管理によるコミュニティ

　従来のチケットでは、たとえファンクラブの会員同士や家族、友人であって

も、チケットの譲渡などは禁止されるケースが多々ありました。しかし、チケット保有者限定コミュニティなどを運営することで、一定のルールの上でコミュニティ内でのチケット譲渡などの実現も可能となります。

　チケットNFTでは、こうした新たな付加価値を提供することで、より一層の顧客のエンゲージメント向上が期待されています。

主要なチケットNFT事業者について

　国内ではすでに、こうしたチケットNFTを事業として展開しているサービスが多くあります。ここではいくつかのサービスをご紹介します。

ローチケNFT

「ローチケNFT」は、国内大手チケット事業者であるローソンエンターテインメント社が運営し、SBINFT社が技術提供しているNFT付きチケット販売サービスです。

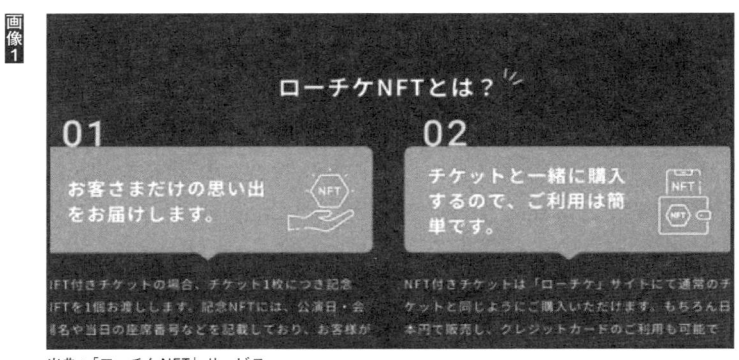

出典：「ローチケNFT」サービス

「ローチケ」サイトにて、チケット購入時にNFT付きを選択し購入することで、公演日・会場名や座席番号などが記載され来場の証明になる記念NFTを配布するサービスです。著名なアーティストやイベントなどでの配布・販売実績も、国内で随一となっています。また、購入時の決済には暗号資産などは不要で、通常のチケットと同様に日本円やクレジットカードでの購入が可能となってい

ます。「ローチケNFT」では、法人向けに販売プラットフォームも提供しており、業界全体に向け、新しいエンタメ体験によるロイヤリティ向上をめざしています。

TicketMe（チケミー）

「TickeMe（チケミー）」は、株式会社チケミーが行う、あるべき場所にあるべき価値を届けるをコンセプトにしたNFT販売プラットフォームサービスです。「TicketMe（チケミー）」は、誰でもかんたんにさまざまな価値をチケットNFTとして売買ができ、二次流通なども備えたマーケットプレイスで、販売されるチケットは、グッズ引換券、イベント券、会員券の3種類に分類され、多様なNFTチケットが販売されています。また、大手事業者とも提携しており、チケットNFTの社会実装を推進しています。

　以上のように、国内におけるチケットNFT市場は、大手チケット事業者からスタートアップまで、さまざまな事業者が事業を展開しており、今後の普及が期待されています。

出典：「TicketMe（チケミー）」サービス

チケットNFTの活用事例

　チケットNFTは、その特性をしっかりと活用している事例も数多くあります。ここでは特に海外イベントで活用された事例について紹介します。

韓国ミュージカルツアーでの活用

　SBINFT社がローソンチケットおよびローソントラベルと提携し、韓国で開催されるミュージカルの観覧・バックステージツアー・ホテル宿泊をパッケージにしたチケットNFTを販売しました。ツアー参加者にはイベント終了後も韓国ソウル市内のレストランでの割引や、プレゼントの受け取りも可能となっています。

　SBINFT社ではチケットNFTの今後のニーズを踏まえ、本イベントで発行するチケットNFTに、もぎり機能（使用済み）を提供し実証実験として活用しています。

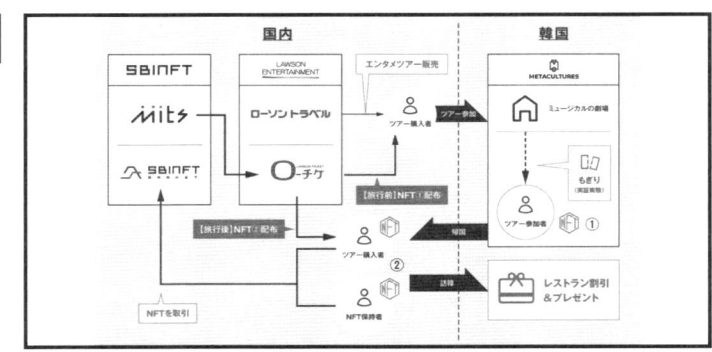

出典：SBINFT Mitsを活用したチケットNFTのミュージカルツアーでの活用

Coachella 2024での活用

　世界トップクラスのミュージシャンや、日本の著名なアーティストも参加する米国最大級の音楽フェス「Coachella 2024」では、「Cochella Quests」というNFTを活用したスタンプラリーを実施しました。このスタンプラリーでは購入者のアクティビティによって公式グッズやフェスでの体験イベントなどと交換が可能となっています。

　他にも、専用ラウンジが利用できるVIP向けチケットNFTなども販売しました。フェスの主催側は、本イベント参加者の行動履歴などを取得するなど、まさにブロックチェーンのメリットを活用した事例となっています。

FIFA+ COLLECT

国際サッカー連盟FIFAが発行する、FIFAワールドカップの名シーンのハイライト映像などの特典がついたNFTです。このNFTは、2026年FIFAワールドカップ決勝戦を含む観戦チケットのプレゼント応募券としても活用されています。FIFAは、今後こうした取り組みで常に変化し続けるファンのニーズに応えていくと発表しています。

チケットNFT普及に向けた課題と期待

チケットNFTは既存チケット業界の課題解決と、新たな付加価値の提供が期待されていますが、課題もまだ多くあります。大きな課題としては次の2つが挙げられます。

1. NFTを管理するウォレット

NFTを管理するにはウォレットが必要ですが、セキュリティリスクやハッキングの脅威、操作性の難しさなどに課題があります。最近では、メールや各種SNSアカウントなどに紐づけたウォレットサービスも増え、個人で管理するリスクや操作性の課題が解決しつつあります。

2. ブロックチェーンの処理能力

現行のブロックチェーン技術において、取引情報をスピーディに更新するための処理能力には限界があります。したがって、大規模イベントやライブ会場等での入場チケットとしてブロックチェーン技術を利用する場合、円滑な処理に対応することが難しいです。

これに対応するべく、入退場処理の一部をブロックチェーンから切り離す処理を行う技術も普及しはじめています。

チケットNFTは、ブロックチェーン技術を活用することで、その利便性と可能性から、エンターテインメント業界や多くの産業で実用が進んでいます。

今後は技術的な課題や操作性などの課題が解決されることで、本格的な普及が期待されます。

10 NFTのユースケース

【 アイドル・ファンクラブ 】

NFTの保有性が導く
アイドルとファンの新たな関係

NFTの特徴の一つである「所有履歴の証明」「真正性の証明」は、推し活との相性抜群の機能。チケットから特典まで、アイドルを中心とした数々のプロジェクトで活用されている。coinbookで国内でNFTトレーディングカード事業を手がけた経験を持つ奥秋淳が課題と未来について解説する。

Author

株式会社オーバース
奥秋 淳　　　　　　　　　　　　　Okuaki Jun

上智大学経済学部卒業後、国内大手銀行に入行。金融機関、経営コンサルティングファーム等にてさまざまな業種のクライアント支援に携わる。その後、株式会社coinbookにて2020年10月に、日本ではまだなじみの薄いNFTをアイドルトレーディングカードの形で一般発売。2021年4月に暗号資産交換業登録。2024年10月に株式会社オーバースに参画。IEOにより誕生したアイドルグループの運営に携わる。

推し活と相性の良いNFT

2021年には流行語大賞にノミネートされたNFTですが、その後、高い価格を付けたNFTの多くがその価格を下げ、現在では「NFTは終わった」という人たちもいます。

一方で、NFTの発行・販売・配布やNFTを使ったサービスはその数を大きく増やしており、その認知度は着実に上がっていると思われます。本項では「アイドル×NFT」をテーマに現在の活用事例を見ていきたいと思います。

私自身、いくつかのアイドルNFTプロジェクトに関与し、現在はアイドルグループの運営にも関与していますが、NFTの特徴のうち特に「所有履歴の証明」「真正性の証明」は、アイドルを推すファンコミュニティとかなり相性

が良いものと考えています。

「所有履歴の証明」は「いつからそのアイドルを応援しているのか」とか「どのライブ・イベントに参加したのか」などといった「推しの歴史」を証明することができます。たとえば、「今は東京ドーム公演を満席にするアイドルの、デビュー直後に数枚しか発行されてないNFTを最初からずっと持ってます！」といった話はファンコミュニティ内では憧れの的です。また2022年ころからは、SBT（ソウルバウンドトークン）と呼ばれる、譲渡や売買ができないNFTも登場してきました。直訳すると「魂と結びついたトークン」、NFTが客観的に「推しの歴史」を証明できるツールのひとつとしてファンコミュニティのなかで受け入れられることが、近い将来実現するのではないかと思っています。

また、デジタルコンテンツはその複製が容易であり、また、スマートフォンやその他デジタルデバイスや配信プラットフォームの発展から、世の中には公式以外のたくさんのアイドルコンテンツが存在しています。ファンの心の中には公式以外のコンテンツも含めてすべてをコレクションしたい、というファン心理ももちろんありますが、その一方で、ファンの応援・熱量をきちんとアイドル本人に届けたいという思いもあります。「真正性の証明」という特徴を持つNFTにより公式性が担保されたデジタルコンテンツは、その思いに十分に応えることができるプロダクトではないでしょうか。

国内のアイドルNFT活用事例

さて、次に具体的な事例を見ていきましょう。アイドルをモチーフにこれまでいくつかのタイプのNFTが販売・配布されてきました。

おおまかに整理すると、①画像・動画のNFT、②NFTチケット、③ファンクラブ会員証のNFT などが多く世に出ているようです。

また、それらのNFTはECサイトなどで有料販売されるもの、イベントなどで無料配布されるもの、CDやBlu-rayなどの商品の特典として付与されるなどのかたちでファンの手に届けられます。

1. 画像・動画のNFT

写真や動画をNFTにするといった活用はアイドル分野では数多く見られます。株式会社coinbookでも、名古屋の栄を拠点とするSKE48のライブ画像を

NFTにした「NFTトレカ」を2020年10月に販売しました。その後も、日本で4番目のIEO（Initial Exchange Offeringの略。暗号資産交換業者を通じ投資家にトークンを販売する資金調達手法の一つ）から誕生した女性アイドルグループ「WHITE SCORPION」の撮りおろし動画を2024年7月に販売、こちらはIEOで上場したNIPPON IDOL TOKEN（NIDT）での決済限定であったものの、8分で完売となり、その動画の質も高くユーザーから高評価を得ました。このプロジェクトではIEO参加者にWHITE SCORPIONメンバーのSBTを付与したり、NIDTの保有量に応じてNFTを付与したり、テレビ番組の出演権をかけてNFTの販売数量を競わせる試みなど、そのグループ活動においてNFTを積極的に活用しています。

WHITE SCORPION（画像提供：株式会社オーバース）

　アイドル業界では古くから画像コンテンツの一つとして、生写真の販売が行われており、NFTと生写真の差別化をどのように図るか、といった点はアイドルNFTを販売するうえで大きなポイントとなると考えています。動画や撮りおろし、オフショットなど希少性のあるコンテンツを使った企画面での工夫が必要な分野であると思います。

過去販売されたNFTでもさまざまな工夫が凝らされています。たとえば、Perfumeは「Imaginary Museum "Time Warp"」を2021年6月に販売しましたが、このNFTは結成20周年とメジャーデビュー15周年を記念したパフォーマンスを3Dデータ化したものでした。また、ももいろクローバーZは、「10周年東京ドームLIVE」の画像を、トランプをイメージしたNFTとして2021年10月に販売しました。その後も2022年には過去10年分の歴代パンフレット巻頭フォトをNFTデジタルトレーディングカードとして再デザインして限定販売するなど、単なる画像・動画を超えたNFTならではの商品を展開しています。

2. NFTチケット

NFTチケットと呼ばれるものにはチケット自体がNFTであるもの、コンサートの情報などが記録されたNFTが通常のチケットと別に付与されるもの（NFT付きチケット）の2種類があります。2023年6月にサービスが開始された株式会社チケミーが運営する「TicketMe」はNFTチケットの販売プラットフォームです。TicketMeはNFTチケットの販売だけでなく、チケット2次流通（リセール）の場も提供、さらには高額リセール時に超過収益がクリエーター側に還元される仕組みも持っており、不正転売を防止する機能も含め、ブロックチェーン技術の特性を有効活用したプラットフォームとなっています。まだアイドルのイベントは少ないようですが、多くのイベントで導入されており、今後はアイドル分野での活用も期待されます。

大手チケット販売サービスのローソンチケットでは同社が扱うイベントチケットと連動した「記念NFT」を販売・提供する「ローチケNFT」のサービスを提供しています。チケット購入者には記念NFTが配布され（別途購入が必要な場合もあります）、記念NFTには、公演日・会場名や当日の座席番号などのイベント情報が記載されたり、アーティストのオフショット画像などが入ったりすることもあり、ライブやイベントの来場を証明する唯一無二の「記念」として人気を得ています。

3. ファンクラブ会員証のNFT

ファンクラブの会員証をNFT化しているプロジェクトもいくつかあります。BiSHのメンバーであったセントチヒロ・チッチさんは、2022年10月に株式

会社Fanplusが運営するFanpla Ownerサイト上において10枚のNFT会員証を販売しました。そのNFTのホルダーはプレミアムな会員番号を取得できるほか、チケット先行の超最速エントリー権、ファンクラブ企画についてミーティングに参加できる権利など、いくつかの特別なユーティリティーが提供されました。暗号資産決済限定でオークション方式により販売された会員証は、最高額で50万円を付けるなど人気を博し、完売しました。

4. その他の活用

　また、上記のほかにもNFTを積極的に活用した取り組みもあります。

　日本テレビ放送網株式会社と株式会社プラチナムピクセルが展開した「NFT IDOL HOUSE」プロジェクトではファンが集まるコミュニティとNFTを連携させ、運営とファンのコミュニティが一緒にアイドルを育てていく、といった世界観をめざしました。大手メディアと芸能事務所がタッグを組んだ、このプロジェクトは多くの注目を浴び、数々の選考を経て、ここから8人組アイドルグループ「Fuhua（フーファ）」が誕生しました。

　メンバー選考時よりコミュニティへの参加権となるNFTの配布を行い、その後、販売も行われました。さらに、NFTの保有数などに応じてコミュニティ内のロール（特定のメンバーに与えられるサーバーやチャンネル内の権限や役割のこと）を付与するなど、NFTを持つことに対するインセンティブもありました。

　また、おもしろい取り組みとして「ウォレットサイン会」というものも実施

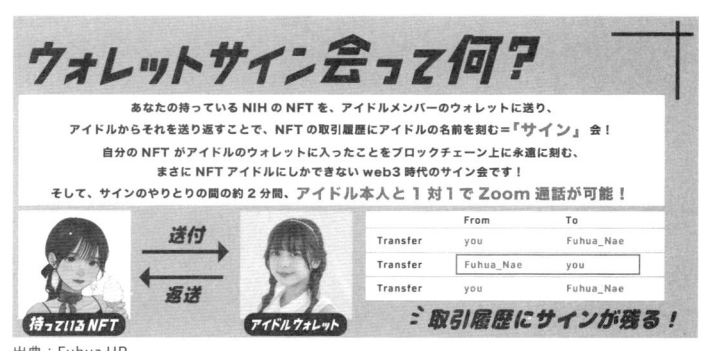

出典：Fuhua HP

されました。ファンが持つNFTを一時的にアイドルのウォレットに送り、アイドルがファンのウォレットに送り返すことで、NFTの取引履歴にアイドルの「サイン」が刻まれる仕組みで、多くのファンから好評を得ました。

　残念ながら2024年10月にFuhuaは活動休止し、NFT IDOL HOUSEプロジェクトは終了しましたが、アイドル×NFTの活用事例として大きな可能性を見出したプロジェクトでした。

韓国におけるアイドル×NFT活用

　お隣韓国K-POPアイドル界でもNFTへの参入は積極的に進んでいるようです。BTSやNewJeansを擁するHYBEグループは韓国の大手暗号資産取引所グループと共同で2022年10月にデジタルコレクションプラットフォーム「MOMENTICA」（MOMENTICA URL:https://momentica.com/ja）のサービス提供を開始しました。

　各NFTはTAKE（テイク）と呼ばれ、静止画・動画があり、主に希少性の高い限定コンテンツを販売しています。なかにはアイドル本人の手書きメッセージ付きのNFTなどもあります。現在では1カ月に1回程度NFTが発売されており、NFTの購入等により得られるスコアに応じファンのランクが公表される仕組みやランダムで販売されるNFTのコンプリート特典などもあり、NFTの購入意欲を高めています。

　またメタバースでもアバター活動を行っているaespa（エスパ）は2022年10月にアメリカのオークションハウスであるサザビーズと連携し、NFTコレクション「ae Girls」を販売しました。メンバーサイン入りグッズやaespaと実際に会える権利を付けたNFTなどもあり、一部は入札形式での販売となりました。その後も2023年5月に「NFTカプセルコレクション」を販売するなどNFTにも積極的に進出しています。

　さらに進んだ取り組みを行っているtripleSというグループがあります。
　tripleSは24人組の女性アイドルグループで韓国人のほか日本人や中国人などのメンバーもおり、所属事務所は「世界最初の"ファン参加型アイドル"」とうたっています。

出典：tripleS HP

　所属事務所が運営するアプリ「COSMO」内で「Objekt」と呼ばれるNFT
デジタルフォトカードが販売されていますが、そのNFTを購入することや、
特典として配布される「Objekt」を通じて、タイトル曲選定やユニット構成
といったアーティスト活動に関連する投票に参加できる権利を得ることができ
ます。日本デビューも予定されていますが、その日本選抜ユニットメンバーは
24人中8人。ここでもCOSMOでの投票が行われるなど、NFTを活用した取
り組みが行われています。

アイドルとファンの関係の新しいかたち

　2024年2月に、日本で新たに男性アイドルグループの創出と育成を行い、
エンタメ経済圏の創造とグローバル展開を目指すプロジェクトが発表されまし
た。総合プロデューサーに秋元康氏を迎え、エンターテインメント業界のトッ
プランナー企業と、日本初のパブリックブロックチェーンである「Astar
Network」のファウンダー渡辺創太氏がタッグを組み、合弁会社「株式会社
YOAKE entertainment」が設立されました。

　このプロジェクトで実現することとして、「ブロックチェーン技術を用いて、
ファンとアイドルの関係を根本的に変える手法を提供」「地域や言語の壁を超

えて応援できる仕組みを構築」「アイドルグループを応援・サポートする活動がトークン獲得に直接結びつくエコシステムの確立」などが謳われています。

　このほかにもアイドルとファンの新しい関係構築を目指すプロジェクトはいくつかありますが、NFTはその中で大きな役割を担うのではないかと考えています。

　たとえばNFT会員証を持つことで限定コンテンツが見られたり、特別なイベントに参加できたり、アイドル運営の意思決定に参加できたりといった特典がすでに出はじめています。また、NFTの特徴を生かし、ウォレットを移動させることで「サイン」を刻むプロジェクトを紹介しましたが、アイドル自身が作品をつくり、自らMINTしたNFTをファンの手元に届けるといったことも実現可能です。

　NFTを通じアイドルとファンとがともに特別な結びつきを感じることで、アイドル・ファン双方のモチベーションが高められ、ファンは応援の熱量が上がり、アイドルはパフォーマンスが向上する、といった相乗効果が生まれるかもしれません。

　NFTは今現在も技術の進歩・改善が進んでおり、これからも新しいサービスがどんどん出てくると思っています。今まで思いもよらなかったNFTの使い方が出てくるかもしれません。そんな新しい推し活のかたちをNFTとともにつくってみませんか。

11

NFTのユースケース

カーボンクレジット

ReFiとカーボンクレジットによる web3からの気候変動への提言

気候変動への取り組みが世界的な課題となるなか、web3・ブロックチェーン技術・NFTが環境保護に貢献する取り組みがはじまっている。そのキーワードとなるのがReFiとカーボンクレジット。日本でも新たに事業を計画するKlimaDAO JAPANの濱田翔平がその潮流を解説する。

Author

KlimaDAO JAPAN株式会社

濱田翔平　　　　　　　　　　　　　　　　　　Hamada Shohei

2017年からweb3の世界に参入。プロジェクトへの投資やサポートを通じて、ブロックチェーン技術への理解を深める。2022年、世界を変える可能性を秘めたReFiに着目し、KlimaDAOのContributorとして活動開始。2023年10月にKlimaDAOのコアメンバーと共にKlimaDAO JAPAN株式会社を設立し、KlimaDAOのソリューションやサービスを日本で展開中。また、ReFiの普及を目指し「ReFi Japan」を立ち上げ、ニュースレター配信やイベント開催を通じて、持続可能な経済システムの構築に尽力している。

NFTと気候変動対策の接点

近年、NFT技術は気候変動対策という社会課題に対しても革新的なソリューションを提供しはじめています。気候変動とは、人間活動による温室効果ガスの排出増加によって引き起こされる地球規模の気候システムの変化で、地球の平均気温の上昇、海面上昇、異常気象の増加など、深刻な環境問題を引き起こしています。気候変動に関する政府間パネル（IPCC）の報告書によると、気候変動は人類の福祉と地球の健全性に対する重大な脅威とされており、早急な対策が求められているのが現状です。国際社会は、パリ協定などを通じて地球温暖化を産業革命前と比べて1.5度以内に抑える目標を掲げていますが、この目標達成には大規模かつ迅速な行動が必要です。

このような背景の中、web3やブロックチェーン技術、NFTが環境保護や持

続可能性の促進にどのように貢献できるかという議論が活発化しています。2023年4月、世界経済フォーラムは「Blockchain for Scaling Climate Action」というタイトルのホワイトペーパーを公開し、NFTをはじめとする技術が気候変動対策に新たなアプローチをもたらす可能性を示しました。本項では、NFTが気候変動対策にもたらす可能性と、既存の課題に対する先進的なソリューションを探ります。

環境と経済の共生を目指して：ReFiの可能性

　NFTと気候変動対策の可能性を探るなかで、まずは新しい金融の概念であるReFi（Regenerative Finance、再生金融）に注目する必要があります。ReFiは、DeFi（分散型金融）の概念を環境や社会的価値の創出に拡張したものです。ReFiの理論的背景には、2015年に経済学者のジョン・フラートン氏が提唱した「リジェネラティブ・キャピタリズム」があります。これは、失われたものを再生し、残っているものを保護し、長期的な経済的繁栄を確実にすることによって、コミュニティに対する価値を最大化する経済デザインを指します。従来の資本主義ではしばしば無視されがちな環境破壊、社会的不平等、生物多様性の損失などの負の外部性を考慮に入れた経済の考え方です。

　ReFiは、このリジェネラティブ・キャピタリズムの考え方をweb3技術で実現しようとする試みといえます。当初、ReFiという用語は暗号資産コミュニティ内で一種の言葉遊びとして生まれましたが、急速に実質的な意味を持つ概念へと発展しました。
　ReFiの概念が形づくられていくなかで、いくつかの先駆的なプロジェクトが重要な役割を果たしました。2021年初頭、Regen Networkは、ブロックチェーン技術を活用して環境資産の生態学的フィンテックエコシステムのインフラを構築する取り組みを開始しました。続いて、KlimaDAO（クリマダオ）とToucan Protocolの立ち上げにより、ReFiの動きはさらに加速しました。2021年末までに、約2000万のカーボンクレジット（後述）がブロックチェーン上に導入され、ReFiは単なる概念を超えて、具体的な成果を示しはじめたのです。
　これらの動きを通じて、ReFiは環境保護と経済活動の融合をめざす新しい

金融パラダイムとして認識されるようになりました。しかし、ReFiの発展は決して平坦な道のりではありませんでした。2022年から2023年にかけての暗号資産市場の冬の時代や、大手カーボンクレジット認証機関Verraによるカーボンクレジットのトークン化禁止など、厳しい局面に直面しました。しかし、こうした逆風のなかでも、多くの革新的なプロジェクトが台頭し、ReFiの概念を形作り続けてきました。

ReFiの実践は以下のように多岐にわたる分野で展開されています。

- カーボンクレジットのトークン化と取引
- 再生可能エネルギープロジェクトへの資金調達
- 持続可能な農業や林業の支援
- 生物多様性の保護
- プラスチック廃棄物の削減
- 社会的包摂や公平な資源分配の促進

これらの取り組みを経て、現在のReFiは、NFTを含むweb3技術を活用して、環境保護・社会正義と経済活動の両立を目指す革新的なアプローチとなっています。現在の経済・金融システムの構造的問題に取り組むため、生態学的・社会的インパクトを重視した代替金融システムを提案しています。

ReFiの目標は、分散型で公平、かつ再生型のシステムを構築することです。ブロックチェーン、暗号資産、スマートコントラクト、DAO（分散型自律組織）、NFTなどのweb3ツールを駆使し、投資収益と環境・社会への正の影響を同時に追求します。経済活動と環境保護・社会正義を相互補完的にとらえ、これらの間に好循環を生み出すことをめざしています。ReFiは従来の金融システムの限界を超え、持続可能で公正な未来の構築に向けた新たな可能性を提示しているのです。

カーボンクレジットとブロックチェーン技術

カーボンクレジットは、ReFiにおいてもっとも注目を集めている分野のひとつです。この分野が特に盛り上がっている理由は、主に3つあります。まず、市場の成長性が非常に高いことが挙げられます。次に、カーボンオフセットと

いう既存のインセンティブ設計の枠組みが存在し、それをブロックチェーン技術で拡張できる可能性があることです。そして、現行のカーボンクレジットシステムが抱える透明性や効率性の課題に対し、ブロックチェーン技術が解決策を提供できる可能性があることです。これらの要因が相まって、カーボンクレジットはReFiの中心的なテーマとなっています。

カーボンクレジットとは、二酸化炭素（CO_2）をはじめとする温室効果ガスの排出削減量や吸収量を数値化し、取引可能なかたちにしたものです。企業や個人が自身の排出量を相殺（オフセット）するために、これらのクレジットを購入することができます。

企業がカーボンクレジットを利用する主な理由は、自社の事業活動による温室効果ガス排出を完全に削減することが困難な場合に、その排出量を相殺するためです。たとえば、製造過程で排出されるCO_2を完全になくすことができない企業が、その排出量に相当するカーボンクレジットを購入し、償却（使用）することで、カーボンニュートラル（炭素中立）を達成できます。また、多くの企業が環境・社会・ガバナンス（ESG）への取り組みを強化する中で、カーボンクレジットは重要なツールとして認識されています。

このような仕組みが求められる背景には、気候変動対策の緊急性と経済活動との両立を図る課題があります。特に、2050年までに温室効果ガスの排出を実質ゼロにするという国際的な「カーボンニュートラル」目標の達成において、カーボンクレジットは不可欠な役割を果たします。すべての産業分野で即座に排出をゼロにすることは現実的ではないため、カーボンクレジットを利用しながら、段階的に実際の排出量を削減していくアプローチが採用されています。カーボンクレジット市場は、この移行期間において環境保護活動に経済的インセンティブを与え、企業や個人が気候変動対策に積極的に参加するための効果的な手段となっています。

カーボンクレジット市場、特に企業や個人が自主的に参加するボランタリー市場は急速な成長が見込まれています。このボランタリー市場の全世界規模は、2020年時点で約3億ドルでしたが、2030年には1800億ドルに達する可能性があると予測されています。日本だけでも、カーボンクレジット市場規模は2030年には3000億円に達すると の予測もあります。

このような急速な市場拡大に伴い、透明性や効率性の課題はより顕在化する

ことが予想されます。これらの課題に対応するため、ブロックチェーン技術の活用が注目されています。具体的には、表1に示すように、ブロックチェーン技術の導入により、カーボンクレジット市場におけるさまざまな問題の解決が期待されています。

すでにグローバルでは、KlimaDAOが開発したCarbonmarkや、senken、Thalloなどのマーケットプレイスが登場しています。さらに日本でもKlimaDAOの日本法人「KlimaDAO JAPAN株式会社」が立ち上がり、Jクレジットをはじめとしたカーボンクレジットのブロックチェーン上での取引を計画しています。この取り組みにより、日本のカーボンクレジット市場の活性化と国際化が期待されています。

図1 カーボンクレジットの課題とブロックチェーンによる解決策

カーボンクレジットの現状の課題	ブロックチェーンによる解決策
透明性の欠如	透明性の向上：パブリックで改ざん不可能な台帳により、すべての取引と信用の記録が透明化
信頼性と検証の問題	信頼性と検証の改善：デジタル測定・報告・検証(dMRV)技術と組み合わせることで、リアルタイムで炭素隔離効果の検証が可能。スマートコントラクトによりクレジットの一意性が保証。一度使用されたクレジットは自動的に償却され、二重計上のリスクが排除される
取引コストの高さ	取引コストの削減：中間業者の必要性を減らし、自動化されたスマートコントラクトを通じて取引プロセスを効率化
アクセシビリティの低さ	小口取引が可能となり市場の流動性向上：トークン化されたクレジットにより、小口化所有や小規模な取引が可能になり、より幅広い参加者を市場に引き込む
市場の断片化と複雑性	市場の統合と簡素化：地理やスタンダードを超えたグローバルな価格と供給の調整を可能に
プロジェクト開発者への資金流入の不十分さ	プロジェクト開発者へのより多くの資金流入：中間業者を減らすことで、より多くの資金がプロジェクト開発者に直接流れるように。また、スマートコントラクトを通じた前払い契約により、資金調達が容易に

このように、ブロックチェーン技術は、カーボンクレジット市場に革新をもたらし、より効率的で透明性の高い環境価値の取引を可能にしています。これにより、国内外での気候変動対策への幅広い参加が促進され、持続可能な未来の実現に向けた重要な一歩となっています。

ReFi分野でのNFTの利用例

　ReFiの分野において、NFTは多様なかたちで活用され、環境価値の可視化と取引を促進する重要な役割を果たしています。その活用方法の代表例として、以下の3つが挙げられます。

（1）NFTとカーボンクレジットを直接紐づけることで、環境貢献の証明や取引を容易にすること
（2）NFTをRWA（リアルワールドアセット）として機能させ、環境保護プロジェクトへの投資や参加を促進すること
（3）NFTプロジェクト自体が排出するCO_2をオフセットし、プロジェクトをカーボンニュートラルにすること

　これらのアプローチは、従来の環境保護活動に新たな可能性をもたらしています。ここからは、代表的な活用事例を紹介します。

カーボンクレジットを紐づけたNFTアート

　アーティストのSven Eberweinによる作品「M Carbon Dioxide」は、NFTにカーボンクレジットを埋め込んだ先駆的な作品です（画像1）。2020年11月に制作されたこの作品は、青い地球と雲の形成を表現しており、黒い斑点が徐々に消えていく様子は、Verraレジストリで購入・償却された1000トンのCO_2クレジットを表しています。作品の隅にはQRコードが配置されており、これを通じてVerraレジストリにアクセスし、M Carbon Dioxideの名義で償却されたカーボンクレジットの所有権証明を確認できます。この作品は、現実世界とブロックチェーンを橋渡しする革新的な概念実証となりました。

　Eberweinは続いて「CO2_Compound」という作品で、NFTと環境価値を直接結びつける試みを行いました。この作品は、KlimaDAOのトークンを内包しており、そのトークンが表すカーボンオフセットの量が時間とともに増加していく仕組みになっています。作品制作時には約4トンのカーボンオフセットを表していましたが、3カ月後には26トンにまで増加しました。この作品は、2021年12月6日にOceanDropのオークションで7.5ETHで販売され、

その収益は海洋生物保護のために寄付されました。CO2_Compoundは、NFTが環境保護に直接貢献できることを示す例となっています。

画像1

出典：SuperRareM Carbon Dioxide by Sven Eberwein

環境保護のためのRWAとしてのNFT

　NFTがRWAとして機能する例も増えています。一例として、森林の権利がついたNFTを販売し、ホルダーに定期的に環境価値をトークンとしてエアドロップするプロジェクト「Coorest」が挙げられます。Coorestは、ブロックチェーン技術を活用して環境保護と経済的インセンティブを結びつけるプロジェクトです。このプラットフォームでは、「NFTrees」と呼ばれるNFTが中心的な役割を果たしています。NFTreesは実際の森林や樹木に紐づいており、購入額に応じた本数の木の所有権を表すNFTが付与されます。

　NFTreesの所有者は、その木が吸収するCO_2量に応じて「$CCO2」というトークンを受け取ります。具体的には、CO_2 1kgの吸収につき1$CCO2が発行され、20年間にわたって継続的に配布されます。この仕組みにより、NFTの所有者は環境保護に貢献しながら、同時に経済的な価値も得ることができるのです。

　$CCO2トークンは、実際のカーボンオフセットにも使用でき、トークンを「バーン（消却）」することで、そのオフセット量に応じた「Proof of Carbon Compensation（POCC）」というNFTが発行されます。POCCは、企業や個

人が自身のCO_2排出を相殺したことを証明する公式な記録となり、環境への取り組みを可視化する手段となります。

NFTプロジェクトのカーボンオフセット

NFTプロジェクトが、自身の活動によって排出されるCO_2を、ブロックチェーン上のカーボンクレジットでオフセットする取り組みも広がっています。たとえば、Creature World、Cigawrette Packs、gm.studioといったNFTプロジェクトは、KlimaDAOのプラットフォームを通じてカーボンクレジットを購入し、プロジェクト自体のカーボンニュートラル化を実現しています。これらのプロジェクトは、NFTのミント（発行）や取引に伴う環境負荷を認識し、その影響を相殺するために積極的に行動しているのです。

この動きは個別のプロジェクトにとどまらず、ブロックチェーン基盤レベルでも進んでいます。Polygonは、ネットワークの立ち上げから2022年2月までに排出された約9万654トンの温室効果ガスを計算し、それを上回る10万4794トンのカーボンクレジットを取得してオフセットしました（画像2）。

Polygonの取り組みは、単にカーボンニュートラルを達成するだけでなく、カーボンネガティブなチェーンを実現するという野心的なものです。この施策により、Polygon上で展開されるすべてのプロジェクト、取引、NFTミントが自動的に環境負荷を相殺されることになります。これは、NFTやブロック

出典：KlimaDAOより引用

チェーン技術の環境負荷に関する懸念に対して、具体的な解決策を提示する先進的な取り組みといえるでしょう。

カーボンクレジットの未来

　ReFiにおけるNFTの活用は、環境保護と持続可能性の促進に大きな可能性を提示しています。この革新的な分野には、技術の普及と一般ユーザーの理解促進、規制環境の整備、プロジェクトの信頼性と透明性の確保など、いくつかの課題が存在します。これらの課題を克服することで、ReFiとNFTの相乗効果は気候変動対策への参加をより身近なものにすることが期待されます。

　本項では日本における先進的な取り組みとして、tancre、Re:co（旧MORI NFT）、そしてPucreを紹介します。

　tancre（タンクレ）は株式会社PBADAOとKlimaDAO JAPAN株式会社が共同開発した、NFTを活用した環境貢献プロジェクトの立ち上げサービスです。このプラットフォームを通じて、イベント主催者や企業は小口化したカーボンオフセットをNFT証明書と共に提供し、参加者と共にカーボンニュートラルをめざすことができます。「IVS Crypto 2024 KYOTO」での49トンのカーボンオフセット実施や、「DAO TOKYO 2024」での106トンのカーボンオフセットによるイベントのカーボンニュートラル化達成は、この手法の有効性を実証する重要な事例となりました。

　Re:co（リコ）は、当初JE FOREST株式会社が展開する日本発のReFiプロジェクトとしてMORI NFTの名ではじまりました。実際の環境保護活動に紐づいたNFTを発行し、CO_2吸収量の増加に応じてカーボンオフセット用のNFTを自動的に生成するという革新的な仕組みを特徴としており、2023年3月には、第一弾として広島県庄原市の森林整備事業を裏付けとしたNFTを発行し、完売に至りました。最近の重要な進展として、MORI NFTがtancreに統合され、JE FORESTもプロジェクト推進の共同パートナーとして参画することになりました。この統合に伴い、プロジェクトの範囲が大きく拡大しました。当初は森林整備（MORI＝森）のみを対象としていましたが、tancreとの統合により、同様のコンセプトとシステム基盤を活用して、ブルーカーボンや農地など、より幅広い生態系保護活動へと展開をめざすことになりました。この新たな方向性を反映し、プロジェクト名もRe:coへとバージョンアップされました。

Re:coの特徴は、小規模事業者でも参加可能な仕組みを提供し、規模に限定されることなく環境に貢献できる社会の実現を目指している点です。さらに、教育領域との連携を通じて、環境保護の重要性を広める取り組みも行っています。

Pucre（プクレ）も、株式会社PBADAOとKlimaDAO JAPAN株式会社が共同で展開する革新的なReFiプロジェクトです。Pucreでは、ユーザーの行動により生み出されるアプリ収益が環境保護活動の資金となり、その活動に紐づいたカーボンクレジットトークンがユーザーに発行されます。この仕組みにより、日常的な歩くことやスポットに立ち寄るなどの行動で直接的に環境保護活動へとつながります。

Pucreの特徴的な取り組みとして、Pucre Marketがあります。ここでは、ユーザーが獲得したカーボンクレジットトークンを利用して、環境に配慮した商品やサービスを購入することができます。音楽やスポーツイベントのグリーンチケット、エシカル旅行、環境負荷を軽減した商品など、幅広い選択肢が提供される予定です。これにより、環境保護活動の価値を、デジタル技術を通じて人々の日常生活に直接結びつけることが可能になりました。Pucreの仕組みは、人々の生活をあらゆる社会課題の貢献価値へつなげるものとして特許申請されており、環境価値の普及と人々の行動変容を促進することが期待されています。このアプローチは、個人の日常的な選択が持続可能な社会の実現に直接貢献できるという、ReFiの理念を具現化したものといえるでしょう。

これらのプロジェクトは、NFTやブロックチェーン技術が気候変動対策という社会課題に対する革新的なソリューションとなり得ることを示しています。ReFiの枠組みのなかでこれらの技術を活用することで、個人や企業が透明性高く環境保護に貢献できる仕組みが構築されつつあります。このような取り組みは、環境保護活動への参加障壁を下げ、より多くの個人や組織が地球環境の保全に貢献できる可能性を示しています。tancre、Re:co、Pucreの展開により、日本のReFi分野における革新的なアプローチがさらに進化し、より包括的で効果的な環境保護活動の実現が期待されます。

ReFiにおけるNFTの活用は、技術革新と環境保護の両立を示す新たなパラダイムとして、今後さらに重要性を増すと考えられます。課題を克服しつつ潜在的な可能性を最大限に引き出すことで、この分野は環境保護と経済発展の両立に大きく貢献することが見込まれます。持続可能な社会の実現に向けた重要な一歩として、ReFiの発展とその中でのNFTの役割に注目が集まっています。

12

NFTのユースケース

自治体・行政

地域内の新しいコーディネーション ツールとしてのNFT

行政・自治体といったパブリックな組織もweb3技術を使ったさまざまな取り組みを展開している。神奈川県で「web3技術による行動変容促進に関する実証事業」に取り組んでいるデジタルガレージの3人の担当者が、web3を用いた地方創生プロジェクトの最新事例を紹介する。

Author

株式会社デジタルガレージ

清原三雅

Kiyohara Mitsumasa

株式会社デジタルガレージコーポレートデベロップメント本部web3事業部所属。国内外のweb3エコシステムへの貢献、プロジェクトとのリレーション構築、最新動向の調査及びスタートアップ投資及びデジタルガレージにおけるCrypto Nativeな事業の立ち上げに注力をしている。

株式会社デジタルガレージ

小野寺穂高

Onodera Hodaka

慶應義塾大学総合政策学部から、2023年4月に株式会社デジタルガレージへ新卒入社。CRM領域を経て、現在はコマースマーケティング本部でweb3×マーケティング事業に注力している。神奈川県の「web3技術による行動変容促進に関する実証事業」ではプロジェクトマネージャーを担当。

株式会社デジタルガレージ

片桐隆信

Katagiri Takanobu

音楽流通専門商社・広告代理店を経て、2021年4月株式会社デジタルガレージ入社。コマースマーケティング本部・コーポレートデベロップメント本部web3事業部所属。エンタープライズでのweb3案件実績や令和6年度神奈川県庁「web3技術による行動変容促進に関する実証事業」の責任者。

コーディネーションツールとしてのNFT

　これまで本書では、アート、ゲーム内アセット、不動産など、さまざまな価値がNFT化された事例を紹介してきました。NFTは、有形・無形を問わず、あらゆる価値や複雑な文脈をトークン化し、埋もれていた価値を可視化して流通可能なかたちにすることで、新たな価値交換のインフラとなり得る非常に可

能性のある技術です。

　一方で価値交換をスムーズにしようとするあまり投機的なユースケースが多いのが現状でしょう。しかし、web3やブロックチェーンは、特定の誰もが利用できる公共性を持っており、その可能性は金融の枠を超えて広がっています。実際、多くのプロジェクトが立ち上がるブロックチェーンEthereum（イーサリアム）は、自身を暗号通貨ではなく、「人間のコーディネーションのプロトコル」（"Ethereum is a protocol for human coordination"）であると定義しています。

　国内においては、金融的なユースケースが規制の観点から制約を受けやすい一方で、web3の非金融的側面の特性を元に、資本主義の枠組みではとらえきれない価値や文脈を可視化し、この多元的な現代社会のコーディネーションを行うツールとして独自の発展を遂げています。この結果、行政や自治体を巻き込んだ多くの取り組みが進行中です。

　本項では、ローカルおよびパブリックセクターがどうweb3を活用し、NFTを用いて、地域内外のステークホルダーとの協調をどのように進めているかを解説していきます。

第二の自治体（Local Coop）としての取り組み

　ローカルとweb3の交わりの代表的な事例の一つが、「Nishikigoi NFT」です。これは、2021年12月に新潟県の錦鯉発祥の地である旧山古志村で発行された「デジタル住民票」NFTプロジェクトです。新潟県中越地震の影響で人口減少と少子高齢化が進行し、住民数が800人以下にまで減少した結果、限界集落となった山古志村。この村の復興に向けた思いを共有する仲間を世界中から募り、1000人を超えるデジタル村民が誕生しました。

　NFTの売上を通じて自治体に依存しない独自の財源を一時的ながらも確保することに成功し、地域の住民と地域外の協力者による「第二の自治体」というコンセプトが生まれました。デジタル住民票NFTの販売で得られた資金は、山古志DAO（非中央集権型組織）のトレジャリー（独自財源）としてブロックチェーン上で管理されます。その資金の使用用途については、デジタル住民がチャットサービスDiscordなどで議論し、提案を行い、投票によって決定されます。

DAOに参加してみると、NFTの活用方法が投票権以外にも活用されていることがわかります。たとえばDAOの運営にかかわる会議体に出席した際に受け取るPOAP NFT（出席証明NFT）や、山古志村を訪れた際に取得するお土産NFT、DAO内で立ち上げたクラブのメンバーシップNFT、Nishikigoi NFTの二次創作NFT、コアメンバーに付与されるSBT（ソウルバウンドトークン）など、DAO内でのあらゆる行動や貢献がNFTとして記録されます。これにより、各メンバーがこれまでに何をしてきたのかを、ウォレットアドレスを確認するだけで把握できるようになり、行動評価の仕組みが整っています。

　このように、あらゆる行動や貢献をNFTとして記録することで、たとえば予算分配の意思決定をDAOとして行う際にこれまでの行動をフェアに評価することが可能になり、DAOコミュニティ全体の透明性を高め、コーディネーションを容易にしています。

NFT×自治体の取り組みの進展

　Nishikigoi NFTの発売以降、国内では多くの行政・地方自治体によるNFTの取り組みが増加しました。DAOのコンサルティングを行うガイアックス社の独自の調査によると2022年4月時点では、web3を用いた地方創生プロジェクトは全国の自治体で14件でしたが、2023年4月には約8倍の111件にまで増加しています。その中でもいくつか代表的な取り組みパターンを紹介します。

森林整備とカーボンクレジット創出を目指すSinra NFT

　Sinraは、森や海、農地などの自然資源が生み出す潜在的なカーボンクレジットを可視化し、環境への貢献を促進するプロジェクトです。このプロジェクトでは、三重県尾鷲市と協力し、2023年8月に潜在的なカーボンクレジットを可視化するための「Regenerative NFT」を販売しました。ユーザーはこのNFTを購入することで、尾鷲市の森林整備に貢献でき、整備が進み、日本が国として認証する「Jクレジット」にカーボンクレジットとして認定されれば、世界中から尾鷲市のカーボンクレジットを購入することが可能となります。これにより、尾鷲市は継続的な新たな財源を確保する道が開かれます。 NFTという新しい技術を既存の「Jクレジット」制度と連動させることは非常にチャレンジングな取り組みですが、たとえJクレジット化が難しくとも、「環境貢献

トークン」としてNFT化することで、従来の金融資産か否かという単一的な価値観を超え、環境への本質的な取り組みや価値創造が認められれば、その価値がグローバルに流通する可能性を秘めています。

ふるさと納税とNFT

　ふるさと納税の返礼品としてNFTを配布する事例も増えています。たとえば、北海道余市町では、「余市町ミニコレクティブNFT」をふるさと納税の返礼品として提供しました。このNFTは、余市町の特産品であるワインをテーマにしたアートNFTで、NFT保有者には希少なワインの優先購入権が付与されます。また、村上隆氏が2023年12月から2024年6月にかけて、京都市のふるさと納税で提供したNFTトレカは、5億円以上の寄付を集めました。

　このような事例では、従来の返礼品が消費で終わるのに対し、NFTを活用することで地域との長期的な関係性をデザインできるサステイナブルな返礼品として注目されています。

誰もが参加できるweb3

　行政や自治体としてNFTを活用する際には、幅広い世代・価値観を持つ人々が参加しやすい設計が求められます。Nishikigoi NFTが立ち上がった当初、多くのweb3ツールはweb3ネイティブユーザー向けに作られて一定のハードルが存在していました。最近では、子どもからお年寄りまでが気軽にweb3に触れられるツールが浸透してきました。たとえば、国民の大半が使うメッセージングアプリ「LINE」を用いてNFTを配布する取り組みや、普及が進むマイナンバーカード自体をNFTハードウェアウォレットとして利用する試みが進んでおり、幅広い世代がweb3にアクセスしやすくなり、ブロックチェーンを意識しなくても良い設計になってきています。そして幅広い世代がweb3の技術を使用するようになることで、世の中に新しい価値が生まれる可能性があると考えられます。

　これまで紹介してきた各自治体での取り組みを通しても、共通していえるのは「貢献」や「体験」「経験」のような定量的に測ることが難しかった指標を、ブロックチェーンを活用することで信頼性を担保しながら可視化できることだと言えます。

あらゆる物事がデジタル化し続けている現在において、人々の「貢献」や「体験」をデジタル上でも信頼性の高い状態で可視化することは、重要であり当然の流れともいえます。一方で前述のように、あらゆる世代に開かれたテクノロジーでないと、インフラとしては定着しません。

　そこで、ここからは我々デジタルガレージと人口数全国2位を誇る神奈川県が「これまで見えにくかった価値の可視化」をあらゆる世代に広げていくことによって、新しい社会インフラを世の中に広げていく取り組みをご紹介します。

神奈川県のweb3への取り組み

　神奈川県は令和6年度より「web3技術による行動変容促進に関する実証事業」に取り組んでいます。デジタルガレージはその委託事業者として採択を受け、技術提供をしながら本取り組みの社会実装をめざしています。

　ここでは、具体的に2024年度に動き出している2つのプロジェクトを紹介していきます。

子どもの「興味関心」を可視化

　まずは「子どもの興味関心」を、NFTを通じて可視化することによって、周囲の大人が適切な機会を与える仕組みを検証する取り組みの紹介です。当然のように、子どもたちは一人ずつ興味関心が異なりますが、公教育や既存のシステムのみだと、個別最適なサポートを与えることは難しいです。そこで、子どもの興味関心が現れやすい「体験」をNFTを通じてブロックチェーンに刻むことによって、特定のプラットフォームに依存せず、個人に紐づけることができるのです。

　なぜNFTを活用するのか、という点についてはNFTの「プロパティ（Properties）」という特性が挙げられます。プロパティとは「NFTを構成する特徴となるパラメータ」のことで、子どもの興味関心を詳細に、かつ網羅的にフォローしているのです（2024年時点ではサイエンスに関する体験を定義）。このプロパティによって、これまでは見えてこなかった子どもたち自身の個別の興味関心を、可能な限りリアルに「可視化」することが可能になります。

2024年は「かながわサイエンスサマー」と連携し、特定の科学館に訪れた子どもたちに対してNFT（デジタルスタンプ）を提供する取り組みを行っていました（2024年8月1日〜10月15日まで）。

出典：https://dgmt.garage.co.jp/news/release/2024_06_28

一方、「可視化」だけで終わってはならず、その先の「適切な活用」があってこそよりよい社会が広がっていくと考えられます。そこで2024年は、単にデジタルスタンプで科学体験を証明するだけではなく、理化学研究所 横浜事業所での特別な体験も用意するなど、科学館を訪れた子どもたちに興味を深化させる仕組みも取り入れています。

若者の経験を可視化

続いてご紹介するのは「経験」を可視化するプロジェクトです。人それぞれさまざまな「経験」を積み重ねていますが、信頼性のある形で周囲に共有することは難しく、評価する側も定性的な観点から見ざるを得ません。そこでこのプロジェクトでは「若者が参加する"ボランティア活動"」を可視化することによって、若者の社会貢献活動へ参加を証明し、さらなる参加の促進を図ります。「Z世代・α世代」と形容される若者は、幼少期から「地球温暖化」「環境破壊」など、エコロジーに関する意識を高く持って育ってきました。

そのひとつが「ビーチクリーン」です。湘南・茅ヶ崎など全国的にも有名な海岸を有する神奈川県では、きれいな海を守ろうと、毎週のようにNPO団体主催のもと若者が集まりビーチクリーンが行われています。

若者のボランティア意識の高まりの余波は広がっており、現在では大学の

AO入試や就職活動の場で、どれだけ「ボランティア（＝社会貢献）」を行ってきたかという点も重視されています。そこで最近では自身が行ってきたボランティアを証明する「ボランティア証明書」の需要も高まっているのです。

日々さまざまな場所で行われているボランティア活動に対して「ボランティア証明書」を発行する団体があります。JAVO（NPO法人JAPANボランティア協会）は、「日本でのボランティアを当たり前に」という想いのもと「ボランティア証明書」を発行する組織として2014年に設立され、受験や就活を行う学生に対してそれまで行ってきた「ボランティア」に対する証明書を発行しています。事実、筆者も湘南のビーチクリーン活動に参加してきましたが、AO入試などに活用するため「ボランティア証明書」を求める多くの学生がいることに驚きました。余談ではありますが、今後は学力を測る入試から体験や考えを重視する入試に変化していくのだと実感しました。

本取り組みにおいて2024年度は、2つの環境ボランティア団体（海岸清掃団体 湘南ウキビイ・湘南ビジョン研究所）と連携し、ボランティア活動を行った参加者に対して「ボランティア証明書」をNFTとして発行します。2024年10月、神奈川県とデジタルガレージ、NPO法人JAPANボランティア協会（JAVO）は3者で協定を結び、将来的にはこのブロックチェーン上に刻む「ボランティア証明書」を社会インフラとして定着させていくと発表しました。

最近では実用英語技能検定（英検）の証明書も、ブロックチェーンの技術を活用して信頼性のある形式で、デジタル上で発行するという取り組みも生まれています。このブロックチェーンを活用した証明書の仕組みがインフラ化することで、AO入試や就職活動の場で、より平等に個人の経験が評価される時代が訪れることでしょう。

この「可視化された価値」が今後、世の中にインフラとして広まっていくためには、「信頼性の担保」が重要になってきます。神奈川県をはじめとする行政が取り組み、証明書としての信頼性を担保することによって、世の中にこの価値が広がっていくと考えられます。

高まる自治体・行政でのNFT活用

今後、ブロックチェーン技術の公共性の高いユースケース、まさに自治体および行政サービスへの導入はさらに進展すると予想されます。大きく2点を挙

げたいと思います。

地域活性化としてのNFTの活用

　地域の特性やニーズに合わせたオリジナルなNFTプロジェクトが増加し、住民と訪問者、自治体と外部パートナーが協力することで、地域全体の持続可能な発展が実現される可能性があります。

　特に、地方自治体が主導する形で地域の魅力を最大限に引き出すためのNFTプロジェクトが増えることで、地域間競争が活発化し、各地でユニークな取り組みが生まれることが期待されます。NFTを通じた地域活性化は、デジタルとリアルの融合を通じて、新しい形の地域社会を形成する大きな可能性を秘めています。

技術の進化における行政での活用と適用範囲の拡大

　ブロックチェーン技術は急速に進化しており、特にスマートコントラクトやプライバシー保護技術の向上が見込まれます。これにより、より多くの行政手続きやサービスがブロックチェーン上で実施されるようになるでしょう。

　ブロックチェーン技術を活用することで、行政手続きの効率化や透明性の向上が実現され、市民の利便性が大幅に向上することが期待されます。

　たとえば、神奈川県でのボランティア証明書発行に加え、デジタルIDや電子投票システムの普及により、オンラインでの安全な手続きが可能になります。

　また、ブロックチェーン技術の国際的な標準化が進むことで、異なる国や地域間でのデータ共有や相互運用性が確保されます。これにより、グローバルなスケールでの行政サービスの効率化が促進されるでしょう。

　ブロックチェーン技術は、自治体と行政サービスのデジタル化を推進し、透明性と効率性を向上させるための強力なツールです。主要プレイヤーの成功事例から学びつつ、技術の進化と標準化、プライバシー保護とセキュリティ対策の強化を進めることで、よりフェアで効率的な社会基盤を構築することが可能です。未来の自治体は、ブロックチェーン技術を活用することで、市民に対してより良いサービスを提供し、地域社会全体の発展に寄与することが期待されます。

13 NFTのユースケース

【 ロイヤリティプログラム 】

国境なきロイヤリティプログラムで世界中の人々をつなぐ

web3の世界的リーディングカンパニーであるAnimoca Brands。その投資先は530社、ユーザーは7億人を接続しグローバルでロイヤリティプログラムを構築していくプロジェクトがMocavese（モカバース）だ。プロジェクトHeadを務めるタイラー・ダーデンが展望を語る。

Author

Animoca Brands Head of Projects 兼 Head of Mocaverse

タイラー・ダーデン　　　　　　　　　　　　　Tyler Durden

Animoca Brands（アニモカ・ブランズ）のHead of Projects 兼 Head of Mocaverse。再生可能エネルギー企業やEコマース企業、AIスタートアップ企業などを経て、2022年6月よりAnimoca Brandsに参加。タイラー・ダーデンは映画『ファイト・クラブ』でブラッド・ピットが演じた登場人物にインスパイアされて付けたハンドル・ネーム。

ブロックチェーンをロイヤリティプログラムに

　ロイヤリティプログラムとはそのブランドの優良顧客に対しての特典のことで、日本でも航空会社のマイレージプログラムや「ポイント経済圏」の仕組みはなじみ深いものではないでしょうか。世界中のさまざまな企業が取り入れており、アメリカのレンディングサービスLendingTreeの調べでは、アメリカ人の約8割が少なくとも1つのロイヤリティプログラムに加入していたそうです。

　しかし従来型の仕組みは、それぞれの企業やブランドがユーザーを引きつけるために生まれてきた個別最適な側面もあり、それぞれのサービスごとに断片化されたものでした。ユーザー自身の生み出したデータも企業に抱え込まれ、自由に活用することは不可能でした。そこで注目されているのが、ブロック

チェーンを活用したweb3ロイヤリティプログラムです。これまで中央集権的だった個人のデータ管理が民主化され、個人管理になっていくのがweb3時代の流れといえるでしょう。

　高い透明性や安全性があり、異なるプログラムとの相互運用もしやすいといった特徴があるブロックチェーンは、ロイヤリティプログラムと非常に相性が良いと思います。大手企業の中にも、ロイヤリティプログラムとブロックチェーンを組み合わせた運用方法を模索する、先進的な企業も出てきています。

　たとえばナイキは「.Swoosh（ドット・スウッシュ）」というweb3プログラムを開始し、NFTスニーカー「Our Force1」の取り組みではユーザーと共創しロイヤリティを高める取り組みをしています。ヨーロッパの航空会社ルフトハンザもNFTを利用した特典交換プログラム「Uptrip」を開始しました。

グローバルで構築するMocavese

　こうした仕組みをさらに飛躍的に発展させたのが、私たちAnimoca Brandsの「Mocavese（モカバース）」です。これは、複数のプラットフォームやサービスを横断して使うことを、最初から想定してつくったデジタル社会の会員制クラブです。web3の世界的リーディングカンパニーであるAnimoca Brandsの530社の投資先、7億人のユーザーを接続し、グローバルでロイヤリティプログラムを構築していくプロジェクトです。サービス間のギャップをweb3の力で埋めることで、相互に接続されたエコシステムを創造しています。

　NFTを活用することで、データがユーザー自身のものとなります。Mocaverse内での取引やガス代支払いに使える独自の暗号資産トークン$MOCAも発行していて、こちらはエコシステム全体が発展するに伴って、次第に用途が広まっていくでしょう。

　Mocaverseには特定のチェーンやネットワークの垣根を飛び越え、相互運用可能にする仕組みが用意されています。9億人のTelegram（TON財団）や5000万人以上のKDDIなど多くのユーザーデータベースをもつ企業と提携しているほか、Animocaグループ内外のさまざまなプロジェクトと接続することで、そのネットワーク効果は今後ますます強力になっていきます。

　2023年11月にローンチしたMocaverseの登録ユーザー数は、2024年9月

グローバルロイヤリティプログラムのMocaverse

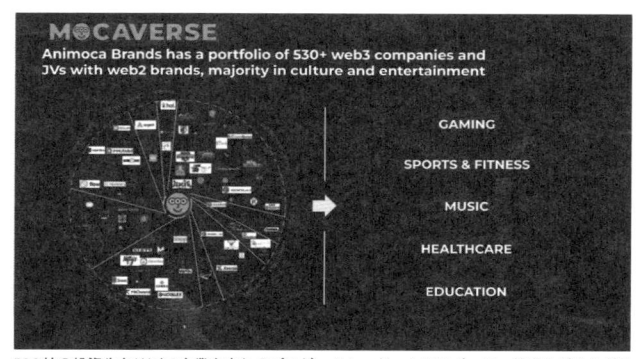

530社の投資先とWeb2企業を束ねるプロジェクト。ゲームやスポーツ、教育などさまざまな業界と接続

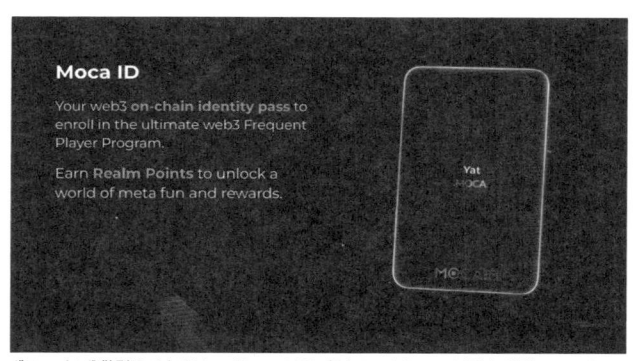

グローバル分散型IDであるMocaID。このIDに個人のアクションや評判が蓄積していく

時点で170万を超えています。また、そのエコシステム内には、web3ゲームの「the Pixels」「Cosmic Bomber」「Cosmic Royale」、スクウェア・エニックスのSYMBIO GENESIS（シンビオジェネシス）など、ユーザーを引きつけるコンテンツが多数接続されていきます。

　また、ユーザーはNFTによって、デジタル資産を真に所有することができます。また、自らのデジタル・アイデンティティを形成し、そこに紐づいた「評判」を自在に活用できるようになります。

　従来の仕組みでは、ユーザーの生み出すデータを、プラットフォーム側が保持して利用するかたちになっていました。これに対してMocaverseでは、ユーザーを含めたすべての関係者で、より公平に利益を分け合える仕組みづくりをめざしています。

Mocaverseを形づくる、5つの要素

　Mocaverseの全体像を把握してもらうために、まず中核となっている5つの要素を簡単に紹介していきましょう。

(1)「Moca NFT」はPFP（Picture For Profile、いわゆるプロフィール画像）型のNFTです。Mocaverseのデジタル会員証ですが、8888個しか存在せず、所有者には特別な報酬があります。

(2)「Moca ID」はMocaverseの基盤となる分散型IDで、参加者全員に割り振られます。あなたのMocaverseエコシステム内での評判や実績などはこのIDと結びつけられ、さまざまなサービスやプラットフォームで活用できるようになります。

(3)「Realm RP」はMocaverse上でのエンゲージメントに報酬を与えるポイント・システムです。RPはさまざまな活動を通じて獲得でき、RPが貯まると新たな特典や機会がアンロックされます。

(4)「$MOCA」はMocaverse内で使うための暗号資産トークンです。

(5)「Realm Network」は、さまざまなプロジェクトやプラットフォームをMocaverseのエコシステムにつなぎ、真の相互運用性を実現するための、開発者向けSDK（ソフトウェア開発キット）です。

これらを組み合わせることで、Mocaverseはユーザーにさまざまなメリットを提供します。

　まずは「真のデジタル所有権」です。Moca NFTはもちろんのこと、エコシステム内で蓄積された実績、評価、価値を、すべてユーザー自身が所有できます。

　Moca IDは、堅牢で持ち運び可能なデジタル・アイデンティティを提供します。Animoca Brandsのエコシステム内だけでなく、接続した数多くのプロジェクトでも使用する前提で設計されています。

　Mocaverseのユーザーには、さまざまな特典が用意されています。たとえば、新しいゲームやプロジェクトにいち早く参加できる早期アクセス権やゲーム内限定アイテム、リアル・イベントへの参加権などです。

　Mocaverseは活気あるコミュニティです。ネットワーキングの機会が数多く用意されているので、きっと同じ興味・関心を持つ人たちと仲間になれるでしょう。積極的に活動しているユーザーには、Realm RPシステムを通じて報酬が与えられます。エコシステムのガバナンスに関与する機会が与えられることもあります。

　Mocaverseの使い方はシンプルでユーザーフレンドリーになっています。まだweb3に慣れていない人でも、参加していれば自然とweb3やNFTにまつわる知識が身についていくことでしょう。

日本社会にもたらすインパクト

　Mocaverseは日本で人気の高いモバイルゲームやソーシャルメディア、アニメなどの分野と強い親和性を持っています。KDDIのweb3サービス「αU」をはじめ、日本企業のサービスとも積極的に提携していきます。そのためMocaverseは、日本の多くのユーザーにとって、ブロックチェーンとデジタル所有権の世界への第一歩となるでしょう。

　デジタル社会での活動は、日常生活を送るうえで不可欠なものになってきました。今後は、デジタル社会におけるアイデンティティが、現実社会でのアイデンティティと同じくらい重要になってくるでしょう。しかし現時点では、デジタル社会のアイデンティティのほとんどは、特定のプラットフォームやサー

ビスに結びついた形でしか存在していません。もしサービスが突然終了してしまったら、一体どうなるでしょうか？

　その点、Mocaverseの分散型ID（Moca ID）はブロックチェーン技術のおかげで、ユーザー自身がコントロールできます。最初から、複数のプラットフォームやサービスにまたがって使うことを前提にデザインされているので、今後はさまざまなサービスやメタバースでの活用が可能となっていくでしょう。

　また、Mocaverseの仕組みは、デジタル社会におけるコンテンツの重要性をふまえ、クリエイターにも正当な報酬が支払われるべきだという前提で構築されています。この点は、デジタルの創作活動が盛んな日本のユーザーに歓迎してもらえるのではないでしょうか。

　Mocaverseの高い相互運用性によって、ゲームやエンタメのコラボがより柔軟に実現可能になります。これは世界をリードしてきた日本のゲーム・エンタメ業界にとって、エキサイティングな可能性をもたらすでしょう。手に入れた「アイテム」や「実績」が、異なるゲームやプラットフォーム間をシームレスに移行できるようになれば、ユーザー体験は大きく変わっていくでしょう。

　私たちは、新しいデジタル時代の入り口に立っています。オンラインでの交流や活動、さまざまなデータの価値、そしてデジタル・アセットの所有……。そういったことの持つ意味がすべて、急速に変わっています。

　わたしたちはいま全力で、この画期的なエコシステムを発展、拡大させるように取り組んでいます。新機能を追加し、パートナーシップを築き、ユーザー体験を向上させる方法を模索し続けています。しかし、Mocaverseの核心は何と言っても「ユーザー」です。わたしたちは、あなたに真のデジタル所有権を提供し、オンライン上での活動実績をあなたが活用できるようにし、あなたにもこのコミュニティの一員となってもらいたいと思っています。ですが、さらなる進化を遂げるためには、大勢のユーザーがそこに参加し、フィードバックをしてくれることが、どうしても不可欠です。ぜひ、わたしたちの仲間になって、一緒に次の時代のロイヤリティプログラムを創りましょう。

14

NFTのユースケース

web3メタバース

最新メタバースが思い描く
次世代コミュニティと創造

NFTゲームを代表する世界的ゲームといえば、The Sandbox（ザ・サンドボックス）。従来のWeb2ゲームと何が異なるのか——ブロックチェーン技術、ゲーム、教育に情熱を注ぐ創設者のセバスチャン・ボルジェが、The Sandboxを例にweb3ゲームについて解説する。

Author

The Sandbox
セバスチャン・ボルジェ　　　　Sebastien Borget

The Sandboxの共同創立者兼 COO。モバイルゲーム業界で10年以上の経験を持ち、Pixowl, Incの 共同創立者兼COOでもあり、トップグロスのタイトル制作とマーケティングの責任者として活躍中。モバイル版「The Sandbox」シリーズは、ダウンロード数4000万回以上、2012年と2013年のAppStore Best Gamesにノミネート。業界の主要メンバーが参加するBlockchain Game Allianceの会長も務める。

The Sandboxを通じて理解する最新web3メタバース

　我々が運営する『The Sandbox（ザ・サンドボックス）』は、クリエイターが仮想世界内の資産やゲーム体験をデザイン、共有、収益化できる分散型のコミュニティ主導のバーチャルワールドです。ブロックチェーン技術を活用し、NFTを通じてデジタル資産の真の所有権をプレイヤーやクリエイターに提供することで、ゲーム業界に革命を起こすことをめざしています。本項では『The Sandbox』の現状を通じて最新のweb3メタバースの情勢を解説していきますが、最初に『The Sandbox』の特徴にふれていきたいと思います。

　『The Sandbox』とはEthereum（イーサリアム）のブロックチェーン技術を基盤とした「ユーザー主導のゲームメイキングプラットフォーム」です。web3技術を活用し、ユーザーが自分のデジタル資産を作成、所有、取引でき

る環境を提供しています。現在、1000以上のユーザー生成体験を仮想マップ上にライブ公開しており、600万以上のユーザーアカウントと、『進撃の巨人』『北斗の拳』『キャプテン翼』『ウ・ヨンウ弁護士は天才肌』などのコンテンツから、Ragnarok、Warner Music、Ubisoft、Gucciなどのグローバルブランドの400以上のパートナーが存在します。

『The Sandbox』のweb3メタバースは、その構造、機能、およびビジョンを定義するいくつかの基本的な柱に基づいて構築されています。これらの柱には以下が含まれています。

1. ガバナンス

『The Sandbox』はDAO（分散型自律組織）を採用しており、ユーザーやステークホルダーが提案（SIP：Sandbox Improvement Proposal）と投票による公式プロセスにより、コミュニティがプラットフォームの進化とガバナンスに重要な役割を果たすように設計されています。

2. ユーザー生成コンテンツ（UGC）

無料で使えるVoxEdit（ボクセルエディター）やGame Maker（クリエーションツール）を提供しており、ユーザーが自分のデジタルアセットや体験をデザイン、構築することを可能にしています。また、クリエイターが自分の資産を他のユーザーにマーケットプレイスを通して販売して収益を上げることができます。このエコシステムは、ユーザー生成コンテンツによって支えられる繁栄する経済をサポートします。

3. Play to Earn

「SAND」は、メタバース内での取引、ガバナンス等に使用されるトークンです。Play to Earnにより、ユーザーはメタバース内で体験をプレイすることで収益を得ることができます。これにより、報酬の獲得、アセットの販売、バーチャルエコノミーの活性化が期待されます。

4. コミュニティと社会的交流

『The Sandbox』では、クリエイターやゲーム制作者、LANDオーナーなどの参加者が実際に手を動かしてプロジェクトに取り組んだり、ネットワーキン

グを通じて新たなコラボレーションの機会を見つけたりするオンラインとオフラインイベントを積極的に提供しています。これらのイベントを通じて、ユーザーは一体感を高め、共有の目標に向かって協力するコミュニティが形成されています。クリエイター同士の交流は、個々のスキル向上だけでなく、革新的なアイデアの誕生を促進し、メタバース全体の発展に寄与します。これによりメタバースのアイデンティティが強固になり、ユーザーにとって魅力的な空間が形成されていきます。

5. イノベーションと進化

　継続的な改善とイノベーションにコミットしており、定期的に新しい機能、ツール、体験をプラットフォームに追加しています。 DAOを通じて、ガバナンスや意思決定にコミュニティを関与させることで、The Sandboxはユーザーのニーズと希望に沿った形でプラットフォームが進化することを保証し、新しい技術が必要な場所で適用されるようにしています。これらの柱が総合的に強固で動的、かつユーザー中心のweb3メタバースを創り出し、創造性、所有権、コミュニティが中心的な役割を果たすことを可能にします。

　YouTube、App Store、Google Play、Metaなどのグローバルで大成功を収めるプラットフォームが存在しますが、The Sandboxのメタバースも同様に、日本に特化した仕様ではなくグローバルメタバースです。

「The Sandbox」は、ゲーム提供などLANDそのものにしっかりとしたロジックを備えており、現在ユーザーに対してノーコードの開発環境を提供してエントリーのハードルを下げ、クリエイターが簡単に制作できるようにしています。サービスイン後も開発は続き、今後もできることは増えていく予定です。

　ボクセルは、マインクラフトの成功に見るように、UGCに適していると考えています。マインクラフトで制作したものをYouTubeで配信し、広告収入を得るYouTuberの存在は、UGC（ユーザー生成コンテンツ）を後押ししているといえるでしょう。YouTubeはYouTuberという職業を生み出しましたが、「The Sandbox」の世界では、ボクセルで制作した作品そのものを販売し、収益を得ることができるNFTアーティストという職業をつくり上げる計画を進めています。

Web2メタバース vs The Sandbox

　いまや世界的なタイトルとなったWeb2メタバースの代表格『Fortnite』は、2017年7月に最初にサービスインしました。この時にリリースされたのは「Fortnite: Save the World」というモードで、バトルロイヤルモードは同年9月にリリースされ、こちらが世界的に大ヒットしました。「The Sandbox（web3版）」は、2020年12月にリリースされました。『Fortnite』は、一般的にはゲームとしてカテゴライズされることが多いですが、その機能は単なるゲームを超えています。『Fortnite』は、デジタル空間、ソーシャルインタラクション、ライブコンサート、アバターやアイテムのカスタマイズ、さまざまなブランドやキャラクターとのコラボレーション、さらには独自のエコノミーを提供し、総合的なデジタルエンターテインメント空間として機能しています。『Fortnite』は、メタバースの可能性を広げる要素が数多く取り入れられていることから、世界でもっとも成功している総合的なメタバース空間であるといっても過言ではありません。ただし、メタバースの概念は非常に広範であり、完全にオープンで相互運用性のあるプラットフォームを指すことが多いため、『Fortnite』はその一部の要素を持ちながらも、完全なメタバースとは言い難い側面もあります。それでも、多くのメタバース的な体験を提供しているという点では、『Fortnite』は他のプラットフォームにとっても参考となる存在であり、メタバースの未来を示唆する重要な例となっています。

　『Roblox』の正式なリリース日は2006年9月ですが、それ以来、常に進化を遂げているメタバースプラットフォームです。メタバースはリアルな空間と同様に常に開拓が行われており、『Roblox』もUGCを中心に豊富なゲーム体験やソーシャルインタラクションを提供し続けています。その継続的なアップデートと拡張によって、幅広いユーザー層からの支持を得ていることが特徴です。『Roblox』は『The Sandbox』よりカジュアルで幅広い層にアピールするプラットフォームとして位置付けられています。特に若年層やファミリー層にとって、気軽なゲームプレイが魅力的なエンターテインメントの場を提供していることが特徴です。『Roblox』は、デジタル資産の所有や取引に重点を置く『The Sandbox』とは異なり、クリエイティブでソーシャルな遊びの場を提供することに重きを置いています。

メタバースの最大の課題

　上述したメジャータイトルのほかにも、現在さまざまなメタバースが世界各国で運営されています。ここでは現在のメタバースにおける課題を記したいと思います。

1. 自由と規制のバランス

　技術の進歩によりできることが増えたことで、インターネットの世界が分散化される一方、既存のモデルがすべて崩れるわけではありません。メタバースにはルールが存在し、さまざまな文化が交差します。ユーザーは好きな職業、名前、性別、人種などが自由なアバターを使い、望む世界をつくることができます。現実の世界では、私たちは母国語を話す人々がいる国に属しています。現実の渋谷には多くの制限がありますが、メタバース上の渋谷では建物に登っても誰にも文句を言われません。制限から解放された世界がメタバースのひとつの魅力です。その反面、各ユーザーのアバターにはアクセスしている国の法律が適用されます。モラルやコミュニケーションのあり方など、メタバースの安全性、合法性、信頼を確保していかなければなりません。

2. UGCへの抵抗

　UGCの活発化やメタバース、ブロックチェーン技術の進展に伴い、ユーザーが自らの作品を簡単に公開・共有できる環境が整っています。しかし、この流れに対してIPホルダーやWeb2業界は依然として多くの抵抗を示しています。UGCは今後もインターネット上の創作活動において重要な役割を果たすと考えられますが、IPホルダーやWeb2業界の懸念を解消し、誰もが共存するための仕組みづくりが不可欠です。

　web3のメタバースの参入において、IPホルダーが販売したアセットがメタバース上でどのように使われるのか、NFTの二次流通の販売額を気にするケースも多くあります。あくまで例ですが、現実の世界では、漫画のTシャツを着て、プロ野球チームのタオルを首に巻き、一流ブランドのパンツを履いていても、IPポリスとファッションポリスが出てきて「この組み合わせは、IPホルダーの許可を取っているのか」「ブランドイメージを傷つけた」と尋問され逮捕されることはありません。ユーザーがIPグッズを二次流通販売をした時に、IP

ポリスが出てきて、「IPが望む価格を下っている。ブランドイメージの低下につながるので価格はXXX円以上に設定してほしい」といわれることもありません。

メタバースは多くの自由を提供しますが、無法地帯ではありません。ユーザーはさまざまなアバターや活動を楽しむことができますが、プラットフォームには独自のルールや規制が存在します。

また、現実の世界では起きていないことがメタバースの空間で起きる懸念はもちろんあるでしょう。しかしこれは技術の進化に伴う未知の世界へ突入する不安からであり、おそれることなくチャレンジをしていく姿勢が、インターネットコミュニティの将来的な安定を確保すると考えます。

web3には、デジタルネイティブであり、グローバル志向が強く、学習能力が高いユーザーが多いという特徴があります。そのうえ、日本には比較的大きなクリエイティブコミュニティが存在し、細部へのこだわりが深いクリエイターが多く存在し、その愛情は作品の緻密さと精密さに表れています。

我々『The Sandbox』でも日本のマンガやアニメコンテンツを世界に届けるため、取り組みを支援しています。しかし、コンテンツ自体がしばしば日本文化や価値観を深く反映しており、我々の制作チームは作者の意図を、パートナーの意図する形で文化を伝えることが難しいと感じることがあります。メタバースやNFTの課題を克服するには、翻訳やローカリゼーションの質の向上、現地市場の理解、効果的なマーケティング戦略の実施が必要です。

また、コミュニティのフィードバックを取り入れながら柔軟に対応し、ユーザーが安心してクリエイティビティを発揮できる環境を継続的に提供していく努力をすることが必要でしょう。この努力により単なるデジタル領域を超え、人々が集まり、交流し、共に成長するための新しい次元を創り出すことができます。

最終的にメタバースはユーザーとプラットフォームが共に進化を続けることで形づくられます。自由と規制のバランスを保ちながら、安全で魅力的な空間を作り続けることで、web3メタバースはより多くの人々にとって価値ある存在へと成長していくと考えています。

NFTで企業課題を解決
web3コンサルティングの現在位置

さまざまな企業に新たな技術を提案するコンサルティングサービス。現在、多くの企業の関心はどこにあり、どのような課題を解決しようとしているのか。多くのweb3案件をプロデュースしてきたアクセンチュアの唐澤鵬翔が最新技術と戦略についての情勢を語る。

Author

アクセンチュア株式会社

唐澤鵬翔　　　　　　　　　　Karasawa Hosho

アクセンチュア株式会社 ビジネス コンサルティング本部 ストラテジーグループ マネジング・ディレクター。約20年にわたる戦略・技術コンサルティングの経験を持ち、新規事業開発、イノベーション／R&D戦略、デジタル戦略を専門領域とする。幅広い業界への豊富な支援実績を誇り、AIやブロックチェーン技術を活用した新規事業の立ち上げ経験も多数。ストラテジーグループでイノベーションリードやweb3リードを務め、最先端技術と戦略的思考を駆使して企業の再創造に貢献している。

web3をめぐるコンサルティング業界の現状

　web3業界自体が黎明期であるため、それに特化したコンサルティングサービスもまだ発展途上です。大手ファームがデジタル化戦略の一環でweb3も対象とするケースのほか、web3コンサルティングに特化したスタートアップ企業も出現しているのが現状でしょう。

　まず、web3コンサルスタートアップは特定領域に注力している例が多く、トークンエコノミクスの設計、トークンファイナンス、NFTの企画・発行、コミュニティ構築、web3マーケティング、新規事業企画や監査、リスク評価などが主な支援内容です。競争力のある企業は共通して、技術に精通し、実際の開発経験があり、自社プロダクトを持っていることが多くあります。海外のネットワーク、たとえば取引所やファンド、プロトコル、dApps（分散型ア

プリケーション）やマーケティングパートナーとのつながりが豊富で、積極的にPoV（Point of View＝論考）を発表しています。また、チームメンバーに一定期間、大企業で勤務経験がある人がいる場合、コミュニケーションコストを低く抑えられるため、大企業にとって特に魅力的です。一例として、Turingum、Defimans、Startale、58、Pacific Meta、Minto、Hashportなどがこのカテゴリーのプレイヤーとしてよく知られています。

　大手で特徴的なのは会計監査系のコンサルティングファームです。NFTや暗号資産を企業会計上どのように取り扱うのか、どのように監査を通すのか、税制面のインパクトをどう抑えるのかなどに関するアドバイスには一定のニーズがあります。特に、トークン発行を行う企業ではニーズが顕著です。会計監査系ファームは、士業に基づくサポートに加え、その延長線上でweb3サービスの企画立案をサポートしているケースも多くあります。また、法規制、セキュリティ、プライバシーなど、web3事業には多岐にわたる「守り」の領域があり、弁護士事務所など適切な専門家を巻き込むことが必要です。

　他には、広告代理店系の企業が広告やマーケテイング分野でのweb3の活用を支援していますが、なかでも博報堂が設立したキースリーというジョイントベンチャーがユニークです。グローバルハッカソンやweb3技術を活用した新事業やサービス創出、NFTを活用したマーケティングキャンペーンなど幅広く手掛けています。

　最後に戦略系ファームですが、既存のDXや企業戦略プロジェクトの一環としてweb3を取り扱っているケースが多く、古くはブロックチェーン技術を使ったサプライチェーン改革やロジスティクス、複数企業にまたがる業務プロセスの改革から、直近ではデジタル化の次の波として、ブロックチェーンによる経営課題解決に注力しています。戦略系ファームは企業課題やCxO（Chief x Officer）アジェンダへの理解が深く、それらを具体的な戦略に落とし込む能力もあります。さらに、弊社を含め一部のファームは実装やオペレーションも含めたサポートが可能であり、これを生かして圧倒的な連携力と調整コストの削減を武器に、グローバル規模でアジャイルにプロジェクトを進めていくことが強みです。なかでも我々アクセンチュアはデジタル化や新興技術を牽引してきたファームとして、web3の領域にもいち早くフォーカスし、グローバルで数千人規模の専門組織を立ち上げています。また、ほとんどの企業にとって、

web3の事業やサービスは既存システムとの統合が必要で、グローバルでもっとも多くの企業に向けてSIを手がけてきたことは弊社の強みとなっています。

NFTで経営課題を解決するために

　以前、とあるプロトコルの創設者と話をした際、「プロトコルが主役であり続ける限り、web3には未来がない」といわれました。レイヤー1やレイヤー2の話は、TCP／IPについて話しているのと同じで、今日これを熱心に語る場面にはほとんど出会いません。NFTについても誤解をおそれずにいえば、JPEGのようなフォーマットのひとつに過ぎません。JPEGで新規事業を起こそうとしたり、JPEG戦略を考えたりすることはありません。NFTをそのままNFTとして語るのはあまり意味がなく、答えも出ないのです。私たちの顧客である大企業でも、一時期はweb3が注目され、CxOとの間で「NFTとは何か」「どのように活用するのか」といったセッションを毎週のように行っていました。しかし、ほとんどのセッションはあまり具体的な成果を上げることができませんでした。一部のお客様だけがテクノロジーの本質を捉え、自社の経営課題に結びつけることに成功したのです。現在のように話題が落ち着いた環境だからこそ、意味のある取り組みが増えると考えています。

NFTの誤解

　NFTと経営課題をどう紐づけるべきでしょうか。よく話題に上がるのは、「NFTはユーザーにオーナーシップを付与し、顧客のエンゲージメントに効果的である」「NFTを入り口としてコミュニティをつくることができる」「NFTのユーティリティが重要で、それを設計して企業のサービスと組み合わせるべきである」「新しい収益源を生み出すためにNFTの取引市場を形成する」などです。どれも間違ってはいませんが、特定の業界や領域に限定されていたり、実現手段がNFTである必要が本当にあるのかと問われたりした際、答えに窮することも多くあります。

　たとえば、NFTは民法上所有権が認められていないため、オーナーシップを主張できるのかという争点。サイコロジカルオーナーシップを主張することもありますが、それは非常にあいまいで前後のコンテキストに依存するため取り扱いが難しいといえます。また、投機的に値段を吊り上げるのではなく、

NFTのユーティリティが重要であるという点もその通りですが、これは「NFTは役に立たなければならない」といっているのと同じで、具体的な設計こそが重要です。しかし、その設計は既存ビジネスのサービス設計に劣らず、簡単ではありません。コミュニティの形成についても同様で、新しい概念ではないものの、実際に行うと難易度の高さを感じます。コミュニティへの参加を促したり、意思決定に参加するための投票を可能にしたりすることは、NFTがなくてもこれまで試行錯誤で実現されてきました。アテンションエコノミーが最盛期の今、非常にチャレンジングなことであり、NFTがどこまでそれを解決できるかはいまだに答えが出ていません。無理やりNFTを当てはめた安易なストーリーに飛びつかず、改めてNFTの技術的な特徴が何で、それが企業の課題をどのように解決し、どんな新しい価値をもたらすかを考えることが重要です。

NFTと親和性の高い経営アジェンダ

　NFTやブロックチェーンがテクノロジーとして実現したことは何かを考えることが大切です。本質的には「データの民主化」であると考えます。ユーザーがコントロールできる環境でデータを保持し、そのデータをどのようにシェアし、活用し、誰に公開・譲渡するのかをユーザーが決めることができます。このデータは企業の都合に影響されず、永続的に存在し続けます。これがNFTによるデータの民主化です。DXが必要ないと主張する企業はほとんどいないのと同様に、DXにはデータが大事であることも否定の余地はありません。ただし、データの持ち方が変わり、新しいタイプのデータが出てきます。民主化されたデータ、またはゼロパーティデータと呼ばれるデータを企業活動でどう活用していくかは、あらゆる産業の企業が考えるべき課題であり、既存の課題を解決する可能性を持っています。

データの企業活用の例

「ユーザーにデータを持たせる」ことで、どのように経営課題の解決につながるのかを考えるうえで、以下でマーケティング、バックオフィス業務、新たなデータサービスの創出という3つの観点から例を紹介します。まずは企業のマーケティングが変わることについて考えます。現在のデジタルマーケティングは、ユーザーの行動を勝手に、こっそり追跡しているようなものであり、コ

ンバージョンレートが2%から5%程度で満足しているケースも多いです。冷静に考えると、これは不思議なことです。さらに、サードパーティークッキーの問題やGDPR（EU一般データ保護規則）などの規制により、それも日に日に難しくなっています。ユーザーにデータを持たせるということは、そこに唯一の真実があり、ユーザーが持つあらゆる顧客接点からもっとも品質の高いデータが集まることにつながります。各社はユーザを勝手に追跡することに時間をかける代わりに、ユーザとの信頼構築、ユーザに提供できる価値を考えることにリソースを使うことで、より費用対効果の高いマーケテイングを展開できます。

　たとえば、ある消費財メーカーは流通チャネルへの依存度が高く、直接の顧客接点が十分に持てておらず、ユーザーデータも限定的であることが悩みでした。そこで、製品にQRコードを埋め込み、ユーザーが自社のNFTを受け取れるようにし、さらにそのNFTと他のトークンを組み合わせて特定の特典を引き換えられるようにしました。このキャンペーンが従来と異なるのは、ユーザーが持つ他社が配布したトークンというデータに、この消費財メーカーがアクセスできる点です。これを実現するために、これまでは1社ずつシステムインテグレーションが必要で、長い年月と莫大なコストが必要でした。しかし、ユーザーにデータを持たせることで、この企業はDirect to Consumerを実現するだけでなく、パーソナライズされたサービスの提供が可能になります。

　この例は、他社だけでなく複数事業を持つ企業にも適用できます。ある新興国のコングロマリットは、複数事業で異なる顧客IDを持ち、顧客情報がサイロ化していることを課題として抱えており、その統合に膨大な時間とコストがかかることがボトルネックでした。ここでは発想を変えて、ユーザーにデータを持たせることでグループ企業間のマーケティング連携や顧客理解をよりスムーズに行うことに挑戦しています。

　企業がすべてのデータを手放す必要があるのかという懸念もありますが、あくまで企業が持つデータとユーザーが持つデータのハイブリッドになると予想されます。データの利用目的が異なるため、ユーザーを理解してマーケティングやエンゲージメントに資するものはユーザーに持たせたほうが良いという考え方です。ユーザーからデータへのアクセスを遮断されるリスクが大きいという意見もありますが、この時点ではすでに顧客ではなくなっている可能性が高いため、顧客でもない個人のデータを保持し続けることの方が、企業にとって

はリスクが大きいのではないでしょうか。

　ユーザーにデータを持たせることの影響はマーケティングのみならず、企業のバックオフィス業務にも及びます。たとえば、従業員管理の方法が大きく変わります。ユーザー、つまり従業員にデータを持たせることで、企業側でデータを入力する手間を減らし、個人情報の保持・管理リスクやコストも減らすことができます。あるプロフェッショナルサービスの事業者では、従業員の採用からオンボーディングまでのプロセスにおいて、トークン化された学歴などのデータを従業員自身に持たせることで、企業側でのデータ入力や真正性の検証といった手間を大幅に削減し、処理時間を百分の一にまで短縮することに成功しました。また、別の企業では、出張の際のVISA申請プロセスにおいて、従業員にデータを持たせて外部のVISA申請事業者と直接やり取りしてもらうことで、自社のバックオフィスの負担を減らすことに取り組んでいます。これらの例は、企業内プロセスの究極的なセルフ化であり、BYOD（Bring Your Own Data）です。今後、より人間中心の世界にシフトしていくなかで、企業と従業員の関係も変わっていく兆しが見えます。

信頼が担保されたデータの重要性

　NFTの対象は非常に広義であり、PFPやコレクティブルズに限定されません。よく「Identity, Money, Object」と我々は呼んでいますが、本質的にはトラストが重要なデータ全般であり、ユーザーが自分で持てるデータ全般です。企業から見た場合、どのようにデータをユーザーに持たせて活用するかが重要であり、NFT化やトークン化はそれを実現するための手段です。このモデルを通じて、新たなデータサービスの創出機会も生まれます。企業としてユーザーに何らかのサービスを提供し、そこでの付加価値自体を証明書のようにNFTとして発行することで、新たな収益源を確保できる可能性があります。具体的なユースケースとして、たとえばエアラインのデジタル搭乗券をNFT化したものをホテルが購入し、そのうち一定のロイヤリティがエアラインに売上として計上されるケースを考えてみてください。エアラインは、ユーザーをA地点からB地点へ移動させるサービスを提供していますが、その移動を証明するのが搭乗券です。証明された移動のデータを自社サービスに利用したい事業者は多く、ホテルやレンタカー、レストランもその情報によりパーソナライズされ

たサービスを提供できる可能性があります。もちろんユーザーの合意のもとですが、今後NFTは高値でユーザーに売りつけるものではなく、ユーザーに無償で配布し、それを他の企業に二次利用してもらって収益を得るモデルが企業側でも確立されると予想されます。まさにユーザーを媒介したデータ取引のマーケットプレイスです。これはエアラインの搭乗券に限りません。たとえば、イベントのチケットのNFT、特定のIPコラボ商品に紐づくNFTバッジ、歩数をカウントするアプリが発行するステータスNFT、保険会社が発行する安全スコアNFT、さらには企業が発行する職歴NFTなど、あらゆる業界に適用できます。サービスを提供した履歴やステータスの証明には価値があります。なお、これらの例はすべて実際にあった企業とのディスカッションに基づくものです。

AIとNFTがもたらす未来図

　ユーザーにデータを持たせることで、企業の既存プロセスやビジネスモデルが進化します。ただし、ここで重要なのはコンセント、つまり合意の取り方です。これまでは一切コンセントを取らないか、長い条項を無理にユーザーに合意させる方法しかありませんでしたが、今後はダイナミックなコンセント、コンテクスチュアルコンセントが重要になってきます。ここに大いに活躍するのがLLM（大規模言語モデル）です。すべてのデータ項目について細かくコンセントレベルやポリシーを設計することをユーザーに期待するのは難しいでしょう。また、ユーザーがデータをシェアしたいと思うインセンティブ、つまりシェアとベネフィットはセットである必要があり、コンセントを取るタイミングや範囲もそれに準拠することが重要です。

　このような背景から、より自然な人間とのインタラクションの中でコンセントを取っていく必要があり、ここでLLMが必要とされます。現在のweb3の世界ではウォレットコネクトを利用してdAppsを使いはじめる体験が主流です。これ自体がマスアダプションを妨げるという声もありますが、ユーザーからコンセントを取る予備練習ともとらえられます。サービス利用前に、ユーザーが明示的に自分のウォレットの中身を共有してよいというアクションを取る体験は、今後さらに洗練される余地はありますが、一般化されていくはずです。最近、ハイパースケーラーがスマホやPCのOSレベルでAIエージェントを埋め

込む動きを取っており、ユーザーのデータを送り返さず、ローカルでインサイトを抽出し、ユーザーの合意があった場合のみ、そのインサイトを事業者に送り返すことをめざしています。これにより、プライバシーの保護と事業者としての顧客理解やハイパーパーソナライゼーションの両立を図っています。企業側がデータを集めるのではなく、いかにユーザーが持っているデータを見ずに精度の高い提案ができるか。それを実現するAIエージェントの質が事業の競争優位性に直結します。NFTをはじめとする、ユーザー側が持っているデータのプールが拡大すれば、OSレベルのアクセスを持たない企業もエージェントを埋め込めるので、データの民主化はAIの民主化と同義であると考えます。

次世代の競争優位のために

　私たちが今日当たり前に思っていることも、時代が変われば当たり前ではなくなることを、私たちの短い寿命のなかではなかなかとらえられません。たとえば、エジプトのヒエログリフからグーテンベルクの印刷技術の普及に至るまで、書き言葉や紙媒体はひとつの革命でした。しかし、現在ではデジタル化の文脈において、紙媒体は過去の産物や非効率の代名詞となっています。私たちが現在利用しているサービスやデータモデルも、時代が変われば完全に過去のものとなる可能性があります。

　一方で、歴史的に見ると社会は集中と分散を繰り返してきました。政権が長く続くと、必ず分散化の流れが生じます。たとえば、古代ローマ帝国は長い間中央集権体制を維持していましたが、その後の分裂とゲルマン民族の大移動により、ヨーロッパは分散化の時代を迎えました。中世では、日本の武士や欧州の騎士が分散化の担い手でした。徳川幕府の終焉と明治維新も、中央集権体制が崩れ、地方の藩が自律的に動き出すことで政治的権力が一時的に分散しました。近年では、スタートアップ企業の台頭が分散化を象徴していますが、そのスタートアップを中央集権的な機関が支援しているのは興味深い現象です。このように、集中と分散のどちらか一方がすぐれているかではなく、それが繰り返しやってくるなかで一定のハイブリッド期間も続くことを理解する必要があるということです。つまり、このような時代の潮流の中で、NFTやweb3のような手段をいち早く活用する方法を考えることこそ、次の時代の競争優位につながると私は強く思います。

16 NFTのユースケース

ブロックチェーン

チェーンとは国のようなもの
ブロックチェーンの現在地

Bitcoin（ビットコイン）やEthereum（イーサリアム）の名前は知って
いても、その構造までは理解しにくいブロックチェーン業界。日本発のブ
ロックチェーンを立ち上げたOASYSの松原亮が、その立ち上げ・運営経
験から現状をまとめて解説する。

Author

OASYS Pte Ltd.
松原 亮　　　　　　　　　　　　　　　　Matsubara Ryo

Oasys PTE. LTD　Representative Director。アクセンチュア等を経て、2018年から
gumiにて株式会社gumi Cryptos等の立ち上げに参画し、2021年doublejump.tokyo
に参画。2022年2月より現職。

NFTにおけるチェーンと種類は？

　NFTのプロジェクトでよく使われる「チェーン」とは、簡単にいえば「あ
なたのNFTや暗号資産が保存される場所」と覚えてください。ブロックチェー
ンにはいくつか種類があり、以下でその概要を解説していきます。

1. Ethereum（イーサリアム）

　当時19歳のロシア系カナダ人、ヴィタリック・ブテリンによってつくられ
たブロックチェーンで、すべてはここから派生していきました。昨今は、一等
地かつ高級品になったため、Ethereumに直接NFTを記録することは少なく
なっています。

EVM系チェーン

　Ethereumと同じ仕組みで動く、仮想イーサリアムマシン（Ethereum

Virtual Machine＝EVM）と呼ばれる仕組みと互換性のあるチェーンです。同じプログラムが動作し、Ethereum本体だけに取引が集中すると混んでしまうので、仕組みをコピーして脇に別の道をつくったものです。ブリッジという仕組みを利用してEthereumとの間でトークンを行き来できます。チェーンとしては、BSC（バイナンススマートチェーン）やPolygon（ポリゴン）が有名です。

<u>イーサリアム レイヤー2</u>

　EVM系チェーンは独立したセキュリティを持ちますが、レイヤー2はセキュリティをEthereumに依存しています。簡単にいうとEVM系はコピーで、こちらはEthereumの子どもにあたります。チェーンとしてはArbitrum（アービトラム）やOptimism（オプティミズム）が有名です。

2. Polkadot

　Ethereumとは、異なる仕組みで動くチェーンも存在します。代表的なものがEthereumの創業メンバーの1人であるギャビン・ウッドが独立して立ち上げたPolkadot（ポルカドット）です。Ethereumが中立的かつ分散的にプロジェクトを進行していくため運営スピードが遅く、Ver 2.0へのアップデートに数年かかっている状況だったため開発されました。彼は「web 3」という言葉の提唱者でもあります。

3. 日本発ブロックチェーンプロジェクト

　Ethereumはカナダの人、Polygonはインド人、レイヤー2の多くはアメリカ人の手で生まれましたが、日本から生まれたブロックチェーンも存在します。

Astar

　前述のPolkadotは本体では多くの機能を持たず、複数の子どもを作動させます。子どものチェーンをパラチェーンと呼び、代表的なチェーンとしてスタートしたのが日本発のブロックチェーンプロジェクトであるAstarです。日本でweb 3、ブロックチェーンと言えばまず名前が出てくる、渡辺創太さんが大学生の頃に創業して運営。実はEthereum系に引っ越してレイヤー2として運営しています。Polygonが開発するzkEVM技術基盤を利用していました

が、新たにOptimismの技術をベースとした新しいチェーンをソニーグループと共同開発しており、そちらへ移行する予定です。

OASYS

筆者が代表を務めていて、ゲーマーとゲーム開発者のために日本から立ち上がったチェーンです。日本、韓国、ヨーロッパの世界的に有名なゲーム会社がバリデーター（承認する役割）でブロックチェーンの運営として入っています。仕組み的には、EVMでレイヤー2を複数持っているチェーンとして、スケーリングとセキュリティと分散性を同時に実現しています。簡単にいうと、EVM系チェーンとレイヤー2のいいとこどりをしました。

ブロックチェーンの役割とは

そもそもブロックチェーンとは「不可逆な公開タイムスタンプデータベース（戻せない、だれもが閲覧できるタイプスタンプ付き記録帳簿）だと私は考えています。それで何ができるのかというと、ヒト・モノ・カネ・組織がデジタルに扱えます。つまり、通貨の発行・移転ができる（仮想通貨、カネ）、デジタルデータをモノのように扱え、流動性を与えられる（NFT、モノ）、人のIDのように使える（SBT＝ソウルバウンドトークン、ヒト）、共同体がつくれる（DAO＝分散型自立組織、組織・経済圏）ということです。

このような特徴により、ブロックチェーンによって国のような経済圏をつくることができます（EUなどに近いですね）。チェーンの役割は国のような経済圏を成長させるのが役割です。どうやって成長させるのかというと、国がGDPを上げるようなイメージです。

・チェーンを立ち上げて運営するために必要なこと

以下では私がOASYSを立ち上げた経験をもとにブロックチェーンの立ち上げから運営までの概要を説明いたします。

1. システムの信用の担保

ブロックチェーンは、技術的にはオープンソース（Ethereumなど）をコピ

ぺしてノード（検証サーバー）を稼働させればすぐにつくれます。だいたい5分くらいでつくることができます。ただし、インフラや、通貨には信用が必要です。たくさんの人たちに運用してもらうことで、分散性を高めて、信用問題を解決しているのが、BitcoinやEthereumのようなブロックチェーンです。OASYSでは分散性を確保するために、主にゲーム会社にお願いをして日本・フランス・韓国、アメリカ等の21社で運用をスタートすることになりました。分散はしていますが、他に比べると十分に高いとは言えないため、世界が信頼するゲーム会社に入ってもらうことで、信用を担保しました。

2. ホワイトペーパー

　そのチェーンをつくって、実現したいビジョンと仕組みを、ホワイトペーパーという長い文書にまとめて公開します。こちらのURLに掲載していますので、興味ある方はご参照ください（https://docs.oasys.games/docs/whitepaper/intro）。

3. 資金調達

　立ち上げには資金が必要なため、先ほどのホワイトペーパーに基づき、投資家にプレゼンテーションを行います。プレゼンがしやすいピッチデック（ビジネスモデルを言葉と画像でわかりやすく説明する資料）に落とし込みます。税制の問題で日本からの出資が難しかったため、エンジェル投資家からの出資分を使って私は米国中をまわり、主に米国のベンチャーキャピタルから調達しました。大規模プロジェクトとしてチェーンが注目されることが多いですが、その理由は経済圏をつくるために、調達額が大きくなりがちだからでしょう。数十億円から数百億円になるため、その額が目立つためだと思われます。

4. 開発・コード監査

　ホワイトペーパーに書いてあることが実現できるように、開発を進めて、スマートコントラクトと呼ばれる仕組みが正しく動くのか、脆弱性はどの程度あるのかなどを外部の監査会社に依頼します。指摘を受けながら修正し、監査証明をもらい、公開します。ある程度有名な監査会社に依頼するので、数千万円はかかり、IPOの監査報酬額とあまり変わりません。

5. MVP（E）準備

Minimum Valuable Ecosystem、つまりアプリケーション開発者にチェーンとして使ってもらうために、最低限のエコシステムを世界中の外部パートナーから募り、整えてもらいます。外部チェーン（主にEthereum）とのブリッジ、DEX、NFTマーケットプレイス、ステーキングフロント、エクスプローラー、Wallet、コンテンツポータル、バグバウンティ等を準備します。

6. コンテンツ準備

NFTプロジェクトや、ゲームコンテンツなどを配信するパートナーを募ります。初期ローンチタイトルですので、まずはレース、RPG、FPSなどオールジャンルのゲームをそろえました。

7. 上場準備

パブリックセール

ホルダーの分散化と価格の目線を公につけることを目的にパブリックセール（上場前に固定価格で投資家に取引所などを通じて販売すること）を行うことがあります（昨今はこれを飛ばして直接上場するパターンが多くなってきています）。

上場審査

投資家の流動性にアクセスするために、できるだけ顧客数の多い取引所と交渉を始めて、法律事務所にリーガルレターを作成してもらったり、上場申請フォームを取引所の担当と話し合ったりしながら埋めていき、上場審査をしてもらいます。オフショア取引所と、日本や韓国など規制がされている国の取引所に対して別途対応が必要です。

8. 上場（TGE）

TGEとはToken Generation Eventの略で、トークンが生成され一般に流通し出すイベントのことを指します。主に仮想通貨取引所の上場日と重なることが多いです。いよいよ上場ですが、市況などさまざまなタイミングを見ながら、複数の取引所と調整をしてこの日を迎えます。24時間365日取引されているため、ストップ高もストップ安もないため、鉄のメンタルが要求されます。

そして、プロジェクト開始からここまでのプロセスを1年でやり遂げます。

　ここからやっと、自国の貨幣価値を上げて、外に物を売って、内需をまわすことに集中していきます。

チェーンを運営する意味

　冒頭ではチェーンをNFTや暗号資産が保存される場所と表現しました。しかしチェーンにはもう一つの顔、通貨の性質があります。つまりチェーンを創り運営するということはシニョリッジ（通貨発行益）があるということです。うまくいけば約1年で数兆円の時価総額をつけることもできるのです。しかし、それだけの金額を短期間で動かすということはさまざまなリスクや社会的影響も伴います。

　我々OASYSは真剣にコンテンツをつくるゲーム業界を巻き込んでチェーンを立ち上げて勝負しないと、ゲーム会社が参入しないし、ブロックチェーン産業そのものも投機によるマネーゲームから抜け出せないと思い立ち上がりました。

　しかし、現状では大きな資産をつくって優雅な生活とはほど遠く、ほぼ全員ジェットセッターで週末は飛行機の上に住んでいます（笑）。地球10周分は毎年飛んでおり、世界的な競争では各プレイヤーがギリギリまでリスクをとって勝負をしてきます。行動の良し悪しはさておき、世界最大の取引所は大国2つに喧嘩を売りながら進めた結果、創業者が米国で投獄されるということまで起こりました

　チェーンを運営して大きくするということは、建国するようなもので、使命感をもって身を粉にし、命を張りながら短期間で走り抜けることです。戦後焼け野原から、敗戦の悔しさを持って、ホンダやソニーなど世界的ベンチャーが羽ばたいたように、失われた30年を経てデジタル敗戦後の日本からこの分野で勝負する同志が増えることを期待しています。

17

web3の巨人たち
NTT Digitalの取り組み

web3がもたらす「地殻変動」
未来のデータの在り方とは

私たちが日々数多くのサービスを利用する際に提供した個人情報は各企業がそれぞれ蓄積・管理しているが、web3によってそんなデータの在り方が変わろうとしている。web3の社会実装に取り組むNTT Digitalの遠藤英輔が、未来のデータの在り方について解説する。

Author

NTT Digital
遠藤英輔　　　　　　　　　　　　　　　Endo Eisuke

NTTドコモにおいてネットワークエンジニアとして3G、LTE、5Gのシステム開発、保守運用、ネットワークアーキテクチャ設計に従事。5G開発ではコアネットワーク機能のAPI化、MEC対応などをリード。2022年より取締役としてNTT Digitalの立ち上げを担い、2024年1月より同社CISOおよびサービス開発責任者。

データの在り方は自己主権型へ

　日常生活のなかで、私たちはいろいろなサービスを使っています。たとえば家で動画を見て、交通系ICを使って電車に乗って、お店でクレジットカードを使って買い物して、レストランではQRコード決済で代金を払って……など。日々意識していない方も多いかもしれませんが、仮に10種類のサービスを利用するとして、10社の企業にそれぞれ個人情報を登録しなければならないこともあるでしょう。よく考えてみれば不思議な話ですが、元は自分ひとりの情報にもかかわらず、いちいち別のデータベースに登録しにいかなくてはなりません。このように、異なるIDを各企業が個別に管理している、というのが世の中のスタンダードになっています。現在のデータの在り方は「企業がデータの主権を持っている」状態であるといえます。

今後、ブロックチェーン技術が発達してweb3がさらに普及していくと、自分のデータがゼロパーティデータ（ユーザーが自らの意思で企業など第三者に提供するデータ）としてデジタルウォレットのなかに保管され、ユーザー1人ひとりが主体的に管理できるようになる、いわゆる自己主権型の仕組みにシフトしていくと我々NTT Digitalは考えています。

　自己主権型モデルのメリットを、海外に行くときの流れを例に考えてみましょう。空港まで電車に乗り、空港でチケットを提示し、外貨に両替して、出国審査を受けて、飛行機に搭乗し、現地でホテルに泊まる。そうした一連の流れのなかで、現在の仕組みだとクレジットカードを出したり、航空券を出したり、パスポートを出したりと、その場その場に応じてさまざまなデータを出し分けて自身のアイデンティティを証明する必要があります。

　一方、自己主権型の仕組みでは、多くの場面でNFCにタッチしたりQRコードをかざしたりするだけで、デジタルウォレットで管理するデータにより自分という存在を証明できるようになると考えます。さらに、どの企業にどの情報をどのレベルまで開示するか、ユーザー自身でコントロールできるのも自己主権型モデルの特徴です。ホテルにチェックインするときに開示するプライバシー情報は必要最低限にとどめたいですが、病院の診察ではより良い医療を受けるために血圧や体重など詳細な健康情報を開示することも考えられます。このように、開示先、用途に応じて開示する情報を適切に変える、「選択的情報開示」というコンセプトも広がると想定します。

　またゼロパーティデータをユーザー自身が一元的に管理することにより、常に最新情報にアップデートされているのもメリットといえます。企業ごとに登録しているデータの場合、更新されているデータとそうでないデータが混在しています。たとえば、よく使うショッピングサイトで登録した住所は更新していても、5年前にレンタルビデオ店で登録した住所は更新せず古いままという方もいるのではないでしょうか。自己主権型モデルでは、デジタルウォレット上の情報を1回更新するだけでどのサービスを使うときでも常に更新された最新の情報を提示することができます。

　さらにさまざまな産業にこの考え方が浸透すれば、個人の行動に基づいたダイナミックな情報の更新も可能になります。たとえば旅行中、搭乗した飛行機の到着が遅れたとします。今までは着いたらすぐ旅先のホテルに連絡して、チェックインが遅くなる理由を説明する必要がありました。仮に自身の搭乗し

ている航空券とホテルの予約情報がデジタルウォレットに一元管理されていれば、事前に開示を許諾しておくことにより、わざわざ連絡をしなくてもホテル側が「今日宿泊するお客様の飛行機が遅れている」と把握することができるでしょう。さらには、航空会社の遅延情報をホテルが活用して、遅れて到着した宿泊客にねぎらいの意を込めたプレゼントを贈るなど、サービスの向上により顧客のロイヤリティを高めたり、新たな売り上げにつながるサービスを提案したりもできるようになると考えています。

このように、各サービス事業者との個人情報のやり取りが従来とは異なる、きわめてシームレスなかたちでできるようになるのです。企業の観点からみても、自己主権型モデルには大きなメリットがあると考えます。従来のウェブ広告では、Cookieで収集したサイトの訪問履歴などを分析・予測し、興味関心がありそうなユーザーに情報を送っていました。しかし、クリック率は約数%程度にとどまるという調査結果もあります。

自己主権型の世界では、たとえばユーザー自ら購入した航空券の情報を三つ星ホテルにだけ自己開示してもよいと条件付きで許諾すれば、該当するホテルはユーザーが実際に滞在する日程とエリアに合わせたプランをレコメンドでき、より広告の効果が高くなります。ユーザーにとっても有益な情報だけが届くようになり、好みに合わない広告から解放されるという利点があります。

また、ユーザーのデータを長期的に自社サーバーで管理していると企業にとっては情報漏洩やサイバー攻撃のリスクもあり、さらにサーバー維持やセキュリティのコストもかかります。自己主権型モデルではユーザーがデータを

図1　企業主権型と自己主権型の違い

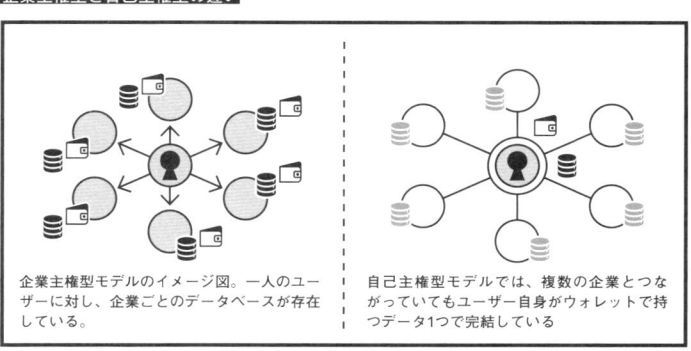

企業主権型モデルのイメージ図。一人のユーザーに対し、企業ごとのデータベースが存在している。

自己主権型モデルでは、複数の企業とつながっていてもユーザー自身がウォレットで持つデータ1つで完結している

管理していることが前提であるため、企業側はそういったリスクやコストからも解放されるでしょう。

企業の垣根を越えて広がるweb3の世界

　NTT Digitalでは自己主権型データの第一歩となるソリューションがNFTであると考えています。たとえば、あるテーマパークに来場すると記念NFTがもらえるとします。このNFTを保持していること自体が「テーマパークに行った」という情報を開示していると考えられ、自己主権型データであるといえます。

　ブロックチェーン上に記録されているNFTは誰もが閲覧できるため、企業をまたいだマーケティングも容易です。「テーマパークに行ったことがある人」を対象にしたマーケティングをしたければ、「テーマパークで付与されたNFTを持っていれば、ある飲料メーカーのドリンクが割引になる」というようなキャンペーンで接点を持つことができます。もちろんプライバシーに配慮した提供形態を検討する必要があり、選択的情報開示の仕組みをどのように導入していくかが重要になります。

　もう一つ例を挙げましょう。あるユーザーが、ヘルスケアのアプリを使って2000歩歩いたとします。従来の仕組みであれば、この情報を別の会社が引き継いで、自社のマーケティングに使うためには大規模なシステム改修と労力を伴うでしょう。結果的に経済合理性などの観点からそれらの情報は1社のサイロ化されたデータベースでとどまり、企業間や産業間をまたいで活用されるような広がりは容易ではなかったと思います。ところが歩数データをNFT化してデジタルウォレットに持っていれば、別の会社が育成ゲームに活用してキャラクターが強くなったり、よく歩いたユーザーにリワード（特典）を付与したりと、新たな活用が容易にできると想定します。今まで一つのデータベースにとどまっていた情報が、ユーザーを起点としてつながって広がっていくイメージです。

　このように、データの出し方一つで、これまで企業ごとの境界線で区切られていた仕組みとは違うかたちでサービスが受けられるようになるというのが、自己主権型の世界です。私たちNTT Digitalが中心となって取り組んでいる「web3 Jam」は、まさにその世界を目指して立ち上がった共創プロジェクト

です。2024年10月現在20社の企業に参画いただき、ワークショップを重ねて、企業や組織の枠組みにとらわれないブロックチェーンの相互活用方法を検討するほか、ユーザーにとっての新しい体験価値の提供をめざしています。このプロジェクトの特徴は、企業横断型のプロモーションなどビジネス拡大に向けた施策はもちろんのこと、社会テーマにもアプローチし、web3の社会実装にも取り組んでいくという点です。現在、「地域のポテンシャルを掘り起こす」「健康を『遊びながら』手に入れる」「本当に大切なモノや人とつながる」という3つのテーマ別に参画企業と連携して、具体的な施策を進めています。

web3のマスアダプションに向けて

　ユーザー、企業の双方にとってメリットがあるブロックチェーンの技術ですが、まだまだ発展途上であり一般的には浸透していないといえます。では、どのようにマスアダプションさせればよいのでしょうか。あらゆるユーザーに、唐突にデジタルウォレットや新しいアプリを使ってもらおうというのは難しいでしょう。

　しかし、すでに世の中で価値が認められているアプリやwebサイトにデジタルウォレットを組み込むかたちでアドオンすれば、多くのユーザーがブロックチェーンやNFTを意識せずとも既存サービスを活用するなかで、それら技術の利便性を享受できるのではないでしょうか。

　この考え方を背景に私たちがリリースしたのが、NTT Digitalが提供しているデジタルウォレット「scramberry WALLET」の各機能をAPI・SDKで提供する法人向けサービス「scramberry WALLET SUITE」です。既存のアプリやwebサイトにデジタルウォレットを組み込むことができるため、ユーザーは新たなアプリのダウンロードや切り替えをすることなく、慣れ親しんだかたちでデジタルウォレットを体験することができます。組み込む企業観点では自社ブランドを引き続き訴求でき、柔軟な体験設計が可能な点も特徴です。

　NTT Digitalではこのような取り組みを通してweb3をさらに身近で便利なものにしていくことで、マスアダプションに貢献していきたいと考えています。

図2　scramberry WALLET SUITE導入イメージ

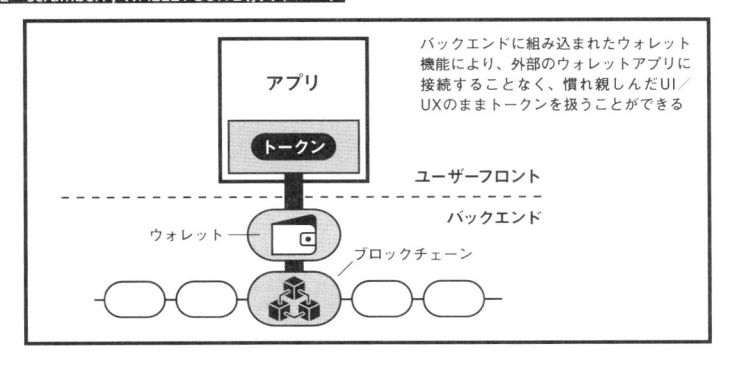

バックエンドに組み込まれたウォレット機能により、外部のウォレットアプリに接続することなく、慣れ親しんだUI／UXのままトークンを扱うことができる

マネー、オブジェクト、そしてアイデンティティへ

　自己主権型モデルにシフトしていくにあたっては、いくつかの課題があります。まず、デジタルウォレット内のデータは個人が自己主権的に管理するという特性上、信憑性や真正性は必ずしも保証されていないという点が挙げられます。たとえば、学生が入社予定の会社に学歴データを提示した場合、そのデータだけでは学歴は正しいのか、詐称はないか、大学を本当に卒業したのか、たしかめることはできません。

　そこで、データを提示された会社が、発行者である大学に学歴データの検証を求める処理を行えるような仕組みが必要となります。実現方法の一事例として「VC（Verifiable Credentials）」、 つまりユーザーが開示する情報≒Credentialを第三者が検証できる技術が注目されており、グローバルな標準化団体やコンソーシアムなどが社会実装を検討しています。NTT Digitalでは図3に示すようにユーザーが保持するデジタルウォレットを起点に「ユーザー」「発行者」「検証／利用者」「基盤提供者」の4者で成り立つスキームを検討しています。

　もうひとつの課題は、プライバシーです。NTT Digitalではデジタルウォレット上で自己主権的に管理する情報は「マネー」「オブジェクト」「アイデンティティ」の3種類に大別されると考えます。この3つのうち、すでにブロックチェーン上でもっとも多くやりとりされている情報は「マネー」です。ビットコインが誕生してから、現在ではさまざまな種類の暗号資産が活発に取引されています。

図3　Verifiable Credentialsの仕組み

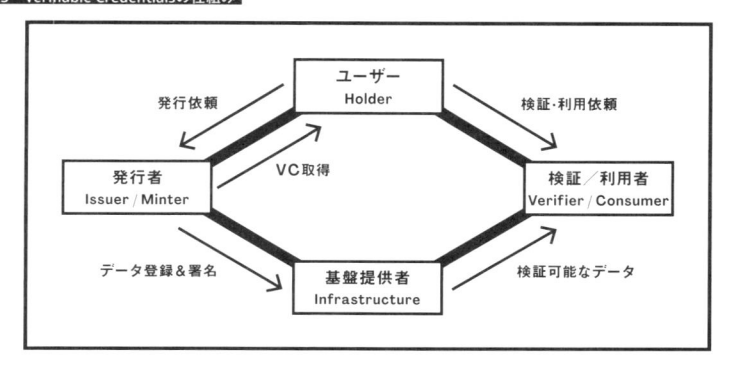

「オブジェクト」はデジタルアート作品や航空券、クーポン、会員権のように個人が保有する特定の権利に紐づいたデータを指します。NFTとして企業の相互活用にも用いられやすいのもオブジェクトの特徴です。

　ブロックチェーン上の扱いについてもっとも配慮が必要なのは「アイデンティティ」です。免許証や保険証に記載の情報、学歴情報など、個人を証明するプライバシー性・秘匿性の高い情報がこれにあたります。ブロックチェーン上に公開されている情報は改ざんが困難であるという大きな利点がありますが、反面、誰にでも閲覧されてしまうというデメリットもあります。そのため、このようなアイデンティティ情報をそのままブロックチェーン上に置くことはできません。

　各国の規制動向などにも留意しながらブロックチェーンに固執することなく、適切な各種データ管理の方法を慎重に検討することが肝要です。また秘密計算技術や暗号化技術を活用しつつ、AIによりユーザー同意の取得方法を工夫するなど、ユーザーが安心できる仕組みを検討し将来的にはアイデンティティを扱えるデジタルウォレットをめざしていきます。

　今後技術がさらに進化して、さまざまな局面でマネー、オブジェクト、そしてアイデンティティも含めた情報がデジタルウォレットを通じてワンストップで自己主権的に管理・活用できるようになると、世の中の利便性がさらに上がっていくのではないでしょうか。

今はまさに地殻変動の前夜

　NTT Digitalでは、世の中に大きな変革が起きるのは、3つの条件が揃った
ときだと考えています。1つめは技術が社会実装できる段階まで成熟したとき。
2008年にビットコインが登場してから15年以上が経過し、ブロックチェーン
技術も一部のユースケースでは社会実装が進んでいます。2つめはレギュレー
ションやポリシーがダイナミックに変化したとき。EU・米国・日本をはじめ
世界各国でCookieの使用や個人情報保護に関する規定が強化されています。
これにより従来のデータ収集・利用方法は見直しを迫られ、プライバシー保護
重視の機運が急速に高まってきています。3つめは、ユーザーの文化や行動様
式が変わるとき。特にSNSに慣れ親しんでいるZ世代やα世代を中心に、個人
情報のとらえ方が変わってきているように感じます。たとえば友人と位置情報
を共有するアプリが活用されていることからもわかるように、彼らは一定のプ
ライバシーは保ちつつ、開示によりメリットがあると判断した情報は積極的に
開示する、まさに「選択的情報開示」の考え方が自然と身についています。

　技術の成熟、ポリシーの変化、文化の浸透。変革の条件は徐々にそろってき
ているといえるかもしれません。ここからの10年、web3思想に基づくデー
タの在り方に関して地殻変動が起きていくのではないかと考えます。

18

NFTのユースケース

web3の巨人たち
メルカリの取り組み

UXとUtilityの革新による
本質的なマスアダプション

日本の暗号資産口座数は1000万を越え、昨今一般への認知度向上・拡大はますます進んでいる。そんななか、日本最大のフリマサービスであるメルカリでも暗号資産、NFT事業への参入を進めている。ブロックチェーンエンジニアを経て、現在はメルコインに所属する中村奎太が解説する。

Author

株式会社メルコイン
中村奎太

Nakamura Keita

大学在学中にインターン生としてメルカリの研究機関「R4D」に参加。2018年に新卒入社後はブロックチェーンエンジニアとして、R4D内で進められていた「mercariX」プロジェクトに携わる。その後、グループ会社である株式会社メルペイへ異動し、分散台帳開発やAMLsystemチーム、金融新規事業（Credit Design）にてPMを担当。2021年4月より株式会社メルコインに所属し、Product部門のDirector、CPOを経て、2023年4月より現職。

国内の暗号資産、NFT市場について

日本暗号資産取引業協会（JVCEA）によると日本の暗号資産口座数は2024年4月末時点で約1014万口座となり、1000万の大台を超えました。直近1年間（2023年3月末〜2024年3月末）の暗号資産口座開設数は約310万口座と前年の約3倍のペースで急増し、国内での暗号資産に関する認知や利用はますます拡大が進んでいます。

世の中に目を向けると、少子高齢化による年金受給バランスのギャップ拡大や、人生100年時代における老後生活の長期化に加え、直近の物価高などの経済情勢も相まって、長期的かつ計画的な資産形成ニーズは今後も拡大していくことが予想されています。日本国内の家計金融資産2199兆円のうち、およそ

半分の1118兆円が現預金（日本銀行調査統計「2024年第1四半期の資金循環（速報）」）であり、国としても「貯蓄から投資へ」をスローガンに掲げている通り、国内の資産形成には大きな伸び代があります。このようなモメンタムのなかで、新NISAなどの口座数拡大と近い水準で暗号資産の口座数も増えており、より一般化が加速しているといえます。

図1　日本の暗号資産口座数は1000万を突破

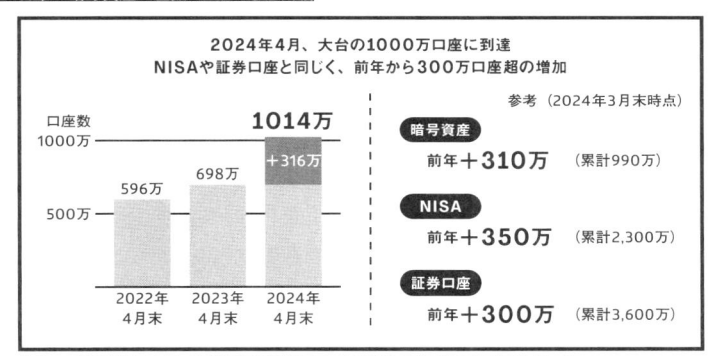

出典：一般社団法人日本暗号資産取引業協会による最新の暗号資産取引月次データ
※証券口座は日本証券業協会開示資料より（2024年3月末時点）
※NISA口座は金融庁開示資料より（2024年3月末時点）

　一方で、NFTを取り巻く状況は暗号資産市場とは異なっています。NFT市場は特に2021年から2022年にかけて爆発的な成長を遂げましたが、その後は大規模なシュリンク（縮小）を経験しています。有名アーティストやセレブが参入し、高額な取引が頻発しましたが、暗号資産市場全体の低迷により、NFT市場も影響を受けました。多くのプロジェクトが初期の熱狂から、後期には収益性の低下を経験しました。

　さらに、大きな市場影響を受けた要因としては、本書でも紹介してきている通りNFTに対するバブル感があったと考えられます。NFT自体の価値や保有の意味がしっかりと示されたプロジェクトの浸透というよりも、トレンド感や価格の釣り上がり効果も含めたバブル感からの盛り上がりが大きかった分、市場影響を受けやすかったと考えています。このなかで大きな影響を受けているのはNFTのマーケットプレイス事業者たちです。本書でも紹介している通り、

乱高下する市場環境のなかで、覇権争いを続けています。

　さらには暗号資産業界大手であるCoinbase, OKX社も、NFTマーケットプレイスを展開しており、暗号資産の拡大と並行したNFT市場への参入をめざしています。暗号資産取引で獲得した顧客基盤を生かし、アクティブな層を取り込んでいこうとしています。本書でもさまざまなユースケースが紹介されているとおり、2024年現在からNFT市場に関してはアセットの大きな変化と大型のプロジェクトや大企業の参加によって、復調とさらには一般化が進んでいく可能性が高まってきていると考えます。

メルカリにおける暗号資産口座の大きな拡大

　メルカリのweb3資産領域を担当するメルコインでは暗号資産交換業を取得し、2023年3月から販売所の事業を開始しました。開始から約1年で口座数が200万人を突破し、直近では220万口座を獲得しています（2024年5月16日時点）。

　業界全体の暗号資産口座数は2023年3月末からの1年間で前年の3倍となる約310万口座の増加でしたが、このうち6割超をメルコインが占め、同期間における暗号資産口座開設数は国内No.1となりました。特徴としてフリマアプリのメルカリで不要品を売って得た売上金でビットコインを購入することができ、逆に保有しているビットコインを「メルカリ」での商品購入時に利用できたり、ビットコインを売却してメルペイ残高に戻すことで外での買い物の決済にすぐ使うこともできます。

　口座開設の簡単さや、取引の手軽さ、初心者に寄り添ったUIの提供により、口座開設者の約8割が暗号資産取引未経験者となっており、大きく暗号資産の裾野拡大につながっています。

　また、利用していただいている世代もこれまでの暗号資産取引とは大きく異なり20代、30代といった若い世代にも利用が広がっています。

　メルカリではこれまでフリマアプリを軸としたキャッシュインとキャッシュアウトの循環に多くの機能を加えてきました。子会社であるメルペイが提供する与信サービスや「メルカード」などもそのひとつです。これに暗号資産が新たな保有と決済というかたちで加わることにより、メルカリのエコシステムがよりユニークなものとなっています。

図2　メルカリのビットコイン取引サービス利用者層

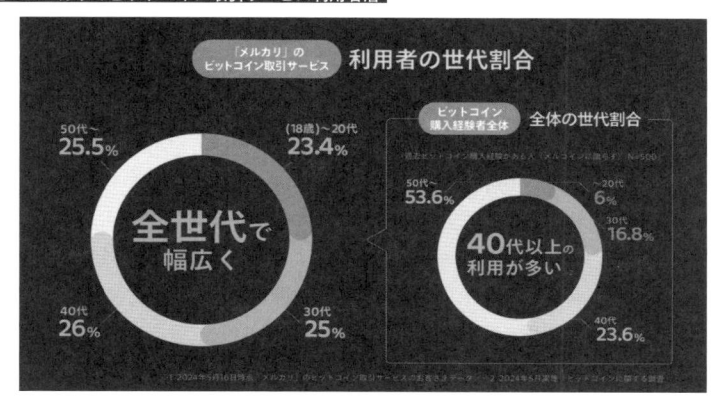

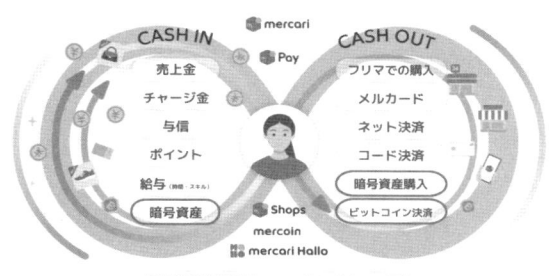

NFT事業への参入 デジタルマーケットプレイス

　メルカリではこれまでフィジカルなモノのマーケットプレイスをつくってきました。今後はこのマーケットプレイスをデジタルな領域へ展開していきたいと考えています。インターネットが大きく普及してきた昨今、メタバースやデジタル資産が広がっていくなかでメルカリとしてもマーケットプレイスをこの領域での取引が可能となるように拡張を図っていきます。

　暗号資産同様、NFTやデジタルアセットに関しても多くの人にとって参入障壁は大きいと考えます。特にUX（ユーザー体験）の部分に関しては利用用

途を理解し、NFTを購入するためのトークンを確保し、Walletを活用するなどさまざまなポイントで難易度が高い状況です。暗号資産取引サービスを多くの方々に展開してきたノウハウを生かし、これまで参加できなかった方々へ届けていきます。

　また、メルカリのなかにあるフィジカルなモノに関しても所有権をデジタル化し、モノの移動を伴わない新たな体験にチャレンジしていきます。米国のeBay社ではトークン化とは異なりますが、「eBay Vault」と呼ばれる高価値アイテムの保管と取引のための専用サービスを展開しています。「eBay Vault」は、高度なセキュリティシステムを備えた施設で商品を安全に保管することで、ユーザーは貴重なアイテムを自宅で保管するリスクを避けることができます。保管されたアイテムは、「eBay」のプラットフォームを通じて簡単に売買することができます。売買が成立すると、アイテムは「eBay Vautl」内で直接所有権が移動し、配送の手間やリスクが大きく低減されています。メルカリグループでもこの領域に取り組むことで、証券や不動産とはまた違う形のRWA（リアルワールドアセット）としての体験をつくれると考えています。

実用性の高いNFTで本格的なマスアダプションへ

　前述の通り、NFT市場は2023年後半から回復しはじめており、2024年以降も新たなユースケースの登場により、これまでとは異なったかたちでの成長が期待されています。アジア太平洋地域が市場成長の39%を占めると予測されており、特にシンガポール、韓国、フィリピン、日本、中国での需要が高まっています（SwapSpace：https://swapspace.co/blog/nft-market-2024）。

　国内外でNFTに関する規制が整備されることで、市場の信頼性が向上し、より多くの人々が安心して参入できる環境が整いつつあります。前述したように、NFTは単なるデジタルアートやコレクティブルという側面から、実用的なデジタル資産へとシフトしています。GameFiの本格化やRWAに加えて、メルカリでも取り組もうと考えているフィジカルなモノの所有権をトークン化していくものや、生成AIによって生み出されるNFT、動的に時間とともに変化していくNFTなどますます新しいものも発明されています。

　また、XRデバイスの進化が進むことによりメタバースに関してもより現実味を帯びてくることが予想されます。メタバース空間におけるNFTや暗号資

産はなくてはならないアセットとなり、ここから数年でひとつのトレンドとなると考えます。こういった背景からもNFTはついに一般化の入り口に立ってきたと言えるでしょう。

メルコインはweb3のGatewayへ

コンテンツの進化とともにインフラも整えていく必要があります。メルコインではメルカリでこれまで培ってきた基盤を利用し、より多くの人が暗号資産やNFT、そしてweb3の世界へのアクセスが容易になるような基盤をつくり上げていきます。

2023年から開始した暗号資産取引サービスはさらに機能を拡大し、暗号資産のユースケースを明確に示すことで、より多くの方に持つだけでなく利用する体験を提供していきます。圧倒的な簡単さと利便性で国内の暗号資産保有者、

図4 **暗号資産やNFTなど あらゆる価値が交換できるマーケットプレイスへ** mercoin

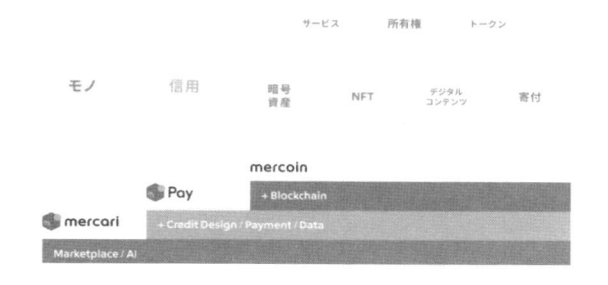

そして利用者の裾野を広げ、web3の入口に導いていくのです。さらにこれからはデジタルアセットの取り扱いを開始しマーケットプレイスとしての広がりをつくることで、暗号資産だけでなくNFTやデジタルアセットも活用し多くのアプリケーションやサービスにアクセスし、UX面でのさまざまな障壁を取り払っていきます。web3へのアクセスポイントとなり、この新しい世界への架け橋となっていくことをめざします。日々の生活に根ざしたメルカリにおけるフィアットでの営みを、暗号資産やデジタルアセットとの価値交換をスムーズに行える場に変えていけると考えています。

19

NFTのユースケース

web3の巨人たち
KDDIの取り組み

本格的なweb3の普及に向けて
KDDIがめざす未来

KDDIは2023年3月に、現実と仮想を境目なく行き来する新しい世代に寄り添い、誰もがクリエイターになりうる世界に向けたメタバース・web3サービス「αU」を開始。通信キャリアであるKDDIがweb3に参入した意図とその現在地をWeb3推進部の舘林俊平、笠井道彦が解説する。

Author

KDDI株式会社
舘林俊平
Tatebayashi Shunpei

事業創造本部 Web3推進部長。2006年にKDDI株式会社入社。2012年より、ベンチャー支援プログラムKDDI∞Laboやベンチャー投資ファンドKDDI Open Innovation Fundにかかわり、主にスポーツ、エンタメ、XR領域での出資やアライアンスを担当。2023年4月より現職。

KDDI株式会社
笠井道彦
Kasai Michihiko

Web3推進部グループリーダー。EC、金融等の新規事業開発に携わった後、ファンドを通じたベンチャー投資、協業事業開発に従事。2021年より上海拠点で中華圏のベンチャーへの投資を担当。2023年10月より現職。

参入の背景と、KDDIにおけるweb3事業の位置づけ

　KDDIは2020年に都市連動型メタバース「バーチャル渋谷」を提供開始し、有名アーティストのバーチャル空間でのライブや、全世界から100万人以上が参加したハロウィーンイベントを開催するなど、5G通信やXRなどのテクノロジー技術を活用した、新しいエンターテインメントとコミュニケーションの体験を提供してきました。αUはこの活動を拡張し、より仮想と現実の境目なく、最新のテクノロジーを活用したサービスを誰にでも簡単にご利用いただくことを目指して2023年に生まれたサービス群です。「αU metaverse」等メタバー

ス関連サービスの他、ブロックチェーンを活用したweb3サービスとして暗号
資産ウォレット「αU wallet」、NFTマーケットプレイス「αU market」を
提供しています。

「αU」サービスラインアップ

　KDDIがweb3領域への参入検討を本格化するに当たっては、産業領域とし
ての将来性を感じたことはもちろん、以下のような背景がありました。

1. スタートアップへの投資手法の変化

　KDDIはスタートアップへの投資ファンド「KDDI Open Innovation
Fund」を運営し、これまで147社を超えるスタートアップに投資を行ってい
ます（2024年8月現在）。投資したスタートアップとの事業連携からKDDIの
将来の成長を牽引するようなさまざまなサービスが生まれており、戦略上も極
めて重要な活動です。ところが、2018年頃からスタートアップの資金調達活
動に変化が生じ、従来の株式を用いた調達ではなく、トークンを活用した資金
調達を行う企業が増加してきました。株式のみを投資対象としたこれまで通り
の活動では、将来的にスタートアップとの連携が非常に限られたものになるの
ではないかという危機感が生じ、web3領域への対応検討が急ピッチで進めら
れることになりました。

2. メタバースで見えてきたファンダム、クリエイターエコノミーの勃興

　一方、当社が提供するメタバースのなかでも、ある特徴的なユーザー行動の
増加が鮮明になっていました。いわゆる「推し活」、特定のクリエイターやイ

ンフルエンサー、アイドルなどを応援する活動です。コロナ禍による行動制限の影響もあり、2020年頃からインターネット上の推し活は非常に活発になっており、特に当社メタバース上でも個人Vtuberの配信に多くの投げ銭が集まるなど、個人がクリエイターとして発信し、そこにファンが集まるクリエイターエコノミーの可能性が見えてきていました。デジタルデータの真正性が証明でき、インターネット上でのコンテンツ流通を促進するNFTや、コミュニティ内での活動や貢献を可視化できるトークンなどの技術はこの活動と相性が良く、新たなエコシステムの確立を促進できる可能性が感じられました。

3. 新たなIDと経済圏の可能性

　KDDIはこれまで共通IDサービス「au ID」、決済サービス「au PAY」などIDと決済に関するさまざまなサービスを提供してきましたが、上述のトークン、NFTなどを扱うには従来とまったく違う仕組みであるweb3ウォレットが必要になります。web3時代の新たなID、決済の基盤であるウォレットを中心に新たな経済圏が生まれる可能性があり、クリエイターエコノミー促進の観点、またID、決済は当社事業の基盤であることからも、これに取り組む必要性があると考えられました。

表1　KDDIによるweb3関連の投資先事例

企業名	事業概要	出資時期
Pocket RD	リアルなアバター、キャラ型のアバターなどさまざまな種類から、なりたい自分のアバターがつくれるアバタープラットフォーム「AVATARIUM」、ブロックチェーンビジネスをスタートできるソリューション「Digital Double」、二次創作プラットフォーム「Pocket Collection」を運営	2021/11
Gaudiy	ファンコミュニティプラットフォーム「Gaudiy Fanlink」の開発・提供、及びweb3時代のあたらしい金融事業「Gaudiy Financial Labs」を展開。	2022/6
NUNW	生活・行動・体験・趣味・仲間といった"人生のピース"を、楽しみながら記録し、収集し、共有できる、まったく新しいライフログSNS「PIECE」を提供。	2022/9
あるやうむ	ふるさと納税および地域おこし協力隊とNFT・DAOを組み合わせ、自治体の関係人口創出を支援。	2023/2
NOT A HOTEL	1日単位から別荘を利用し楽しむことのできる、メンバーシップサービス「NOT A HOTEL NFT」を販売。	2023/2
Digital Entertainment Asset	ユーザーがゲームをプレイすることで暗号資産を得られるGameFiプラットフォーム「PlayMining」を提供。	2023/8
Modhaus	芸能プロダクション、エンターテインメントプラットフォーム「COSMO」開発、運営。	2023/11

これらの背景からKDDIはweb3分野の検討を進め、2023年3月より、web3時代のID・決済基盤として「αU wallet」を、エントリーユーザー向けのわかりやすいNFTのユースケースの提供を目的として「αU market」を提供開始しています。

　あわせて、本分野においてもKDDI Open Innovation Fund を通じてスタートアップに出資を行い、業界の振興を図るとともに、共同で事業開発を行う取り組みも進めています。「αU market」は投資先のPocket RD社との協業で開発されたサービスである他、各社とさまざまな連携検討を進めています。

αU wallet、αU marketでめざしたもの

　KDDIが本領域に参入するにあたりめざしたのは、web3らしい新規性を保ちながら、ブロックチェーンや暗号資産になじみがない方にもわかりやすいサービスを開発することでした。web3サービスにはさまざまな魅力がありますが、ウォレット、暗号資産など従来のインターネットサービスにはなかった概念が多くあり、利用開始のハードルが高いことが課題でした。αUは、web3特有の難しさをできるだけなくし、これまでのインターネットサービスと同等に誰でも利用できるものにすることをめざしており、以下のような特徴があります。

1. ソーシャルIDによるバックアップ

　多くのweb3ウォレットでは、アカウント開設時に複数の文字列によるリカバリーフレーズを利用者自身で記録するように求められます。スマートフォンの機種変更やアプリ再インストールの際等にウォレットを復元するために必要になるものですが、多くの文字列をメモ等で管理するのは煩雑ですし、従来のスマホアプリに慣れた利用者にとっては違和感のあるものかもしれません。αU walletは当社が提供するau IDなどのソーシャルIDを使って、バックアップ機能を利用することが可能です。バックアップ登録済みであれば、機種変更の際などにも同IDでログインすることで簡単にウォレットを復元することができます。

2. 法定通貨によるNFT購入

多くのNFTマーケットでは、NFTを購入する際の決済は暗号資産で行う必要があります。つまり、購入前に暗号資産取引所に口座開設を行い、指定の暗号資産を入手する必要があり、初めての人にとっては手間が発生していました。そこで、αU marketでは日本円（クレジットカード、auかんたん決済）でNFTを購入可能としました。ガス代についても不要であり、ブロックチェーンや暗号資産を意識せずにNFTを購入することができます。

3. 安全性を重視した厳選商材とフィルタリング

NFTや暗号資産については、時として詐欺や盗難などのネガティブな事例が取り上げられることもあり、慣れるまでは不安に思う人も少なくありません。はじめての方でも安心して楽しめるよう、αU marketはKDDIが直接出品者を確認し、安全であると認められたものに商品を厳選しました。また、αU walletにはフィルタリング機能も具備しており、不審なサービスにアクセスしにくいよう対策を行っています。

一方で、ブロックチェーンの堅牢性やweb3ならではのオープン性は維持し、また将来的にはグローバルにも開かれたサービス展開を目指すため、ブロックチェーンは1企業・団体が管理するプライベートチェーンではなく、パブリックチェーンを選択しています。この結果、ブロックチェーンなどの知識がない方もグローバルに流通可能なNFTを気軽に購入することが可能になっており、web3になじみのない新規層の顧客獲得が可能なサービスとしてクリエイター、企業から支持されています。

αU walletとαU marketのサービスイメージ

αUから生まれたユースケースと可能性

　NFTはブロックチェーン技術を利用し、代替不可能（唯一無二）であることが証明されたデジタルデータであり、その特徴から当初はデジタルアート作品での活用が多く見られました。現在ももちろん多くのクリエイターによりNFT作品の制作も行われていますが、NFTは作品として楽しんだり、投資対象として売買されたりするだけではなく、多様な用途で活用されるようになってきています。ここでは、KDDIが運営するNFTマーケットプレイス「αU market」で提供したNFTの事例をいくつかご紹介します。

これまでにない価値の創出：企業・自治体と消費者の新しいかかわり方

　いままで市場で販売されていなかったサービスや付加価値をNFTに付属させ、流通させる事例が増加しています。NFTを販売するだけにとどまらず、販売後も提供者と消費者の関係性が継続するコミュニティを提供する試みも見られます。

　「ニセコパウダートークン」は、北海道ニセコの人気スキー場（東急グランヒラフ）に15分早く入場できる権利が付帯したNFTです。αU marketでは2023年に同スキー場を運営する東急不動産、HashPort社、KDDIの3社の連携により提供を行いました。ニセコのパウダースノーは「JAPOW」と呼ばれ、国内外のスキーヤー、スノーボーダーから高い人気を得ていますが、未滑走状態のパウダースノーを楽しむためには、リフトの運転開始前の早朝から並ぶ必要があり、来場者に不満が生じるポイントとなっていました。本NFTは「スキー場へのアーリーエントリー」というこれまで市場に流通していなかったリアルな体験価値を数量限定のNFTという新しい形態で提供し、来場者満足度の向上と施設としての収益の増加にもつながった事例です。NFTは予定変更等により来場できなくなった場合に二次流通させることも可能です。スキー場だけではなく、地域の人気BARの優先予約券等もNFT化しており、施設と来場者の関係構築や、地域の活性化にも寄与しています。

　「最果ていきもの学校」は北海道中標津町（一般社団法人みらい創造なかしべつ）とSAGOJO社、KDDIの連携により提供した、北海道の東・道東エリアの

「いきもの」に関わる特別な体験がセットになったNFTです。中標津町の周辺に広がる道東エリアは壮大な自然にあふれ、漁業も盛んですが、生産物の流通時には大きく「北海道産」として認識されてしまうため港のある町や道東エリアの認知度は上がらず、ブランド化が難しいという課題がありました。中標津の生産者と、全国の消費者がたがいに顔の見える関係となり、消費者と共に未来を考えるきっかけをつくりたいという思いから、ここでしか経験できないユニークな体験（漁師から魚のさばき方を直接学ぶオンライン講座、一般には流通しない珍しい魚の送付、実際の漁師の船に乗る漁業体験など）が特典として付与されたNFTの販売を行いました。NFTの購入者は、オンラインコミュニティにも参加でき、漁師に直接魚のさばき方などを相談することも可能です。道東の生産者と消費者が直接つながり、熱量の高い関係人口を増やす施策となりました。

コミュニティの熱量を上げる：リアルと連動するNFTプロジェクトの新しい取り組み

　企業や自治体がNFTを活用し消費者とつながる事例のほか、NFTを起点にはじまったプロジェクトが現実世界で積極的に価値提供を行おうとする動きも見られます。

　「カバードピープル」はαU market初期からの人気NFTプロジェクトです。KDDIが包括連携協定を締結している鹿児島県薩摩川内市を舞台に、デジタルの枠を超えたリアルな体験ができる特典が付与されたNFTの提供を行っています。
　「カバードピープルイベントコレクション」は、川内川（せんだいがわ）で同プロジェクトが開催した「大ハロウィン祭り」のチケット機能を持つNFTです。同イベントは地元の事業者（SOKO KAKAKA、高江未来学校など）や住民も多く運営に参加し、ファミリー層をメインに約1000名が来場する盛大なものとなりました。NFTは単にチケットとして使われただけではなく、企画の運営自体もNFTを所有するコミュニティメンバーにより行われており、消費者（NFT購入者）がサービス提供にも参加するweb3らしいコミュニティのかたちが見られました。
　「カバードピープル離島ビール工房建設」は、薩摩川内市の離島・甑島（こしきしま）にビー

ル工房を建設するプロジェクトであり、離島に新たな産業となり得るビール工房を建設し、持続可能な観光地とすることを目的として実施されています。ここで販売されたNFTは、プラモデルのように基礎ブロック、骨組み、化粧材など、ビール工房の一部を模した仕様になっており、実際に建築される建物の部材等と対応しています。建築中の建物は特設サイトから24時間ライブ放送で確認可能であり、購入者は疑似的に建物の一部を所有した感覚でプロジェク

人気NFTプロジェクト、カバードピープル

トを応援することができます。

　また、「CryptoNinja Partners（以下CNP）」は流通額数十億円に及ぶ日本発の人気NFTプロジェクトですが、このCNPのIPを使い現実世界に流通するトレーディングカードの開発を進めています。αU wallet／marketの1周年イベントと連動して行われたテスト版のカード配布には数百人が行列を作ると共に、インターネット上では高値で取引されるなど高い人気を博しました。今後、連動するNFTの提供、製品版カードの発売、カードバトルの大会開催な

CNPトレカ

どが計画されており、オンラインとオフラインを組み合わせて楽しめる新しいエンターテインメント体験の創出が期待されます。

　こうした多くのユースケースを開発し、業界全体の発展を推進していくため、KDDIは国内外のweb3企業との提携を進めています。

表2　KDDIとweb3企業との提携事例

企業名	提携概要	提携時期
HashPort/HashPalette	HashPortグループが提供するブロックチェーンネットワーク「Palette Chain」（Aptos Networkへ移行予定）への対応及び、NFT販売等に関する協業	2023/9
Oasys	ゲーム特化ブロックチェーン「Oasys」への対応及び、Oasysバリデータへの参画。	2023/9
Stake Technologies/Startale Labs	NFT、web3コンテンツの共同検討等	2023/10
Animoca Brands Japan	web3プラットフォーム「Mocaverse（モカバース）」との連携等	2024/3
gumi	「OSHI3」プロジェクトにおけるアライアンス	2024/6
モノリス	CNPトレーディングカード事業における連携	2024/6
SBI NFT	SBINFT Market、SBINFT MitsがαU walletに対応	2024/6

　多くの企業・スタートアップとの提携や、クリエイターとのコラボレーションを通じ、KDDIは今後もブロックチェーン、NFTという技術を活用したさまざまな新しい価値、体験の提供に取り組んでいきます。

本格的なweb3時代の到来に向けてKDDIが取り組むこと

　今後より多くの方にweb3サービスに触れていただき、新しい体験価値を提供していくため、KDDIは以下に取り組んでいく予定です。

1. クリエイターエコノミーの促進

　KDDIが提供するαU marketでは、NFTになじみのない方にも安心してご利用いただくため、当初は出品作品の募集等はせず、厳選したプロジェクトのみを掲載してきました。一定の認知、利用が広がったこと、また多くのNFTクリエイターから要望をいただいたことを受け、2024年7月より一般からの出品の応募受付を開始しました。今後より多くのクリエイターに作品の販売機

会を提供することで、クリエイターが価値を生み出しその対価を正当に得られる「クリエイターエコノミー」を推進するとともに、NFTの可能性と楽しさをより幅広いお客さまへ伝えていきます。

2. 暗号資産、トークンの普及の後押し

暗号資産になじみのない人でも簡単に使えるよう、αU marketは法定通貨でNFTが購入可能なサービスとしてスタートしました。しかし、暗号資産・トークンを活用した新しい経済の在り方にこそweb3のおもしろさと有用性があることも事実です。KDDIはαU walletなどを通じ、はじめての方でも安心して暗号資産に触れられる環境や仕組みの検討を進めていく予定です。

3. 各種企業との連携、参入の支援

web3には企業にとってもさまざまな利点がありますが、一方でNFTをどのように発行するのか、お客さまにウォレットをどのように用意していただくのかなど、参入に当たっては多くの施策・システム面の課題が生じます。KDDIはこれまでに自社で活用してきたシステム・ノウハウを外部に提供し、さまざまな企業のweb3への参入をサポートすることで、ユースケースの拡大と業界全体の発展を後押ししていきたいと考えています。

KDDIはこれらの活動を通じ今後もweb3の普及と、それを通じたより便利で楽しい社会の実現に取り組んでいきます。

20 NFTのユースケース

web3の巨人たち
楽天の取り組み

web3のマスアダプションを
リードする楽天グループの挑戦

2016年に「楽天ブロックチェーン・ラボ」を開設するなど、早い段階から
web3技術に注目していた楽天グループ。2024年には「web3 ウォレット」
を中心とした、メタバースにおけるweb3エコシステムの構築を進めている。
楽天グループの取り組みを、楽天ウォレット代表の山田達也が解説する。

Author

楽天ウォレット株式会社 代表取締役社長
山田達也

Yamada Tatsuya

証券・商品・FXなどの金融サービスに約25年間従事。主にファンド組成や国内外のデ
リバティブ取引などに携わる。2013年より楽天証券株式会社に入社後、法人取引、エ
クイティ・ファイナンスを担当し、フィンテック本部にて新しい技術を利用した業務効
率化や新サービスの企画などを推進した後、2018年より楽天ウォレット株式会社 代表
取締役社長に就任。楽天グループの暗号資産取引やweb3の事業化をリードする。

楽天グループのweb3のあゆみ

　楽天グループはweb3の取り組みとして、2016年8月に英国・ベルファス
トにブロックチェーン技術に特化した研究開発組織「楽天ブロックチェーン・
ラボ」を開設し、フィンテックおよびeコマース分野における同技術の研究を
はじめました。楽天ではフィンテック分野において、グローバル規模でのイノ
ベーションを推進し、お客さまに世界水準のサービスを提供することをめざし
ており、楽天ブロックチェーン・ラボではブロックチェーンを利用した、新し
い価値の創造として以下の取り組みを行っています。

（1）スマートコントラクト、分散型台帳技術、プライバシー保護技術、スケー
　　ラビリティの向上などの分野での基礎研究および応用研究と開発

（2）金融サービス、サプライチェーン管理、デジタルアイデンティティ、デジタル資産管理などの新しいビジネスモデルの創出

（3）取引の透明性やセキュリティの向上

（4）他の企業者研究機関と協力し共同研究プロジェクトの実施や、技術標準化の推進及び、スタートアップ企業との協業を通じて、新しいブロックチェーンアプリケーションの開発支援

（5）社内外の技術者向けトレーニングプログラムやブロックチェーン技術に関するセミナーやワークショップを通じた教育と普及

（6）技術の有効性や課題解決などサービス導入に向けた実証実験

　以上の取り組みを通じて楽天グループのさまざまなサービス向上と新しいビジネスモデルの開発を支援しています。

　楽天グループは2018年8月に子会社による暗号資産取引業への参入を発表し、2019年3月に資金決済法の暗号資産交換業の登録を完了、社名を楽天ウォレット株式会社とし、同年8月に暗号資産の現物取引の提供を開始しました。お客さまに安全かつ便利な暗号資産取引サービスを提供するため、前述の楽天ブロックチェーン・ラボと協力し、セキュリティ対策を万全にしたプラットフォームの構築と楽天らしさのある独自サービスの提供を行っています。具体的には、「楽天ポイント」での暗号資産購入機能や、暗号資産をオンライン電子マネーである「楽天キャッシュ」へ交換するチャージ機能、楽天銀行口座をお持ちのお客様の場合、暗号資産口座開設が簡単にできたりアプリケーション内でリアルタイム入金が可能となったりする機能など、はじめて暗号資産取引される楽天ウォレットのお客様や楽天会員向けに、わかりやすい取引画面と取引体験を提供しています。

　また、積極的に暗号資産取引を行いたいお客様向けには暗号資産証拠金取引の提供も行っています。当社を含めた日本国内全体の暗号資産口座数は2024年4月時点で1000万口座に到達し、今後も拡大する暗号資産取引市場のニーズに応えたサービスの拡充により同事業の大きな成長を期待しています。

　その他の取り組みとして、2022年2月よりNFTマーケットプレイスおよび販売プラットフォーム「Rakuten NFT」の提供を開始しました。「Rakuten

NFT」はスポーツやエンターテインメントなどさまざまなNFTを購入したり、個人間で売買したりすることができるマーケットプレイスのほか、ワンストップでNFTの発行、および販売サイトを構築することができるIPホルダー向けの独自プラットフォームです。決済には暗号資産「ETH（イーサ）」のほか、本サービスが楽天IDをアカウントとして利用するため、これと紐づいた「楽天カード」や「楽天ポイント」の利用も可能です。グローバルを含むマーケットへの展開、決済方法の多様化などサービスの拡大を推進しています。

　今後、web3サービスをさらに拡大するために、これまでのweb3関連事業の経験を集約し、2024年中にだれでも簡単にweb3サービスを利用できる、スマートフォンアプリ「web3ウォレット」をリリースし、サービスの提供を開始する予定です。

web3推進の課題

　複合的なサービスを提供している企業グループがweb3を推進するにあたっては、技術的な問題の解決、社内での事業推進における相互理解や既存事業への影響の考慮などクリアすべき以下のような課題が想定され、その解決には時間を要するものもあります。

⑴ web3技術はまだ発展途上であり、ブロックチェーン、スマートコントラクト、分散型アプリケーションなど新しい技術を理解し、実装するには高度な専門知識が必要となり、それに伴う人材の確保も課題となっています。
⑵ 現在のブロックチェーン技術は、トランザクションの処理速度やスケーラビリティに課題があります。エンタープライズレベルの大量のトランザクションを処理するには、多くの実証実験を通じて検証を行い、これらの問題を解決する必要があります。
⑶ 各国の規制やルールが異なるため、グローバルに展開する企業にとってはコンプライアンスが大きな課題となります。特に金融サービスにおいては顧客保護やマネーロンダリング対策など厳格な規制に対応する必要があります。
⑷ 分散型システムはセキュリティの観点からも新しいリスクを伴います。ス

マートコントラクトのバグやサイバー攻撃、ハッキングのリスクに加え、近年増加している内部犯行への徹底した対策が必要となります。また、運用面に関しても新しい犯罪手口への対応など継続的なアップデートが求められます。

(5) 現在のweb3アプリケーションは、一般の利用者にとっては複雑で使いにくいものが多く、エンタープライズが提供する際には、より直感的でフレンドリーなインターフェースが求められます。

(6) 異なるブロックチェーン間の接続や相互運用性がまだ十分に確立されていないため、複数のプラットフォームを利用する場合、技術的な課題となり、提供するサービスを拡大する際の障壁となります。

(7) 新しい技術の導入には初期投資が必要であり、スタートアップや中小企業にとっては解決するのに難しい課題となります。また、未知の領域のサービスのため、より正確な収益見込みを求められる事業計画を立てることも困難な作業の一つとなります。

(8) web3のエコシステムはまだ成熟しておらず、すべてのお客様が安心して利用できる環境が整っているとは言い切れません。

　楽天ウォレットでは、上記の課題解決に取り組みながら、お客様に安心してご利用いただけるサービスや新しい体験の提供をめざしています。

web3化を進めるために

　多様なサービスのweb3化を推進するにあたり、既存サービスをweb3化するものと、web3としての新サービスを構築・提供するという2つのケースが考えられます。

　既存サービスのweb3化については、ブロックチェーンを利用することで、運用面のコスト削減や管理面での効率化などを進めることができる場合があります。また、NFTを使ったチケット発行やクーポンの管理など利用状況のデータ取得からのマーケティング活用や、ゲーム内でのNFTアイテムの提供や暗号資産での決済など新しい顧客体験の提供などが可能となります。その際には、システムを含む既存サービスへの影響や、利用するお客さまにとってより便利になっていたり、新しいと感じられるものが提供できていたりするかなどお客

さま目線での考察が、非常に重要となります。

　web3として新サービスの構築・提供については、お客さまにストレスなく、そして今までにない未来を感じられるものを提供する必要があります。現状では利用するブロックチェーン上のトークン・暗号資産の取得やウォレットの設定など、ある程度のリテラシーが要求されるサービスとなっており、聞きなれない名称や専門的な用語の理解も相まって、多くの人がweb3の恩恵を受けるのが難しい状況です。また、web3と相性の良いとされるメタバースにおいては、武骨なVRゴーグルの着用や操作性などデバイスにおける課題も多くあります。利用者にとってはWeb2.0やweb3、ブロックチェーンや分散型アプリケーションなど定義や技術は関係なく、より便利で楽しいものを簡単に利用したいという要求に応える環境やサービスを提供できない限り、web3のマスアダプションは進まないものと考えます。ひとつのアプローチ方法としては、他の企業やプロジェクトとパートナーシップを組むことで、さまざまな課題を協力しながら解決し、利用者の求める質の高いサービスを短期に提供できると考えられます。

web3の実現で何が便利になり、何が楽しくなるか

　web3技術は、Web2.0のインターネットサービスとは異なる新しい体験を提供し、人々の生活を便利にし、楽しさを広げる可能性があります。楽天ウォレットではweb3のマスアダプションをリードし、幅広いお客様にご利用いただくため、既存の暗号資産取引や「Rakuten NFT」サービスに加え、以下のテーマについてサービスの提供と拡充をめざしています。

1. データの所有権とプライバシーの強化

　web3ではお客様が自分のデータや暗号資産などのデジタル資産を管理することが可能となるため、プライバシーがより強化されます。個人情報が中央集権的なサーバーに保存されることなく、データの漏洩リスクが減少します。

2. 金融サービスのアクセス向上

　DeFi（分散型金融）を通じて、低コストで簡単なグローバル送金やまったく新しい金融サービス、保有する暗号資産やトークンのステーキングサービス

の提供などが考えられます。

3. スマートコントラクトサービス

　契約をブロックチェーン上で自動化し、迅速かつ安全に行うことが可能となります。

4. 分散型ID

　利用者は一つのIDで複数のサービスにアクセスが可能となり、ログインの手間が省けます。さらにIDの盗難や不正利用のリスクが減少します。

5. トレーサビリティと透明性

　すべての取引履歴やサプライチェーンの情報をブロックチェーン上で記録し、透明性を向上させます。そのため、偽造品の防止や提供される製品の信頼性が向上します。

6. NFTの利用拡大

　デジタルアート、音楽、ゲームアイテムなどのデジタルコンテンツの所有権が証明されているため、安心してコレクションや取引を楽しむことができます。また、アーティストやコレクター同士が直接つながり、顧客発信の新しいサービスやビジネスモデルの誕生も期待できます。

7. web3ゲームの提供

　世界中の話題のゲームタイトルにアクセスでき、ゲーム内で得たアイテムの管理や売買ができます。またPlay to Earnなどのゲームを楽しみながら収益を上げるタイトルへの接続と受け取った報酬の管理ができます。

web3のマスアダプションをリードするために

　楽天ウォレットでは、web3においても、満足度の高いサービスを提供するとともに、多くの人々の成長を後押しすることで、社会を変革し豊かにしていきます。すでにデジタル化が進んでいる楽天エコシステムにweb3技術を活用することで、既存のエコシステムをさらに進化させる可能性を秘めています。

現在、2024年中にサービスを開始する予定の「web3 ウォレット」を中心とした、メタバースにおけるweb3エコシステムの構築を進めています。本サービスでは楽天IDでログインが可能なため、楽天会員であればすぐに利用できます。プライベートウォレットなので、保有する暗号資産やNFTなどのデジタル資産は、いつでも自由にアクセスして資産の移動が可能となるだけでなく、楽天ウォレットの暗号資産取引口座をお持ちのお客様は購入した暗号資産を「web3 ウォレット」で簡単に受け取れるようになり、web3ゲームと接続（wallet connect）することで、ゲーム内での課金やNFT購入が簡単に行えます。

　加えて、メタバース内でのお客様の自由な活動を可能にします。たとえば、メタバース内で行われるコンサートやイベントへの参加は「web3 ウォレット」を通じて「Rakuten NFT」で購入したNFTチケットを「web3 ウォレット」で保有管理することで、簡単にイベントなどに参加することができます。また、メタバース内でのNFTなどのデジタル資産のショッピングでは、暗号資産または円貨でお気に入りの商品を購入することができ、楽天グループが提供する多様な決済サービスとの連携なども検討していきます。

　上記サービスは準備ができ次第、順次提供を予定しています。楽天ウォレットでは、今後もweb3における、魅力的で新しいエンターテインメント体験の提供とサービスの利便性向上をはかり、幅広いお客さまに向けて満足度の高いサービスの提供を実現し、web3のマスアダプションをリードしていきます。

第3章

NFTの法律・会計・税務

Chapter 3

Section　1　▶　Section　7

NFTの法律・会計・税務

❮ 3章　はじめに ❯

web3には必須の知識
法律・会計・税務の現況とは

3章のテーマは「NFTの法律・会計・税務」。「法律関係」「金融規制」「賭博・景品規制」「RWAトークン」「会計」「税務」の6つのパートに分けて、各ジャンルの専門家ができるだけわかりやすく現状を解説。まずは、本書の編著者である弁護士の増田雅史がその概況を紹介する。

Author

弁護士（森・濱田松本法律事務所）、一橋大学特任教授
増田雅史　　Masuda Masafumi

IT全般の法務に広く精通し、金融庁にて常勤の専門官としてブロックチェーン関連の法改正を担当。AI・web3・メタバース分野では官公庁をはじめ多くの会議体に関与し、著作・講演多数。JOGAアドバイザー、BCCCアドバイザー、JCBA顧問（NFT部会・ブロックチェーンゲーム部会）、自民党web3PT有識者メンバーとして、数々の政策提言や自主規制策定に参画。本書の共同編集代表。

　第3章では、宝石箱のような各種ビジネス・技術の紹介からギアチェンジして、法律などの「お堅い」内容を扱います。法規制や会計・税務は、面倒ですが避けて通れない存在です。一線級の専門家が各分野についてわかりやすく丁寧に解説します。

本章の構成

　本章は、この「はじめに」を除くと6つのセクションに分かれていますが、そのうち4つは法律、最後の2つが会計・税務に関するものです。
　セクション2（NFTの法律関係）では、NFTの法律関係全般について概説しています。NFTの発行（NFT化）とは何か、NFTの保有や移転とはどのような状態を指すか、NFTの販売を通じて何を売っているのか。ブロックチェー

ン上には、たしかにトークンの取引が記録されるという実態は存在しますが、その取引の安定化のためには、こうした法律関係の整理は欠かせません。まずはNFT取引や、それに伴う法律関係の形成や変化について、基礎をしっかり理解していただけるように整理しています。

セクション3（NFTと金融規制）では、NFTがブロックチェーンを利用したものであることから問題となりやすい、資金決済法における暗号資産交換業規制に関する解説を中心として、そのほか関連し得る金融規制として、前払式支払手段に関する規制、ステーブルコインに関する規制、セキュリティトークンに関する規制などを満遍なく説明しています。金融規制が適用されるか否かの簡易なフローチャートを含め、充実した情報がコンパクトに整理されています。

セクション4（賭博該当性と景品類規制）では、NFTを利用したブロックチェーンゲームやトレーディングカードサービスで論点となりやすい、賭博該当性と景品類規制を取り上げて深掘りしています。特に賭博該当性に関しては、自主規制団体による自主規制の整備など、近年かなりアップデートのあった分野ですので、その経緯を含めて詳細に解説しています。また景品類規制についても、実務上の重要な着眼点が凝縮してまとめられています。

セクション5（RWAトークン）では、いわゆる「RWAトークン」にまつわる種々の論点を解説しています。近年注目が高まっているRWAトークンとは、現実の資産（Real World Asset＝RWA）の価値や権利などを表章するトークンであり、様々なものがその対象となり得ます。動産を扱うことに伴う倉庫業法や古物営業法の適用や、権利の移転を扱うことに伴う対抗要件具備の問題など、様々な論点を幅広く解説しています。

そしてセクション6（NFTの会計）及びセクション7（NFTの税務）では、NFTの発行・保有や取引がどのように会計処理されるか、またNFTに関与する法人や個人についての課税関係はどうか、といった数字にまつわる点を解説しています。前著『NFTの教科書』刊行から3年を経て、会計基準の策定に向けた様々な努力や、NFTに関する租税当局からの一定の見解の公表など、会計処理・税務処理の実務にとって重要なアップデートが蓄積してきています。そうしたドキュメント類にも丁寧に触れつつ、基礎的な事項が丁寧に解説されています。

各種ガイドライン等

　NFTやその派生サービスであるブロックチェーンゲーム分野に関しては、複数の団体から、法的論点に関する一定の整理を含むガイドラインなどの文書が公表されていますので、こちらで簡単に紹介しておきます。なお、会計や税務に関して公表されている文書については、各セクション中に適宜引用されています。

JCBA「NFTビジネスに関するガイドライン 第3版」（2024年8月29日）
https://cryptocurrency-association.org/nft_guideline/

> 　JCBA（日本暗号資産ビジネス協会）NFT部会によるガイドライン。2021年4月26日の第1版公表後、たびたびアップデートされている。本書で取り上げる法的論点について、ある程度網羅的に触れている。

JCBA「RWAトークンを発行する上での主要な規制にかかる考え方」（2024年4月4日）
https://cryptocurrency-association.org/cms2017/wp-content/uploads/2024/04/20240404-rwa_1.pdf

> 　上記同様、JCBAのNFT部会による、RWAトークンに関する暫定的な考え方をまとめたドキュメント。主にセクション5に関係。

C-SEP「スポーツコンテンツを活用したNFTのパッケージ販売と二次流通市場の併設に関するガイドライン」（2022年9月20日）
https://council-sep.org/publication/20220920/

> 　C-SEP（スポーツエコシステム推進協議会）による、NFTのパッケージ販売を対象とするガイドライン。賭博該当性を主に検討。いわゆる「橋爪論文」に依拠し、運営会社による二次流通市場の併設は原則として上記結論に影響を与えないと整理している。主にセクション4に関係。

JCBIら5団体「NFTのランダム型販売に関するガイドライン」(2022年10月12日)
https://bccc.global/wp/wp-content/uploads/2022/10/NFT-guidelines.pdf

> JCBI（Japan Contents Blockchain Initiative）、JCBA、JBA（日本ブロックチェーン協会）、BCCC（ブロックチェーン推進協会）、C-SEPの5団体による、NFTのランダム型販売を対象とするガイドライン。賭博該当性を主に検討し、C-SEPの上記ガイドラインと同様の整理をしている。主にセクション4に関係。

CESAら3団体「ブロックチェーンゲームに関するガイドライン」(2024年7月10日)
https://www.cesa.or.jp/assets/pdf/information/blockchain_guideline20240710.pdf

> CESA（コンピュータエンターテインメント協会）、JOGA（日本オンラインゲーム協会）、MCF（モバイル・コンテンツ・フォーラム）の3団体が、ブロックチェーンゲーム（BCG）に関して2021年6月21日に公表していた同名のガイドラインの全面改訂版。BCGに関する主要な論点をある程度網羅し、別紙事例集は具体例に基づく詳細な解説を含む。賭博該当性については上記2文書と同様の整理をしている。主にセクション4に関係。

また、NFTを含むweb3の法政策については、政権与党である自由民主党がデジタル社会推進本部に設置した「web3プロジェクトチーム」(通称web3PT) が例年公表する「ホワイトペーパー」の参照価値が極めて高いといえます。その背景や位置づけは第1章セクション2（P.20参照）で解説されていますので、ここではリンクのみ整理しておきます。

「NFTホワイトペーパー」(デジタル・ニッポン2022の別紙1)
https://storage2.jimin.jp/pdf/news/policy/203427_1.pdf
「web3ホワイトペーパー」
https://storage2.jimin.jp/pdf/news/policy/205802_2.pdf
「web3ホワイトペーパー2024」
https://storage2.jimin.jp/pdf/news/policy/208287_4.pdf

2

NFTの法律・会計・税務

NFTの法律関係

NFTの取引場面における当事者の関係性や実質的な取引対象とは。NFTに付随する権利（ユーティリティ）とは何か

昨今、単にデジタルコンテンツを表章するだけではなく、一定の権利（ユーティリティ）が伴うNFTが登場しているが、その法的性質はどのようなものか。一次販売と二次流通のそれぞれの場面における、取引当事者間の関係性や、取引対象とは。本書の編著者である増田雅史らが解説する。

Author

弁護士（森・濱田松本法律事務所）、一橋大学特任教授
増田雅史
Masuda Masafumi

IT全般の法務に広く精通し、金融庁にて常勤の専門官としてブロックチェーン関連の法改正を担当。AI・web3・メタバース分野では官公庁をはじめ多くの会議体に関与し、著作・講演多数。JOGAアドバイザー、BCCCアドバイザー、JCBA顧問（NFT部会・ブロックチェーンゲーム部会）、自民党web3PT有識者メンバーとして、数々の政策提言や自主規制策定に参画。本書の共同編集代表。

弁護士
（森・濱田松本法律事務所）
門田航希
Kadota Kouki

慶應義塾大学法学部卒。賭博罪・景品類規制をはじめとするブロックチェーンゲームの法的諸問題に関する法律相談を中心的に取り扱う。また、NFTの提供・販売に関するプラットフォームサービスや、メタバースを活用したサービス等への法的助言も行う。

1. NFTの概念と分類

「NFTを取引する」とは、法的には一体何を取引しているのでしょうか。とりわけ、NFTの保有者が、そのNFTを保有している事実を主張できるだけでなく、そのNFTに関連して何らかの利用権を行使できるといった場合に、それが法的にはどのような権利に基づくもので、また誰に対して主張できるものであるかを考えることは、NFTに関する法律関係を安定的なものとするため

にも重要です。

　こうしたNFTの取引にまつわる法律関係について具体的に説明していく前に、まずは前提として、取引の「客体」であるNFTに関する概念と分類について整理したうえで、本セクションで用いる基本的な用語を定義しておきます。続く下記2. では、取引の「主体」である当事者について解説します。

■（1）NFTの基本概念

　まず、そもそも「NFT」（Non-Fungible Token）とは、一般に、ブロックチェーン上で発行されるデジタルトークン（Token）のうち、トークン自体に固有の値や属性をもたせた代替性のない（Non-Fungible）トークンをいいます。ビットコインなど、ブロックチェーン上で発行されるトークンは、通常、ひとつひとつに個性がなく、量的な単位として扱われています[1]。これに対し、NFTは、ひとつひとつのトークンが固有の値を持ち、他のトークンと区別できるという特徴を有しています。

　NFTは、当該NFTが生成されるブロックチェーンの規格に準拠するかたちで（たとえばイーサリアム・ブロックチェーン上で生成されるNFTであれば、ERC-721等の規格[2]に準拠して）生成されます。そして、NFTは、その性質上譲渡ができないものを除き、他のトークンと同様に、ブロックチェーン上のトークンに係るウォレットを保有する者同士の間で譲渡を行うことが可能です。

■（2）従来型のNFT（デジタルコンテンツを表章するだけのNFT）

　NFTが世間で注目されはじめた当初は、上記のような、他のトークンと区別することができ、また、ウォレットの保有者間で譲渡することが可能であるというNFTの性質を利用して、「アートNFT」をはじめとする、デジタルコンテンツを表章するNFTの取引が盛んに行われました。たとえば、最初の本格的なNFTブームが起きた2021年には、デジタルアーティストBeeple（ビープル）の「Everydays-The First 5000 Days」というデジタルコラージュ作品のNFTがChristie'sにて6930万米ドル（当時の約75億円）で落札されたり、池田亮司氏の「A Single Number That Has 10,000,086 Digits」という作品のNFTなどの複数のアートNFTがSotherby'sにて出品されたりしたことが話題になりました。

　アートNFTは、本来は容易にコピーが可能なデジタルコンテンツであるデ

ジタルアートを、上記のような性質を有するNFTに表章させる（いわゆる「NFT化」する）ことによって、現実世界における「一点もの」の絵画のように、デジタルアートに希少性をもたせ、ブロックチェーン上で取引できるようにすることを基本的なコンセプトとするものです。

　もっとも、下記で具体的に述べるように、NFT（トークン）そのものと、デジタルコンテンツに関する権利、たとえば著作権やライセンス（著作権者による、著作物を利用しようとする者に対する、利用方法と利用条件を定めたうえでの利用許諾）などは、別個の概念です。そして、NFT（トークン）が取引される場合に、NFTが表章するデジタルコンテンツに関する権利も取引の対象となるかどうかは、契約の内容次第で異なることになります。そのため、デジタルコンテンツを表章するNFTのなかには、単にデジタルコンテンツを表章するという機能を持つにとどまり、NFTの購入によっても、（そのNFT自体を保有できるという権利以外に）NFTの購入者が何らの権利も取得できないという性質のものも多く存在しています。

　たとえば、あるアートNFTを購入し、そのNFT自体をウォレット上で保有したとしても、そのNFTを保有しているという事実（事実上、そのアート作品の"パトロン"的な立場にいること）を世間に示せるだけで、そのNFTが表章しているアート作品に関する著作権やその他の何らかの利用権が得られるものではないというケースも、契約内容次第によってはあり得ることとなります。もちろん、アーティストがNFTをアート作品のオーナーシップの証として発行し、その考え方を信じてNFTを保有・取引する人の間では、NFTは「デジタル所有権」というべき存在といえなくもないのですが、それは法的に裏付けられた権利とは言い難いものであるということです。

（3）ユーティリティNFT

　これに対して、近年においては、上記のようにデジタルコンテンツを表章するだけの機能を有するNFTとは異なり、NFTの保有者に対して一定の権利（ユーティリティ）が与えられる性質のNFTプロジェクトが増えています。なお、NFTがデジタルコンテンツを表章することと、NFTにユーティリティが付帯されていることとは、排他的な関係性にはなく、両者の性質を持つようなNFTプロジェクトも多く存在します。

　たとえば、アーティストが自己の生成したアートNFTの保有者に対して、

当該NFTが表章するデジタルアートのライセンスを付与するケースや、企業が一定のサービスを受ける権利（当該NFTに対応するゲーム内アイテムの利用権利、イベントへの参加権利または宿泊施設への宿泊権利など）を伴ったNFTを発行するケースがあります。そのほかにも、初期のNFTブームのころから知られるBored Ape Yacht Club（BAYC）に代表されるように、NFTの保有が所定のコミュニティへの参加条件とされているケースも見られます。

　このような、保有者に対して一定のユーティリティが提供される性質を持つものは、NFTでないトークンを含め、一般に「ユーティリティトークン」と呼ばれます（本書では、このうちNFTであるものを便宜的に「ユーティリティNFT」と呼ぶこととします）。そして、ユーティリティNFTは、上記（2）で述べた従来型のNFT（デジタルコンテンツを表章するだけのNFT）と異なり、単にそのNFTを保有するという事実を主張できる（"パトロン"的地位の獲得などという主観的な価値がある）だけでなく、一定の客観的権利・利益が得られるものです。そのため、ユーティリティNFTは、デジタルコンテンツに興味のある人々や一部の投資家といった従来型のNFTの需要者に限られず、ユーティリティの獲得を求めるより広い範囲の需要者にとって需要のあるものとなります。こうした事情から、昨今では、従来型のNFT以上に、ユーティリティNFTの発行が活発に行われるようになってきています。

　他方で、ユーティリティNFTの取引に関しては、NFTそれ自体とユーティリティ（権利）という、法的には区別されるべき両者が販売契約においてそれぞれどのように取り扱われるのかや、二次流通以降で登場するNFT保有者とのNFT発行者との権利関係がどのように整理されるのかについて、画一的なルールや基準は存在せず、必ずしも明確にはなっていません。

　そこで以下では、上記のように、昨今において活発に取引されながらも、必ずしも法律関係が明確とはなっていないユーティリティNFTを主眼に据えた上で、その法律関係について解説していきたいと思います。以下、本セクションで「NFT」という場合には、ユーティリティNFTを指すものとします。

■（4）「NFT」「デジタルコンテンツ」「ユーティリティ」の区別

　また、具体的な検討に入る前に、NFT（トークン）自体と、そのNFTが表章するデジタルコンテンツ（デジタルアートなど）やそのNFTに付帯するユーティリティとの区別に関しても、少しだけ概念の整理（言葉の使い分け）をし

ておきたいと思います。この点は、社内の議論に際して異なる概念が同じ言葉で説明されてしまっているなど、実際のビジネスの場面においてもよく混乱が見られる点であり、このあとの議論を理解するためにも大事なポイントです。

　たとえば、デジタルアートを表象するNFT（アートNFT）に関する話題において、「NFTアート」という言葉が一般的に多く使われています。しかし、これは具体的には何を指すのでしょうか。「あの著名なアーティストのNFTアートを手に入れた」とか「あのNFTアートはとても美しくてすてきだ」という言葉を耳にしたとき、その客体として指し示されているものは何だと感じるでしょうか。実は、この「NFTアート」という用語が指し示すものには、（もちろん正確な表現を意識的に使っている方もたくさんいますが）①NFT化の客体であるデジタルアート作品（デジタルコンテンツ）やそれに関する著作権やライセンス（ユーティリティ）と、②NFT化した結果として発行されるトークン（NFT）という、2つの意味があるように思われます。

　この点への理解は、大変重要です。なぜなら、上記（1）や（2）でも触れましたが、ここから議論する法律関係は、上記②（＝トークン）のブロックチェーン上での発行及び流通そのほかの変更が、上記①（＝デジタルコンテンツ）に関する権利・利益その他の便益（＝ユーティリティ）にどういった影響・効果をもたらすか、という形で分解して議論する必要があるためです。この整理があいまいなままですと、ある人が上記①の意味で「アーティストはNFTアート自体を購入者に渡したわけではないはずだ」と主張し、別の人が上記②

表1　本セクションにおける用語の使い分け

NFT （アートNFTなど）	・（デジタルアートなどの）デジタルコンテンツをNFT化した当該トークンであって、ブロックチェーン上で実際にやりとりされるものを指す。 ・たとえば、Beepleの事例では、オークションにおいて直接の取引対象とされたNFTがこれに該当する。
デジタルコンテンツ （デジタルアートなど）	・NFTが表章するデジタルコンテンツを指す。 ・通常、ブロックチェーン上においては、デジタルコンテンツ自体が記録され流通するわけではないため[3]、NFT（トークンそのもの）とは区別される。 ・たとえば、Beepleの事例では、「Everydays-The First 5000 Days」というデジタルアート作品それ自体がこれに該当する。
ユーティリティ （デジタルアートの 著作権など）	・NFTの保有者に対して提供される権利を指す。アートNFTの場合には、例えば、当該NFTが表章するデジタルアートの著作権や、その利用権がこれに当たる。 ・NFTの保有者にユーティリティが提供されるか否かや、実際に提供されるユーティリティの内容は、個別の契約によって異なる。

の意味で「購入者はNFTアートを購入してウォレットに入れたのだ」と主張
しているとき、議論がまったく噛み合わないことになってしまいます。

　こうしたことから、本セクションでは表1のように「NFT」（アートNFTなど）、
「デジタルコンテンツ」（デジタルアートなど）、「ユーティリティ」（デジタル
アートの著作権など）の各用語を、明確に区別する形で使い分けています[4]。

2.　NFTの取引段階と関連当事者

　ここまでは、取引の「客体」となるNFTや、そのNFTに関連するデジタル
コンテンツ及びユーティリティに焦点を当てて概念を整理してきました。他方
で、取引の法律関係を理解するには、取引の「客体」（何が取引されるか）に
加え、取引の「主体」（誰と誰の間で取引されるか）も考える必要があります。
そこで、下記では、取引の「主体」となる関連当事者について、NFTの取引
段階を踏まえつつ整理したいと思います。

　「NFTの取引」とひとことに言っても、その取引段階や取引形態によって、
取引に関与する当事者や、当事者間の権利関係を規律するルールの内容が大き
く変わってきます。そのため、NFTの取引にまつわる法律関係を正確に把握
していく上では、個々の取引が行われる場面における、取引段階や取引形態の
違いを明確に意識しつつ、それぞれに応じた理解を進めていくことが必要です。

　NFTの取引を段階別にみると、一次販売（NFT発行者とNFT購入者との取引）
と二次流通（一次販売以降の、NFT保有者間の取引）に大別できることから、
以下、それぞれについてみていきます。

（1）NFTの発行（一次販売）

　上記1.（2）で述べたように、NFTは、ウォレットを保有する者同士の間で
譲渡を行うことが可能な性質を有しています。そのため、NFTを発行する者は、
NFTの購入を希望する者との間で取引（NFT販売契約など[5]）を行うことで、
自己の発行するNFTを販売することになります。

　なお、この発行の局面については、実際にはさまざまなバリエーションがあ
り得るため、もう少し細かく整理します。NFT発行者がNFT購入者に対して
NFTを提供する方法としては、まず、NFT発行者のウォレット上にNFTをいっ
たん生成した上で、これをブロックチェーン上でNFT購入者のウォレットに

移転するという方法があります。他方で、上記の場合には、発行者ウォレットへの発行、購入者ウォレットへの移転、という2回のトランザクションが発生するため、それに伴うガス代の負担を節約するために、発行者ウォレットを介することなく、購入者ウォレットにNFTを直接生成するという方法が取られることもあります。このように、NFTの発行といっても複数の方法があり得るものの、この差異は、通常、NFT発行者とNFT購入者の間の法律関係に大きな影響を及ぼしません。そのため、本セクションでは、上記のいずれの方法によるかを区別せず、一次販売の時点において、NFT発行者が購入者ウォレットにNFTを付与する行為を「発行」ということとします。

　NFTの取引の際に用いられる取引形態を大別すると、①第三者であるプラットフォーム事業者が運営するNFTプラットフォーム（OpenSeaなど）上でNFTの取引を行う方法と、②こうした第三者が提供するNFTプラットフォームを利用することなく（例えばNFT発行者とNFT購入者の間で直接）NFTの取引を行う方法に分類することができます。そして、NFTの発行の場面において上記のうちのいずれの方法がとられるかは、一義的に決まっているものではなく、NFTの販売取引を行う当事者の選択（特に、NFT発行者がNFTの出品を行う際に第三者が提供するNFTプラットフォームを利用するか否か）によることとなります。

　たとえば、アーティスト個人が自らの制作したデジタルアートに関するNFTを発行するようなケースでは、通常、そうした個人はNFTやブロックチェーンに関する技術や知識を豊富に有してはいないことや、個人間における個別交渉などに伴うトラブル・事務負担などを減らす観点から、第三者が提供するNFTプラットフォームを利用して取引が行われるケース（①）が一般的です。また、個人よりも技術・知識が相対的に豊富な企業がNFTを発行する場合でも、下記3.（2）で述べるような取引形態ごとの性質を考慮して、個人と同様に、第三者が提供するNFTプラットフォームを通じてNFTを発行するケースがあります。

　ここで、アーティスト個人によるアートNFTの発行を一例として、NFTマーケットプレイスにおけるNFTの発行に関する一連の過程を法的に分析すると、NFTプラットフォームごとの相違はあるものの、一般的には表2のようになります。下記3.（2）（ア）で詳述するように、NFT発行者とNFT購入者は、プラットフォーム事業者が提供する利用規約に従うことになり、その取引も同規約の

表2　第三者が提供するNFTプラットフォームにおけるNFTの発行過程（アートNFTの販売を例として）

プロセス	内容
①アーティストによる NFT生成	アーティストは、プラットフォーム事業者との間の利用規約（のうち、特にNFT発行に関連する規定）に従って、アート作品をアップロードするなどの所定の手続を踏むことにより、同作品に紐づくNFTを生成する。これは、アーティスト自身のウォレット上に生成されることもあれば、サービス側が管理するウォレット上に生成されることもあるが、その管理責任の所在も利用規約次第となる。
②NFT購入希望者の 募集と決定	プラットフォーム上でNFT購入希望者が募集される。NFT購入希望者は、プラットフォーム事業者との間の利用規約に従って、所定の手続を踏むことにより、NFT購入の意思表示を行う。
③NFT販売契約 の成立	アーティストとNFT購入者との間で、NFTの販売に関する契約が成立する（オークションを経て購入者が決定されることもある）。④においてETHその他の暗号資産が対価とされる場合には、この契約は、NFTと暗号資産との交換契約と評価することができる。
④NFT販売契約に 基づく履行 （NFT発行）	NFT販売契約に基づき、(i) NFT購入者からアーティストに対し、NFT発行の対価の支払（典型的にはアーティストの指定アドレスへのETH等の暗号資産の移転によってブロックチェーン上で履行される）がなされ、(ii) アーティストからNFT購入者に対し、ブロックチェーン上でNFTの発行が行われる。その際、プラットフォーム事業者を含む関係当事者への手数料が利用規約に従い支払われるほか、ブロックチェーンによっては、ネットワーク上で取引を実行すること自体の手数料（イーサリアム・ブロックチェーンの場合、いわゆるガス代）が必要経費として差し引かれることとなる。
⑤アーティスト・ NFT保有者間の 法的関係の成立	NFT保有者がアート作品に関して何らかの利用権を有することを前提としたNFTの販売である場合、アーティストとNFT保有者の間で、NFT販売契約に基づき、著作権等に基づくライセンス権が設定される。ただし、アーティスト自身が細かな条件を取り決めてNFTを販売できるかどうかは、そもそもプラットフォーム次第となる。プラットフォームの利用規約その他プラットフォーム上の定めが明確にある場合には、それによって決定されることとなるが、そうでない場合には、アーティストが具体的な条件を提示し、NFT購入者がそれに同意したことを明確化できるかどうかによって、契約としての法的拘束力の有無が左右されることとなる。

影響を受けることとなります。

　これに対して、第三者が提供するNFTプラットフォームを利用しない形でNFTの取引を行うケース（②）としては、NFT発行者とNFT購入者が直接契約交渉をする場合のほか、例えば、NFT発行者である企業が、第三者が提供するNFTプラットフォームを利用せず、自社の提供するNFT販売サービスなどを通じて、ユーザーに対して当該サービスの利用規約に基づいてNFTを販売する場合があります。こうしたケースにおける発行過程については、大きな流れとしては表2と同様となるものの、NFT発行者とNFT購入者は、プラットフォーム事業者が提供する利用規約ではなく、両者の間における個別の合意（NFT発行者自身が販売サービスを提供する場合には、その利用規約やプラットフォーム上で提示される条件）に従うことになります。

　上記（1）ではNFT発行者によるNFT発行の場面についてみてきましたが、前述したNFTの性質上、NFTの保有者（NFT発行者から直接発行を受けた者に限られません）は、保有するNFTを第三者に移転することができます。そのため、NFTは、NFT発行者によりNFT購入者のウォレットに発行されて以降も、二次購入者や三次購入者へと、ブロックチェーンを通じて転々流通することがあります（本セクションでは、NFT購入者による購入後のNFTの移転取引を包括的に「二次流通」と呼称します）。

　NFTの二次流通の際に用いられる取引形態についても、発行の場合と同様に、①第三者が提供するNFTプラットフォーム上での取引と、②第三者が提供するNFTプラットフォームを利用しない形での取引に大別することができます。そして、そのNFTが一般的なパブリックチェーンで発行されている場合には、このうちいずれが用いられるかが当事者の選択にゆだねられることになる点も同様です。

（3）取引段階ごとの関連当事者

　以上で述べたような、あるNFTの発行（一次販売）と、その後の二次流通とを区別した場合における、それぞれの取引段階及び取引形態ごとに登場する関連当事者の一般的な関係図を示すと、図1のようになります。

　なお、あるNFTの流通において、各取引段階でどの取引形態が用いられたかは、それ以降の取引段階で用いられる取引形態とは直接関係しません。すなわち、あるNFTの発行が第三者が提供するNFTプラットフォームを利用せずに行われた場合でも、そのNFTの二次流通が第三者が提供するNFTプラットフォーム上で行われる可能性はありますし、その逆もまた然りです。また、図1では、第三者が提供するNFTプラットフォームの利用の有無という観点での区別を行うため、NFTプラットフォームの種類を区別せずに表現していますが、実際には、それぞれの取引段階で異なるNFTマーケットプレイスが利用されるケース（たとえばOpenSea上で発行されたNFTが、二次流通においてはRaribleを通じて取引される場合）もあります。

図1　NFTの取引における当事者の関係図

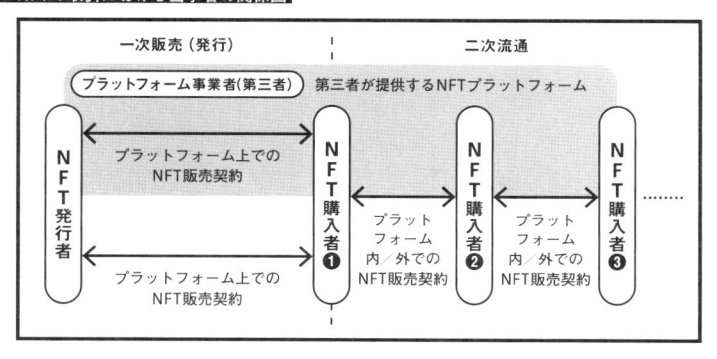

3. NFTの取引における法律関係

　それでは、以上でみてきたNFTの取引の「客体」（NFTの概念）及び「主体」（取引段階・取引形態ごとの関連当事者）を念頭においた上で、NFTの取引における法律関係について具体的に見ていきます。特に、NFTを発行しようとする者においては、こうした取引の「客体」や「主体」の差異から生じる法律関係を理解した上で、自らが希望する形でのNFTの発行（どのようなユーティリティを、誰に対して提供するのか）が実現できるような取引形態の選択や、取引内容の整理を行っていく必要があるでしょう[6]。

　結論を先に述べると、NFTの発行段階における取引形態ごとの特徴の差異は、一般に、表3のように考えることができます。NFT発行者は、こうした差異を念頭に、いずれの方法によりNFTを発行するかを検討することになります。

（1）NFTの取引における法律関係の決定

　前提として、NFTの取引における法律関係（取引の対象や条件など）は、法律上、何に基づいて決定されるのでしょうか。

　日常生活において一般的に行われている通常の取引（たとえば、現実世界におけるスーパーでの商品の購入や、ネット上でのデジタルコンテンツの購入等）の法律関係は、特別な法律の定めがない限り、契約自由の原則（民法521条）[7]に従い、法令や公序良俗に違反しない限りにおいて、当事者が合意した内容に基づいて形成されます。そして、「NFTの取引」の法律関係について正面か

表3　NFT発行段階における取引形態ごとの特徴

取引形態	特徴
第三者が提供する NFTプラットフォーム 上での発行	• NFTの売主・買主間の個別交渉などの事務負担を減らす観点から、NFTの取引をはじめとする利用条件・環境が技術仕様や利用規約の形であらかじめ定められている。そのため、NFTやブロックチェーンに関する特別な技術や知識がなくとも利用でき、そうした技術・知識のある者（企業など）にとっても、画一的な条件で簡便にNFTを発行できる点でメリットがある。 • 他方で、NFT発行者が利用規約の内容を超えてNFTの販売条件（ユーティリティの具体的内容など）を個別に定めたいと考えた場合でも、その販売条件に対するNFT購入者の同意を明確に取得できない（当該販売条件での合意が成立したとの主張が難しい）場合が多い。 • 二次流通も同一のNFTプラットフォームで（同一の利用規約に基づいて）行われる場合には、発行時の販売条件と同様の規律が二次流通にも及ぶことが期待できる。
第三者が提供する NFTプラットフォーム を利用しない形での発行	• プラットフォーム事業者による利用規約に縛られずに当事者間で取引内容を交渉・合意できることから、当事者のニーズに合う形で個別具体的な販売条件を決定できる。 • 特に企業が自社の特定のサービスに関連させる形でNFTを発行する場合などには、当該サービスとの関係性や、NFTに付帯する権利の内容、NFTの利用範囲の制限など、第三者が提供するNFTプラットフォームの利用規約には一般的に含まれていない内容を、NFTの販売条件に柔軟に盛り込むことが可能となる。 • 他方で、NFTが二次流通する場合には、原則として発行時の合意内容は二次流通以降のNFT保有者には及ばないこととなるため、上記の個別具体的な販売条件の決定の際には、そうした点も踏まえて検討を行う必要がある。

ら定める法律は、現在のところ存在しません。

　したがって、取引対象（NFTに加えてNFTに関連するユーティリティの提供を伴うのかや、提供されるユーティリティの内容など）や取引条件（販売価格やNFTの利用方法の制限、提供されるユーティリティに関する制約など）といった法律関係は、当該取引を行う当事者の間において、どのような内容の合意がなされたのかによって規律されることになります。そのため、NFTの法律関係を理解する上では、当事者間の合意内容を正確に把握することがポイントとなります。

■（2）NFTの発行の際の法律関係

（ア）第三者が提供するNFTプラットフォーム上での発行の場合

　NFT発行者でない事業者が提供するNFTプラットフォームにおいては、通常、NFTの売主・買主間の個別交渉などの事務負担を減らす観点から、プラットフォーム事業者によって、NFTの取引をはじめとする利用条件・環境が技術

仕様や利用規約の形であらかじめ定められています。

　そのため、そうしたプラットフォーム上でのNFTの発行が行われる場合には、表2で整理したように、NFT発行者（表2でいうアーティスト）は、プラットフォーム事業者が定めた利用規約に従う形で、NFTの購入希望者に対してNFTを販売する意思表示を行います（表2の①）。これに対し、NFT発行者と同じく当該プラットフォームの利用者であるNFTの購入希望者は、プラットフォーム事業者が定めた利用規約に従う形で、NFT発行者に対して当該NFTを購入する意思表示を行います（②）。これによって、NFT発行者とNFT購入者の間において、プラットフォーム事業者が定めた利用規約に従ってNFTの取引を行うという意思が合致することとなるため、その内容に沿う形でNFT販売契約が成立し（③）、その履行として実際にNFTが発行される（④）ことになります。当該合意の内容において、NFT購入者に対するNFTに関連する一定のユーティリティの提供が含まれるのであれば、それに従う形でユーティリティの提供も行われることとなります（⑤）。

　このように、第三者が提供するNFTプラットフォーム上でのNFTの発行の場面においては、NFT発行者及びNFT購入者がいずれも当該プラットフォームの利用者として、プラットフォーム事業者が定めた利用規約の内容に沿って意思を合致させ取引を成立させることから、NFTの発行に関する法律関係は、当該利用規約の内容（のうちNFT発行者及びNFT購入者の権利義務に関する規定）に従って画一的に形成されることとなります。こうした、法律関係が画一的に形成されるという特徴は、NFT発行者及びNFT購入者の間における個別交渉の煩雑さ（ひいては条件が整わないことによる契約の不成立）を回避し、特にNFT発行者においては、NFTの販売価格等の一定の条件のみを定めさえすればNFTを売り出すことができる点で、簡便な仕組みといえます。また、契約に基づく義務の履行の観点でも、プラットフォーム事業者が介在することにより、スムーズに行われることが期待できます。

　他方で、プラットフォーム事業者の利用規約は、当該プラットフォームを利用する取引全般に適用できるような一般的・抽象的な内容となっており、実際に取引が行われるインターフェース上でも、具体的な取引条件をカスタマイズできる余地はないか、限定的である場合が通常です。そのため、NFT発行者が、（NFT発行者及びNFT購入者が同意している）利用規約の内容を超えて、個別具体的な条件（NFTに特殊な利用制限を付したり、提供するユーティリティにつ

いて詳細な内容や条件等を設定したりするなど）を設定したいと考えた場合には、トークンの説明（ERC-721トークンの場合はメタデータ中のdescriptionフィールド）としてその旨を書き込むことはできても、当該販売条件に対するNFT購入者からの同意取得プロセスを明確に設けることは難しい（よって当該販売条件での合意が成立したとは主張し難い）場合があります。このような場合には、希望通りの条件での取引を実現できない場合があることになります。

（イ）第三者が提供するNFTプラットフォーム外での発行の場合

　これに対し、第三者が提供するNFTプラットフォームを利用しない場合においては、NFTの発行に関する契約は、NFT発行者とNFT購入者との間の個別の合意によって定まることになります。

　たとえば、個人であるNFT発行者と個人であるNFT購入者が、第三者が提供するNFTプラットフォームを介さずにNFT販売契約を直接締結する場合（アーティストが第三者に対してアートNFTを直に販売するような場合）においては、両者の間で契約交渉を行った上で、交渉の結果を契約書に落とし込み、その内容に基づいて合意を行う、などといったケースが考えられるでしょう。この場合には、両当事者の間における法律関係は、当該契約書の内容に基づいて形成されることとなります。

　他方で、企業が個人に対してNFTを発行する場合でも、これと同様に、個別に契約交渉を行った上で、契約書の作成を行うケースもあるでしょう。もっとも、企業が、自社のサービスを利用する多数のユーザーに対して、大量のNFTを画一的な条件で販売しようとする場合には、それぞれのユーザーとの間で個別の契約交渉を行うことは現実的ではありません。そのため、企業が第三者が提供するNFTプラットフォームを利用せずにNFTの発行を行う場合には、通常、自社が運営するNFTの販売サイトなどを利用する形で、ユーザーに対し、一定の販売条件や利用規約に同意することを条件としてNFTの販売を行うケースが一般的かと思われます。この場合、企業（NFT発行者）とユーザー（NFT購入者）の間の法律関係は、ユーザーが同意した販売条件や利用規約（のうちNFT発行者及びNFT購入者の権利義務に関する規定）の内容に基づいて形成されることとなります。なお、これは、NFT発行者とNFT購入者の法律関係が事前に定められた利用規約などに従う形で画一的に形成されるという点で、上記（ア）で解説した第三者が提供するNFTプラットフォーム上でのNFT発

行に類似していますが、当該利用規約などの内容を、プラットフォーム事業者ではなく、NFTの発行者が自ら定めることができるという点で異なります。これにより、企業においては、NFTと自社の提供するサービスとの関係性や、NFTに付帯する権利の内容、NFTの利用範囲の制限など、第三者が提供するNFTプラットフォームの利用規約には一般的に含まれていない個別具体的な内容を柔軟に盛り込み、法的に有効な契約内容とすることが可能となります。

（ウ）NFT発行段階におけるNFT（トークン）とユーティリティ

　上記（ア）や（イ）で述べたように、NFTの発行段階におけるNFT発行者とNFT購入者の間における法律関係は、①第三者が提供するNFTプラットフォーム上での取引であればプラットフォーム事業者による利用規約などに従う形で、②第三者が提供するNFTプラットフォームを利用しない形での取引であれば当事者の合意内容（個別の契約内容や企業による独自の利用規約など）に従う形でそれぞれ形成されます。

　それぞれのNFT販売契約の内容は、個々の利用規約や合意内容により、個別に異なります。NFT（トークン）そのものの販売（すなわち、発行の場面であれば、NFT発行者がNFT購入者に対してNFTを発行すること）は、さすがに契約内容に含まれるでしょうが、NFT保有者に対して提供されるユーティリティに関する権利関係はどのようになるのでしょうか。例えば、アートNFTの場合、NFT販売契約によってNFTが発行される際に、そのアートNFTが表章するデジタルアートに関する著作権が譲渡されるか否かや、ライセンスが付与されるか否かが問題となります。また、その他のNFTについても、NFTを購入した者がユーティリティの提供を受けるか否か、及び、そのユーティリティの内容は、当事者にとって重要な関心事となるでしょう。

　上記1.（4）で述べたように、NFT（トークン）とユーティリティ（権利）とは区別して考える必要があります。そして、「NFTの取引」の法律関係を特別に規律する法律は存在せず、NFTの移転とユーティリティの提供を受ける権利の移転とを「当然に」結びつける法律上の根拠はありません。そのため、ユーティリティの法律関係は、NFT（トークン）自体の法律関係とは個別に検討を行う必要があります。

　そして、上記（1）で述べたように、民法の原則によれば、契約当事者間における法律関係は、法令に違反しない限りにおいて、当事者が合意した内容に

基づいて形成されます。そのため、原則として、NFT発行者とNFT購入者の間の個別の合意により、NFT購入者に対してユーティリティを提供することや、提供されるユーティリティの内容を決定すること（例えば、アートNFTの購入者に対し、そのNFTが表章するデジタルアートの著作権を譲渡したり、デジタルアートに関する一定のライセンスを付与したりすること）は、法的には可能です。しかし逆に言えば、こうした内容の合意がなく、単にNFTが発行されただけでは、NFT購入者はユーティリティを得られないことになります[8]。

このように、NFT販売契約におけるユーティリティに関する法律関係は、NFT（トークン）に関する法律関係と異なり、取引当事者の合意内容により大きく異なり得るものです。その内容は千差万別ですが、例えば、デジタルコンテンツを表章するNFTの発行に際して、デジタルコンテンツの利用権を付与する場合には、非商業的利用のみを認めるもの、商業的利用も認めるもの、複製や展示など一部の利用方法のみを認めるものなどがあり得ます。なお、第三者が提供するNFTプラットフォームを利用して取引を行う場合、こうしたユーティリティの範囲がNFTプラットフォーム全体で一律に決まっているケースもあれば、NFTの発行者がNFTごとに個別に設定できるケースもあります。

■（3）NFTの二次流通の際の法律関係

次に、NFTの発行を受けたNFT購入者（や、それ以降の取引段階におけるNFT保有者ら）が、二次流通市場を通じて第三者に対してNFTを移転する場面における法律関係を見ていきます。

NFTの二次流通が行われる際には、NFTの販売者とNFT購入者（新たにNFTを保有することとなる者）との間でNFT販売契約が締結され、これらの者（二次流通の契約当事者）の間で法律関係が形成されます。

もっとも、NFTの二次流通の際に法律関係が問題となるのは、二次流通の契約当事者の間に限られません。すなわち、取引されるNFTに、保有者に対するユーティリティが付帯されている場合などにおいては、ユーティリティの提供主体（通常はNFT発行者）と新たなNFTの保有者との間における法律関係についても検討を行う必要があります。これをまとめると、図2のように整理できます。

このうち、二次流通の当事者間（図2におけるNFT購入者①・②間や、NFT購入者②・③間）における法律関係は、上記（1）及び（2）で述べたのと同

図2　NFTの二次流通の際の各当事者間の法律関係

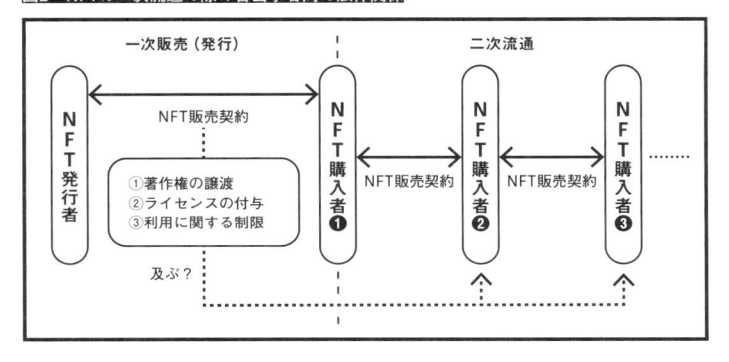

様に、当事者間の合意（二次流通時に用いられるNFTプラットフォームの利用規約など）に基づいて契約として形成されることになります。

　これに対して、NFT発行者と新たなNFTの保有者（NFT購入者②や③）との間には、NFT発行者が二次流通プラットフォームの運営者であるような場合を除き、直接の合意が存在しません。このような場合に、両者の間におけるユーティリティなどをめぐる法律関係は、どのように規律されるのでしょうか。以下では、ユーティリティのうち特に代表的なものとして、①NFTが表章するデジタルコンテンツの著作権及び②ライセンスに関する法律関係について解説します。また、実務上よく問題となる、③NFT発行者が付したNFTの利用制限やユーティリティの内容に対する制約が（直接のNFT購入者だけでなく）新たなNFTの保有者に対しても及ぶのかについても、併せて解説します。

（ア）デジタルコンテンツの著作権とライセンス

　まず、NFTの移転にあわせて著作権も移転するような例を考えてみましょう。NFT発行者がデジタルコンテンツの著作権者である場合、上記（2）（ウ）で述べたように、NFT発行者と直接のNFT購入者の合意により、「NFT（トークン）の取引によりNFT購入者にデジタルコンテンツの著作権を移転すること」自体は、法的には可能です。では、この著作権を、その後もNFTと同時に二次流通させることができるでしょうか。

　NFTの取引当事者たちが、NFTの移転によってのみ著作権を移転させることをみな了解しており、それ以外のアクションをとらないのであれば、それは

可能です。移転取引のたびに、NFTと著作権を同時に移転するという契約を結べばよいからです。しかし、著作権法上、著作権譲渡の方式自体を特定の方法に限定することはできないため（著作権法61条1項参照）、ここにリスクが生じます。NFT発行者が、直接のNFT購入者との間で「NFTの取引によって『のみ』著作権を移転できる」旨を合意していたとしても、ある時点でNFTと著作権の両方を持つNFT保有者が、NFTを持ったまま著作権だけを第三者に譲渡してしまった場合には、その著作権の移転自体は有効に確定してしまうということです。この場合には、NFTと著作権が別個に流通する状態となりますので、結果としてNFT発行者の期待には添わない状況となります。

　このような帰結を防ぐことは現行法上難しく、よって、NFTと著作権を一体的にとらえて移転させる仕組みには、克服しがたい難点があるように思われます。

　これに対し、NFT発行者が、（デジタルコンテンツの著作権自体を与えるのではなく）著作権に基づく一定のライセンス（利用権）を、NFTの保有を条件としてNFT保有者に与えるという方式であれば、ライセンシーとNFT保有者とを常に一致させることが可能となり、上記のような問題は生じません。実際にも、こうした方式でNFT保有者に対して一定のライセンスを与える事例は多く存在しています。

　この方法であれば、NFT発行者は、自己と直接の契約関係のない新たなNFT保有者との関係においても、NFTとデジタルコンテンツのライセンスが常に一体的に流通していく関係性を構築できるため、いわば「ライセンス付きNFT」という形で付加価値のあるユーティリティトークンを発行していくことが可能になります（ただし利用条件を細かく定めようとすると、次の（ウ）で述べる難点も生じます）。

（ウ）NFTの利用制限やユーティリティの内容に対する制約

　NFT発行者は、NFTの利用制限（NFTに関する一定の行為の禁止や二次流通における販売方法の制限などを含みます）やユーティリティの内容に対する制約をNFT販売契約に盛り込む（合意の内容とする）ことで、直接のNFT購入者に対し、こうした制限や制約を課すことが可能です。よく見られる例としては、企業がユーザーに対して自社のNFT販売ページ等でNFTを販売する際に、ユーザーに同意させる利用規約や販売条件に一定の制限や制約を含めるケース

があります。

　ここでよく問題となるのは、NFT発行者が、直接のNFT購入者以外に、二次流通以降で登場する新たなNFT保有者に対しても、こうした制限や制約を主張できるか、という点です。この点について、上記（2）（ウ）で述べたように、民法の原則からすれば、NFT発行者と新たなNFT保有者との間において合意した内容があれば、それに基づいて両者の法律関係が形成されることになり、逆に合意がない限りは、両者の間における法律関係は原則として形成されないことになります。

　そして、NFT発行者が提供するプライベートチェーン上でのみ取引されるNFTであればともかく[9]、パブリックチェーン上で取引されるNFTについては、NFT発行者において、（直接のNFT購入者以外の）新たなNFT保有者に対し、自己との合意を求める（自らが提供する利用規約や販売条件への同意取得プロセスを用意する）ことは実務上困難といえます。

　したがって、NFT発行者（のうち、特に、第三者が提供するNFTプラットフォームを利用せずにNFTを発行する者）は、直接のNFT購入者以外に対してはNFTの利用制限やユーティリティの内容に対する制約を当然に及ぼせるわけではないことを前提に、これらの制限や制約の内容について考える必要があるでしょう。実務上は、①ユーティリティの内容として特定の自社サービスの利用が伴う場合には、当該利用に際して一定の規約を提示し同意を得る方法や、②著作権に基づきライセンスを行う場合には、許諾の内容自体に条件を付すことにより、当該条件に違反する行為はライセンスの範囲外である（よって著作権侵害となる）ように許諾条件を組み立てる方法が試みられています。

　上記1.では、NFTを大きく「デジタルコンテンツを表章するだけのNFT」と「ユーティリティNFT」の2種類に区別しました。もっとも、必ずしもこの2種類に分類されない（デジタルコンテンツとも、ユーティリティとも関連しない）NFTも存在します。また、ひとくちにユーティリティNFTといっても、個々のNFTが有するユーティリティは様々です。このように、NFTについては、具体的な分類や区別の基準は存在しておらず、NFTの種類はいくらでも細分化の余地のあるものですが、ここでは、参考として、その中でも実務で取り扱われることの多いものについて取り上げたいと思います。

　例えば、「ユーティリティNFT」の中でも、特にデジタルコンテンツに関連して多く用いられるものとしては、いわゆるライセンス付きトークンが挙げられます。これは、上記3.（3）（ア）及び（イ）で述べた理由から、著作権そのものではなくライセンスをNFTに付帯させる方がNFT発行者（アーティストなど）の期待に添いやすいために、よく活用されています。また、企業が発行するユーティリティNFTには、自社のサービス（ゲーム内アイテムの利用権利、イベントへの参加権利または宿泊施設への宿泊権利など）に関連するNFTのほかに、有価証券が付帯されたいわゆる「セキュリティトークン」が存在します。セキュリティトークンについては、セクション3（P.272）で詳述します。

　また、ユーティリティの有無とは別の区別として、「ダイナミックNFT」や「ソウルバウンドトークン（SBT）」といった種類のNFTも存在しています。ダイナミックNFTとは、発行後に外部情報の変化に合わせてメタデータが更新される仕組みを有するNFTです。この仕組みをユーティリティNFTに活用する（ダイナミックNFTの性質を持つユーティリティNFTを発行する）ことで、チケットのような単発の利用権を与えるものにとどまらず、スタンプカードやポイントカードのように、所定の行動（商品購入など）を一定回数行うことを条件としてユーティリティ（クーポンなど）を与える、といった仕組みを1つのNFTを通じて実現することが可能になります。また、ソウルバウンドトークン（SBT）[10]は、個人のウォレットに紐づけられ譲渡が不可能なトークンであり、身分証明書のように、保有者（正確にいうと当該SBTの紐づいたウォレット）の属人的な事実を証明するためのいわゆる事実証明トークンとしての活用が期待されるものです。

コラム2 ～デジタル所有権～

　2021年のNFTブームの際には、特にアート分野での利用が盛んに行われ、NFTの保有によってデジタルアートの「所有」が証明されるのだ、これは「デジタル所有権」を実現するものだ、といった説明がされたことがありました。しかし、この説明は不正確です。よくある誤解として、前著『NFTの教科書』では丁寧に解説しましたが、本書でも改めて若干の解説をしておきたいと思います。

　そもそも、デジタルコンテンツを含むデジタルデータは、法的な意味での「所有権」の対象とはなりません。民法は、所有権の対象となり得るのは「有体物」のみ、つまり、姿かたちがあるもののみと定めており、無体物（姿かたちのないもの）であるデータは所有権の対象とならないためです。所有権があれば、その占有を奪われたら所有権に基づく返還請求権を行使することができますが、NFTにはこれに対応する類似の権利があるわけではなく、たとえばNFTを勝手に移転されてしまっても、その返還請求権を当然に行使できるわけではありません。

　したがって、NFTの保有（より正確には、当該トークンが保管されているアドレス（ウォレット）に対応する秘密鍵の保持）という事実は、NFTやデジタルコンテンツを法的に「所有」していることを意味しておらず、「デジタル所有権」といった表現は不正確であるといわざるを得ません。さらに言えば、本文で述べたように、NFT保有者が得られるユーティリティは千差万別であり、プロジェクトによっては、（所有権どころか）デジタルコンテンツの利用権すらない場合もあり得ます。NFTや「デジタル所有権」といった言葉のイメージに惑わされず、何が取引されているのかを見極めることが重要です。

1 こうしたビットコインなどの代替性のあるトークンは、Fungible Token（FT）と呼ばれます。

2 ERC（Ethereum Request for Comments）とは、イーサリアム・ブロックチェーン上の開発に関する技術的な共通規格提案であり、ERC-20やERC-721など一部のものは、デファクト・スタンダード（事実上の標準）として、イーサリアム互換の他のブロックチェーンを含め広く用いられています。

3 通常、デジタルアート作品等のデジタルコンテンツ（のデータ）自体が直接ブロックチェーン上に記録されることはありません。これは、ブロックチェーン上に大きなデータを記録することが現実的ではないためです（分散型ストレージであるIPFSを利用するなど、何らかの形でブロックチェーン外にコンテンツのデータを保管することとなります）。そのため、小さなドット絵がNFT化の対象であるなど、コンテンツ自体をトークンの内容として記録することが可能であるような例外的な場合を除いて、NFTとデジタルコンテンツは一体化しないこととなります。そして、このように両者が一致しないときにこそ、デジタルコンテンツとNFTとをどう関連付けるか（NFTの取引を通じてデジタルコンテンツを取引しているといえる法的な状況をどう創出するか）が、いわゆる「NFT化」やその後の法律関係を明確化するうえで問題となります。

4 前著『NFTの教科書』の本セクションでは、「アートNFT」（NFTそれ自体）と「NFTアート」（デジタルコンテンツ）という用語で整理を試みました。しかし、NFTが表章するデジタルコンテンツはもはやデジタルアートに限られないこと、デジタルコンテンツとこれに関するユーティリティについても区別の必要があることに鑑みて、本書では用語を少し変え、より明確に区別することとしました。

5 本セクションでは一般によく見られるケースとしてNFTの販売契約を念頭においていますが、当事者間の合意次第ではNFTの無償譲渡をはじめ、販売以外の方法による譲渡も有効に行い得ます。例えば、企業が一定の条件を満たした顧客に対して、特段の対価を伴わずにNFTを提供することもあります（いわゆるエアドロップ）。

6 当然ながら、NFTを購入しようとする者においても、そのNFTの購入

によって（トークンそれ自体にとどまらず）自己の望むユーティリティが得られるかについては、個々の取引内容を吟味する必要があります。

7 　企業（事業者）と個人との間の取引については、消費者契約法に基づき一定の条項が無効化されるなど、消費者保護の観点から契約自由の原則に対する若干の例外が設けられています。

8 　こうした理由から、本文1.⑴で述べた従来型のNFTなどの場合においては、NFT販売契約上でユーティリティの提供（著作権の譲渡やライセンスの付与）が定められていないことにより、何のユーティリティも伴わないNFTが発行されていることとなります。

9 　この場合、二次流通以降のNFT保有者も含め、プライベートチェーンの利用者であることが前提となるため、NFT発行者は、各NFT保有者に対し、プライベートチェーンの利用規約への同意を義務付けることが可能となります。また、同様の理由から、ユーティリティの使用がNFT発行者の提供する所定のサービスの利用を前提とする場合には、NFT発行者は、当該サービスの利用規約への同意を通じて、NFT保有者に対してもユーティリティの内容に制約を課すことが可能となります。

10 　SBTのコンセプトについては、Ethereumの創始者であるVitalik Buterin氏らが公表した"Decentralized Society: Finding Web3's Soul"（2022年5月）参照。
https://papers.ssrn.com/sol3/papers.cfm?abstract_id=4105763

3

NFTの法律・会計・税務

❰ NFTと金融規制 ❱

NFT、トークンの金融規制は
どのように適用されるのか

仮想通貨（暗号資産）と共通することも多いNFT。こうしたトークンに関しては、資金決済法に基づく暗号資産交換業規制をはじめとする各種の金融規制が適用され、これらの規制がどのように適用され得るのかが問題となる。JCBA NFT部会法律顧問である、弁護士の長瀬威志が解説する。

Author

弁護士・ニューヨーク州弁護士（アンダーソン・毛利・友常法律事務所外国法共同事業）
長瀬威志　Nagase Takeshi

金融庁総務企画局企業開示課に出向した後、国内大手証券会社法務に2年間出向。金融庁出向中は主に開示規制に関する法令・ガイドラインの改正等に携わり、証券会社出向中は各種ファイナンス案件、Fintech案件へのアドバイスに従事。当事務所復帰後は、暗号資産交換業・デジタル証券、電子マネー決済等のFintech案件を中心に取り扱うとともに、国内外の金融機関に対するアドバイスを提供。日本暗号資産ビジネス協会NFT部会法律顧問、同協会ユースケース部会法律顧問。

1.　NFTと金融規制法上の分類

　セクション2で述べたとおり、NFTでは、ひとつひとつのトークンが固有の値を持ち、他のトークンと区別できるという特徴を利用して、本来、無料かつ容易にコピーできるデジタルコンテンツを表章させ、デジタルコンテンツに希少性を持たせ、ブロックチェーン上で取引できるようにしています。NFTに限らず、ブロックチェーン上で発行されるトークンの機能や当該トークンに表章される権利はさまざまであり、たとえば、決済手段としての経済的機能を有し、ブロックチェーン等のネットワークを通じて不特定の者との間で移転可能な仕組みを有しているトークンであれば、暗号資産として資金決済に関する法律（以下「資金決済法」といいます）で規制される可能性が高いと考えられます。また、トークンに株式や社債、ファンド持ち分などに係る権利を表章した

ものは、有価証券として金融商品取引法（以下「金商法」といいます）で規制される可能性があります。

　このように、NFTを含むトークンの金融規制上の法的分類を行う場合、当該トークンの機能や当該NFTに表章される権利内容等を踏まえて個別具体的に検討する必要があります。概要、以下のフローチャートのように整理することができます。

図1　NFTを含むトークンの金融規制上の法的分類フローチャート

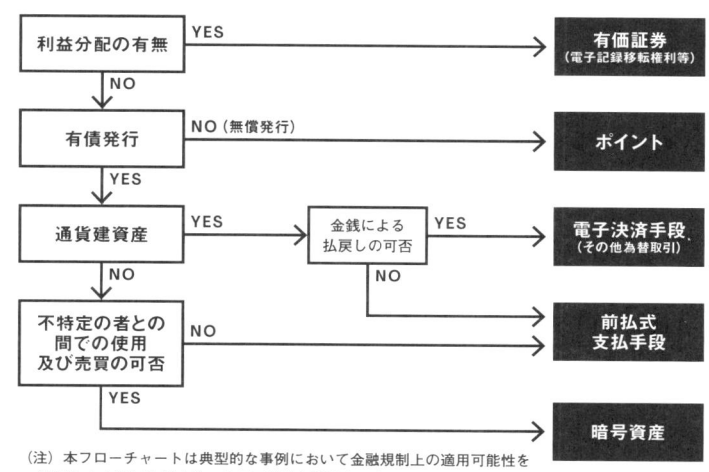

（注）本フローチャートは典型的な事例において金融規制上の適用可能性を整理したものにとどまり、他の可能性を排除するものではありません。

2.　暗号資産に関する法的規制

（1）　暗号資産の定義

　暗号資産（資金決済法2条14項）とは、以下の(ⅰ)〜(ⅲ)の要件をすべて満たすもの（以下「1号暗号資産」といいます）、または、不特定の者との間で、1号暗号資産と相互に交換できるものであって、(ⅱ)及び(ⅲ)の要件を満たすもの（以下「2号暗号資産」といいます）をいいます（ただし、後述する電子記録移転権利を表章するものは除外されます）。

> （ⅰ）物品等・役務提供の代価の弁済として不特定の者に対して使用でき、かつ不特定の者との間で購入・売却をすることができること
>
> （ⅱ）電子的に記録された財産的価値であって、電子情報処理組織を用いて移転することができること
>
> （ⅲ）本邦通貨及び外国通貨、通貨建資産並びに電子決済手段（通貨建資産に該当するものを除く）に該当しないこと

NFTは、1号暗号資産であるBitcoin（ビットコイン）やETH（イーサ）などと同様、ブロックチェーン上で発行されるトークンであり、イーサその他の暗号資産と交換ができることから、1号暗号資産または2号暗号資産に該当しないかが問題となります。

この点、暗号資産の要件である「代価の弁済のために不特定の者に対して使用することができる」か否かに関して、2023年3月24日に改正された金融庁「事務ガイドライン（第三分冊：金融会社関係）」（16 暗号資産交換業者関係）（以下「暗号資産ガイドライン」といいます）I-1-1①（注）によれば、以下の基準で判断することとされています。なお、2号暗号資産該当性の判断基準である「1号暗号資産と同等の決済手段等の経済的機能」の有無についても、暗号資産ガイドラインI-1-1①（注）が同様に当てはまることとされており、同様の基準で判断することとされています（暗号資産ガイドラインI-1-1③（注））。

《暗号資産ガイドラインI-1-1①》

> （注）以下のイ及びロを充足するなど、社会通念上、法定通貨や暗号資産を用いて購入又は売却を行うことができる、物品等にとどまると考えられるものについては、「代価の弁済のために不特定の者に対して使用することができる」ものという要件は満たさない。ただし、イ及びロを充足する場合であっても、法定通貨や暗号資産を用いて購入又は売却を行うことができる物品等にとどまらず、現に小売業者の実店舗・ECサイトやアプリにおいて、物品等の購入の代価の弁済のために使用されているなど、不特定の者に対する代価の弁済として使用される実態がある場合には、同要件を満たす場合があることに留意する。

　暗号資産ガイドラインI-1-1①（注）第1文のとおり、イおよびロ双方を充足
するなど、トークンが「社会通念上、法定通貨や暗号資産を用いて購入又は売
却を行うことができる、物品等にとどまると考えられるもの」については、「代
価の弁済のために不特定の者に対して使用することができる」とはいえず、暗
号資産に該当しないこととされています。そして、このイおよびロについては、
金融庁令和5年（2023年）3月24日付『「事務ガイドライン（第三分冊：金融
会社関係）」の一部改正（案）の公表に対するパブリックコメントの結果等に
ついて』（以下「本パブコメ回答」といいます）により更なる具体化が図られ
ています。すなわち、NFTを含むトークンについて、①利用規約等により決
済手段としての利用を禁止するとともに、②当該トークンの発行上限を（分割
可能性を考慮の上）100万個以下に設定したり、または最小取引単価を1000
円以上に設定したりすることにより、「社会通念上、法定通貨や暗号資産を用
いて購入又は売却を行うことができる、物品等にとどまる」といえる場合には、
基本的に暗号資産に該当しないと考えられます。ただし、イおよびロはあくま
で例示であり、イおよびロ双方を充足する場合であっても、不特定の者に対す
る代価の弁済として使用される実態がある場合には暗号資産に該当すると評価
される可能性があります。また、イおよびロを充足しないからといって直ちに

暗号資産に該当するわけではなく、個別具体的な判断の結果、暗号資産に該当しない場合もありうるとされていることに注意が必要です。

(2) NFTと暗号資産該当性

　以上のとおり、暗号資産ガイドラインおよび本パブコメ回答に基づき、NFTを含むトークンについて、①利用規約等により決済手段としての利用を禁止するとともに、②当該トークンの発行上限を（分割可能性を考慮の上）100万個以下に設定したり、または最小取引単価を1000円以上に設定したりすることにより、「社会通念上、法定通貨や暗号資産を用いて購入又は売却を行うことができる、物品等にとどまる」といえる場合には、基本的に暗号資産に該当しないこととなります。これにより、たとえば、ゲームキャラクターやゲームアイテムをNFTに表章し、当該NFTを使ってゲームをプレイすると最終的に法的通貨に交換可能なトークンを獲得できる新しいタイプのゲームである「ブロックチェーンゲーム」において、同種のゲームアイテム等のデジタルコンテンツを表章するNFTを複数枚発行・販売する場合に、どのような設計であれば暗号資産に該当しないか、予測可能性が向上しているといえます。

　ただし、前記のとおり、イおよびロはあくまで例示であり、イおよびロ双方を充足する場合であっても、不特定の者に対する代価の弁済として使用される実態がある場合には暗号資産に該当すると評価される可能性があることには留意が必要です。

3. 前払式支払手段

　暗号資産と前払式支払手段は、いずれも物品・役務提供の代価の弁済に使用することができる点で共通しますが、暗号資産は「不特定の者」に対して使用することができるのに対し、前払式支払手段は、発行者や加盟店等の特定の者に対してしか使用することができないという点で異なります。前払式支払手段とは、以下の(i)〜(iii)の要件を全て満たすものをいいます（資金決済法3条1項各号）。

〈前払式支払手段の要件〉

> (ⅰ) 金額等の財産的価値が記載又は記録されること（価値の保存）
>
> (ⅱ) 金額又は数量等に応ずる対価を得て発行される証票等、番号、記号その他の符号であること（対価発行）
>
> (ⅲ) 発行者又は発行者の指定する者に対する代価の弁済に使用することができるもの（権利行使）

　また、後述する電子決済手段と前払式支払手段とは、前者は金銭による払戻しが可能である一方、後者は原則として金銭による払い戻しが禁止されている（同法20条2項）点で異なります。

　トークンが前払式支払手段に該当する場合、当該トークンを支払い手段として使用することができる範囲によって、自家型前払式支払手段（同法3条4項）または第三者型前払式支払手段（同条5項）の2種類に分類されます。

■(1) 自家型前払式支払手段

　自家型前払式支払手段とは、発行者または当該発行者と密接な関係を有する者（発行者等）から物品の購入もしくは借り受けを行い、もしくは役務の提供を受ける場合に限り、これらの代価の弁済のために使用することができる前払式支払手段または発行者等に対してのみ物品の給付もしくは役務の提供を請求することができる前払式支払手段をいいます（資金決済法3条4項）。

　自家型前払式支払手段は、前払式支払手段の利用対象である商品・サービスが発行者等の提供するものに限られており、第三者型前払式支払手段と異なり、加盟店と利用者との間の資金決済を担うわけではないため、登録等の参入規制

図2　自家型前払式支払手段の構造

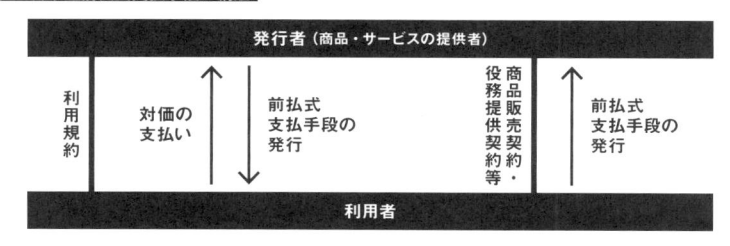

は設けられていません。自家型前払式支払手段の発行者は、原則として毎年3月末日又は9月末日の基準日における発行済み未使用残高が1000万円を超えるときに財務（支）局長に対する届け出が必要となります（同法5条1項）。

（2）第三者型前払式支払手段

　第三者型前払式支払手段とは、自家型前払式支払手段以外の前払式支払手段をいいます（資金決済法3条5項）。第三者型前払式支払手段は、発行者が利用者から前払いされた金銭を商品・サービスの提供者である加盟店に支払うという形で、利用者と加盟店との間の取引についての資金決済を行う仕組みとなっており、自家型前払式支払手段と比べて広範囲で高い金融機能を担っています。発行者以外にも支払手段として使用することができる第三者型前払式支払手段の発行者は、原則として、所管の財務（支）局長の登録を受ける必要があります（同法7条）。

図3　第三者型前払式支払手段の構造

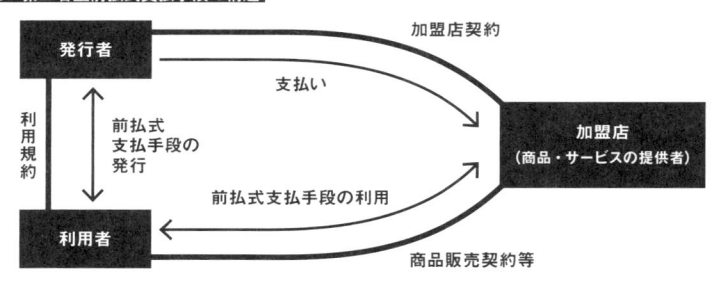

（3）前払式支払手段に該当しないもの

　金融庁事務ガイドライン（第三分冊：金融会社関係）「5 前払式支払手段発行者関係ガイドライン」I−1−1（1）によれば、以下の一定の類型については、定義上、前払式支払手段の要件を満たさず、前払式支払手段に該当しないこととされています。

　①「日銀券」、「収入印紙」、「郵便切手」、「証紙」等法律によってそれ自体が価値物としての効力を与えられているもの

② 「ゴルフ会員権証」、「テニス会員権証」等各種会員権（証拠証券としての性格を有するものに限る。）

③ 「トレーディング・スタンプ等」商行為として購入する者への販売であり、当該業者が消費者への転売を予定していないもの

④ 磁気カード又はICカード等を利用したPOS型カード

⑤ 本人であることを確認する手段等で、証票等または番号、記号その他の符号自体には価値が存在せず、かつ、証票、電子機器その他のものに記録された財産的価値と結びつきがないもの

⑥ 証票等又は番号、記号その他の符号のうち、証票等に記載若しくは記録され又はサーバに記録された財産的価値が証票等又は番号、記号その他の符号の使用に応じて減少するものではないもの

（4）前払式支払手段の適用除外

　資金決済法上の前払式支払手段は、(i)価値の保存、(ii)対価発行、(iii)権利行使の3要件を満たすものをいいますが、これらの要件を充足する場合であっても、以下の前払式支払手段については、前払式支払手段に係る規制の適用が除外されます（資金決済法4条各号）。

① 乗車券、入場券等（同条1号）

② 発行の日から政令で定める一定の期間内に限り使用できる前払式支払手段（同条2号）

③ 国又は地方公共団体が発行する前払式支払手段（同条3号）

④ 特別の法律に基づき設定された法人等が発行する証票等（同条4号）

⑤ 専ら発行する者（密接関係者を含む）の従業員に対して発行される自家型前払式手段（専ら当該従業員が使用することとされているものに限る）、健康保険組合員向け等の証票等（同条5号）

⑥ 割賦販売法又は旅行業法の規定に基づき前受金の保全措置が既にとられている取引に係る証票等（同条6号）

⑦ 利用者のために商行為となる取引のみに使用される証票等（同条7号）

（5）NFTと前払式支払手段該当性

　NFT保有者が当該NFTと引き換えに現実資産を利用し、または取得できる

とする場合、前払式支払手段として資金決済法の規制対象となる可能性があります。例えば、有償で販売されるNFTと引き換えに所定の回数に限りホテルの部屋が利用できるというサービスや、NFTと引き換えに所定の本数のウイスキーを得られるサービスにおいては、これらのNFTに所定の回数のホテル利用権や所定の本数のウイスキーに係る財産的価値が記録されており（価値の保存）、当該数量等に応ずる対価を得て有償で発行され（対価発行）、当該NFTの発行者に対する代価の弁済に使用することができる（権利行使）のであれば、当該NFTは前払式支払手段に該当すると考えられます。

4. 電子決済手段その他為替取引

(1) 電子決済手段の定義

　いわゆるステーブルコインとは、一般的には、特定の資産と関連して価値の安定を目的とするデジタルアセットで分散台帳技術（いわゆるブロックチェーン、またはこれと類似の技術）を用いているものをいいます。

　日本では、これまで法律上は特にステーブルコインに対応する定義等は存在しませんでしたが、ステーブルコインのうち、法定通貨の価値と連動した価格（例：1コイン＝1円）で発行され、発行価格と同額で償還を約するもの（およびこれに準ずるもの）（以下「デジタルマネー類似型ステーブルコイン」といいます）について、送金・決済の手段として規律するため、2022年6月3日に「安定的かつ効率的な資金決済制度の構築を図るための資金決済に関する法律等の一部を改正する法律」（以下「本改正法」といいます）が成立し、2023年6月1日より施行されました。本改正法により、デジタルマネー類似型ステーブルコインに対応するものとして「電子決済手段」という概念が導入され、資金決済法2条5項において下記のとおり定義されました。

> （ⅰ）物品等を購入し、若しくは借り受け、又は役務の提供を受ける場合に、これらの代価の弁済のために不特定の者に対して使用することができ、かつ、不特定の者を相手方として購入及び売却を行うことができる財産的価値（電子機器その他の物に電子的方法により記録されている通貨建資産に限り、有価証券、電子記録債権、前払式支払手段その他これらに類するものとして内閣府令で定めるもの（流通性その他の事情を勘案して内閣府令で定めるものを

除く。）を除く。(ii)において同じ。）であって、電子情報処理組織を用いて移転することができるもの（以下「1号電子決済手段」といいます）

(ⅲ) 不特定の者を相手方として(i)に掲げるものと相互に交換を行うことができる財産的価値であって、電子情報処理組織を用いて移転することができるもの（以下「2号電子決済手段」といいます）

(ⅲ) 特定信託受益権（電子的に記録・移転される信託受益権であって、受託者が信託財産たる金銭の全額を預貯金により管理するものであること等の内閣府令で定める要件を充たすもの）（以下「3号電子決済手段」といいます）

(ⅳ)(i)から(ⅲ)に掲げるものに準ずるものとして内閣府令で定めるもの

　1号電子決済手段の定義は、1号暗号資産の定義（資金決済法2条14項1号）と類似していますが、通貨建て資産であることが求められている点で異なります。また、通貨建て資産に該当するとしても、有価証券、電子記録債権、前払式支払手段及びこれらに類するものとして内閣府令で定めるものについては、原則として、1号電子決済手段の定義から除外されます。もっとも、例外的に、「流通性その他の事情を勘案して内閣府令で定めるもの」については、1号電子決済手段から除外されないこととなります。

図4　電子決済手段の類型

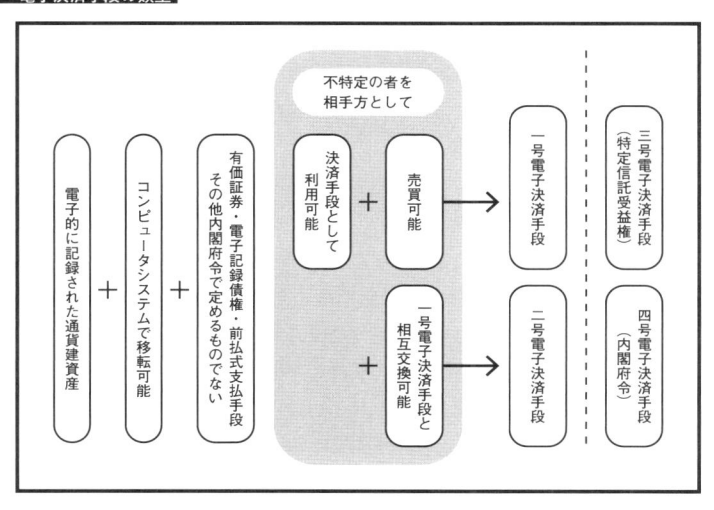

2号電子決済手段の定義も2号暗号資産の定義（同法2条14項2号）と類似しており、不特定の者を相手方として1号電子決済手段と相互に交換可能なトークンが2号電子決済手段に該当します。なお、2号電子決済手段に該当するためには、通貨建て資産である財産的価値であることが必要であり、1号電子決済手段との交換が可能な暗号資産はこれに該当しない（暗号資産として規制される）こととなります。

■(2) 電子決済手段の発行者に対する規制（為替取引の定義）■

　銀行法は、「為替取引」を営業として行うことを「銀行業」の一類型として定めており（銀行法2条2項2号）、また、資金決済法は、銀行等以外の者が「為替取引」を業として行うことを「資金移動業」として定義しています（資金決済法2条2項）。銀行法や資金決済法、その他の法令においても「為替取引」は定義されていませんが、最高裁判所は、「為替取引」の意義について、「顧客から、隔地者間で直接現金を輸送せずに資金を移動する仕組みを利用して資金を移動することを内容とする依頼を受けて、これを引き受けること、またはこれを引き受けて遂行することをいう」と判示しています（最決平成13年3月12日刑集55巻2号97頁）。

　この点について、電子決済手段は、法定通貨建ての財産的価値である必要があり、当該電子決済手段を発行・償還することによって、直接現金を輸送することなく隔地者間で資金の授受をすることができることとなるため、電子決済手段の発行・償還行為は「為替取引」に該当します。したがって、電子決済手段を発行・償還するためには、原則として銀行業免許または資金移動業登録を受ける必要があります。

　なお、本改正法においては、特定信託受益権も電子決済手段として位置付けられ（3号電子決済手段）、信託会社も発行者となることができるよう改正されています。すなわち、特定信託受益権の発行による為替取引を「特定信託為替取引」（資金決済法2条28項）と定義した上で、資金移動業のうち特定信託為替取引のみを業として営むことを「特定資金移動業」（同法36条の2第4項）と定義しています。そして、所定の要件を充足する信託会社は、資金移動業を行うために必要な登録を要せず、届け出を行うことで特定資金移動業、つまり、3号電子決済手段である特定信託受益権の発行業務を行うことができるようになりました（同法37条の2第1項、3項）。

電子決済手段に該当するデジタルマネー類似型ステーブルコインの発行体以外の業者が利用者からステーブルコインの預託を受けて管理し、当該利用者と他の利用者の間のステーブルコインの移転を行うものについては、当該業者は金銭の払い戻しを行うものではなく、当該業者の関与が為替取引に該当するか否かが明確ではありませんでした。そこで、本改正法は、電子決済手段の発行者と利用者との間に立ち、電子決済手段の転々流通に関与する行為を「電子決済手段等取引業」（資金決済法2条10項）と定義付け、このような行為に新たに規制を課すこととしています。

「電子決済手段等取引業」として規制される行為は、以下のとおりです（同条10項）。

(i) 電子決済手段の売買又は他の電子決済手段との交換

(ii) (i)に掲げる行為の媒介、取次ぎ又は代理

(iii) 他人のために電子決済手段の管理をすること（その内容等を勘案し、利用者の保護に欠けるおそれが少ないものとして内閣府令で定めるものを除く。）

(iv) 資金移動業者の委託を受けて、当該資金移動業者に代わって利用者（当該資金移動業者との間で為替取引を継続的に又は反復して行うことを内容とする契約を締結している者に限る。）との間で次に掲げる事項のいずれかを電子情報処理組織を使用する方法により行うことについて合意をし、かつ、当該合意に基づき為替取引に関する債務に係る債権の額を増加させ、又は減少させること

  イ　当該契約に基づき資金を移動させ、当該資金の額に相当する為替取引に関する債務に係る債権の額を減少させること

  ロ　為替取引により受け取った資金の額に相当する為替取引に関する債務に係る債権の額を増加させること

このうち、(i)から(iii)までは、暗号資産交換業の定義（同法2条15項）における1号、2号、4号に対応するものです。他方、(iv)は、電子決済手段等取引業に特有の行為類型として規定されています。電子決済手段等取引業者が、資金移動業者との契約関係に基づいてその代理権を有していることを前提に、利用者

との間で、利用者アカウント間で資金の移動を行うことを合意し、その結果として生ずる資金移動業者との関係での未達債務の増減の効果を当該代理権に基づいて生じさせるものとして規定されています。

電子決済手段等取引業を営む場合には、登録を受ける必要があります（同法62条の3）。

また、電子決済手段等取引業者として登録を受けた業者は、資金決済法に基づき、情報の安全管理義務、委託先管理義務、利用者保護義務等の規制の対象となります。

■（4）NFTと電子決済手段その他為替取引該当性

デジタルトレーディングカードやゲームキャラクターなどのデジタルコンテンツを表章するNFTは、通常、価格が変動することが想定され、通貨建て資産に該当せず、電子決済手段には該当しないことが一般的と思われます。

もっとも、例えば、ユーザー間で法定通貨を用いてNFTを取引することが可能なNFTプラットフォームを構築し、NFTの自由な送付や法定通貨との換金などを認める場合、当該NFTを利用して隔地者間で直接現金を輸送せずに資金を移動する仕組みを構築していると評価される可能性があります。このようなNFTプラットフォームを構築する場合には、NFTの取引を通じた資金の移動が為替取引に該当しないか、別途検討が必要となります。

5. ポイント

■（1）ポイントの意義

ポイントとは、一般に、商品を購入した際または役務の提供を受けたときに無償で付与され、次回以降の買い物等の際に代価の弁済の一部に充当することができるものをいい、商品や提供されるサービスの金額に応じて一定の割合に応じたポイントが付与されるものや、来場や利用回数ごとに一定数のポイントが発行されるものなど多種多様に存在します。ポイントの意義について、資金決済法その他の法律において規定されてはいません。

ポイントは、通常、商品等の購入にあわせて無償で付与されるものであることから、前払式支払手段の要件である「金額または数量等に応ずる対価を得て発行される証票等、番号、記号その他の符号であること」（対価発行）の要件

図5　ポイントサービスの概要

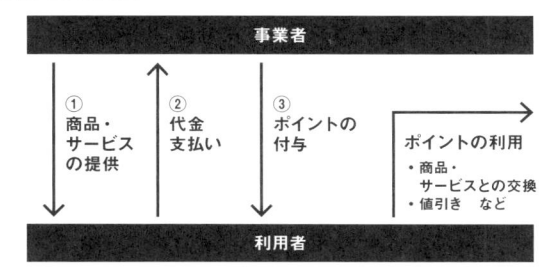

を満たさず、特段の金融規制の対象とはならないと考えられます。ただし、ポイント交換などにより、利用者から商品券やプリペイドカードなどの前払式支払手段と引き換えにポイントを発行する場合は、もともと現金や暗号資産等によって購入された前払式支払手段に経済的な価値があるため、付与されるポイントは対価を得て発行されたものとして、前払式支払手段に該当すると考えられます。

　また、ポイントは、通常、当該ポイントの発行者及びその加盟店等の特定の者に対してのみ使用することができるため、「不特定の者」に対する使用可能性を欠き、1号暗号資産には該当しないものと考えられます。ただし、ポイントとして発行したトークンが、ブロックチェーン上で不特定の者との間で1号暗号資産であるビットコインやイーサなどと相互に交換することができる場合は、2号暗号資産に該当する可能性があることに注意が必要です。

（2）景品表示法上の規制

　前記のとおり、ポイントとして発行されるトークンについては、基本的には金融規制は適用されません。もっとも、当該トークンがマーケティングの一環として付与されるなど、事業者の提供するサービスまたは取引に付随して提供される場合、景品表示法上の景品類の提供に関する規制に抵触しないかが問題となります。

　たとえば、ブロックチェーンゲームなどでは、ブロックチェーンゲームのサービスを提供する事業者が新規ユーザーの獲得やアクティブユーザー数を増加させる目的で、一定の条件を満たしたユーザーに対して、NFT化されたキャラクターや武器などを無料で配布するなどのキャンペーンを実施されることが

あります。このようにキャンペーンの一環としてNFTを無償でユーザーに対して提供する場合は、景品類の提供に関するルールを定める景品表示法の適用の有無について検討する必要があります。

　この点については、次のパートで詳細に整理されていますので、そちらをご覧ください。

■(3) NFTの場合

　NFTは、一定の対価を支払って購入するものが通常であり、無償で発行するケースは多くはないと思われますが、別途提供する商品またはサービスの「おまけ」としてNFTを提供したり、事業者が提供するサービス等に誘引する目的で無償付与したりする場合、ポイントに該当するかが問題となります。また、無償で付与するNFTが景品表示法上の「景品類」に該当し、過大な景品類の提供に該当しないかについても慎重な検討が必要となります。

6．有価証券

■(1) デジタル証券に対する規制の概要

　金商法上、2条1項では紙である証券が発行される有価証券が定められており、同条2項では、通常、証券が発行されない有価証券が定められています。そして、2019年5月31日に成立した「情報通信技術の進展に伴う金融取引の多様化に対応するための資金決済に関する法律等の一部を改正する法律」に基づく金融商品取引法に係る改正法（2020年5月1日施行）により、「電子記録移転有価証券表示権利等」及び「電子記録移転権利」という概念が設けられ、従来から定められていた有価証券に表示される権利をブロックチェーン上で発行されるトークンに表示したデジタル証券の一部について、追加的な規制が導入されました（金商法2条3項柱書）。従来から有価証券をペーパーレス化する取り組み自体は行われているものの、ブロックチェーンという新たな技術を用いて有価証券をトークン化することには、以下のメリットがあると考えられています。

《デジタル証券を発行するメリット》

　①ブロックチェーンの管理者なしに取引可能であるという性質上、24時間365

日取引が可能となり、流通性が向上する

②スマートコントラクト[3]の利用による、証券発行から償還までの監理の自動化
及び管理コストの軽減

③ブロックチェーンを利用したセカンダリ市場の創設による金融商品の多様化

■（2）デジタル証券の定義

（ア）電子記録移転有価証券表示権利等の定義

「電子記録移転有価証券表示権利等」とは、金商法2条2項（同項各号に限定
されない）の規定により有価証券とみなされる権利のうち「電子情報処理組織
を用いて移転することができる財産的価値（電子機器その他の物に電子的方法
により記録されるものに限る。）に表示される」ものをいい、トークンに表示
される有価証券は「電子記録移転有価証券表示権利等」（金融商品取引業等に
関する内閣府令（以下「金商業等府令」といいます）1条4項17号）に該当し
ます。その内容は以下のとおりであり、後述の電子記録移転権利を含む概念と
して定められています。

〈電子記録移転有価証券表示権利等の内容〉

①トークンに表示される有価証券等表示権利

※「有価証券等表示権利」とは、株券、社債券、投資信託受益証券その他所
定の一項有価証券に表示される権利であって、紙媒体の有価証券が発行され
ないものをいいます。

②トークンに表示される特定電子記録債権

※現状は対応する政令の規定が定められておらず、該当するものなし

③電子記録移転権利

④トークンに表示されているが適用除外により電子記録移転権利から除かれる
もの（以下「適用除外電子記録移転権利」といいます）[4]

金商法上、上記の①〜③はいずれも一項有価証券として取り扱われますが、
④は二項有価証券として取り扱われます。したがって、④については、有価証
券投資事業権利等[5]に該当しない限り開示規制は適用されず、また、有価証券

投資事業権利等に該当する場合であっても、権利の保有者が500名以上となるまでは開示規制は適用されません。

（イ）電子記録移転権利の定義

電子記録移転権利とは、「金商法2条2項各号に掲げる権利（いわゆるみなし有価証券）」のうち「電子情報処理組織を用いて移転することができる財産的価値（電子機器その他の物に電子的方法により記録されるものに限る。）に表示される」ものと定義されていますが、「流通性その他の事情を勘案して内閣府令で定めるもの」は除外されており（金商法2条3項柱書）、従来通り、二項有価証券として取り扱われます（適用除外電子記録移転権利）。

金商法上、電子記録移転権利に該当する場合は、原則として開示規制の適用を受けない二項有価証券ではなく、より厳格な開示規制及び業規制が適用される一項有価証券として取り扱われることとなります（同項柱書）。これは、電子記録移転権利がトークン化されることに伴い、事実上、一般に高い流通性を有するという性質に注目し、同様に高い流通性を有する一項有価証券と同水準の開示規制を課すこととしたものと考えられます。もっとも、株券や社債券といった従来の一項有価証券をトークンに表示させたもの（以下「トークン表示型第一項有価証券」といいます）については、もとより一項有価証券としての性質を有する以上、トークンに表示されるとしても、一項有価証券として金商法上の開示規制が適用されます。

以上の通り、電子記録移転権利とトークン表示型第一項有価証券の関係を整理すると、下記の図6の通りとなります。

図6　デジタル証券の分類

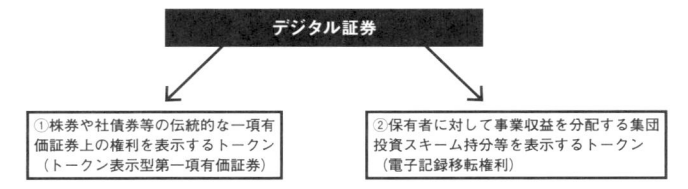

(ア) 発行開示

　トークン表示型第一項有価証券に関する開示規制は、基本的には改正前の一般的な一項有価証券と同様ですので、ここでは電子記録移転権利について特に整理していきます。

　電子記録移転権利が開示規制の適用対象とされることにより（金商法3条3号ロ）、下記の①・②いずれかの「募集」の要件に該当する場合は、電子記録移転権利の発行者は、原則として発行開示を行う必要があります。

〘募集の要件〙

> ①50名以上の者（適格機関投資家私募の要件を満たした有価証券を取得する適格機関投資家を除く）を相手方として有価証券の取得勧誘を行う場合
>
> ②①の場合のほか、適格機関投資家私募、特定投資家私募および少人数私募のいずれにも該当しない場合

　具体的には、電子記録移転権利の発行者は、その発行にあたり、有価証券届出書を提出し（金商法4条1項、5条1項）、目論見書を作成することが義務付け

図7　電子記録移転権利の「募集」に係る開示規制等

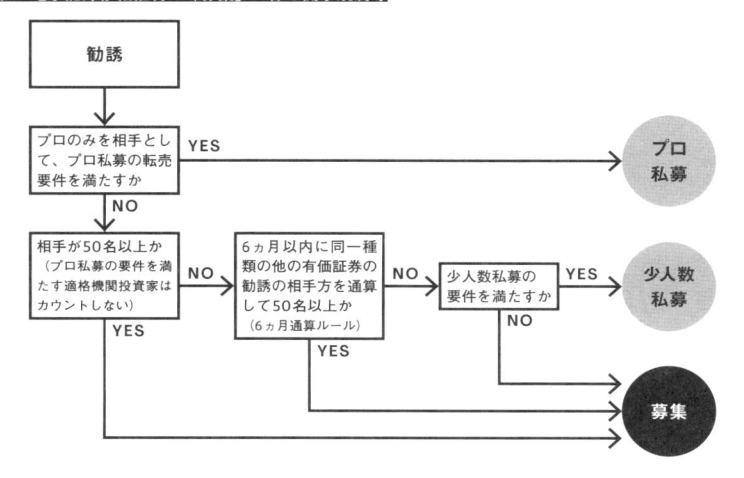

られ（金商法13条1項）、電子記録移転権利を募集または売り出しにより取得させ、又は売り付ける者は、あらかじめまたは同時に目論見書を交付しなければなりません（金商法15条2項）。以上の電子記録移転権利の募集に係る発行開示規制等の概要については、図7の通りです。

（イ）継続開示

　電子記録移転権利の発行・募集を私募[6]により実施した等の事情により、電子記録移転権利の募集につき有価証券届出書を提出しなかった発行者であっても、その後いずれかの事業年度末日における電子記録移転権利の所有者の数が政令で定める数以上となった場合には、少なくともその事業年度を含めて5年間は有価証券報告書及び半期報告書を提出する義務が生ずることに注意が必要です（金商法24条1項4号）。

【（4）デジタル証券に対する業規制】
（ア）取扱業者に対する業規制

　トークンが電子記録移転権利に該当し、一項有価証券として取り扱われる場合、業としてその売買等や募集の取り扱い等を行うためには、第一種金融商品取引業の登録を受ける必要があり（金商法28条1項1号、29条）、金商法上、二項有価証券として取り扱われる適用除外電子記録移転権利の売買や募集の取り扱い等を行う場合は、第二種金融商品取引業者の登録が必要となります（金商法29条、28条2項2号）。これに加え、既に登録を受けている金融商品取引業者が、新たに電子記録移転権利を取り扱おうとする場合には、変更登録を受ける必要があります（金商法31条4項）。

　また、いわゆる投資型クラウドファンディングについて、集団投資スキーム持ち分はこれまで第二種少額電子募集取扱業務の対象とされていましたが（金商法29条の4の3）、電子記録移転権利に該当する集団投資スキーム持ち分は第一種少額電子募集取扱業務の対象とされています（金商法29条の4の2）[7]。ただし、いわゆるクラウドファンディングの方法による電子記録移転権利の募集の取り扱いまたは私募の取り扱いのみを行う場合には、第一種少額電子募集取扱業務を行うものとしてその登録要件が一定程度軽減されています[8]。

（イ）自己募集に係る業規制

　電子記録移転権利の発行者自身がその募集または私募を行う場合、原則として第二種金融商品取引業の登録を受けることが必要となります（金商法29条、28条2項1号、2条8項7号ヘ・ト、金融商品取引法施行令（以下「金商法施行令」といいます）1条の9の2第2号）[9]。ただし、当該発行者が適格機関投資家等特例業務の届け出を行った場合は、第二種金融商品取引業の登録を受ける必要はありません（金商法63条1項・2項、金商業等府令234条の2第1項3号）。電子記録移転権利に適用される開示規制、業規制の概要は図8・表1のとおりとなります。

図8　電子記録移転権利に適用される規制の概要

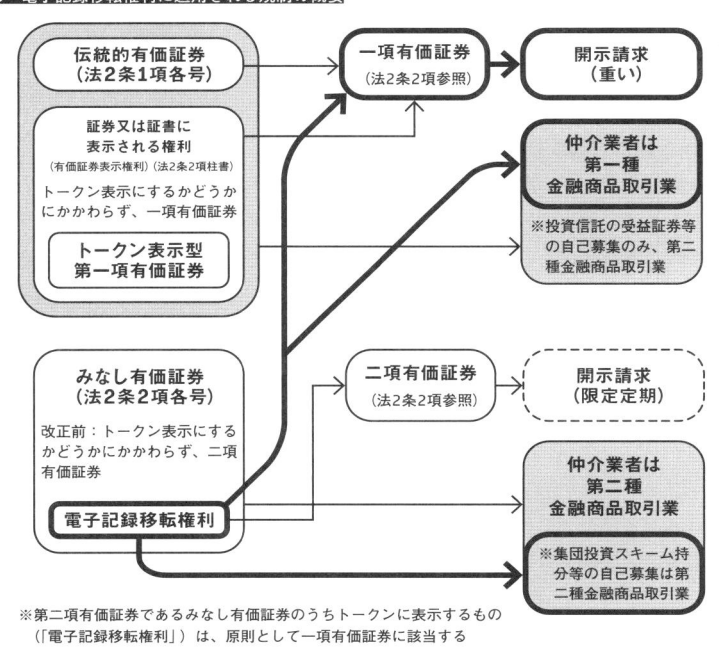

※第二項有価証券であるみなし有価証券のうちトークンに表示するもの
　（「電子記録移転権利」）は、原則として一項有価証券に該当する

表1　金商法における開示規制・業規制の概要[10]

	一項有価証券			二項有価証券	
各証券の性質	トークン化されていない一項有価証券	トークン表示型第一項有価証券	電子記録移転権利	電子記録移転権利から除外されるトークン表示権利	トークン化されていない二項有価証券
発行者の開示義務	50名以上の一般投資家への勧誘＋発行額1億円以上の場合に義務あり			500名以上の投資家の保有＋発行額1億円以上＋出資金の50%超を有価証券に投資する場合に義務あり	
自己募集に二種業登録を求める有価証券	投資信託など一部のファンド型証券のみに限定（株式や社債は対象外）			現行の集団投資スキーム持分等に加え、合同会社の社員権等を含む	集団投資スキーム持分・商品ファンド持分のみ
適格機関投資家特例業務	不可			利用可	
募集の仲介	一種金商業	一種金商業（変更登録が必要）		二種金商業（変更登録が必要）	二種金商業
	※クラウドファンディング制度の利用可				
業としての売買	一種金商業	一種金商業（変更登録が必要）		二種金商業（変更登録が必要）	二種金商業
募集・売買時に勧誘できる投資家の範囲	非上場株式等について自主規制で制限	自主規制による制限		一定の投資家に制限（個人：投資性金融資産＋暗号資産残高1億円以上）＋自主規制による制限	制限なし

（5）NFTと有価証券該当性

　前記のとおり、電子記録移転権利は、その保有者に対して事業収益の配分が行われる金商法上の有価証券であることから、決済手段の1つとして位置づけられ、資金決済法で規制される暗号資産や前払式支払手段等とは大きく異なるものといえます。

　現状、NFTはデジタルトレーディングカードやゲームキャラクターなどのデジタルコンテンツを表章するものが一般的であり、NFTが電子記録移転権利に該当するケースは多くはないと思われます。もっとも、たとえば仮想空間上のデジタルな不動産にアクセスする権利をNFTに表章し、当該仮想不動産上で行われる事業活動から得られる収益を当該NFT保有者に対して分配する仕組みを構築する場合などにおいては、当該NFTが電子記録移転権利その他の有価証券に該当しないか、個別の検討が必要となるものと考えられます。

7．海外（米国）におけるNFTに関する法規制

　以上のとおり、日本ではNFTそれ自体は法律で定義されていないものの、暗号資産ガイドラインにおいて暗号資産の要件である「代価の弁済のために不特定の者に対して使用することができる」か否かの解釈が明確化されたことな

どから、NFTの金融規制上の位置づけは明確になってきているといえます。たとえば、NFTが単にデジタルアートを閲覧できる権利や音楽を視聴できる権利と結びついているにとどまり、利用規約等で決済手段としての利用を禁止し、その発行数量も100万個以下で最小取引単価も1,000円以上であるなど決済手段性が限定的で、当該NFT購入者に対して収益の分配など特定の権利を与えるものではない場合、通常は暗号資産または金商法上の有価証券などには該当せず、金融規制の対象となるものではありません。

これに対して、海外、特に米国におけるNFTの金融規制上の位置づけは依然として不明確な状況が続いています。米国証券取引委員会（U.S. Securities and Exchange Commission。以下「SEC」といいます）は、NFTの一部は「Howey Test」に基づき証券として扱われる可能性を示唆しており、その規制の適用範囲は広範かつ曖昧な部分が残されています。Howey Testとは、米国証券規制上の証券の一つである「投資契約」（investment contracts）に該当するかを判定するための基準であり、「もっぱら他者の努力から得られる利益のために共同の事業に資金を投資すること」と定義され、以下の4つの要件すべてを充足することが必要となります。

〈Howey Testの要件〉

①investment of money（資金の投資）
②investment of money is in a common enterprise（共同事業への出資）
③an expectation of profits from the investment（収益への期待）
④any profit comes from the efforts of a promoter or third party（他者の努力から派生する利益）

実際に、米国ではNFT関連のプロジェクトが証券規制違反に問われた事例も出ています。たとえば、SECは、2023年8月28日、ロサンジェルスを拠点としてメディア・娯楽関連事業を営むImpact Theory, LLC（以下「インパクト社」といいます）が、2021年10月から12月にかけて行った、3つのランクを設けた「Founder's Keys」と称するNFT（以下「Key NFT」といいます）の販売（総額約3,000万ドル）は、無登録の証券募集であったとして排除措置命令を発出するための行政手続を開始し、インパクト社はKey NFTの販売

によって得た収益の没収や民事制裁金の支払いに同意して和解したことが発表されています[11]。

この事例では、インパクト社が、Discordを通じてKey NFTを紹介するライブイベントを開催・配信するとともに、自社が「次のディズニーになろうとしている」("trying to build the next Disney")と強調するなどして、Key NFTの潜在的な購入者に向けて、インパクト社の努力が実を結べば購入者は利益を得られるというメッセージを伝えようとした行為等を踏まえて、SECは、インパクト社によるKey NFTの募集・販売は、Howey Testに基づき投資契約に該当する、と判断しています。

一方で、このようなSECの判断に対して、SECのヘスター・ピアース委員およびマーク・ウエダ委員は、ブランドを確立し転売価値を高めるという漠然とした約束とともに時計や絵画、収集品を販売する人々に対してSECが執行措置を講じることはないのではないか、として、Key NFTを安易に証券だと認定することへの懸念を表明しています[12]。

このように、米国におけるNFTに係る証券規制の適用範囲は非常に広範かつ不明確さも残っているため、NFTビジネスに取り組もうとする事業者は、証券規制の対象となるか否かについて不透明な状況に直面しています。これに対して、日本では、既存の法制度及びガイドライン等に基づきNFTの金融規制上の法的分類が進んでおり、海外と比較して金融規制上の位置づけは明確といえます。

特に国境を越えたサービスを提供しようとする事業者にとって、法規制の明確さは重要な問題であり、今後、さらに日本市場でのNFTの発行・取引が増加していくことが期待されます。

1　「一般的に最小取引単位当たりの価格が高額であるほど通常の決済手段として用いられる蓋然性が小さいと考えられ、例えば1000円以上のものについては「最小取引単位当たりの価格が通常の決済手段として用いるものとしては高額」なものであると考えられます」とされています（本パブコメ回答No.16以下参照）。

2　「一般的に発行数量を最小取引単位で除した数量（分割可能性を踏まえた発行数量）が少ないほど通常の決済手段として用いられる蓋然性が小さい

と考えられ、たとえば100万個以下である場合には、「限定的」といえると考えられます」とされています（本パブコメ回答No.20以下参照）。

3　スマートコントラクトとは、「コントラクト」（契約）というものの、それ自体が契約ではなく、事前に定められた任意のルールに従ってデジタルな資産を自動的に移転するシステムをいいます（木下信行「スマートコントラクトについて」（NBL No.1110（2017.11.15））5頁）。

4　金融商品取引法第二条に規定する定義に関する内閣府令9条の2第1項各号に該当するものをいいます。

5　金商法3条3項により開示義務の対象となるものであって電子記録移転権利以外のものを有価証券投資事業権利等といいます。

6　私募とは、取得勧誘であって有価証券の募集に該当しないものをいい、具体的には、①50人未満の投資家を対象とするもの（少人数私募）、②一定の要件を満たして特定投資家のみを相手方として行うもの（特定投資家私募）、③適格機関投資家のみを相手方として行うもの（適格機関投資家私募）のいずれかを指します。

7　第一種金融商品取引業者が新たに電子記録移転権利を取り扱おうとする場合、変更登録の手続きが必要となります（金商法31条4項、29条の2第1項第8号）。

8　電子記録移転権利の発行価額の総額が1億円未満であること、電子記録移転権利を取得する者が払い込む額が50万円以下であることという制限が課せられます（金商法29条の4の2第10項、金商法施行令15条の10の3）。

9　第二種金融商品取引業者が新たに電子記録移転権利の自己募集を行おうとする場合、変更登録の手続きが必要となります（金商法31条4項、29条の2第1項第8号）。

10　（出典）河合健ら編著「暗号資産・デジタル証券法」（2020年、商事法務）192頁

11　SEC Release "SEC Charges LA-Based Media and Entertainment Co. Impact Theory for Unregistered Offering of NFTs", Aug. 28, 2023

12　SEC Statement "NFTs & the SEC: Statement on Impact Theory, LLC", Aug. 28, 2023

4

NFTの法律・会計・税務

【 賭博該当性と景品類規制 】

ブロックチェーンゲーム等でリスクを生みやすい法的論点とは

NFTにまつわる多種多様な論点のうち、特にブロックチェーンゲームやトレーディングカードサービスで問題となりやすい賭博該当性と景品類規制。近年公表されている事業者団体のガイドラインの内容も紹介しつつ、本書編著者である増田雅史らが解説する。

Author

弁護士（森・濱田松本法律事務所）、一橋大学特任教授
増田雅史
Masuda Masafumi

IT全般の法務に広く精通し、金融庁にて常勤の専門官としてブロックチェーン関連の法改正を担当。AI・web3・メタバース分野では官公庁をはじめ多くの会議体に関与し、著作・講演多数。JOGAアドバイザー、BCCCアドバイザー、JCBA顧問（NFT部会・ブロックチェーンゲーム部会）、自民党web3PT有識者メンバーとして、数々の政策提言や自主規制策定に参画。本書の共同編集代表。

弁護士
（森・濱田松本法律事務所）
門田航希
Kadota Kouki

慶應義塾大学法学部卒。賭博罪・景品類規制をはじめとするブロックチェーンゲームの法的諸問題に関する法律相談を中心的に取り扱う。また、NFTの提供・販売に関するプラットフォームサービスや、メタバースを活用したサービス等への法的助言も行う。

1. NFTと賭博罪

　NFTサービスのうち、特にブロックチェーンゲームやトレーディングカードサービスでは、その仕組み上、入手できるアイテム、キャラクターやゲーム内通貨を、外部のマーケットで他の暗号資産やお金に変えることができます。このように運・不運やプレーの巧拙が経済的な成果に結びつき得る構造は、ギャンブル的な側面があるため、刑法で禁止される賭博に当たるのではないかと指摘されることがあります。詳しく見ていきましょう。

　刑法上の賭博に関する罪（刑法185条、186条）とは、2人以上の者が、偶然の勝敗により財物や財産上の利益の得喪を争う行為を規制対象とする犯罪です[1]。伝統的には、賭けマージャン、賭け将棋、さいころ賭博、野球賭博など、対面で行われる、金銭などを賭け合う行為が賭博罪の規制を受けてきました[2]。

　しかし、賭博罪は、現実空間で（対面で）行われるものであるか否かや、賭けの対象が金銭その他の有体物であるか否かを問わず、上記の要件に該当する行為を広く規制対象としています[3]。そのため、オンライン上で行われるNFTを用いたビジネスでも検討課題となります。

　たとえば、ブロックチェーンゲームにおいて、消費者に対し、ゲームのキャラクターなどを表章するNFTをランダム形式で（いわゆる「ガチャ」の方法により）有償販売する場合には、賭博罪が成立する余地があります。また、消費者に対し、有償で購入させたNFTやゲーム内アイテムを消費させ、ランダムに生成される新しいNFTを取得させるサービス（いわゆる「合成」や「ミント」）や、参加費を徴収してゲーム大会を開催し、優勝者にNFTや賞金を与えるというサービスについても、賭博罪の成否を検討する必要があります。

　このように、有償で（すなわち、金銭や暗号資産、あるいはこれらを消費して購入したNFTやアイテムなどと引き換えに）提供されるサービスであって、その結果（NFTが取得できるか否かや、取得できるNFTの内容など）が偶然性を用いて決定されるものは、基本的に賭博該当性のリスクをはらんでいるといえます。

　加えて、サービス運営会社自らが賭博行為の主体とならない（賭けに参加しない）場合であっても、ユーザーに対して賭博行為の場を提供する場合には、賭博場開張等図利罪（刑法186条2項）が成立する可能性があります。そのため、運営会社自身が賭けに参加しないとしても、運営会社により提供された場においてユーザーが賭博行為を行うか否かを検討する必要があります。

　以下では、賭博罪の成立要件を説明しつつ、それらとNFTを利用したサービスとの関係について解説していきます。

■(2) 賭博罪の成立要件

　刑法185条は、賭博罪について、以下のように定めています。

刑法185条

　賭博をした者は、五十万円以下の罰金又は科料に処する。ただし、一時の娯楽
に供する物を賭けたにとどまるときは、この限りでない。

　上記のように、刑法は、賭博罪の規制対象行為として「賭博」を挙げつつも、
その具体的内容については触れていません。また、刑法を所管する法務省や、
執行機関である警察庁においても、同条の解釈や適用について公的なガイドラ
インなどを公表していません。

　もっとも、一般には、「賭博」とは、①「偶然」の事情に関して②「財物」
を賭け、その③勝敗を争う（「得喪を争う」）ことをいうものと考えられてい
ます[4]。そして、勝敗を争う行為を規制することから、本罪は2人以上の者に
よる必要的共犯となります（ランダムにNFTが排出されるプログラムを制作
した者が、独りでそれを利用する行為には、賭博罪が成立しないということで
す）。

　以下では、これらの要件と、実際のNFTを利用したサービスとの関係性に
ついて、それぞれ具体的に見ていきます。

(ア)「偶然」の事情に係る勝敗

「賭博」の成立要件の一つである「偶然」とは、当事者において予見できず、
または自由に支配し得ない状態をいい、また、主観的に不確定であることで足
りるものと考えられています[5]。すなわち、結果が完全に偶然性によって決ま
る場合に限らず、当事者の能力（ゲームプレイの技量など）が結果に影響を及
ぼす場合であっても、勝敗が単に技量の巧拙により決まらず偶然の事情の影響
を受けることがあるような場合には、「偶然」性が肯定されます。

　具体的には、いわゆる「ガチャ」のように、ユーザーが取得できるNFTの
内容が完全にランダムに決定するような場合には「偶然」性が肯定されます。
これに加え、ユーザーのゲームプレイの技量により影響を受ける結果に応じて
賞品（NFTなど）の提供の有無や内容が決定されるような場合（例えば、所
定のクエストのクリア報酬や大会の入賞賞品など）についても、当該結果が

ゲームプレイの技量のみではなく多少なりとも偶然性の影響を受ける（その日のユーザーのコンディションや対戦相手との相性などによって勝敗の結果が変わり得る）ものであれば、ガチャと同様に、「偶然」の事情に係るものであるという要件を充たすこととなります。いわゆる完全情報ゲームである囲碁についても、賭け囲碁の賭博該当性を肯定した判例がありますので[6]、「技量のみで決まるので偶然性がない」と整理するのはかなり困難ということになります。

　他方で、ガチャの仕組みを取らない通常のNFTの販売（内容が確定している特定のNFTを特定の価格で販売する形式）や、オークション形式によるNFTの販売であれば、購入者に対して購入対象となるNFTの内容や取引条件があらかじめ明らかにされており、購入者による経済的利益の消費の後にNFTの内容や取引条件がランダムに変化することは通常ないと考えられます。また、クエストをクリアできたか否かや大会の成績に関わらず、参加者全員に対して同種・同量のNFTを参加賞のような形で一律に提供する（結果に応じる形での賞品の提供はしない）ような場合にも、通常は、ランダム性は介在しないといえます。こうした場合には、取引過程に「偶然」性は介在せず、賭博罪は成立しないことになります。

（イ）「財物」性

「財物」とは、必ずしも金銭その他の有体物に限られるものではなく、広く財産上の利益であればこれに当たると考えられています。金銭や暗号資産は財産上の利益として「財物」に該当するため、ユーザーがこれらを対価として、ランダム形式でNFTを取得するという構図は、偶然の事情に関して「財物」を賭ける行為に該当し得るものとなります。

　ブロックチェーン上のデータであって有体物ではないNFTも、財産上の利益に該当する場合には、「財物」性が肯定されます。そして、ブロックチェーンゲームで提供されるNFT（キャラクターなどを表章するNFT）は、ユーザーにとって一定の利用価値（ゲーム内でのユーティリティなど）のあるものとして所定の金額（ガチャ代金など）と引き換えに購入されるものであり、また、通常は二次流通を通じて換金が可能でもあることからすると、多くの場合には、財産上の利益である（「財物」に該当する）と評価される可能性が高いものと考えられます。そのため、NFTを対価として消費するような場合もまた、「財物」を賭ける行為と評価され得ることとなります。

(ウ)「得喪を争う」行為

「得喪を争う行為」とは、勝者が財物を得て、敗者がこれを失うことを意味します。NFTも財物に当たり得ることは前記のとおりですので、例えば有償ガチャにおいて、ユーザーが対価として支払った金銭や暗号資産等の経済的利益の価値を上回る価値や下回る価値のNFTが提供される可能性がある場合、ユーザーが財物を得たり失ったりすることとなります。この場合、当該ガチャの販売及び購入は、「得喪を争う行為」に該当することとなるものと考えられます。

他方で、実際に提供されるサービスの内容・実態に照らして、ユーザーが常に対価として支払ったもの以上の価値を有するNFTを取得しているといえるような場合には、ユーザーが経済的な観点で損をしていない（よって「得喪を争う」関係性がない）と整理できそうです。例えば、いわゆる『一番くじ』のような「外れなし」を謳うくじ引きサービスの一部は、こうした考え方で提供されているものと思われます。ただし、実際に提供しているNFTの価値が対価（ガチャの代金）の価値以上であるといえるかについては、当該ガチャから実際に提供されるNFTの種類ごとの差異をはじめ、個別具体的なサービスの内容・実態に即して、客観的な検討を行う必要があるでしょう。

なお、上記の有償ガチャのような、ユーザーが一定の対価を支払って（有償で）NFTを取得するようなケースに対して、ユーザーが経済的負担を一切負わずにNFTを取得するようなケース（無償ガチャなど）では、ユーザーは常に得をしており、損をすることはないと考えられます。ただし、ガチャ自体が無償でも、実質的に見て、ユーザーがガチャの実施に向けて何らかの経済的な負担を負っている場合には、それも加味してユーザーに得喪が生じるかを判断する必要がある点には注意が必要です。

(エ)「一時の娯楽に供する物」

上記の各要件を充たす行為を行う場合でも、「一時の娯楽に供する物を賭けたにとどまる」と評価できる場合には、その程度の軽微性や社会的相当性が認められ、賭博罪によって処罰されないこととされます。この「一時の娯楽に供する物」とは、一般には、その場で直ちに費消する茶菓や食事等がこれに当たるとされ、他方で金銭については、それが少額であったとしても「一時の娯楽に供する物」には該当しないとするのが従来の判例[7]の考え方です。そのため、

金銭や暗号資産などを対価として行われる有償ガチャなどについては、「一時の娯楽に供する物」を賭けたにとどまるとの考え方は通常はとりにくいものと思われます。

（3）賭博罪の要件に関する事業者団体によるガイドライン

　上記（2）で述べたように、法務省や警察庁は、賭博該当性に関するガイドラインを公表していません。他方で、NFTを用いたビジネスの賭博該当性については、ブロックチェーンゲーム業界をはじめ、NFTビジネスに関する法律実務上の課題として民間レベルでの検討が進められた結果、事業者団体による自主的なガイドラインの制定・公表が行われてきています。

　事業者団体によるガイドラインは、規制当局による監修などを経ているものではなく、規制当局が同じ解釈や運用をすることが保証されるものではありません。もっとも、こうしたガイドラインは、一定の法的な整理・検討の結果として慎重に定められたものであり、かつ、各事業者団体に属する複数の事業者において同様の考え方・運用がとられ実務慣行が形成される（またはそれが見込まれる）という点で一定の意義を有するものであり、各事業者が法的リスクの低減策を検討する際の参考資料として有用であると考えられます。

　NFT関連の各種ガイドラインについては、「3章はじめに」（P.246）に一覧的にまとめられていますが、そのうち賭博該当性について詳細な検討を行っているのは、①スポーツエコシステム推進協議会（C-SEP）が2022年9月20日に公表した「スポーツコンテンツを活用したNFTのパッケージ販売と二次流通市場の併設に関するガイドライン」（以下「C-SEPガイドライン」といいます）、②一般社団法人Japan Contents Blockchain Initiative（JCBI）ら5団体が同年10月12日に公表した「NFTのランダム型販売に関するガイドライン」（以下「5団体ガイドライン」といいます）及び③一般社団法人コンピュータエンターテインメント協会（CESA）ら3団体が2024年7月10日に公表した「ブロックチェーンゲームに関するガイドライン」（以下「3団体ガイドライン」といいます）の3つです。

　以下では、それぞれのガイドラインが示す考え方について、詳しく見ていきます。なお、先に各ガイドラインの概要を整理しておくと、表1のようになります。

表1　各ガイドラインの概要（賭博関係）

C-SEP ガイドライン （2022年）	• NFTのパッケージ販売を対象とするガイドライン • 運営会社とユーザーの間における賭博該当性について、運営会社が販売価格に相当する金額の金銭を、ユーザーが購入代金に相当する価値のNFTを得ていることを前提に、「得喪を争う」関係を否定 • 運営会社による二次流通市場の併設は原則として上記結論に影響を与えないと整理
5団体 ガイドライン （2022年）	• NFTのランダム型販売を対象とするガイドライン（賭博に関してはNFTのパッケージ販売を除く） • 販売会社とユーザーの間における賭博該当性について、「一次流通市場におけるNFTの価値は、基本的には販売会社が決定した実際の販売価格を基準に考えるのが相当」との考え方に基づき、C-SEPガイドラインと同様に「得喪を争う」関係を否定 • 販売会社がランダム型販売するNFTに関して別途の一次販売価格を設定する場合には、一定の対応をとることを推奨
3団体 ガイドライン （2024年）	• 国内のブロックチェーンゲームを対象とするガイドライン • 賭博については、事例集において、典型的な事例を前提としたそれぞれの考え方を紹介 • C-SEPガイドラインや5団体ガイドラインと同様、「実際の販売価格に相当する金額の対価を得て、実際に支払った対価に相当する以上の価値を利用者に提供する」場合には「得喪を争う」関係がないと整理 • その他、賭博該当性リスクを低減するための留意点についても、複数の事例と共に解説

（ア）C-SEPガイドライン

　C-SEPガイドラインは、米国のDapper Labs, Inc.（以下「Dapper Labs社」といいます）が提供するNBA Top Shotと呼ばれるサービスに類似する、NFTのパッケージ販売（複数のNFTをランダムに組み合わせて中身が分からない状態で販売する形式）と二次流通市場（パッケージ販売を行う事業者が運営・管理するもの）の提供が組み合わさったサービスの提供について、賭博罪の該当性などに関する検討を行っているガイドラインです。賭博が問題となるケースを、①Dapper Labs社（運営会社）とユーザーとの間、及び、②ユーザー相互間に区別し、それぞれについて検討を行っています。

　このうち、①（Dapper Labs社とユーザーとの間における問題）については、Dapper Labs社がユーザーに対して「Moments」（モーメント）と呼ばれるNFTをパッケージ販売することに関して、「Dapper Labs社は自らが設定した販売価格に相当する金額の金銭（財物）を得ており、ユーザーもDapper Labs社に支払った金額に相当する価値を有するモーメント（財物）を得ている」ことを前提に、「Dapper Labs社とユーザーの何れも財物を失っていないため、財物の『得喪を争う』関係は生じない」と整理しています（同ガイドライン5.3.）。ここでは、上記（2）（ウ）で紹介した考え方と同様の考え方がとられているよ

うに思われます。ただし、仮に、運営会社がバラ売り販売（パッケージに含まれるNFTについて、別途単価を設定して一次販売する行為）を行う場合には、「ユーザーが取得したモーメントがパッケージの販売価格に相当するものといえないのではないかと疑義を生じさせるおそれがあるため、賭博罪の該当性について慎重な判断が必要になる」としている点には、注意が必要です（同ガイドライン5.5.、脚注12）。

　なお、NBA Top Shotのサービスにおいては、運営会社であるDapper Labs社によって二次流通市場が併設されており、ユーザーは、他のユーザーに対して、当該二次流通市場を通じてNFTを転売することが可能となっています。そのため、Dapper Labs社によるパッケージの価格（一次販売価格）よりも、当該パッケージから提供されるNFTの転売価格（二次流通価格）の方が低額になる可能性があります（例えば、一次販売価格1000円相当のパッケージから提供されるNFTが、二次流通市場では500円相当で転売されるような場合が想定されます）。このように、仮に一次流通市場と二次流通市場を一体として見た場合には、ユーザーは一次販売価格と二次流通価格の差額相当の損失を被っているともいえ、「ユーザーもDapper Labs社に支払った金額に相当する価値を有するモーメント（財物）を得ている」とはいえない、という考え方もあり得ることとなります。しかし、C-SEPガイドラインは、この点について、東京大学の橋爪隆教授の論文「賭博罪をめぐる論点について」[8]中の見解に依拠し、「一次流通市場の価格設定と二次流通市場の価格形成は直接結びつくものではないため、二次流通市場の併設は『財物を賭けその得喪を争うこと』には該当しないという結論に影響を与えない」と述べ、運営会社が自ら二次流通市場において別途の買取価格や転売価格を設定して買取や転売を行うような場合を除き、上記の考え方を否定しています（同ガイドライン5.4.、脚注10）。

　また、②（ユーザー相互間における問題）については、「あるユーザーが拠出した金銭が他のユーザーに移転するような関係にある場合は財物の『得喪を争う』関係が生じたと解し得るが、NBA Top Shotのサービスにおいてそのような関係は生じていない」として、①と同様に、財物の「得喪を争う」関係は生じておらず、「財物を賭けその得喪を争うこと」には該当しないと整理しています（同ガイドライン5.3.）。

　なお、同ガイドラインは、上記①及び②に関して整理している「財物を賭け

その得喪を争うこと」の該当性については、パッケージ販売のみならず、いわゆるランダム型販売全般にも妥当するとしています（同ガイドライン5.3.）。

（イ）5団体ガイドライン

　5団体ガイドラインは、（5団体に含まれるC-SEPが公表した）C-SEPガイドラインの整理を参考としつつ、NFTのランダム型販売について賭博に該当しないと考えられる類型を整理するなどしたガイドラインです。同ガイドラインでは、「ランダム型販売」のうち、C-SEPガイドラインで検討対象とされているパッケージ販売以外の販売手法について、C-SEPガイドラインと同様に、①販売会社とユーザーとの間、及び、②ユーザー相互間のそれぞれにつき、賭博該当性が検討されています。

　このうち、①（販売会社とユーザーとの間）に関しては、NFTの「一次流通市場における販売価格は、販売会社が需給状況等を総合的に踏まえて自らの裁量により決定している」ことや、「実際の販売行為における価格設定以外に、その価値を算定するにあたっての客観的な指標は見出し難い」ことを理由として、「一次流通市場におけるNFTの価値は、基本的には販売会社が決定した実際の販売価格を基準に考えるのが相当である」と評価しています。そして、これを前提として、C-SEPガイドラインと同様に、NFTが交付されないなどのいわゆる「ハズレ」を明確に設定しない限りは、原則として「販売会社は実際の販売価格に相当する金額の金銭等（財物）を得て、ユーザーは実際に支払った金額に相当する価値を有するNFT（財物）を得ることになるといえるため、勝者が財物を得て敗者は財物を失うという相互得喪の関係は認められず、財物の『得喪を争う』関係は生じない」との考えを示しています（5団体ガイドライン2（1））。

　なお、同ガイドラインは、上記考え方を原則としつつ、販売会社とユーザーの間に財物の「得喪を争う」関係が観念できる可能性があるため慎重な検討を要する販売形態として、二次流通市場を併設する場合と、（販売会社が）一次流通市場において別途の販売価格を設定する場合を挙げています。このうち、二次流通市場を併設する場合については、C-SEPガイドラインと同様に、販売会社が自ら二次流通市場において買取価格や転売価格を設定して買取や転売を行うような場合を除き、「一次流通市場の価格設定の問題と二次流通市場の価格形成の問題とを混同すべきではなく、販売会社が設けた二次流通市場で転

売価格が形成されていたとしてもなお、このことが販売会社とユーザーの間に財物の『得喪を争う』関係が生じるか否かの判断に影響を与えるものではないと考えるべきである」と結論付けています（5団体ガイドライン2（1）ア）。他方で、一次流通市場において別途の販売価格を設定する場合については、「得喪を争う」関係性があると評価されないよう、「別途の販売価格との乖離の有無・程度を踏まえてランダム型販売の販売価格を設定すべき」であるとし、一定の対応をとること（例えば、レアリティを問わず一律で同じ価格により販売することや、レアリティ別に販売価格を設定する場合には、その最低価格をランダム型販売の販売価格が超えないように留意すること）を推奨しています（同イ）。

　また、②（ユーザー相互間）については、ユーザー間で二次流通市場においてランダム型販売が行われる場合を除き、「ユーザー間の取引は二次流通市場で行われるが、そのような取引は通常、両者間で代金について合意した場合にのみ実行されることから、勝者が財物を得て敗者は財物を失うという相互得喪の関係になることはなく、財物の『得喪を争う』関係は生じない」と整理しています（同ガイドライン2（2））。

（ウ）3団体ガイドライン

　3団体ガイドラインは、2021年5月6日に制定された同名のガイドラインが改訂されたものであり、日本国内の居住者向けに提供され、または日本国内に所在する事業者が提供するブロックチェーンゲームを対象として、賭博その他の関連する法規制及びブロックチェーンゲーム事業の留意点を整理したガイドラインです。

　3団体ガイドラインは、一般的な内容について触れている本文と、個別の想定事例を前提に解説を行っている事例集によって構成されており、賭博に関しては、主に事例集において、典型的な事例を前提とした考え方を紹介しています。そして、事例集では、C-SEPガイドラインや5団体ガイドラインで示されている考え方と類似するものとして、事業者がNFTアイテム（NFTに紐づけられたデジタルアイテム）の販売に際して「実際の販売価格に相当する金額の対価を得て、実際に支払った対価に相当する以上の価値を利用者に提供する」場合には「得喪を争う」関係が認められないとの考え方（事例集1-1.（a））が示されています。

また、事例集は、賭博該当性の留意点として、①事業者がランダム型販売するNFTと同等のNFTを別の方法（指定販売やオークション販売など）で一次販売する場合には「ランダム型アイテム販売による販売価格が別の方法で販売する場合の最低販売価格を超える価格を設定しない」点に留意すべきであること（事例集1-1.（b）、1-2.、1-3.）、②賭博罪成立を回避する観点からは事業者が二次流通市場において自ら買取や転売等の取引を行うことは避ける必要があること（事例集1-1.（c））、③ランダム型販売で提供したNFTアイテムを対価として消費していわゆる「合成」などを行う場合には、その消費した対価に相当する価値や機能を利用者が獲得できるようにすべきであること（事例集1-1.（d））などについて、事例及び留意点を示す図と共に解説しており、参考になります。なお、事例集は、ランダム型販売で提供されるデジタルアイテムを4種類（ユーティリティ型NFTアイテム、ユーティリティ型一般アイテム、消費型NFTアイテム、消費型一般アイテム）に区別した上で、ユーティリティ型NFTアイテム（NFTに紐づいたいわゆるキャラクターや装備品など）に限らず、それ以外のデジタルアイテムについての考え方も整理しています（事例集1-1.（f）、1-4.）。

（4）その他のポイント

（ア）賭博罪の成立時期

　賭博罪は、いわゆる挙動犯（結果発生の有無によらず、一定の行為を行うことで成立する犯罪類型）であるため、上記（2）で述べた各要件を充たす（賭博に該当する）行為が行われれば、その時点で賭博罪が成立するとされています[9]。そのため、実際に勝敗がつくことや、勝敗の結果として利益の得喪が発生することは、賭博罪の成立要件ではありません。

　したがって、例えば、NFTを販売する有償ガチャの利用の場面においては、金銭や暗号資産等の経済的利益を利用者が消費した時点で、NFTが提供されなくとも賭博罪が成立し得ることになります。

（イ）賭博罪の適用範囲

　刑法は、「日本国内において罪を犯したすべての者」に適用されます（刑法1条）。そのため、日本国内において賭博行為の一部でも行った場合には、行為者の国籍にかかわらず刑法が適用され、賭博罪により処罰される可能性があり

ます。

　実務上も、日本国内のユーザーが外国のオンラインカジノにアクセスして賭博行為を行う場合に刑法が適用され、賭博罪が成立するものと取り扱われています[10]。また、これとは逆に、日本国内の事業者が海外のユーザーに対して提供するサービス（有償ガチャなど）が賭博行為に該当する場合にも、当該事業者が日本国内で賭博行為を行ったものとして、日本の賭博罪の適用を受ける可能性があると考えられます。なお、これらの事例のように国境をまたぐ場合には、当該海外におけるギャンブル規制についても検討を行う必要があるでしょう。

（ウ）賭博罪に該当する法律行為の有効性

　違法行為などの社会的相当性を欠く行為を抑制するため、契約の内容が公の秩序または善良な風俗（公序良俗）に違反するときは、その行為は法的に無効であるとされています（民法90条）。そのため、賭博に該当するような行為は公序良俗に反するものとして無効となります[11]。つまり、賭博行為に伴い締結されたNFTの売買契約は法的に無効なものとなる結果、契約当事者はNFTの引渡しや代金の支払いを訴訟等の法的措置によって求めることはできません。他方、賭博行為に関して既に引渡しがされたNFTや支払いがされた代金について、売買契約が無効であることを理由に返還を求めることができるかという点については、民法上、賭博のような公序良俗に反する行為に基づき財物や財産上の利益を給付した者がその返還を求めることは否定されています（民法708条）。

（エ）常習賭博及び賭博場開帳等図利

　以上では、賭博罪（刑法185条）を念頭にその成立要件などについてみてきましたが、賭博行為を「常習として」行った場合には常習賭博罪（同法186条1項）が成立し、また、「賭博場を開帳し、又は博徒を結合して利益を図」る行為を行った場合には賭博場開帳等図利罪（同条2項）が成立します。

　常習賭博罪については、常習性（反復して賭博行為をする習癖）が認められた場合には、賭博罪（50万円以下の罰金又は科料）よりも重い刑罰（3年以下の懲役）が科される点に注意する必要があります。

　賭博場開帳等図利罪に関しては、運営会社が自ら賭博に関与しない場合でも、

ユーザー間で賭博行為を行う場を提供したと評価されるようなサービスを行った場合には、同罪が成立するおそれがある（そのため、運営会社が自ら行うものか否かに関わらず、提供するサービス内で行われる行為の賭博該当性については慎重に検討する必要がある）点に留意すべきといえます。

2. NFTと景品表示法

(1) 景品表示法

　景品表示法とは、正式には、「不当景品類及び不当表示防止法」といい、過大な景品（不当景品類）付きの販売行為や、実際に提供する商品・サービスとは異なる不当な表示（不当表示）を防止するための法律です。

　一般的に、消費者は、商品・サービスの購入に際して、いくつか類似のものを比較して、自分が良いと思ったものを選択して購入します。そして、消費者がこうした商品選択を合理的に行うためには、その商品に関する情報（価格や性能、数量など）を正確に認識できる必要があります。そのため、商品・サービスに関する不当表示が行われた場合には、消費者の商品選択が阻害されるおそれが生じます。

　他方で、本来の商品・サービスとは別に、過大な景品（いわゆる「おまけ」）が付されている場合にも、消費者は、商品・サービスの品質などではなく、景品を得るために商品・サービスを購入したいと考えるようになるため、消費者による商品の合理的な選択が阻害される可能性があります。また、過大な景品による競争が過激化すると、事業者は取引の本来的な部分である商品やサービス自体の品質などの向上に力を割くことができなくなり、消費者に良い商品・サービスが提供されない原因にもなるという点で、消費者に不利益が生じ得ます。

　景品表示法は、上記のような弊害のある、商品やサービスに関する不当表示の規制（不当表示規制）や、過大な景品の規制（景品類規制）をすることにより、消費者の利益を保護することを目的とする法律です。

　以下では、景品表示法の内容に触れつつ、NFTビジネスにおいてそれがどのように問題になるのかを検討します。

■(2) 不当表示規制（景品表示法5条）

不当表示規制は、商品・サービスの内容が実際のものや競合他社のものよりも著しく優良である（例えば、本来よりも性能が良い）と示す表示や、取引条件が著しく有利である（例えば、本来よりも価格が安い）と一般消費者に誤認される表示を規制することを主な内容とするものです。

NFTビジネスにおいては、例えば、あるNFTを販売する際に、そのNFTに付随しないユーティリティがあたかも付随するかのような表示を行う行為や、有償ガチャの販売に際し、提供されるNFTについて、本来の提供確率とは異なる提供確率の表示を行う行為は、表示規制に違反し得ることになります。そのため、NFTの内容や取引条件については、消費者を誤認させるような表示をすることのないよう、実態に即した表示を行うよう注意する必要があります。

なお、2023年10月1日より、表示規制の対象にいわゆるステルスマーケティングが追加されました。本書ではこの点について詳しく述べませんが、サービスの宣伝に外部のインフルエンサーを起用する場合などには、当局の告示において定められた禁止行為に該当しないように注意する必要があります。

■(3) 景品類規制（景品表示法4条）

(ア) 景品類の定義

景品類規制は、景品表示法上の「景品類」について、その価値の上限や提供方法を規制するものです。そのため、取引の際に提供されるものであっても、景品類に該当しないものについては、景品類規制の対象にはなりません。同法に基づく告示「不当景品類及び不当表示防止法第二条の規定により景品類及び表示を指定する件」（以下「定義告示」といいます）1項によれば、下記の要件を充足するものは、正常な商慣習に照らして値引きやアフターサービスと認められるものなどの一部例外を除き、同法上の景品類に該当するとされています。

(a) 顧客を誘引するための手段として、
(b) 事業者が自己の供給する商品・サービス（役務）の取引に附随して提供する、
(c) 物品、金銭その他の経済上の利益であって、同項各号に定めるもの。

このうち、要件（a）の該当性は、定義告示の運用基準である「景品類等の

指定の告示の運用基準について」（以下「定義告示運用基準」といいます）1項によれば、提供者の主観的意図やその企画の名目のいかんを問わず、客観的に顧客誘引のための手段になっているかどうかによって判断されます。また、「顧客を誘引するための手段」には、新たな顧客の誘引に限らず、取引の継続や取引量の増大を誘引する場合も含まれます。例えば、「利益還元」などの名目でトークンやデジタルアイテムを配布する場合であっても、それが客観的にみてユーザーによる有償の取引（有償ガチャの購入など）を促すものであれば、「顧客を誘引するための手段」であるとされることになります。

　次に、要件（b）（以下「取引付随性」といいます）については、定義告示運用基準4項によれば、取引を条件として他の経済上の利益を提供する場合のほか、取引を条件としない場合であっても、経済上の利益の提供が、取引の相手方を主たる対象として行われるときは、「取引に附随」する提供に当たるとされています。例えば、「●●を購入した方にはNFTをプレゼント」といった（取引を行うことを条件とする）キャンペーンを行う場合や、「抽選でNFTをプレゼント。▲▲購入で当選確率アップ」といった（取引を行うことにより有利になる）キャンペーンを行う場合には、取引付随性が肯定され得ることになります。ただし、通常、正常な商慣習に照らして取引本来の内容をなすものの提供については、取引付随性は否定されます。そのため、有償ガチャの提供物そのもの（ガチャの対象となる「キャラクター」など）は、一般的に取引付随性がなく、景品類には該当しません[12]。

　要件（c）については、定義告示運用基準5項（1）によれば、事業者が特段の出費を要しないで提供でき、または市販されていない物品などであっても、提供を受ける者の側からみて、通常、経済的対価を支払って取得すると認められるものであれば「経済上の利益」に含まれるとされます。よって、NFTビジネスを行う事業者において、ほぼ費用を掛けずに発行したNFTを提供したり、非売品のNFTを提供したりするケースであっても、ユーザーの視点から見て当該NFTに対価を払って取得するだけの価値があるとみなされるのであれば、当該NFTは「経済上の利益」に該当することとなります。

　なお、取引の相手方に提供する経済上の利益であっても、「仕事の報酬等」と認められる金品の提供は、景品類の提供に当たらない（よって下記（イ）の価額規制に服さない）とされています（定義告示運用基準5（3））。

（イ）景品類の価額規制

　提供する経済的利益が「景品類」に該当する場合、その提供方法に応じて、最高額及び総額について規制がかかります。

　NFTビジネスとの関係で問題となる景品類は、「一般懸賞」による景品類と「総付景品」です。このうち、「一般懸賞」とは、景品表示法に基づく告示である「懸賞による景品類の提供に関する事項の制限」（以下「懸賞制限告示」といいます）1項にいう「懸賞」（くじ等の偶然性、特定行為の優劣等によって景品類を提供すること）のうち、共同懸賞以外のものを指します。例えば、商品の購入者の中から抽選で景品類を提供する場合や、購入者にゲームをさせてその成績に応じて景品類の内容が変わる場合には、当該景品類の提供は「一般懸賞」となります。これに対して、「総付景品」とは、懸賞にあたらない方法で提供される景品類を指します（景品表示法に基づく告示である「一般消費者に対する景品類の提供に関する事項の制限」（以下「総付制限告示」といいます）1項）。典型的には、購入者全員に景品類を提供する場合（なので「総付」という呼び方をします）です。

　そして、懸賞制限告示2項及び3項並びに総付制限告示1項によれば、その規制内容は、以下のとおりとなります。

表2　景品類の価額の限度額

	取引の価額	景品類の価額の限度額	
		最高額	総額
一般懸賞	5,000円未満	取引価額の20倍	懸賞に係る売上予定総額の2%
	5,000円以上	10万円	
総付景品	1,000円未満	200円	-
	1,000円以上	取引価額の10分の2	-

　表2のように、提供可能な景品類の価額は、「取引の価額」に応じて決定されることになります。この「取引の価額」は、購入者に対して購入額に応じて景品類を提供する場合には当該購入額となり、購入額の多少を問わず提供する場合には原則100円（最高額／最低額が明らかに100円を上回る／下回る場合には、当該金額）となります（総付制限告示の運用基準である「『一般消費者に対する景品類の提供に関する事項の制限』の運用基準」1項）。例えば、有償ガチャを10回購入するたびに景品類の提供を行う場合であれば、当該有償ガチャ

の10回あたりの購入金額が「取引の価額」となります。

　また、景品類の価額の算定方法については、景品類と同じものが市販されている場合には、景品類の提供を受ける者がそれを通常購入するときの価格によります（価格が変動するものである場合には、その景品が提供される時点における価格により算定されます）。他方で、景品類と同じものが市販されていない場合は、景品類を提供する者がそれを入手した価格、類似品の市価等を勘案して、景品類の提供を受ける者が、それを通常購入することとしたときの価格を算定し、その価格によります（通達「景品類の価額の算定基準について」1項）。そのため、景品類として提供するNFTが非売品のものであっても、過去に提供した同じNFTの二次流通市場における転売価格や類似するNFTの一次販売価格・二次流通価格等から「景品類の価額」が算定可能である場合には、当該価格を前提として、景品類規制の範囲内で提供を行う必要があります。

（ウ）ブロックチェーンゲームに関する各種報酬と景品類規制

　景品類の価額規制に関する上記の理解を前提に、NFTが報酬として提供される具体的な事例について、それぞれ考えてみたいと思います。ここでは、よく問題になるものとして、①ログインボーナス、②クエストクリア報酬やゲーム内大会での入賞賞品について検討することとします。

　まず、①ユーザーによるサービスへのログイン（これ自体は無償で実施可能な行為であることを前提とします）に対して報酬が提供される場合、ユーザーは報酬を得るためにログインを行った後にゲーム内で取引（ガチャなど）を行う可能性があるものの、ログインボーナスの提供がユーザーの課金取引を行うか否かの意思決定に直接結びつくとは限らないことから、取引付随性を否定するという考え方もあり得ます[13]。この場合には、ログインボーナスとして提供する報酬は景品類に該当しないため、景品類規制の対象にはなりません。

　次に、②クエストクリアやゲーム内大会での入賞に対して提供される報酬について、クエストや大会への参加が有償である場合や、有償でNFTを購入することで報酬が得やすくなる（クエストがクリアしやすくなったり、大会での入賞がしやすくなったりする）関係性がある場合には、取引付随性が肯定され、報酬が「景品類」に該当する可能性があることとなります。この場合には、景品類に該当することを前提に、景品類規制の範囲内で報酬を提供するか、あるいは、個別具体的なサービスの仕様に照らして、報酬が景品類に該当しないと

の整理が可能か（例えば、そうした報酬も含めて、正常な商慣習に照らして取引本来の内容をなす経済上の利益といえないか）を検討する、といった対応を行う必要があることになります（ただし、このあとのコラムでも解説するように、こうした整理には賭博該当性との関係で一定のハードルがあるところです）。

　なお、NFTビジネスに関するものではありませんが、一般社団法人日本eスポーツ連合（JeSU）が公表する「eスポーツに関する法的課題への取組み状況のご報告」[14]は、eスポーツの大会に際して賞金を参加者に提供することについて、参加者が「大会等の競技性及び興行性を向上させることを仕事にしている」「仕事として、ゲームプレイを行っている」といえる場合には、当該賞金の提供は「『仕事の報酬等』の提供であると認められるため、景品表示法に違反しない」と結論付けています。ブロックチェーンゲームにおいても、報酬を提供する大会について、参加者を一定の方法で限定したり、参加者に大会の競技性や興行性を向上させることを内容とする業務委託を行ったりするなどして、上記と同様の前提をおける場合には、同様の考え方をとる余地があると考えられます。

（エ）規制に違反した場合

　景品表示法に違反する行為が行われている疑いがある場合、規制当局による調査を経て、行政指導や措置命令（景品表示法7条1項）がなされる場合があります。措置命令は、個々の事案における必要性に応じて、違反行為の差し止め、再発防止策の策定、一般消費者への周知などを内容とするものとなります。この措置命令に従わなかった場合には、事業者に対して3億円以下の罰金などが科されることがあります（同法49条1項、46条1項）。

　これらに加え、優良誤認表示や有利誤認表示に対しては、売上額に原則として3%を乗じた課徴金の納付命令がなされることがある（同法8条1項）ほか、（その後の措置命令に違反せずとも）100万円以下の罰金が科される可能性があります（同法48条）。

コラム1　コンプガチャ

　景品表示法上、通常は、有償ガチャの提供物そのものには取引付随性がなく、「景品類」に該当しないため、上記（イ）の価額規制を受けることはありません（なお、ガチャの販売に際し、提供物そのものに「おまけ」などを付ける場合には、当該おまけは別途景品類に該当する可能性があります。この点は次のコラムでも解説します）。

　しかし、ガチャのうち、いわゆる「コンプガチャ」については、景品表示法において全面的に禁止される「カード合わせ」の規制（懸賞制限告示5項）が問題となります。

懸賞制限告示5項

　前三項の規定にかかわらず、二以上の種類の文字、絵、符号等を表示した符票のうち、異なる種類の符票の特定の組合せを提示させる方法を用いた懸賞による景品類の提供は、してはならない。

　コンプガチャとは、一般的には、ガチャによって、例えば、特定の数種類のアイテム等を全部揃える（「コンプ」する）ことで、別のアイテム等を新たに入手できるという仕組みを指します。

　こうしたコンプガチャにおいて、新たに入手できる別のアイテムは、ユーザーを「コンプ」のために有償ガチャ（取引）に誘引するものであり（上記（3）（ア）の要件（a））、ガチャを行うことを条件とするものであり（要件（b））、かつ、ユーザーが金銭を対価に複数回のガチャを実施し「コンプ」を達成してまで得ようとする「経済上の利益」である（要件（c））として、通常は「景品類」に該当するものと考えられます。そして、コンプガチャでは、ランダムに提供される互いに種類が異なる数種類のアイテム（その図柄は「符票」に該当するとされます）につき、特定の組合わせを揃えたユーザーに対して「景品類」に該当する別のアイテム等が提供されるため、「二以上の種類の文字、絵、符号等を表示した符票のうち、異なる種類の符票の特定の組合せを提示させる方法」を用いた「懸賞」による「景品類の提供」として、禁止されていることになります[15]。

　本セクションで解説してきたように、NFTビジネスにおいて、ユーザーに対して偶然性を利用する形でNFTを提供する場合には、賭博該当性と景品類規制（のうち懸賞規制）のそれぞれの論点についてサービスの適法性を検討する必要があります。その際には、論点ごとにバラバラな整理を行うべきではなく、各論点を説明できる一気通貫した整理を行うことが望ましいといえます。しかし、賭博と景品類規制については、以下に述べるように、一部の要件が二律背反の関係に立ち得るため、実務においてはよく悩ましさが生じます。

　例えば、有償のキャラクターガチャにおいて、キャラクター（どの種類かはランダムだが、必ず提供される）とは別に、一定の割合でアイテム（ガチャチケットなど）が追加的に提供されるような場合、この追加アイテムの提供について、賭博と景品類規制への対応はどのように考えるべきでしょうか。

　まず、賭博該当性回避の観点からは、本文で述べてきたように、「ユーザーはガチャ代金相当額のキャラクターを常に得ているため、追加アイテムが得られるか否かに関わらず、財物を失うことはない」と整理することが考えられます。しかし、この整理では、追加アイテムが（ガチャで得られるキャラクターが主役であるのに対し）付随的なものだと位置付けられることとなります。そうすると次に問題となるのが景品類規制です。追加アイテムは、ガチャという取引の「本来の内容をなすと認められる経済上の利益」であるとは言いづらく、その結果、追加アイテムが他の景品類の要件を満たす場合、追加アイテムは景品類に該当するものとして、景品類規制の範囲内で提供する必要が生じることとなります。

　それでは逆に、「ユーザーはキャラクターと追加アイテムの両方をガチャの主たる目的としているのだ」という考え方をした場合はどうでしょうか。この立場を前提とすると、追加アイテムは景品類に該当しないと整理し得るため、景品類規制の適用を受けないこととなります。しかし今度は、追加アイテムを得られなかったユーザーが財物を失っているのではないか（賭博に該当するのではないか）、という疑問が生じることとなります。

　このように、提供されるか否かが偶然の事情により定まるアイテムについては、「財物を失っていない」という（賭博該当性を否定する方向の）整理と、「正常な商慣習に照らして取引の本来の内容をなすと認められる経済上の利益」であり取引付随性がないという（景品類該当性を否定する方向の）整理とが、論理的に両

立しにくい（二律背反となる）ケースがよく見られます。そのため、この点に関しては、上記以外の点（景品類該当性の別の要件など）に着目した整理の余地や、想定されるリスク等を総合的に考慮した上で、どのように整理を行うことが適切か（かつ、個別のサービスの内容にも整合的か[16]）を具体的に考える必要があるといえます。

1 賭博罪の保護法益は「国民一般の健全な勤労観念や国民経済等の公益」と解されています（前田雅英ら編『条解刑法〔第4版補訂版〕』(2023年、弘文堂)548頁)。判例においても、「勤労その他正当な原因に因るのではなく、単なる偶然の事情に因り財物の獲得を僥倖せんと相争うがごときは、国民をして怠惰浪費の弊風を生ぜしめ、健康で文化的な社会の基礎をなす勤労の美風を害するばかりでなく、甚だしきは暴行、脅迫、殺傷、強窃盗その他の副次的犯罪を誘発し又は国民経済の機能に重大な障害を与える恐れすらあるのである。これわが国においては一時の娯楽に供する物を賭した場合の外単なる賭博でもこれを犯罪としその他常習賭博、賭博開張等又は富籤に関する行為を罰する所以」とされています（最判昭和25年11月22日刑集4巻11号2380頁)。

2 戦後の財政上の理由から、競輪、競馬、オートレース、宝くじ、スポーツ振興投票（サッカーくじ）などの一定の賭博または富くじ行為は、特別法により許容されています（特別法が定めている方法以外の方法によって賭けを行う場合には賭博罪が成立します)。

なお、パチンコについては、当時の警察庁長官官房審議官により、「風営適正化法に基づく規制の範囲内で営まれるパチンコ営業において行われる遊技につきましては、刑法第百八十五条に規定する賭博罪に該当しないものと認識しており、そもそも公営競技等とは性格を異にしている」と説明されています（第204回国会衆議院法務委員会第13号会議録〔檜垣重臣発言（発言番号257)〕(令和3年4月14日)(https://kokkai.ndl.go.jp/txt/120405206X01320210414)。)。

3 近時はオンラインカジノに対する警察の取締まりが推進されており、2023年には107人がオンラインカジノに係る賭博事犯として検挙されています（警察庁「オンラインカジノを利用した賭博は犯罪です！」(https://www.npa.go.jp/bureau/safetylife/hoan/onlinecasino/onlinecasino.html、2024年10月2日最終閲覧))。コロナ禍においてオンラインカジノの利用が急増していることを受けた動きとみられます。

4 前田ら・前掲注1) 548頁。

5 大判大正3年10月7日刑録20輯1816頁等。

6 大判大正4年10月16日刑録21輯1632頁。

7 最判昭和23年10月7日刑集2巻11号1289頁、東京高判昭和32年1月17日高刑集10巻1号1頁など。

8 第5回スポーツコンテンツ・データビジネスの拡大に向けた権利の在り方研究会　資料5　東京大学橋爪教授資料
https://www.meti.go.jp/shingikai/mono_info_service/sports_content/pdf/005_05_00.pdf

9 最判昭和23年7月8日刑集2巻8号822頁等。

10 警察庁・前掲注3)

11 賭博に該当する外国為替証拠金取引を公序良俗違反を理由に無効と判断した裁判例があります（東京地判平成17年11月11日判時1956号105頁）。

12 消費者庁「オンラインゲームの「コンプガチャ」と景品表示法の景品規制について」4（2）イ（ア）によると、いわゆるガチャについて、「有料のガチャによって一般消費者が何らかの経済上の利益の提供を受けたとしても、それは景品表示法上の景品類には該当せず、景品表示法の景品規制は及びません」とされています。
https://www.caa.go.jp/policies/policy/representation/fair_labeling/guideline/pdf/120518premiums_1.pdf

13 増田雅史ら編『新アプリ法務ハンドブック』(2022年、日本加除出版) 269頁参照。ただし、定義告示運用基準4（2）ウは、実店舗への入店者に対して提供される経済上の利益について取引付随性を肯定しており、ログインボーナスに対する当局の考え方は必ずしも明確ではありません。

14 https://jesu.or.jp/contents/news/news_0912/。なお、同記事は、eスポーツの賞金制大会の賭博該当性に関しても検討し、大会参加者から参加料を徴収することが認められるとされる場合を挙げており、賭博該当性を検討する上でも参考になります。

15 消費者庁・前掲注12) 4（2）イ（イ）及び（ウ）。

16 たとえば、「抽選で追加アイテムを『プレゼント』」、「『おまけ』が手に入るかも」などといった表現をユーザーに対して示した場合には、通常は、当該アイテムは「取引の本来の内容」とは認められ難く、景品類と評価される可能性が高いと考えられます。

5

NFTの法律・会計・税務

〈 RWAトークン 〉

世界的に市場が拡大するRWA、その法的論点とは

RWAトークンとは、現実の資産（リアルワールドアセット）の価値や権利などを表章するトークンのこと。昨今、市場が拡大しているRWAトークンについて、日本暗号資産ビジネス協会NFT部会法律顧問である、弁護士の斎藤創（創・佐藤法律事務所）らが解説する。

Author

弁護士・ニューヨーク州弁護士
斎藤 創

Saito Sou

東京大学法学部、ニューヨーク大学ロースクール卒。日本ブロックチェーン協会顧問、日本STO協会公益理事、日本暗号資産ビジネス協会NFT部会法律顧問、前bitFlyer社外取締役、HashPort社外監査役。ブロックチェーン、暗号資産、FinTech等を専門に取り扱う。

弁護士
浅野真平

Asano Shinpei

一橋大学法科大学院卒。2013年から2019年まで大手ITサービス企業法務部に勤務し2019年より創・佐藤法律事務所。ブロックチェーン、暗号資産、FinTech等を主に取り扱う。

弁護士
今成和樹

Imanari Kazuki

早稲田大学法学部卒。大手法律事務所勤務を経て2021年より創・佐藤法律事務所。暗号資産やブロックチェーン事業に関連する法務を主に取り扱う。

1.RWAトークンとは

2023年ごろからRWAトークンという用語が話題になるようになりました。RWAトークンの定義は論者によって異なりますが、現実の資産（リアルワールドアセット、Real World Asset＝RWA）の価値や権利などを表章するトークンであるなどといわれます。

NFTは、そのトークンが表章する権利の非代替性に着目したものであるのに対し、RWAトークンは、そのトークンが表章する権利の対象となるアセットタイプに着目した概念です。そのため、必ずしもRWAトークン＝NFTというわけではありませんが、RWAトークンは、NFTのユースケースとして重要なカテゴリのひとつといえます。

NFT　　　　　：トークンや、そこに表章される権利が非代替的であるもの
RWAトークン：現実の資産の価値や権利を表章するトークン

RWAトークンを用いたプロジェクトの実例としては、①コレクターズアイテム、酒類、金などの現物資産を受領可能な権利をNFT化したもの（現物償還型NFTと呼ぶことがあります）、②宿泊施設、スキー場、レストランなどの利用権をトークン化したもの、③不動産などの収益物件に関する権利をトークン化し、配当等がなされるもの（いわゆるセキュリティトークン（ST））、④アート作品の著作権など知的財産に関する権利をトークン化したもの、などが存在しています。

本書でも、第2章のセクション7（P.140）でLIFULL STAYやNOT A HOTEL、SIX SENSES京都など宿泊施設の利用権をトークン化したプロジェクトを取り上げていますが、これらもRWAトークンの一種といえます。

本セクションでは、RWAトークンの実例を挙げ、法的論点を整理します。

下記は、Coin Market Capが公表している、RWAで使用されている主要な

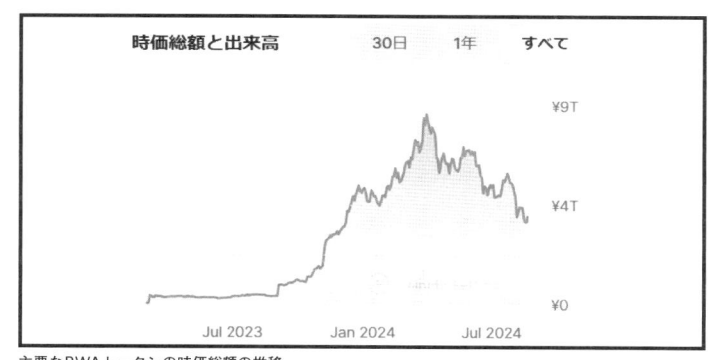

図1

主要なRWAトークンの時価総額の推移

トークンの時価総額のグラフです[1]。これによると、RWAトークンの時価総額は、2024年4月頃から下降傾向もみられるものの、2023年に比べると大きく上昇しており、RWAトークン市場が世界で拡大していることがわかります。

2.RWAトークン化の実例とメリット

(1)アート作品のRWAトークン化

　RWAトークンの例として、アート作品のトークン化があります。たとえば、海外のフリーポート（Freeport）という会社は、アンディー・ウォーホル等の作品を分割してトークン化して販売しています。

　同社が当初販売したアンディ・ウォーホルの作品は、「マリリン（Marilyn）」（1967年）、「ダブルミッキー（DoubleMickey）」（1981年）、「ミック・ジャガー（MickJagger）」（1975年）、「理由なき反抗（ジェームス・ディーン）（RebelWithoutaCause[JamesDean]）」（1985年）の4作品であり、各作品は1万トークンで構成され、1人あたり10トークンから購入可能となり、コレクションのウェブサイトによるとトークン化された各ロットの販売開始価格は、250〜860ドルでした。

　なお、アート作品の分割化自体は珍しいものではなく、2017年に設立されたマスターワークス（Masterworks）という会社が最低投資額1万5000ドルでアート権利を販売、2021年12月に元クリスティーズの社員のフィリップ・ガウザーが、ブロックチェーン技術でアート作品の共有所有権を提供するパーティクル（Particle）を設立し、アートの権利をNFTの形でオープンシー（OpenSea）やラリブル（Rarible）で販売しています。

　通常は、著名アーティストの作品を購入したい場合、数千万円〜数十億円の金額が必要となり、富裕層でないと購入できません。それに対し、絵画を分割して販売することができれば、より多くのアートファンが購入を行い、所有の喜び、鑑賞の機会、将来の値上がり益の期待等を得ることができます。この点に、アート作品をRWAトークン化するメリットがあるといえます。

（ア）UniCaskの事例

　酒類のトークン化の事例も存在しています。日本の会社である株式会社UniCaskは、ウイスキーの樽を分割した権利をNFT化して販売しています。

　ウイスキーはワインと同様に熟成することにより価値が上がります。たとえば、著名ウイスキーである山崎やシーバスリーガルの700mlボトルの参考小売価格や希望小売価格は、2024年8月現在、以下のとおりです[2]。

表1　山崎とシーバスリーガルの700mlボトルの価格

	山崎	シーバスリーガル
ノンビンテージ	7000円	販売なし
12年	1万5000円	5643円
18年	5万5000円	1万1314円
25年	36万円	3万6000円

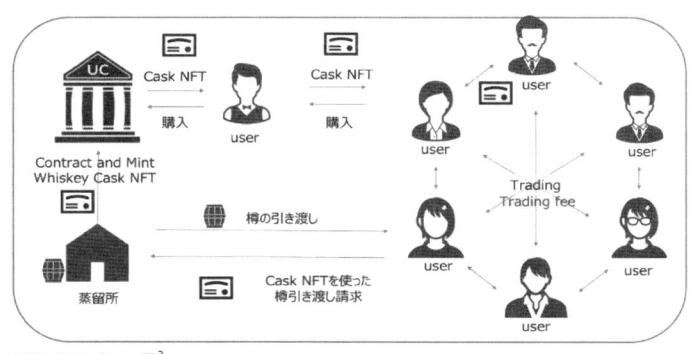

UniCaskのスキーム図[3]

　ウイスキーの価格が期間経過により上昇する理由としては、貯蔵の管理コストが必要となること（場所代、人件費、その他管理コスト）、期間中投資資金を回収できないことによるコスト、ウイスキーの性質として貯蔵により毎年一定程度の蒸発があること、希少性、などがあると言われます。

　大手企業の場合、熟成に要する管理コストや資金コストを負担できる場合もあるものの、小さな醸造所の場合には、このようなコストに耐えられない場合があります。

UniCaskが事前に樽の権利を分割してNFT化して販売することにより、販売する醸造所にとっては、早期の資金調達をしながら熟成を行う機会が得られ、ウイスキーの愛飲家にとっては、所有の喜び、熟成後まで待って飲む楽しみ、期中の定期的な一部試飲の機会、自分で飲まない場合には転売による値上がり益、などが期待できます。

（イ）リーフ・パブリケーションズの事例

　ウイスキーのNFT化以外に、日本酒のトークン化の事例も存在しています。株式会社リーフ・パブリケーションズ（以下「リーフ社」といいます）は、日本の100超の酒蔵と連携し、400超の銘柄の日本酒と引き換えることができるSake World NFTを販売しています。このNFTは、①1本1本の日本酒に1つのNFTが紐づいている、②近時の日本酒業界で付加価値向上のために日本酒製造後に急速冷凍をしたり熟成保管することが行われているところ、NFTホルダーは、自ら日本酒の保管方法及び引き渡し時期を選択でき、冷凍保管後の引き渡し、熟成保管後の引き渡し、即時引き渡しから選択ができる、③リーフ社が運営するマーケットプレイスでNFTを売買することができ、飲む楽しみだけではなく日本酒に転売可能な資産としての価値を持たせることができる、④二次流通市場で売買がなされると酒蔵にロイヤリティが還元される仕組みを用いて酒蔵にもインセンティブを与えられる、という特徴があります[4]。

図3

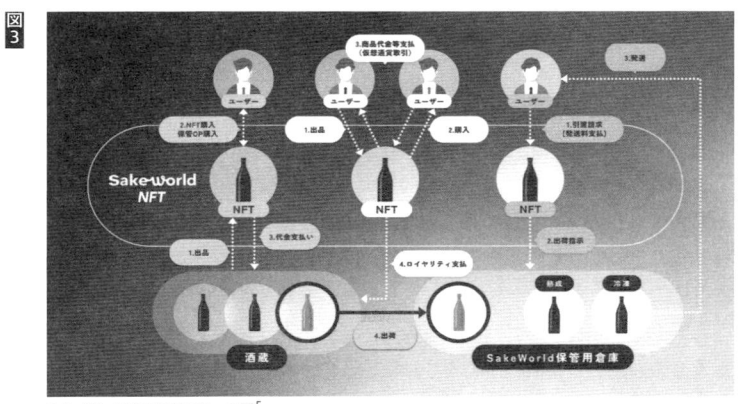

Sake World NFTのスキーム図[5]

（3）高級宿泊施設のRWAトークン化

　宿泊施設の利用権のトークン化の事例としては、第2章セクション7（P.140）で取り上げたとおり、NOT A HOTEL MEMBERSHIP NFTやLIFULL STAY、SIX SENSES京都などのプロジェクトがあります。

　NOT A HOTELのメンバーシップNFTは、物件を直接購入するより安い金額でNFTを購入してメンバーシップ会員になることにより、1日単位（例えば年に1泊/2泊/3泊を47年分）でNOT A HOTELの物件に宿泊できるサービスとなります。

　当該宿泊施設を47年間利用することができる権利のNFTは、法的には前払式支払手段として組成されているため、原則として発行者による払い戻しが許されません。しかし、NFTとして販売されることにより、メンバーシップNFTをマーケットプレイスで売却することが容易になります。また、友人に贈ったりすることができるほか、NFT保有者限定のイベントに参加することができるといった特典も付与されています。

　SIX SENSES京都プロジェクトにおけるNFTも前払式支払手段として組成されていますが、LIFULL STAYは前払式支払手段ではなく、単なる会員権NFTとして組成されているようです。

（4）ゴールドのRWAトークン化

　現物資産に紐づいたトークンが暗号資産として販売された例として、金（ゴールド）をトークン化したジパングコイン（ZPG）があります。

　ZPGは、三井物産デジタルコモディティーズ株式会社が発行する暗号資産です。ZPGは、インフレヘッジ機能など金の特性を備え、デジタル化による利便性と小口化を実現した国内初のデジタルゴールドといえる暗号資産であり、おおむね金価格に連動することを目指す商品です。仕組みとしては下記[6]のとおりとなっています。

　①三井物産デジタルコモディティーズ社（以下「発行者」といいます）がZPGを発行する場合、ZPGの移転と同時に、（利用者に代わってZPGを購入した）株式会社デジタルアセットマーケッツのために、ZPGの数量と同等の金現物を、調達資金を用いて三井物産株式会社から購入、②当該購入した金現物は、デジタルアセットマーケッツ社へ販売すると同時に、デジタルアセットマーケッツ社から発行者が消費寄託を受ける、③ZPGは金現物の消費寄託に

図
4

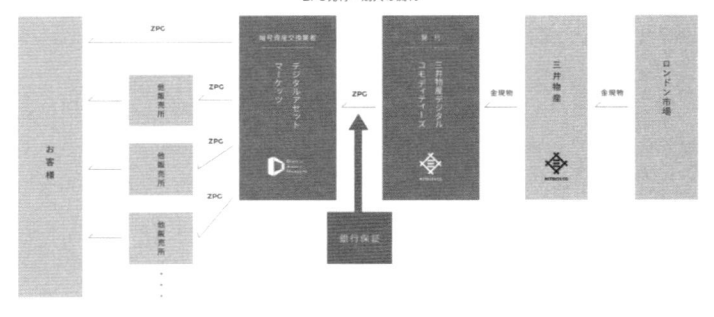

ZPC発行・購入の流れ

ジパングコインの仕組み

関する引渡請求権を表章するが、ユーザーはZPGを持っていても現物の金の引渡しを請求できない、④しかし、マーケットメーカーであるデジタルアセットマーケッツ社が金の市場価格に近似した価格でZPGを購入することを約束している（なお、かかる請求権には銀行保証が付される）、⑤デジタルアセットマーケッツ社がZPGを有する場合、発行者にZPGと同数の金現物の引き渡しを要求できる、という仕組みで、1ZPGが1単位の金と限りなく近い価格になるように組成されているようです。

3.RWAトークンに関する法的規制

■ (1) はじめに

　RWAトークンの発行事例は国内外において増加していますが、RWAトークンといってもさまざまなものがあり、検討すべき法律は、個々のRWAトークンによって大きく異なります。

　このような中、一般社団法人日本暗号資産ビジネス協会（JCBA）NFT部会は、2024年4月4日付で『RWAトークンを発行する上での主要な規制にかかる考え方』を公表し、その中でRWAトークンとその主要な規制との関係を可能な範囲で整理しています[7]。

　以下は、同『考え方』が示すRWAトークンと主要な規制との関係のフローチャートであり、ビジネス検討の参考になるものと思われます。

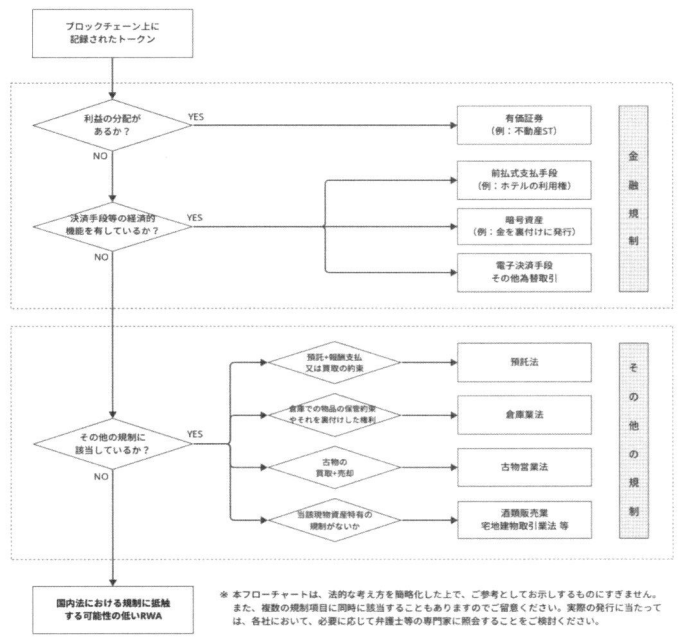

RWAトークンと法規制のフローチャート

　以下では、上記のフローチャートや当該考え方での記載も参考として、RWAトークンを取り巻く主な法的規制の内容を解説します。

（2）金融規制

　プロジェクトで取り扱うRWAトークンが、有価証券や前払式支払手段、暗号資産、電子決済手段等に該当する場合、その発行等にはそれぞれ金融規制が適用される可能性があります。金融規制の詳細はNFTと同様であるため、金融規制についてはセクション3（P.272参照）をご参照ください。

　なお、留意すべき点は、現実に発行されているRWAトークンのなかには、暗号資産として発行されるもの（ジパングコイン(ZPG))や、前払式支払手段として発行されるもの(NOT A HOTEL COIN (NAC))、有価証券として発行されるもの（セキュリティトークン(ST))、特段の金融規制なく発行されていると思われるもの(LIFULL STAY MEMBERSHIP、Cask NFT、SAKE WORLD

NFT) など、様々なものがあることです。金融規制を受けること自体に問題があるわけではなく、金融規制に従って発行する方がより流通しやすい、利用しやすい、と考えるプロジェクトがある一方、特に規制を受けることなく簡便なスキームで発行したい、というニーズもあります。

RWAトークンの発行を検討するにあたっては、各規制に従うことのメリットとデメリットを考えながら、スキームを検討する必要があります。

■（3）預託等取引に関する法律（預託等取引法）

RWAトークンのスキームが預託等取引法上の「預託等取引」に該当する場合、契約締結時書面を交付したり、内閣総理大臣の事前の確認が必要になったりする可能性があります。

（ア）預託等取引の定義

預託等取引には、物品等の販売を伴うものと伴わないものがあります。預託等取引の基本的な類型は下記の4つとなります。

---

①当事者の一方が、相手方に対し、3カ月以上の期間にわたり物品の預託を受け、その預託に関して、財産上の利益供与を約束すること（物品＋利益約束型）

②当事者の一方が、相手方に対し、3カ月以上の期間にわたり物品の預託を受け、期間経過後の物品買い取りを約束すること（物品＋買取約束型）

③当事者の一方が、相手方から、物品の利用に関する権利、引渡請求権その他これに類する権利（特定権利）の管理の委託を受け、それに伴って、財産上の利益供与を約束すること（特定権利＋利益約束型）

④当事者の一方が、相手方から、特定権利の管理の委託を受け、期間経過後の権利買い取りを約束すること（特定権利＋買取約束型）

このような預託等取引は財産上の利益の供与や買い取りが約された投資取引として消費者を誘引する性質を有する一方で、約束された財産上の利益の消費者に対する支払いや買い取りが困難になるリスクがあるものと位置づけられ[8]、消費者保護のために、書面の交付義務や不当勧誘等の禁止義務が課されています。

さらに、このような預託等取引に関連し、自らまたは密接関係者が行う物品

等の売買契約がある場合（販売預託）には、消費者保護の必要性がより高いため、このような取引自体が原則として禁止されています。例外的に内閣総理大臣の確認を得た場合に限り取引を行うことができますが、2024年8月時点において、内閣総理大臣の確認を受けた事業者は存在しません。

　なお、同法は消費者保護のための法律であるため、営業者が預託を行う取引には同法の保護は適用されません（同法27条）。

（イ）RWAトークンと預託等取引法

　RWAトークンのスキームでは、現物資産や関連する権利がトークン化されることがありますが、その場合でも、現物資産そのものは信託会社などの第三者によりユーザーのために保管され、ユーザーには直接引き渡されないことが通常です。ここで、仮に財産上の利益供与の約束があったり、物品や特定権利の買い取り約束があったりした場合には、預託等取引法との関係を検討することが必要となります。

　この点、日本でのRWAトークン事例を検討するに、たとえばUniCask社の事例では、スキームの詳細は開示されていないものの、UniCask社がウイスキーの樽の一部の権利をユーザーに販売し、ウイスキーの樽は蒸留所がユーザーのために保管していると思われます。しかし、UniCask社も蒸留所も、何らの利益供与の約束も買い取り等の約束もしておらず、預託等取引法の適用はないものと思われます。

　また、ZPGの事例では、そのスキームの構成要素として、金の預託、ZPGの預託、ZPGの買い取り約束、などがあります。しかしながら、金の預託に関しては利益供与の約束や買い取り約束はなされていません。ZPGの販売、預託、買い取り約束があることが論点とはなるものの、ZPGの売却が制限される期間などは設定されていないため一定期間の預託を前提としたものではない、あるいは、ZPGについてはデジタルアセットマーケッツ社と発行者との間では金の引渡請求権を表章するものの、ユーザーが保有した場合には金の引き渡しを請求できないことから特定権利に該当しない、と整理をしているのではないかと思われます（類似の仕組みを採用する場合、自らご判断頂くか、当局等に確認して頂く必要があります）。

　他方、物品を販売した上で、販売者または密接関係者が現物資産の3カ月以上の預託や特定権利の管理の委託を受け、将来的に利益の分配や物品の買い取

りをしたい、といったご相談を受けることがあります。特に販売が行われる仕組みについては、預託等取引に該当する場合、原則禁止とされ、これまで内閣総理大臣の確認が得られた事例がないことに留意しながら、組成を行う必要があると思われます。

(4) 倉庫業法

　ユーザーから預託を受けた物品を倉庫で預かり、当該物品に係る権利を表章するトークンを発行する、というスキームの場合、倉庫業法の検討が必要となる場合があります。具体的には、預かった現物資産に係る権利を表章するものとしてRWAトークンを発行するとして、これが倉庫業法上の倉荷証券に該当するときは、その発行には国土交通大臣の許可が必要となります。

　なお、倉庫業法とは異なる論点ですが、現物資産の運送に関して、運送業の規制が適用あるかも検討を要します。たとえば、他人の需要のために、有償で自動車により貨物の運送を行う場合、貨物自動車運送事業の許可が必要となります。他方、この自動車での運送に関して、単に取り次ぎや発注を行うに過ぎない場合、同法上の許認可は必要ないと考えられます。

(5) 古物営業法

　一度使用された物品（鑑賞的美術品を含むとされています）を、営業として売買し、または委託を受けて売買する場合、古物営業法の適用がありえます。古物営業法の適用がある場合、警察への届け出が必要なほか、ユーザーの本人確認等が必要となります。

　新品のウイスキーの樽等を売却するRWAトークンの事例では、新品の売買であり一度使用された物品の売買ではないことから、古物営業法は無関係です。他方、アート作品、中古の時計等の場合、小口化（トークン化）された権利の売買が古物営業法に服する可能性があります。

　この点、筆者らがある案件で警察に確認をしたところ、どこまで当該担当者の回答が正しいのかについては悩ましいものの、トークン化された権利の売買であれば古物営業法の届け出は必要ないと回答を受けています。ただし、個別の事案に対する古物営業法の適用の有無については、各自にてご確認頂く必要があります。

（6）アセット特有の規制

　例えば、不動産の小口化商品なら宅地建物取引業法や不動産特定事業法、アルコールの販売の場合には酒税法（具体的には酒類販売業の免許がいるかどうか）など、各アセットに関連する法令の検討が必要となることがあります。なお、UniCask社やリーフ社は酒類販売業の免許を取得しているようです。

（7）その他の規制

　本書では日本の法規制が検討されていますが、日本国外の国・地域の居住者に対してRWAトークンを販売する場合には、外国為替及び外国貿易法（外為法）など日本のクロスボーダー取引に関する法規制を検討することが必要なほか、当該国・地域の法規制も検討する必要があります。

4.対抗要件等の問題

　RWAトークンは、その背後にある実物の資産を表章するデジタルトークンです。トークン自体の移転は、ブロックチェーン上のトランザクションによって行われますが、このトークンの移転が自動的に実物の資産の所有権の移転を意味するわけではありません。

　トークンの移転とRWAに関する権利の移転を紐づけるためには、別途法的な手当てや契約が必要です。

（1）当事者間における権利の移転について

　日本では動産や不動産の所有権の移転、その他の権利（債権）の移転は、原則として単に当事者の合意のみで行われます（物権について民法176条）。仕組みとして、トークンに動産や不動産の所有権や何らかの権利が付随する、とした場合、トークンを移転する者同士では、当然に裏付け資産の権利を移転する合意があると思われるため、トークン移転のみにより権利が移転すると解釈することは可能と思われます。

（2）不動産移転の対抗要件について

　前述のように動産や不動産の所有権、債権の当事者間の移転自体は合意のみでできるものの、それを第三者に対抗（主張）することができるか（第三者対

抗要件の具備）は問題となります。

　例えば、不動産の場合、本邦での所有権移転の対抗要件は、不動産登記の変更になります（民法177条）。例えば、ＡがＢに不動産を売却したが、所有権移転登記が未了の場合、Ａが倒産をしたときに、ＢはＡの破産管財人に自身が不動産所有者であることを対抗できません。また、ＡがＣに不動産を売却し、Ｃが所有権移転登記を備えた場合、原則としてＣがＢに所有者として優先することになります。

　不動産の所有権をRWAトークン化したとしても、トークン移転と不動産登記とは当然には連動せず、合意による所有権移転の効果と、不動産登記との不一致が生じることとなります。そのため、トークンホルダーが所有権移転登記を備えない状態で倒産した場合等の局面で、問題が生じる可能性があります。

（3）動産移転の対抗要件について

　対抗要件の具備は、動産の場合にも問題になりえます。本邦での動産の所有権の移転の対抗要件は、動産の占有権の移転です（民法178条）。そして、動産が第三者に寄託されている場合に占有権を移転させるためには、寄託者が受託者に対し、「私はその動産をＡさんに譲渡したから、以後、Ａさんのために預かってほしい」と通知する方法（指図による占有移転）によります（民法184条）。

　このように、不動産や債権譲渡の対抗要件と異なり登記や証書による必要がないこと、かつ、動産に紐づいたトークンの移転はブロックチェーン上に記録されることから、ブロックチェーンの記録が動産の占有移転に係る受託者への指図にあたるとして第三者に対抗できる可能性はあります。

　特に動産の価額が大きくない場合や、財産隠しではない健全な取引である場合、トークンを用いた動産の譲渡が社会的に受け入れられている場合には、ブロックチェーン上の記録による対抗要件具備が破産管財人によって争われる可能性は極めて低いのでは、とも思われますが、リスクがあることは認識しておく必要があるとは思われます。

（4）債権移転の対抗要件について

　本邦での債権の移転の第三者対抗要件は、確定日付のある証書による通知・承諾です（民法467条2項）。一般には、内容証明郵便や公正証書などにより

行うこととなります。トークンの移転と内容証明郵便や公正証書の作成を連動させることには困難がありますので、トークンの移転と権利移転の対抗要件具備のタイミングがずれるという、不動産登記の場合と同様の問題が発生します。

（5）権利の消滅発生構成について

権利が移転するという考え方とは別の発想として、トークンが移転した場合、動産や不動産の引き渡しを求める既存の権利は消滅し、新しい同内容の権利が新トークンホルダーの元で発生する、という構成も考えられます。

銀行間の振り込みや電子マネーの移転は、このような考え方によっているのではと思われ、かつ、社会的にも受け入れられています。

RWAトークンと現物資産の紐づけもそのような構成で有効に移転可能であると思われ、明確ではないものの、例えば前払式支払手段であるNOT A HOTELのメンバーシップNFTの利用権の移転などもこのような考え方によるのでは、と推測されます。

しかしながら、同構成の場合、トークンの移転による権利の移転は発生しないという前提をとる関係上、動産や不動産の所有権はトークンホルダーになく、トークンホルダーはあくまで利用権や引渡請求権しか持たないこととなるため、発行者ないし受託者が倒産した場合にはリスクがある点、留意が必要です。

（6）準拠法について

なお、本「4.対抗要件等の問題」の議論は、動産または不動産の移転については動産または不動産が日本に存在する場合、債権の権利については債権の権利の準拠法が日本法である場合を想定しています。

法の適用に関する通則法13条は「動産又は不動産に関する物権及びその他の登記をすべき権利は、その目的物の所在地法による。」と規定し、同法23条は「債権の譲渡の債務者その他の第三者に対する効力は、譲渡に係る債権について適用すべき法による」としています。

このため、動産や不動産が海外にある場合等には、別途の議論が必要になります。

5.おわりに

　RWAトークンの市場は拡大しており取引額も増加していますが、統計等で用いられる取引額には不動産セキュリティトークンなどのセキュリティトークン（ST）の金額も含まれており、現在のところ、取引額の主要部分はSTなのではないかとも推測されます。

　また、諸外国でのRWAトークンの議論を見ると、たとえば国債のトークン化、社債のトークン化、MMF（マネーマーケットファンド）のトークン化など、RWAトークン＝有価証券であることを当然の前提として議論しているものも見受けられ、日本でのRWAトークンの議論と若干、差異が存在するようにも思われます。

　RWAトークンについては、NFTのブームが一段落したことから、STやNFTの名前を書き換えて新たなバズワードをつくったにすぎない、という批判も存在します。

　このような批判も一定程度は理解できますが、他方、たとえば仮想通貨やブロックチェーン、NFT、DeFiなどの用語をまとめてweb3という用語ができたように、市場が拡大したからこそ新しい用語ができ、新しい用語ができたことによりさらに市場が拡大する、という好循環のケースもまた存在します。

　現物資産をトークン化することにより、移転を自由化・効率化する、小口の投資を可能とする、スマートコントラクトやDeFi等で利用可能にする、という流れは今後ますます拡大していくものと思われます。

　日本でも、現物資産のトークン化を促進するためにはどのような問題があるか、たとえば規制に過不足はないか、トークンの移転に伴って現物資産の権利の移転を同時に行うために現在の民法の対抗要件制度が障害になっていないか、それらの改正の必要性がないか等、検討することが望ましいと思われます。特に、RWAトークンを意識した対抗要件制度の法整備を行うことは、日本法をRWAトークンの準拠法にするインセンティブを世界中に与えると思われ、検討することが望ましいと考えます。

1 出典：CoinMarketCap 時価総額別上位Real World Assetsトークン（https://coinmarketcap.com/ja/view/real-world-assets/）

2 出典：各ウイスキーのウェブサイト（https://www.suntory.co.jp/whisky/products/0000000038/0000000099.html、https://www.pernod-ricard-japan.com/sp/brands/domestic/whisky/chivasregal/）

3 出典：UniCask社、日本ブロックチェーン協会セミナー資料（https://jba-web.jp/cms/wp-content/uploads/2021/10/UniCask-whisky-x-NFT.pdf）10頁

4 リーフ社のPR資料（https://prtimes.jp/main/html/rd/p/000000001.000068455.html）を参考に記載

5 出典：PR TIMES「日本酒のNFTマーケットプレイス「SAKE WORLD NFT」が11月始動」（https://prtimes.jp/main/html/rd/p/000000001.000068455.html）

6 出典：ZPG公式ウェブサイト（https://www.zipangcoin.com/au）

7 出典：JCBAウェブサイト（https://cryptocurrency-association.org/policy/20240404-001/）

8 落合英紀『預託等取引に関する法律の解説』（2022年、金融財政事情研究会）11頁

6

NFTの法律・会計・税務

NFTの会計

課題解決が望まれるweb3の会計
NFTの会計の現在とは

web3ビジネスに関連する会計処理は優先的に取り組んでいくべき課題の一つになっている。NFTについては、特にその設計の柔軟性からさまざまな契約形態を持つ取引が発生する可能性があり、類型化が困難な側面がある。NFTの会計の最新情勢について、トーマツ所属の公認会計士の小笠原啓祐が解説する。

Author

公認会計士（有限責任監査法人トーマツ）

小笠原啓祐　　Ogasawara Keisuke

ゲーム・エンターテインメント業界を中心にIPO準備から上場までを含めて幅広いフェーズでの会計監査及び内部統制構築支援業務を経験。2017年以降は暗号資産交換業者の財務諸表監査及び分別管理監査に従事。2019年から監査アドバイザリー事業部に所属し、暗号資産・ブロックチェーン領域のアドバイザリー業務を担当している。ブロックチェーンに係る講演多数、日本暗号資産ビジネス協会NFT部会／ブロックチェーンゲーム部会幹事。

1.NFTに関する会計処理の現状

　web3ビジネスに関連する会計処理は、自民党web3PTが「NFTホワイトペーパー」「web3ホワイトペーパー」等の中でweb3の推進に向けて対処すべき論点のひとつとして、会計基準の明確化及び暗号資産発行企業等の会計監査の機会確保を挙げるなど、web3ビジネスで優先的に取り組んでいくべき課題のひとつになっています。日本における会計基準の開発は企業会計基準委員会（以下「ASB」といいます）によって行われており、課題解決に向けて基準開発が進められています。また、会計監査上の課題については日本公認会計士協会（JICPA）から業種別委員会研究資料第2号「Web3関連企業における監査受嘱上の課題に関する研究資料」（以下「Web3研究資料」といいます）が公表されています。

web3ビジネスに関連する会計基準は、トークンの法律上の定義をベースに開発がすすめられる傾向にあります。Web3研究資料では、トークン等の法律上の定義とトークン類型ごとの会計基準の定めについてまとめられており（表1参照）、理解の参考となります。

表1　トークン等の法律上の定義とトークン類型の整理

根拠法	法律上の定義	主要なトークン類型の通称	会計基準の定め（保有者）	会計基準の定め（発行者）
金商業等府令	電子記録移転有価証券表示権利等	投資型トークン	実務対応報告第43号「電子記録移転有価証券表示権利等の発行及び保有の会計処理及び開示に関する取扱い」	
資金決済法	暗号資産	その他権利型トークン 無権利型トークン ステーブルコイン	他者発行：実務対応報告第38号「資金決済法における暗号資産の会計処理等に関する当面の取扱い」	該当なし
			自己発行：該当なし	
	電子決済手段	ステーブルコイン	実務対応報告第45号「資金決済法における特定の電子決済手段の会計処理及び開示に関する当面の取扱い」	
なし	なし	SAFT、NFT	該当なし	

※「Web3研究資料」を参考に執筆者が作成

表1に記載のとおり、2024年8月現在NFT固有の会計基準等はありません。しかし、NFTはさまざまな権利・義務関係及び用途に設計可能なため、たとえば通貨のように使われて資金決済法上の暗号資産と見なされる等、表1の他のトークン類型に該当すると判断される可能性もあります。NFTが既存のいずれかの法令に該当する場合（P.272参照）は、適用される可能性のある会計基準の存在に留意する必要があります。会計基準等の定めがない場合は、会社法第431条より、一般に公正妥当と認められる企業会計の慣行に従うことになります。しかし、NFTに関する一般に公正妥当と認められる実務慣行は現時点ではまだ成立しているとは言えない状況です。そのため、トークン設計の性質及び関連する契約を勘案し、会計主体の権利と義務を明確にした上で、既存の会計基準の趣旨及び類似ビジネスにおける実務慣行を参照しながら、最も適切な財務報告が可能となるような会計処理を選択する必要があります。なお、この場合「関連する会計基準等の定めが明らかでない場合」に該当するため、財務諸表において重要と認められるときには、重要な会計方針に関する注記が必要となることには留意が必要です（企業会計基準第24号「会計方針の開示、

会計上の変更及び誤謬の訂正に関する会計基準」（以下「企業会計基準第24号」といいます）第4-2項から第4-4項）。

2.NFT発行者の販売時の会計処理（収益）

(1) 収益認識会計基準等の範囲

　顧客との契約から生じる収益についての会計処理は、企業会計基準第29号「収益認識に関する会計基準」（以下「収益認識会計基準」といいます）及び企業会計基準適用指針第30号「収益認識に関する会計基準の適用指針」（以下「収益認識適用指針」といいます）が適用されます。顧客とは、「対価と交換に企業の通常の営業活動により生じたアウトプットである財又はサービスを得るために当該企業と契約した当事者」（収益認識会計基準第6項）とされており、NFTが「企業の通常の営業活動により生じたアウトプットである財又はサービス」である場合は、収益認識会計基準等を適用することとなります。

　ただし、収益認識会計基準では、その適用範囲について、以下を除くこととされています（収益認識会計基準第3項（7））。

・資金決済に関する法律における定義を満たす暗号資産
・金商業等府令における定義を満たす電子記録移転有価証券表示権利等に関連する取引

　そのため、NFTに関する取引が、資金決済法における暗号資産や金商業等府令における電子記録移転有価証券表示権利等などを伴う取引である場合には、収益認識会計基準の適用対象とはならないことがあります。

　以下においては、NFTの販売に、収益認識会計基準及び収益認識適用指針が適用される場合の会計処理を検討します。

(2) 収益認識のステップ

　収益認識会計基準においては、その会計処理を勘案するにあたり、以下の5つのステップを経ることとされています。

① 顧客との契約を識別する。

② 契約における履行義務を識別する。

③ 取引価格を算定する。

④ 契約における履行義務に取引価格を配分する。

⑤ 履行義務を充足した時にまたは充足するにつれて収益を認識する。

　いずれのステップも重要ですが、NFTビジネスの特性上、②の履行義務の識別については特に留意すべきであると考えられます。NFTビジネスにおいては、トークンの保有者がどのような権利を持つかについて自由な設計が可能であり（P.250参照）、それがNFTの形式でビジネス設計をするメリットのひとつになっています。そのため、トークン保有者がさまざまな権利を有しているケースにおいては、NFT販売者は当該権利の内容に応じて、たとえばトークン引き渡し以外の履行義務も識別し、当該履行義務を充足したときに収益を認識することもあります。履行義務の内容によっては、会計処理の整理に大きな工数がかかる可能性や、想定していた時期での収益計上が不適切と判断される可能性もないとは言い切れません。可能であれば、トークンの設計段階における会計担当者の関与や、監査法人等との早期の協議を検討することが望ましいものと考えられます。

（3）ステップ1：顧客との契約の識別

　収益認識会計基準を適用するにあたっては、次の①から⑤までの要件のすべてを満たす顧客との契約を識別します（収益認識会計基準第19項）。

① 当事者が、書面、口頭、取引慣行等により契約を承認し、それぞれの義務の履行を約束していること

② 移転される財またはサービスに関する各当事者の権利を識別できること

③ 移転される財またはサービスの支払い条件を識別できること

④ 契約に経済的実質があること（すなわち、契約の結果として、企業の将来キャッシュ・フローのリスク、時期または金額が変動すると見込まれること）

⑤ 顧客に移転する財またはサービスと交換に企業が権利を得ることとなる対価を回収する可能性が高いこと

ここで契約とは、法的な強制力のある権利及び義務を生じさせる複数の当事者間における取り決め、とされています（収益認識会計基準第5項）。また、契約における権利及び義務の強制力は法的な概念に基づくものであり、契約は書面、口頭、取引慣行等により成立する、とされています（収益認識会計基準第20項）。そのため、ブロックチェーン上にトークン保有者の権利が記録されているような場合は、当該記録内容は契約内容の一部であると判断できる可能性が高いと考えられます。一方、NFT販売が行われる場合、すべての契約関係がブロックチェーン上に記録されていることはまれであると考えられ、むしろ、NFT販売者とNFT購入者の間での2者間での個別契約や、NFTの流通プラットフォーム等における規約等により、当該トークンに係る契約内容が確定することとなる場合が多いものと考えられます。NFT販売における顧客との契約を識別するにあたっては、販売者と購入者の間でどのような契約が締結されているか、またどのような規約等による合意が形成されているか等を、網羅的に把握できるように留意する必要があります。

（4）ステップ2：履行義務の識別

　顧客との契約後、契約において約束した個別の財またはサービスを評価し、顧客に移転する約束のそれぞれを履行義務として識別します（収益認識会計基準32項）。

　トークンの引き渡しは、NFT販売において顧客と約束している主要な履行義務のひとつであると考えられます。一方で、NFTの実務においては、トークン保有者に対して、トークンの引き渡し後にも一定の権利を付与するようなサービス設計がされる場合も多いものと考えられます。トークン引き渡し後にトークン保有者が行使できる権利に対して、NFT販売者がなんらかの個別の財の引き渡しまたはサービス提供の義務を負っている場合は、当該履行義務を識別する必要があります。

（5）ステップ3：取引価格の算定

　次に、NFT販売における取引価格を算定します。取引価格とは、企業が財またはサービスの顧客への移転と交換に権利を得ると見込む対価の額（ただし、第三者のために回収する額を除く）をいい、取引価格の算定にあたっては、契約条件や取引慣行等を考慮するとされています（収益認識会計基準第47項）。

取引価格の算定にあたっては、現金以外の対価に関する影響を考慮し（収益認識会計基準第48項（3））、契約における対価が現金以外の場合には、当該対価を時価により算定するとされています（収益認識会計基準第59項）。NFT販売にあたっては、法定通貨だけではなく、暗号資産によって決済が行われることも一般的ですが、このような暗号資産を受領した場合には、当該暗号資産の時価によって取引価格を算定することになると考えられます。

（6）ステップ4：履行義務への取引価格の配分

　ステップ3にて算定した取引価格について、ステップ2で識別した履行義務に配分します。この際、契約に単一の履行義務しかない場合には、取引価格の配分の問題は発生しませんが、複数の履行義務が識別されている場合は、取引価格をどのように配分するかについての検討が必要となります。

　それぞれの履行義務（あるいは別個の財またはサービス）に対する取引価格の配分は、財またはサービスの顧客への移転と交換に企業が権利を得ると見込む対価の額を描写するように行うとされており（収益認識会計基準第65項）、その方法として、財またはサービスの独立販売価格の比率に基づき、契約において識別したそれぞれの履行義務に取引価格を配分するとされています（収益認識会計基準第66項）。

　ステップ2においてどのような履行義務が識別されているかにより、取引価格の配分方法は個別に検討する必要があります。識別された履行義務によっては、独立販売価格の見積もりが困難な場合もあると考えられるため、トークン設計の段階においても、当該影響を勘案することが望ましいものと考えられます。

（7）ステップ5：履行義務の充足時期

　企業は約束した財またはサービスを顧客に移転することにより履行義務を充足した時にまたは充足するにつれて、収益を認識するとされています（収益認識会計基準第35項）。この際、識別された履行義務のそれぞれが、一定の期間にわたり充足されるものかまたは一時点で充足されるものかを判定する必要があります（収益認識会計基準第36項）。

　履行義務をトークンの引き渡しと整理するならば、一般的には一時点で充足されるものと考えられます。トークンの移転がブロックチェーン等に記録され

ることを考えると、トークン移転の事実やタイミングについては当該履行義務の充足に関する明確な証憑が残されていると考えられます。一方、それ以外の履行義務が識別されている場合、トークンの引き渡しとは別個の義務として識別されるかどうかを検討します。別個の履行義務と判断され、当該履行義務が一定の期間にわたり充足されるものであるときには、履行義務の充足に係る進捗度を見積もり、当該進捗度に基づき収益を一定の期間にわたり認識することになります(収益認識会計基準第41項)。この場合、ブロックチェーン上のトークン移転の記録とは別に、関係する契約等の取り決めに応じて、履行義務充足の進捗度を合理的に見積もることが必要となります。

3.二次流通ロイヤリティの会計処理（収益）

NFTの二次流通市場において、第三者間で売買が行われた際に、売買代金の一定割合を発行者が二次流通ロイヤリティとして受領する事例が一般的です。こうしたロイヤリティの会計上の整理をするに当たっては、当該ロイヤリティが発行者のどのような履行義務の対価なのか、誰から受領するものか（第三者間の売買における販売者から受領するものか、購買者から受領するものか）を明確にする必要がありますが、現時点の実務慣行ではこのような権利関係が明確になっていないケースもあります。そのため、会計処理の観点からは、二次流通ロイヤリティがどのような財またはサービスの提供に基づいた対価なのか、誰から受領するものかを利用規約や二次流通市場の販売サイトにおいて具体的に明記する等、権利関係を明確にすることが望ましいといえます。

4.NFTトークン製作時の会計処理（棚卸資産、無形固定資産、原価処理）

(1) 総論

前記1.の通り、現時点でNFTを想定した会計基準はないため、NFT製作時の会計処理を検討するに当たっては、トークン設計の性質を勘案し、既存の会計基準及び類似ビジネスにおける実務慣行を勘案しながら、最も適切な財務報告が可能となるような会計処理を選択する必要があります。NFT製作においては、一般的にブロックチェーンやスマートコントラクトに関する開発活動や、表章するアート、音楽、動画等のコンテンツに関する開発活動が行われます。

このようなNFT製作において考慮すべき既存の会計基準としては、以下の研究開発費関係の会計基準等があります。

- 企業会計審議会「研究開発費等に係る会計基準」（以下「研究開発費等会計基準」といいます）
- 移管指針第8号「研究開発費及びソフトウェアの会計処理に関する実務指針」（以下「研究開発費等実務指針」といいます）
- 移管指針第11号「研究開発費及びソフトウェアの会計処理に関するQ＆A」（以下「研究開発費等Q&A」といいます）

　上記の会計基準等を参照して、NFT製作に関する活動及び支出した費用が、研究開発に関するものかまたはソフトウェア開発に関するものかを判断します。これらに該当すると判断されたものについては、上記の会計基準等に基づき会計処理を検討します。一方で、研究開発またはソフトウェア開発に関するものではなく、コンテンツ制作に関するものであると判断されたものについては、明確な会計基準等がないため、関連する会計基準の趣旨と類似するコンテンツビジネスにおける実務慣行を勘案して、会計処理を検討することとなります。

（2）研究開発費の範囲と会計処理

　研究とは、新しい知識の発見を目的とした計画的な調査及び探究をいい、開発とは、新しい製品・サービス・生産方法についての計画もしくは設計または既存の製品等を著しく改良するための計画もしくは設計として、研究の成果その他の知識を具体化することをいいます（研究開発費等会計基準一1）。研究開発の典型例としては、以下のようなものがあります（研究開発費等実務指針第2項より抜粋）。

- 従来にはない製品、サービスに関する発想を導き出すための調査・探究
- 新しい知識の調査・探究の結果を受け、製品化、業務化等を行うための活動
- 従来の製品に比較して著しい違いを作り出す製造方法の具体化
- 新製品の試作品の設計・製作及び実験
- 取得した特許を基にして販売可能な製品を製造するための技術的活動

NFT製作が研究開発に該当すると考えられる場合、研究開発費は全て発生時に費用として処理することになります。なお、ソフトウェア制作費のうち、研究開発に該当する部分も研究開発費として費用処理します（研究開発費等会計基準三）。

（3）ソフトウェアの範囲と会計処理

　研究開発費関係の会計基準等において、ソフトウェアはコンピュータに一定の仕事を行わせるためのプログラム、と定義されています（研究開発費等実務指針第6項）。ソフトウェアとコンテンツは別個のものとされているため、トークン製作がソフトウェアに該当するのか、コンテンツに該当するのかの区別が必要であることに留意してください。

　NFTの製作活動については、スマートコントラクト等に関する製作活動と、表章するデジタルアート、音楽、動画等のコンテンツに関する製作活動が混在するものと考えられます。

　ここで、ソフトウェアとコンテンツが経済的・機能的に一体不可分と認められるような場合は、両者を一体として取り扱うことができるとされています（研究開発費等実務指針第7項）。一体不可分のものとして明確に区分できない場合としては、たとえば、一方の価値の消滅が、他方の価値の消滅に直接結び付く場合が挙げられており、その場合、主要な性格がソフトウェアかコンテンツかを判断して、どちらかにみなして会計処理することになります（研究開発費等実務指針第30項）。

　現時点ではコンテンツに関する製作により多くのコストがかけられるケースが多いと考えられますが、NFT製作がソフトウェアに該当すると考えられる場合は、研究開発費関連の会計基準等に従い会計処理を検討する必要があります。

（4）コンテンツの会計処理

　製作されるNFTがコンテンツに該当すると考えられる場合の会計処理は、明確な会計基準等がないため、関連する会計基準の趣旨と類似するコンテンツビジネスにおける実務慣行を勘案して検討することとなります（研究開発費等Q&A Q8）。

　実務慣行が一定程度確立しており、NFTビジネスと関連性が高いと言える

コンテンツビジネスとしては以下が挙げられます。

- 映像コンテンツ
- ゲームコンテンツ
- 音楽コンテンツ
- 映画、番組コンテンツ

　コンテンツ制作に要した費用については、将来獲得すると見込まれる収益に対応する場合には、当該部分について資産計上されることがあります。資産計上される範囲については各コンテンツ業界において実務慣行が異なるため、その集計については留意が必要です。一般的にはコンテンツ制作の流れとして、企画、製作、複製等の順序を踏んで行くことになりますが、企画段階や制作の初期段階で支出した費用が将来獲得すると見込まれる収益と対応関係があるか否かについては、慎重な検討が必要になるものと考えられます。また、将来獲得が見込まれている収益を上回る費用支出が発生している等、資産性が認められないような場合では、一般的には資産計上することが不適切と考えられる可能性があります。

（ア）コンテンツ制作費用の資産計上区分
　コンテンツ制作費用の資産計上科目としては、棚卸資産と無形固定資産が考えられます。
　棚卸資産は「商品、製品、半製品、原材料、仕掛品等の資産であり、企業がその営業目的を達成するために所有し、かつ、売却を予定する資産の他、売却を予定しない資産であっても、販売活動及び一般管理活動において短期間に消費される事務用消耗品等も含まれる」（企業会計基準第9号「棚卸資産の評価に関する会計基準」（以下「棚卸資産評価会計基準」といいます）第3項）とされています。コンテンツの販売を目的とする場合で、当該定義に当てはまり、資産性がある場合は棚卸資産として計上することになると考えられます。
　一方、コンテンツに資産性があり、当該コンテンツを利用することにより、将来の収益獲得に貢献する場合は、無形固定資産として計上することになると考えられます。

（イ）コンテンツ制作費用の費用化

棚卸資産として資産計上されたコンテンツ制作費用は、将来獲得する収益と対応させて費用化されるべきと考えられます。そのため、獲得できると見込まれる収益総額を見積もって、実際の収益獲得の程度に応じて費用化していく方法や、一つのトークン単位あたりの原価を算定しトークン販売数に応じて費用化していく方法等が考えられます。

無形固定資産として資産計上されたコンテンツ制作費用は、利用可能期間を見積もり、当該年数に応じた減価償却を通じて費用化されているものと考えられます。

（5）資産計上されたNFT製作費用の評価

資産計上されたNFT製作費用については、その計上区分に応じて評価が必要になる点については、留意が必要です。

棚卸資産として計上されたNFT製作費用については、期末における正味売却価額（売価から見積追加製造原価及び見積販売直接経費を控除したもの（棚卸資産評価会計基準第5項））が取得原価よりも下落している場合には棚卸資産評価損を計上する必要があります（棚卸資産評価会計基準第7項）。市場価格が観察できないときは、合理的に算定された価格を売価とし、これには期末前後での販売実績に基づく価額を用いる場合等が含まれます（棚卸資産評価会計基準第8項）。ただし、NFTはその非代替的な性質から、参考となる市場価格が観察できない事例があります。また、NFT市場は十分な流動性がないケースも多くあることから、期末前後での参考となる販売実績がない状況も見受けられます。棚卸資産として計上されたNFTの正味売却価額をどのように見積もるべきかについては、NFTの性質・市場流通状況を勘案して検討する必要があります。

また、無形固定資産として計上されたNFT製作費用については、収益性が低下し当該資産または当該資産を含む資産グループに減損の兆候がある場合には減損損失認識の要否を検討する必要があります（「固定資産の減損に係る会計基準」二2.（1）及び企業会計基準適用指針第6号「固定資産の減損に係る会計基準の適用指針」第18項）。減損の兆候があると判断された場合には、減損損失を認識するかどうかの判定及び使用価値の算定に際して、将来キャッシュ・フローを見積もる必要があります。現時点ではNFTを利用したビジネ

スについては実験的な位置づけで取り組まれることが多く、詳細な中長期計画を策定しないケースもありますが、NFTが無形固定資産として計上される場合には、一定の仮定をおいた中長期的な収支計画を策定する必要があることに留意する必要があります。

5.NFT保有者の会計処理（棚卸資産、原価処理）

　NFT保有者は、トークンを通じて保有する権利やその保有目的に応じて会計処理を検討することになります。

　NFTが、4（4）（ア）に記載した棚卸資産の定義に該当する場合は、棚卸資産として計上することになります。

　また、次に掲げる資産などに該当する場合は、無形固定資産として計上することになります（財務諸表等規則第27条）。

- 特許権
- 商標権
- 実用新案権
- 意匠権
- ソフトウェア
- その他無形資産で流動資産または投資たる資産に属しないもの（版権、著作権、映画会社の原画権等）

　棚卸資産、無形固定資産として資産計上されたNFT取得費用については、前記4（4）（イ）及び4（5）に記載した通り、計上された資産区分に応じて、費用化及び資産評価されることになるものと考えられます。

6.まとめ

　NFTに関連する会計処理について見てきました。繰り返し記載しているように、現時点ではNFTを想定した明確な会計基準等はなく、十分な実務慣行も成立している状況とは言えません。また、NFTについてはその設計の柔軟性から、さまざまな契約形態、経済的実態を持つ取引が発生する可能性があり、

類型化することが困難な側面もあります。NFTに関する個別のプロジェクト
について、関連する法令、契約関係等を勘案し、関連する会計基準の趣旨や類
似ビジネスの実務慣行を参照して、もっとも適切な会計処理が何かを検討する
ことに留意してください。また、収益認識については事業計画とも関連してく
るため、ビジネス設計段階から会計処理を見据えた協議を進めておくことも重
要です。

　以下に、今回参照した関連基準等を記載します。これらは最低限のものであ
り、必ずしも網羅的ではなく、トークンの設計によっては、これら以外の既存
の会計基準等を参照する必要が出てくる可能性があることに留意してください。

▶企業会計基準第29号「収益認識に関する会計基準」
　https://www.asb-j.jp/jp/wp-content/uploads/sites/4/
　ikan_20240701_36.pdf
▶企業会計基準適用指針第30号「収益認識に関する会計基準の適用指針」
　https://www.asb-j.jp/jp/implementation_guidance/y2021/2021-
　0326-02.html
▶企業会計審議会「研究開発費等に係る会計基準」
　https://www.fsa.go.jp/p_mof/singikai/kaikei/tosin/1a909e1.htm
▶移管指針第8号「研究開発費及びソフトウェアの会計処理に関する実務指針」
　https://www.asb-j.jp/jp/wp-content/uploads/sites/4/
　ikan_20240701_17.pdf
▶移管指針第11号「研究開発費及びソフトウェアの会計処理に関するQ＆A」
　https://www.asb-j.jp/jp/wp-content/uploads/sites/4/
　ikan_20240701_23.pdf
▶企業会計基準第9号「棚卸資産の評価に関する会計基準」
　https://www.asb-j.jp/jp/wp-content/uploads/
　sites/4/20200331_03.pdf
▶企業会計審議会「固定資産の減損に係る会計基準」
　https://www.fsa.go.jp/news/newsj/14/singi/f-20020809-1/
　f-20020809c.pdf
▶企業会計基準適用指針第6号「固定資産の減損に係る会計基準の適用指針」
　https://www.asb-j.jp/jp/wp-content/uploads/sites/4/

ikan_20240701_40.pdf

▶実務対応報告第38号「資金決済法における暗号資産の会計処理等に関する当面の取扱い」

https://www.asb-j.jp/jp/wp-content/uploads/sites/4/ikan_20240701_52.pdf

▶企業会計基準第10号「金融商品に関する会計基準」

https://www.asb-j.jp/jp/wp-content/uploads/sites/4/ikan_20240701_31.pdf

▶移管指針第9号「金融商品会計に関する実務指針」

https://www.asb-j.jp/jp/wp-content/uploads/sites/4/ikan_20240701_19.pdf

▶企業会計基準第24号「会計方針の開示、会計上の変更及び誤謬の訂正に関する会計基準」

https://www.asb-j.jp/jp/wp-content/uploads/sites/4/zeikouka20221028_11.pdf

▶実務対応報告第43号「電子記録移転有価証券表示権利等の発行及び保有の会計処理及び開示に関する取扱い」

https://www.asb-j.jp/jp/wp-content/uploads/sites/4/ikan_20240701_54.pdf

▶実務対応報告第45号「資金決済法における特定の電子決済手段の会計処理及び開示に関する当面の取扱い」

https://www.asb-j.jp/jp/wp-content/uploads/sites/4/ikan_20240701_55.pdf

　なお、当セクションの記載は執筆者（小笠原）の私見であり、所属組織の公式見解ではないことにご留意ください。

NFTの法律・会計・税務

❰ NFTの税務 ❱

複雑化するNFTの税務
押さえておきたい基本事項

NFTに紐づけられた権利や資産が存在するか、それはどのようなものであるかが、課税関係を判断する際の重要な考慮要素となる。複雑化するNFTの税務の基本事項とはどのようなものなのか。暗号資産・NFTなどに関する研究論文を多数発表している東洋大学の泉絢也准教授が解説する。

Author

東洋大学法学部准教授・税理士
泉 絢也　　　　　Izumi Junya

（一社）アコード租税総合研究所研究顧問。クリプト税制研究者として、暗号資産・NFTなどに関する研究論文多数。税理士として、暗号資産・NFT・ブロックチェーンゲームの個別相談、当局への照会、税務調査の案件に関与。共著に『事例でわかる！NFT・暗号資産の税務』（中央経済社）などがある。

はじめに

　以下では、NFTの税金について、各税目（所得税、法人税、消費税、相続税、贈与税）における基本的な取り扱いや、日本に住んでいる一般の読者の方々にとってなじみのある取引に絞って、解説します。なお、本セクションの内容については、拙著『事例でわかる！NFT・暗号資産の税務』（藤本剛平先生との共著、中央経済社）によるところが大きいことをお断りしておきます。

1.NFTなど新しく登場したものと税金

　NFT（Non-Fungible Token、非代替性トークン）というこれまで存在しなかった新しいモノを取引して利益を得た場合や、ブロックチェーンゲームと

いうこれまで存在しなかった新しいゲームを通じて利益を得た場合には、これらに直接的に対応するための税金のルールはつくられていないため、税金は課されないのでしょうか。そんなことはありません。

　日本国憲法では、税金のルールの根幹は必ず法律でつくらなければならないとされています（憲法30条、84条）。あるモノに対して課税する定めが法律にない場合には、国民はそのあるモノを課税の対象に入れて、税金を計算し、申告する必要はありませんし、税務署も税金を課すことはできません。

　現在、税法の条文中には暗号資産に係る特別の定めを設けているものが複数存在します。しかし、NFTやブロックチェーンゲームという語を直接的に用いている条文は存在しません。後で見る国税庁のタックスアンサーやFAQは法律ではありません。よって、これらは直接的には、納税者や裁判所を法的に拘束するものではないことに注意してください。

　そうであるからといって、このように税法に特別の定めがないNFT取引（NFTを用いた取引）やブロックチェーンゲームから生じた利益には課税されないという帰結になるわけではありません。なぜなら、既存の税法は、課税の対象を広めに設定しているからです。通常、税法の条文は、「NFTを販売して得た利益やブロックチェーンゲームをプレイしたことにより得た利益には所得税を課する」「相続によりNFTを取得した場合には相続税を課する」といったように、1つひとつ個別具体的に課税の対象を明記するような書き方をしていません。たとえば、所得税であれば、個人が1年間に得た所得（経済的利得）に対して税金が課せられるような書き振りになっています。主な税金の種類と課税の対象は表1のとおりです。

　表1に記載されているとおり、それぞれの税金の課税対象は所得や資産の譲渡などとなっています。これらは、税金を負担する能力を表す指標のようなものです。それぞれの税金における課税対象は、抽象的で、かつ、射程範囲が広

表1　税金の種類と課税の対象

税金の種類	課税の対象
所得税	個人の所得
法人税	法人の所得
消費税	事業者による資産の譲渡、資産の貸付け、役務の提供等
相続税・贈与税	個人が相続や贈与等によって取得した財産

いことがわかります。

　たとえば、所得とは広く経済的利得を意味するものと考えておきましょう。そうすると、NFTやブロックチェーンゲームという新しいモノが社会に登場した場合であっても、各税法において新たにNFTやブロックチェーンゲームの定義を設けてこれらに課税するための条文を作ることをしなくても、NFT取引やブロックチェーンゲームのプレイから経済的利得を得ているといえるのであれば、所得税や法人税が課税されることになります。また、個人が相続等により経済的価値のあるNFTを取得した場合には相続税が課されることになります。

2.NFTと所得税

(1) NFT取引と所得税の課税の対象

　たとえば、個人が、自身の保有するNFT①と他人が保有するNFT②を交換したとしましょう。このような取引（から得るもの）は所得税の課税の対象になりえます。ただし、所得とは経済的利得であることからすると、取引の対象となるNFTには経済的価値があることが前提になります。上記の交換取引の税金がいくらになるかを考える場合、NFT②の経済的価値に着目しますが（所得税法36条）それはNFT①の経済的価値と無関係ではありません。

　ここでいう経済的価値は、個人が「このNFTに紐づけられた画像は自分のお気に入りだから、保有しているNFTのなかでもっとも価値がある」とか、「このNFTは自分が最初につくったNFTだから10万円積まれても売らないけど、100万円積まれたらちょっと考える」といったような、主観的な価値ではありません。それは、客観的な意味における経済的価値です。「不特定多数の当事者間で自由な取引が行われた場合に通常成立すると認められる価額」が存在するか否かが問われていると解しておいてもよいでしょう。

　もっとも、問題となるNFTについて、客観的な意味における経済的価値があるか、あるとしてもいくらの経済的価値があるのかがわからないというケースもあります。そこで、国税庁は、問題となるNFTが客観的な意味における経済的価値を有しているか否かについて、直接的ではなく間接的に判断するような方法を提示しています。 たとえば、 国税庁は、 タックスアンサーNo.1525-2「NFTやFTを用いた取引を行った場合の課税関係」(以下、単に「タッ

クスアンサー」といいます）において次のとおり説明しています。

　いわゆるNFT（非代替性トークン）やFT（代替性トークン）が、暗号資産などの財産的価値を有する資産と交換できるものである場合、そのNFTやFTを用いた取引については、所得税の課税対象となります。

　※　財産的価値を有する資産と交換できないNFTやFTを用いた取引については、所得税の課税対象となりません。

　タックスアンサーにおける暗号資産などの「財産的価値を有する資産と交換できるもの」である場合という記述の背後には、問題となるNFTが財産的価値を有するものであるからこそ、暗号資産などの財産的価値を有する資産と交換できるという理解がありそうです。

　ただし、譲渡可能性に注目し、所得税の課税対象となるNFTは「他の資産と交換できるもの」＝「譲渡可能なもの」であるという理解をタックスアンサーの背後に読み込むことも可能です。このような理解に基づく場合、出席証明の用途などに用いられるNFT、すなわちPOAP（ポープ＝Proof of Attendance Protocol）として用いるため譲渡不可能に設計しているNFT（SBT：ソウルバウンドトークン）などが所得税の課税の対象から外れることになります。そうはいっても、そのようなPOAPのミントに関連して金銭のやりとりが発生する場合はなんらかの課税関係が生じますし、譲渡「不可能」なものを「可能」にする道が残されていると、議論はややこしくなります。

　もっとも、上記のタックスアンサーは、わざわざ「財産的価値を有する資産」と表現していますので、主として、NFTが「財産的価値を有する資産と交換できるもの」であることに注目しているといえるでしょう。

国税庁によるNFT、FT、トークンの定義

　タックスアンサーは、NFT、FT、トークンという語の定義を示していません。一般に、トークンとは、分散型台帳技術によって発行管理されている電子証票（デジタルトークン）であり、デジタル資産の一種です。通常、トークンには、暗号資産、NFT、ステーブルコインなどが含まれるため、タックスアンサーも暗号資産やNFTの上位概念としてトークンという語を使用しているようです。ただし、

後述する（5）のFAQは、ゲーム内でしか使用できないものも「トークン」と呼んでおり、より広い用語法を採用しています。

　国税庁の「NFTに関する税務上の取扱いについて（FAQ）」（令和5年1月13日）（以下、単に「FAQ」といいます）は、NFTとは、「ブロックチェーン上で、デジタルデータに唯一の性質を付与して真贋性を担保する機能や、取引履歴を追跡できる機能をもつトークン」であると説明しています。FTについて、国税庁は定義していませんが、タックスアンサーでは「代替性トークン」と訳されています。

　ファンジブル（代替性）とは、当事者が、同様の種類、品質、等級をもつ他のものと相互に交換可能であるとして受け入れることをいとわない性質をいいます。国税庁は、この意味でファンジブルなトークンをFT、ファンジブルではないトークンをNFTと呼んでいると理解しておけばよいでしょう。

（2）NFT取引の所得区分

　所得税法は、表2のとおり、所得をその源泉や性質によって10種類に分けて、それぞれに適した所得金額の計算方法を定めています。

　所得区分の中には、たとえば、2分の1課税が適用される退職所得、長期譲

表2　10種類の所得区分

所得区分	収入の具体例	所得金額の原則的な計算方法
利子所得	国債・社債・預貯金の利子	収入金額
配当所得	株式の配当金	収入金額－元本取得に要した負債利子の額
不動産所得	賃貸不動産の貸付収入	総収入金額－必要経費
事業所得	個人商店の営業収益、NFTクリエイターのNFT販売収入	総収入金額－必要経費
給与所得	給与、賃金、歳費、賞与	収入金額－給与所得控除額
退職所得	退職金	（収入金額－退職所得控除額）×1/2
山林所得	所有期間5年超の山林を伐採して譲渡した場合又は立木のまま譲渡した場合の収入	総収入金額－必要経費－特別控除額 ※税額計算：（課税山林所得金額×1/5×税率）×5
譲渡所得	不動産、株式、美術品等の資産の譲渡収入	総収入金額－（取得費＋譲渡費用）－特別控除額 ※所有期間が5年を超えている資産などが対象となる長期譲渡所得は一時所得と合算して1/2を課税対象
一時所得	懸賞金、競馬の払戻金、法人からNFTのエアドロップ	総収入金額－収入を得るために支出した金額－特別控除額 ※長期譲渡所得と合算して1/2を課税対象
雑所得	暗号資産の譲渡収入ほか、上記9種類のいずれにも該当しないもの	①＋②　①公的年金等 　　　　　収入金額－公的年金等特別控除額 ②上記以外 　総収入金額－必要経費

表3　NFT取引の態様と所得区分

NFTの取引の態様		所得区分
役務提供などによるNFTの取得	役務提供の対価として取得した場合	事業所得、給与所得、雑所得
	臨時・偶発的にNFTやFTを取得した場合	一時所得
	上記以外の場合	雑所得
NFTの譲渡	譲渡したNFTが譲渡所得の基因となる資産に該当する場合（その所得が譲渡したNFTの値上がり益（キャピタルゲイン）と認められる場合）	譲渡所得。譲渡が、営利を目的として継続的に行われている場合は、雑所得又は事業所得
	上記以外の場合	雑所得（規模等によっては事業所得）

渡所得（ただし、株式や不動産は他の所得と合算せずに所得を計算する分離課税の対象であり、2分の1課税の適用はありません）、一時所得などが存在します。このように、所得区分によって税金の負担の軽重が変わります。

　それでは、NFTが所得税の課税対象となる場合の所得区分はどうなるのでしょうか。タックスアンサーは、おおむね表3のような所得区分になると整理しています。

　NFTには、なんらかの権利や資産と紐づけ（関連づけ）られているものがありますが、その紐づけられている資産や権利は多種多様ですし、他方で何も紐づけられていないものも存在します。このように、ひとくちにNFTといっても様々なものがあるため、NFT取引の所得区分についてもう少し具体的な資料や情報を提供してもらいたいという方もいらっしゃるでしょう。

　そこで、筆者が情報公開により入手したFAQの作成時に係る内部決裁資料（スライド）の記述を確認してみましょう。国税庁の担当者は、この段階では、トークンの類型・具体例と所得区分について、表4のとおり整理していました。

表4　トークンの類型・具体例と所得区分

区分例			具体例	所得区分
NFT（非代替性トークン）	資産タイプ	デジタル資産	美術品（複製）・ゲームのキャラクター・トレーディングカード	譲渡所得（雑・事業所得）
		鑑定書	美術品（原本）・書籍・音楽	
FT（代替性トークン）	資産タイプ	株式	ガバナンストークン	
		社債・優先株	セキュリティトークン・イニシャルコイン	
		その他	ゲームのアイテム	
	通貨タイプ	暗号資産	ビットコイン・イーサ	雑所得（事業所得）
		その他	ステーブルコイン・ゲーム内通貨	

上記資料では、トークンは、NFTとFTとに区分され、さらに資産タイプと通貨タイプに区分されることと、一般的に、資産タイプは譲渡所得、通貨タイプは雑所得に区分されると考えられるという説明がなされています。

> ### 譲渡所得は単なる資産の譲渡による所得ではない？
>
> 　譲渡所得は、資産（譲渡所得の基因となる資産）の譲渡による所得です（所得税法33条1項）。ただし、譲渡をした場合に譲渡所得になりうる資産とは、一般的な意味での資産とは少し異なるものです。
>
> 　譲渡所得の基因となる資産について、国税庁は、棚卸資産、金銭債権、外国通貨、暗号資産などを除く一切の資産であって、借家権または行政官庁の許可、認可、割り当て等により発生した事実上の権利も含まれると解しています。一般的な意味での資産に含まれるものであっても、値上がり益が生じない資産であると国税庁が考えるものは、譲渡所得の基因となる資産に該当しない（よって、これらを譲渡して得た所得は譲渡所得には該当しない）と解しているのです（所得税基本通達33-1等）。
>
> 　所得税法上、営利を目的として継続的に行われる資産の譲渡による所得や、山林の伐採または譲渡による所得は、「資産の譲渡」により得たものであるとしても、譲渡所得からは除かれています（所得税法33条2項）。
>
> 　譲渡所得が課税しているのは、資産の譲渡益そのものというよりも、キャピタルゲイン＝資産の値上がり益であると解されています。そして、譲渡所得の本質は、外部的な要因や条件によってもたらされた価値の増加益（増価益）であると理解されています。このため、棚卸資産の譲渡による所得といった納税者自身の努力や成果といえるような価値の増加益は譲渡所得に該当しないのです。

（3）NFTを組成して第三者に譲渡した場合（一次流通）

《所得税の課税対象と所得区分》

　NFTクリエイターなどの個人がNFTを組成して第三者に譲渡した場合（一次流通）について、FAQは次のとおり説明しています。

> 問　私は、デジタルアートを制作し、そのデジタルアートを紐づけたNFTをマーケットプレイスを通じて第三者に有償で譲渡しました。これにより、NFTを購入した第三者は、当該デジタルアートを閲覧することができるようになります。

この場合の所得税の取扱いを教えて下さい。

（答）デジタルアートを制作し、そのデジタルアートを紐づけたNFTを譲渡したことにより得た利益は、所得税の課税対象となります。

【解説】
○　所得税法における所得とは、収入等の形で新たに取得する経済的価値と解されており、ご質問の場合、収入等の形で新たに経済的価値を取得したと認められることから、所得税の課税対象となります。
○　ご質問の取引は、「デジタルアートの閲覧に関する権利」の設定に係る取引に該当し、当該取引から生じた所得は、雑所得（又は事業所得）に区分されます。

個人が経済的価値のあるものを収入した場合には、原則として、所得税が課税されます（所得税法36条）。その所得が、10種類のうちのどの所得区分に分類されるかは、どのようにして、どのような原因でその所得を得たかなどが考慮されて決まります。

FAQでは、デジタルアートを制作し、そのデジタルアートを紐づけたNFTを第三者に有償で譲渡した取引は「デジタルアートの閲覧に関する権利」の設定に係る取引であることに着目して、所得区分の判断がなされています。結論として、FAQは、当該取引から生じた所得は、雑所得（または事業所得）に区分されるとしています。

ここでいう「デジタルアートの閲覧に関する権利」は著作権者による利用の許諾（著作権法63条）が必要な行為に係るものではないことを前提としている可能性があるものの、具体的な権利内容は明らかにされていません。実際にX（旧Twitter）のプロフィール画像などで使用されるPFP用のNFTの保有者について考えてみると、次のとおり、さまざまな疑問が出てきます。

・そのNFTに関して何らかの権利を有しているのか
・何らかの契約上の地位を有しているのか
・閲覧すること自体は誰でも可能であって権利というべきものは保有していないのではないか
・何らかの原因で当初のデジタルアートが閲覧不能となった場合、NFT保有

者は著作権者等に何らかの請求を行うことができるか

　NFTによっては実在する資産の権利を表章しているものもありますし、その法律関係については個々の利用規約、合意内容等に応じて種々のパターンが考えられます（P.250参照）。よって、FAQを参考にして具体的なケースの課税関係を考えようとしても、当該ケースにFAQの回答がそのまま当てはまるのかどうかについて不安が残ります。結局、FAQを参考にしつつも、個々の事例に即して課税関係を考察する必要があります。
　上記のほか、次の点にも注意しましょう。

- 譲渡所得や事業所得の場合と異なり、雑所得の金額の赤字（損失）は他の所得と損益通算することはできず、雑所得の黒字と相殺（雑所得同士での通算）のみ可能であること（所得税法35条2項、69条1項）。
- FAQは言及していませんが、二次流通の場合にクリエイターが得るロイヤリティも所得税の課税対象になること

《雑所得の金額の算式》
　設例の場合について、FAQは、次の算式により雑所得の金額を計算するとしています。

【算式】
雑所得の金額 ＝ NFTの譲渡収入 ― NFTに係る必要経費

　いくつか注意点があります。第1に、FAQは、NFTの譲渡収入について、マーケットプレイス内で通貨として流通するトークンで受け取った場合にはそのトークンの時価が譲渡収入になるとしています。それでは、そのトークンが暗号資産などの財産的価値を有する資産と交換できないなどの理由により、時価の算定が困難な場合にはどうなるのでしょうか。この場合には、譲渡したNFTの市場価額（市場価額がない場合には、譲渡したNFTの売上原価等）をそのトークンの時価と取り扱って差し支えないとしています。
　また、FAQは、NFTに係る必要経費とは、NFTの譲渡収入を得るために必要な売上原価の額と、販売費及び一般管理費の額などをいうとしています。一

般には、画像編集ソフトなどNFTを制作するために必要なソフトウェアの購入費用やサブスクリプション費用、パソコンやタブレットの購入費用（減価償却費）に加えて、通信費、支払い手数料などが必要経費に含まれると考えられています。ただし、FAQは、NFTの売上原価について、そのNFTを組成するために要した費用の額となり、デジタルアートの制作費は含まれないとしています。設問のように、NFTの第三者への譲渡が「デジタルアートの閲覧に関する権利」の設定に係る取引である場合には、その紐づけられているデジタルアートないしその著作権自体を譲渡するものではないため、デジタルアートの制作費をNFTの売上原価として収入金額から控除することは認めないという理解がその背後にあるのでしょう。

　いずれにしても、上記に掲げたものも含めてNFTに関連する個々の費用をデジタルアートの制作費に含めるのか否かによって、NFTに係る必要経費の額、ひいては所得金額が大きく異なることになります。

■（4）購入したNFTを他者に転売した場合（二次流通）

《所得税の課税対象と所得区分》

　個人が購入したNFTを他者に転売した場合（二次流通）の所得税について、FAQは次のとおり説明しています。

問　私は、デジタルアートの制作者からデジタルアートを紐づけたNFTを購入し、当該デジタルアートを閲覧することができました。今般、マーケットプレイスを通じて、当該NFTを第三者に有償で転売しました。これにより、私が有していた「デジタルアートの閲覧に関する権利」は、第三者に移転することになります。この場合の所得税の取扱いを教えて下さい。

（答）デジタルアートを紐づけたNFTを転売したことにより得た利益は、所得税の課税対象となります。

【解説】

○　所得税法における所得とは、収入等の形で新たに取得する経済的価値と解されており、ご質問の場合、収入等の形で新たに経済的価値を取得したと認められることから、所得税の課税対象となります。

○ ご質問の取引は、「デジタルアートの閲覧に関する権利」の譲渡に該当し、当該取引から生じた所得は、譲渡所得に区分されることになります。
（注）そのNFTの譲渡が、棚卸資産若しくは準棚卸資産の譲渡又は営利を目的として継続的に行なわれる資産の譲渡に該当する場合には、事業所得又は雑所得に区分されます。

FAQは、設問の取引が「デジタルアートの閲覧に関する権利」の譲渡に該当することを前提として、当該取引から生じた所得は譲渡所得に区分されるという見解を明らかにしています。

前記（3）の一次流通の設例において、FAQは、デジタルアートを制作したクリエイターがそのアートを紐づけたNFTを譲渡した場合の所得については、原則として雑所得、場合によっては事業所得であるという見解を示していました。この一次流通の場合の設例は、「デジタルアートの閲覧に関する権利」の設定に係る取引であり、著作権の譲渡に係る取引ではありませんし、その他の資産の譲渡に係る取引でもないため、当該取引から生じた所得は、譲渡所得に該当せず、雑所得（または事業所得）に区分されるという整理がなされているものと考えます。

他方で、上記の二次流通の場合においてFAQが示した設例は「デジタルアートの閲覧に関する権利」の譲渡に係る取引であり、当該取引から生じた所得は、この意味で（譲渡所得の基因となる）資産の譲渡による所得であるといえることから、FAQは譲渡所得に該当すると回答しているということです。

ところで、通常、譲渡所得の場合、長期間所有している資産の譲渡（取得の日後、5年を超えて所有している資産の譲渡）に係る所得であれば、長期譲渡所得として、課税対象が2分の1になります。そうすると、譲渡所得となりうるNFTを購入した後は、「譲渡したら課税されるから譲渡しない」とか、「長期譲渡所得の2分の1課税の適用を受けたいので、5年間は二次流通に出さない」と考える方が出てくるかもしれません。NFT取引で得た所得が、譲渡所得になりうるということは、NFTの需要や二次流通市場への供給などに影響がありそうです。ただし、保有するNFTの価格が5年もの間にわたり維持されるかどうかは不明であり、数年後には購入した価格以上で譲渡することができない状況となっている事態も想定されるため、上記の影響は小さいかもしれません。

NFTの譲渡による所得が譲渡所得に該当しうるとしても注意すべき点があ

ります。

　まず、譲渡所得は継続的な譲渡から生じるものではないため、雑所得や事業所得と比較して、控除できる経費の範囲が狭くなり、収入から控除できる費用はNFTの取得費と譲渡のための費用に限定されます。つまり、SNSでの広告やイベント参加費などの広告宣伝費、販売促進費、旅費交通費のほか、通信費、事務用品費、交際費、税理士報酬などは、原則として控除できません。

　次に、問題となるNFT取引が何らかの権利の譲渡など譲渡所得の基因となる資産の譲渡に該当する場合であっても、その取引から生じる所得が常に譲渡所得に該当するというわけではありません。前記（2）のとおり、営利を目的として継続的に行われる資産の譲渡による所得や、山林の伐採または譲渡による所得は譲渡所得から除かれているからです。たとえば、個人がNFTを頻繁に売買している場合のNFTの譲渡は、営利を目的に継続的に行われる資産の譲渡に該当し、譲渡所得ではなく事業所得や雑所得として扱われる可能性が高くなります。

> ## デジタルアートのNFTの譲渡益の非課税可能性とNFT取引の着眼点
>
> 　一般に、個人の方が、業務用ではなく自分で使用していた衣服、30万円以下の宝石類や実物絵画などの生活用「動産」を譲渡して得た所得については、所得税が非課税となります。他方で、その譲渡により損失が出る場合には、所得税の計算上、その損失はなかったものとされます（所得税法9条1項9号・2項1号、所得税法施行令25条）。
>
> 　NFTの場合はどうなるのでしょうか。国税庁の見解は明らかにされていませんが、実物絵画の所有権を紐づけたNFTの譲渡は上記のように、譲渡益が非課税となる可能性があります。他方で、上記の非課税の取り扱いは「動産」に限って認められているため、デジタルアートに関する権利と紐づけたNFTの譲渡に対しては適用されず、非課税とはならない可能性が高いでしょう。
>
> 　デジタルアートに関するものに限らず、NFTを売買する、販売すると表現した場合に、関係当事者は、究極的にはその紐づけられている権利や資産を売買の目的物または取引の対象として考えているという関係当事者の意思や、（ここは様々な議論があるのですが）NFTの価値の源を考えると、NFTに紐づけられた権利や資産はNFT取引において重要な要素であると思います。そうであれば、税金の取り扱いを検討する際には、基本的には、NFTに紐づけられた（NFTが

表象する）権利や資産に着目することになるでしょう。

　例えば、アメリカの国税庁もNFTに関連する権利や資産に着目するルックスルー（look through）アプローチにより、NFTの課税関係とりわけ連邦所得税法上の収集品該当性を判断するという考え方を提案しています（Notice 2023-27）。このような考え方に対して、この点だけが唯一の考慮事項ではないことを指摘する見解があります（NYSBA, Report on Notice 2023-27 and Non-Fungible Tokens（NFTs）(2023)）。また、NFTはそれが表章する資産とは別個のものであるとみなすべきではないという点に同意しつつ、ルックスルーアプローチが参照する特性をガイダンスで明確にすべきであるという見解も示されています（ABA Section of Taxation, Comments on Notice 2023-27, 14 (2023)）。

（5）ブロックチェーンゲームの報酬としてゲーム内通貨を取得した場合

　FAQは、ブロックチェーンゲームの報酬としてゲーム内通貨を取得した場合の課税関係について、次のとおり説明しています。

> 問　私は、ブロックチェーンゲームをプレイし、その報酬として、ゲーム内通貨（トークン）を取得しました。この場合の所得税の取扱いを教えてください。
>
> （答）ブロックチェーンゲームで得た報酬は、原則として、所得税の課税対象となります。
>
> 【解説】
> ○　所得税法における所得とは、収入等の形で新たに取得する経済的価値と解されており、ご質問の場合、収入等の形で新たに経済的価値を取得したと認められることから、所得税の課税対象となります。
>
> 　ただし、そのゲーム内通貨（トークン）が、ゲーム内でしか使用できない場合（ゲーム内の資産以外の資産と交換できない場合）には、所得税の課税対象となりません。

　FAQでは、ブロックチェーンゲームの報酬は雑所得に区分され、その金額

は次の算式で求めることになるとされています。

> 【算式】
> 雑所得の金額＝ブロックチェーンゲームの収入金額－ブロックチェーンゲームの必要経費

　この場合のブロックチェーンゲームの収入金額は、「ブロックチェーンゲームで得たゲーム内通貨（トークン）の総額」であり、ブロックチェーンゲームの必要経費は、「ブロックチェーンゲームの報酬を得るために使用したゲーム内通貨（トークン）の取得価額の総額」であるとされています。

　詳細な説明は省略しますが、FAQの記載振りからすると、国税庁は、通常、業務的規模でゲームプレイが行われていないことを前提として、税理士報酬などの（収入を得るために直接要した費用以外の）いわゆる業務関連費用と呼ばれるものの類は必要経費に算入できないと考えている可能性があります。ただし、公式見解は示されていないので課税実務の動向を注視しておく必要があります。

　また、注目すべきことに、FAQは、ブロックチェーンゲームにおいては、ゲーム内通貨（トークン）の取得や使用が頻繁に行われ、取引のつどの評価は煩雑と考えられることから、ゲーム内通貨（トークン）ベースで所得金額を計算し、年末に一括で評価する方法（簡便法）で雑所得の金額を計算して差し支えないとしています。

> 【簡便法】
> ・その年の12月31日に所有するゲーム内通貨（トークン）の総額
> －その年の1月1日に所有するゲーム内通貨（トークン）の総額
> －その年に購入したゲーム内通貨（トークン）の総額
> ＝ゲーム内通貨（トークン）ベースの所得金額
>
> ・ゲーム内通貨（トークン）ベースの所得金額×年末の暗号資産への換算レート
> ＝雑所得の金額
> 　（注）年の中途で、暗号資産に交換したゲーム内通貨（トークン）がある場合には、交換で取得した暗号資産の価額を雑所得の金額に加算します。

・ゲーム内通貨（トークン）が暗号資産と交換できないなど時価の算定が困難な場合には、雑所得の金額は0円として差し支えありません。

※　この場合、「ゲーム内通貨（トークン）」を「暗号資産と交換できる他のトークン」に交換した時点で、当該トークンの価額を雑所得として申告することとなります。

もっとも、ゲーム内通貨（トークン）の定義が明確ではないという問題があり、次のような疑問が残ります。

- ゲーム内通貨やトークンとは何か
- ゲーム内で通貨として機能するものであれば、暗号資産やNFTも含めて／に限らず、すべてゲーム内通貨に含まれるのか
- 通貨とはいいがたいゲーム内アイテムはどうなるのか

簡便法の法的根拠の問題はありますが、せっかく簡便法を認めているのですから、定義をはっきりさせておくべきでしょう。

なお、前記（2）の筆者が情報公開により入手した内部決裁用資料においては、ゲーム内通貨（トークン）は「通貨型NFT」と表現されていました。しかしゲーム内通貨は、NFTではなくFTの形態であることが一般的です。前記表4「トークンの類型・具体例と所得区分」によれば、通貨タイプのFTと見るのが妥当でしょうか。この表では通貨タイプのNFTという区分は設けられていないこと、実際にはブロックチェーンではなくサーバー内のデータとしてゲーム内通貨が発行されるケースもあることに注意してください。

■（6）不正アクセスによりNFTが消失した場合

第三者の不正アクセスにより、個人が保有するNFTが消失した場合（スパム行為により窃取された場合を含む）、事業所得または雑所得に係る損失として必要経費に算入できる、あるいは雑損控除として所得から控除できる可能性があります（所得税法51条、72条）。FAQは、次のとおり説明しています。

問　私は、デジタルアートの制作者からデジタルアートを紐づけたNFTを購入し、

当該デジタルアートを閲覧することができました。今般、第三者の不正アクセスにより、購入したNFTが消失しました。この場合の所得税の取扱いを教えてください。

（答）第三者の不正アクセスにより、購入したNFTが消失した場合の所得税の取扱いは、次のとおりです。
・そのNFTが生活に通常必要でない資産や事業用資産等に該当せず、かつ、そのNFTの消失が、盗難等に該当する場合には、雑損控除の対象となります。
・そのNFTが事業用資産等に該当する場合には、その損失について、事業所得又は雑所得の金額の計算上、必要経費に算入することができます。

　注意すべきは、「NFTが生活に通常必要でない資産や事業用資産等に該当せず、かつ、そのNFTの消失が、盗難等に該当する場合には、雑損控除の対象」になるとされている点です。例えば、NFTが主として趣味、娯楽、保養または鑑賞の目的で所有する資産に該当する場合には、「生活に通常必要でない資産」に当たるので雑損控除の適用を受けることはできないことになります。また、FAQでは、「事業用資産等」とは「棚卸資産又は業務の用に供される資産（繰延資産のうち必要経費に算入されていない部分を含みます）及び山林」をいうとしています。要するに、雑損控除の対象になるのは、個人的な趣味や観賞用ではなく、かつ、事業的規模ではない、雑所得を生ずべき業務の用に供されているようなNFTが盗難された場合に限定されているということになります。ただし、単純にNFTに紐づけられた権利や資産に着目して判断してよいかという問題があります。
　なお、対象となる損失額は次のとおりです。

表5　損失の計上方法と対象となる損失額

損失の計上方法	対象となる損失額
①雑損控除を適用する場合	NFTが消失した時点の時価。時価がわからない場合には、そのNFTの購入金額として差し支えない。
②必要経費に算入する場合	NFTの帳簿価額

3.NFTと法人税

(1) NFT取引と法人税の課税の対象

　法人税は、所得税と同様に、所得に対して課される税金です。よって、NFT を組成して販売するにしても、購入したNFTを転売するにしても、あるいは 資産や役務を提供してその見返りとしてNFTを得たとしても、それによって 利益が出れば所得として法人税の課税の対象になります。もっとも、法人の所 得は、個人の所得のように10種類に区分されていないので、この点だけを見 ればシンプルな取り扱いになっています。

　法人税法上の所得の金額は、益金の額から損金の額を控除して算出します。 益金の額の大部分は収益の額で構成されており、それは企業会計上の収益とほ ぼ同じです。ただし、企業会計上の収益に該当しても、法人税法上の益金の額 に算入しない特別の定めもあります。株式の受取配当金を益金に算入しない規 定はその1つの例です（法人税法22条1項・2項、23条）。

　損金の額は、原価・費用・損失の額ですから（法人税法22条3項）、これも 企業会計と似ています。ただし、益金の額の場合と同じように、企業会計上の 原価・費用・損失に該当しても、法人税法上の損金の額に算入しない特別の定 めもあります。例えば、法人が支出した役員給与、寄附金、交際費などは、企 業会計上は費用に該当するとしても、法人税法上は一定の金額までしか損金の 額に算入できません（法人税法22条3項、34条、37条等）。

(2) NFTの期末時価評価

　法人税法には、NFTについて特に定める規定はありません。他方で、法人 税法には、期末に保有している暗号資産の時価評価損益を所得計算に含めるこ とを要請する期末時価評価課税の規定など、暗号資産について特に定める規定 が存在します（法人税法61条）。NFTについてはこの期末時価評価課税の規定 の適用はありませんが、NFTと呼ばれていても暗号資産に該当しないのかど うかを慎重に検討すべきケースもあるでしょう（P.272参照）。

(3) NFTと無償取引

　NFT特有の話ではありませんが、NFT取引を行う場合に、法人税の取り扱 い上、気を付けるべきことがあります。それは、法人税における無償取引（贈

与)、低額取引（時価よりも低額な対価による取引）の取り扱いです。法人税法上の収益は、無償による資産の譲渡や役務の提供からも発生しますし、当事者同士による対価の取り決め額に関わらず、取引時の時価で算定されます。要するに、有償取引であろうと無償取引であろうと、収益の計上額は時価（適正な価額）です（法人税法22条2項、22の2第4項）。ただし、第三者との有償取引であれば、通常は、当事者同士による対価の取り決め額（契約上の対価の額）は時価をあらわしていると考えて差し支えありません。

　無償取引や低額取引に係るNFTの譲渡人が個人の場合にも、所得税法には時価で収入金額を計上することを要請する規定があります（法人に対する贈与等について、所得税法59条1項）。また、相続税法において、個人間の贈与等は贈与税の課税の対象とされています（後記5）。他方、無償取引や低額取引に係るNFT取引の当事者が法人の場合には、原則として、譲渡法人は取引時の時価で収益を計上（「実際の対価の額」と「取引時の時価と実際の対価の額との差額」の両方を収益に計上）する必要があります。この場合に、時価よりも低い対価でNFTを購入することができた譲受法人は、原則として、「実際の対価の額」と「取引時の時価との差額」の経済的利益を得たことになりますので、その差額を収益に計上することになり、NFTの取得価額もその時価で計上することになると考えます（法人税法22条2項、22の2第4項等）。

　実際には、上記の各規定のほか、様々な規定の適用を検討する必要がありますが、例えば、次のような取引を行う場合には、法人税等の取り扱いを注意深く検討しなければなりません。

・関連法人や自社の役員にNFTを無償または低額で譲渡する場合。

・インフルエンサーや一般のユーザーにNFTを無償または低額で譲渡する場合。広告宣伝・販促のために経済的価値のあるNFTをエアドロップする場合には、結局、エアドロップする側の法人には法人税の課税対象となる所得が生じない可能性があります。他方、エアドロップを受ける側の個人または法人においては課税される可能性が残ります。

・NFTクリエイターなどの個人が法人を作り、保有するNFTを含む事業または事業用資産をその法人に移転する場合（いわゆる法人成りの場合）。この場合には、時価でNFTを譲渡したものと取り扱ったり、著作権の譲渡として構成することもありうるので、個人と法人の両方の税金に注意する必要があります。

4.NFTと消費税

　NFT取引は消費税の課税の対象になりえます。消費税の納税義務者は、消費者ではなく事業者（法人と事業を行う個人）です。ただし、事業者のうち、その課税期間に係る基準期間（個人事業者は前々年、法人は原則として前々事業年度）における課税売上高が1000万円以下である者については、原則として、消費税の納税義務が免除されます（消費税法2条1項4号・14号、9条等）。

　事業者は、国内において行った課税資産の譲渡等で一定のものなどについて、消費税を納める義務があります。課税資産の譲渡等とは、資産の譲渡等（事業として対価を得て行われる資産の譲渡・貸し付け・役務の提供）のうち、非課税となるもの以外のものです（消費税法2条1項4号・8号・9号、4～6条等）。納税額は、課税売り上げに係る消費税額から課税仕入れに係る消費税額を控除して計算するため、売上等の取引のみならず仕入れ等の取引についても、消費税法上の課税取引なのか否かを判定する必要があります。

　NFT取引が消費税の課税取引に該当するか否か（課税資産の譲渡等や課税仕入れに該当するか否か）の判断においては、NFTに紐づけられた権利や資産、その取引の内容等が考慮されます。

　消費税法のルールは一般の方が想像しているよりもはるかに複雑ですので、ここでは深入りせずに、FAQの設例を検討します。

(2) NFTを組成して第三者に譲渡した場合（一次流通）

　NFTクリエイターなどがNFTを販売する一次流通のケースにおいて、FAQは、次のとおり、電気通信利用役務の提供に該当して消費税の課税取引になることを説明しています。

> 問　私はデジタルアート（著作物）の制作を行っている個人事業者ですが、制作したデジタルアートを紐づけたNFTをマーケットプレイスを通じて日本の消費者に有償で譲渡しました。これにより、私はNFTの譲渡を受けた日本の消費者に対して、当該デジタルアートの利用を許諾することとなります。この場合の消費税の取扱いを教えて下さい。

（答）本取引は、デジタルアートの制作者（質問者）が、事業として、対価を得て日本の消費者に対して行う著作物の利用の許諾に係る取引であり、電気通信利用役務の提供として、デジタルアートの制作者に消費税が課されます。

電気通信利用役務の提供とは、資産の譲渡等のうち、電気通信回線を介して行われる著作物の提供（その著作物の利用の許諾に係る取引を含みます）その他の電気通信回線を介して行われる役務の提供です。たとえば、インターネット等を通じて行われる電子書籍・電子新聞・音楽・映像・ソフトウェア（ゲームなどのさまざまなアプリケーションを含みます）の配信などがこれに該当します（消費税法2条1項8号の3、消費税基本通達5-8-3等）。

FAQは、NFTクリエイターなどのデジタルアートの制作者が、その制作したデジタルアートを紐づけたNFTをマーケットプレイスを通じて日本の消費者に有償で譲渡する取引（NFTの譲渡を受けた日本の消費者に対して、当該デジタルアートの利用を許諾することとなるような取引）は、その制作者が、事業として、対価を得て日本の消費者に対して行う著作物の利用の許諾に係る取引であり、電気通信利用役務の提供として、デジタルアートの制作者に消費税が課されるという見解を示しています。

これは、NFTを譲渡する側の事業者の課税関係ですが、上記のようなNFT取引の場合には、NFTの譲渡を受ける側（電気通信利用役務の提供を受ける側）である国内事業者の課税関係も重要です。通常、消費税の納税義務者は資産の譲渡や役務の提供を行った側の事業者ですが、国外事業者が電気通信利用役務を提供している場合にはその提供を受けた側の事業者が消費税の納税義務者になることもあります（リバースチャージ方式）。ただし、上記設例において電気通信利用役務の提供を受けたのは事業者以外の者（消費者）であるため、仮に国外事業者が役務を提供している場合であっても、この方式の適用はありません。次のとおり、FAQも結論として同様の見解を示しています。

本取引における取引の相手方は日本の消費者であり、取引の相手方となる者が通常事業者に限られるものとは認められませんので、デジタルアートの制作者（質問者）が国外事業者に該当する場合であっても、本取引は「事業者向け電気通信利用役務の提供」には該当せず、当該役務の提供を受けた国内事業者が申告・納税を行ういわゆる「リバースチャージ方式」の対象にはなりません（消法2①

八の四）。

(3) 購入したNFTを他者に転売した場合〔二次流通〕

　購入したNFTを他者に有償で譲渡する二次流通のケースについて、FAQは、次のとおり、消費税の課税取引になる可能性があることを説明しています。

　問　私は、マーケットプレイスを通じてデジタルアートの制作者からデジタルアート（著作物）が紐づけられたNFTを購入した後、当該マーケットプレイスを通じて当該NFTを他者に有償で譲渡しました。私は当初の当該NFTの購入により当該デジタルアートの利用許諾を受けており、その後当該NFTを他者に譲渡することにより、当該利用許諾に係る権利（利用権）を当該他者に譲渡することになります。

　なお、当該マーケットプレイスの利用規約上、当該デジタルアートに係る著作権は制作者に帰属し、著作物自体の利用の許諾は当該制作者のみが行うことができること、NFTの譲渡により著作物の利用権のみが移転することとされています。この場合の消費税の取扱いを教えて下さい。

　（答）

本取引は、デジタルアートの制作者（著作権者）から当該デジタルアートの利用の許諾を受けた者（質問者）が、当該利用の許諾に係る権利（著作権法第63条第3項の利用権）を他者に譲渡する取引であり、国内の事業者が事業として対価を得て行うものであれば、当該国内の事業者に消費税が課されます。

　FAQは、設例の取引の性質等に関して、要旨次のとおり説明しています。

- 　本取引は、質問者が著作権（出版権及び著作隣接権その他これに準ずる権利を含みます）自体を譲渡するものではなく、また、著作権の利用許諾を行うものでもないと認められること
- 　そうすると、本取引は、デジタルアート（著作物）が紐づけられたNFTの譲渡に伴い、当該デジタルアートの制作者（著作権者）から当該デジタルアートの利用の許諾を受けた者（質問者）が、当該利用の許諾に係る権利（利

用権）を他者に譲渡するものと認められること

　この説明では、「デジタルアート（著作物）が紐づけられたNFTの譲渡」と「当該利用の許諾に係る権利（利用権）の譲渡」が結びつけられています。このことを考慮すると、FAQは、NFTに紐づけられた権利や資産に着目して、消費税の課税関係を判断しているようです。

　また、消費税は国内で行われた資産の譲渡等に課税されるため、課税対象であるか否かを判断する際に、資産の譲渡等が国内において行われたかどうかの判定（内外判定）を要します。内外判定について、FAQは、本取引が著作権等の譲渡や著作権の利用の許諾を行うものではなく、利用の許諾に係る権利という資産の譲渡であることを前提として、要旨次のとおり述べています。

- 　当該利用権の譲渡が行われる時における資産の所在場所が明らかでないことから、本取引が国内において行われたものかどうかの判定（内外判定）は、譲渡を行う者の当該譲渡に係る事務所等の所在地が国内かどうかにより行うこと（消費税法4条3項1号括弧書、同法施行令6条1項10号）
- 　したがって、本取引が、国内において（譲渡に係る事務所等が国内に所在する事業者が）事業として対価を得て行うものであれば、当該事業者に消費税が課されること

　なお、上記FAQに対しては、その結論自体には影響はないとしつつ、次のように述べる見解が示されています（大石篤史ほか「私法上の法律関係に即した課税論から国税庁『NFTに関する税務上の取扱いについて』を読み解く」NBL1242号40頁）。

- 　著作権ライセンス実務の観点からは、デジタルアートの制作者は、将来におけるNFT取得者を含めた不特定の公衆に対してNFTの現有を条件とした利用許諾を行っているとも解され（パブリックライセンス）、この場合には、私法上の権利（著作権の不行使という著作権者への不作為請求権）の譲渡もないと解しうること
- 　このように解した場合、私法上は、その保有が発行者に対して不作為を求める条件を成就するためのトリガーとして機能し、かつ、ブロックチェーン

により排他的支配性のある独立した取引客体という性質を有する無体財産
（デジタルトークン）が譲渡されたとの整理に基づき、税務上の検討を行う
ことになること

5.NFTと相続税・贈与税

　相続税や贈与税は、基本的には、相続、遺贈または贈与により、他の個人か
ら財産を取得した場合に、その取得した個人に対して、取得した財産の価額（原
則として、取得の時における時価）をベースとして課されます（相続税法1条
の3等）。

　したがって、問題となるNFTについて、相続等による取得時点で、NFTに
経済的価値があり、相続等により他の個人に移転することが可能なものである
場合には、相続等によりそのNFTを他の個人から取得した個人に対して、相
続税や贈与税が課されることになります。

　FAQは、次のとおり、NFTを贈与または相続により取得した場合には、贈
与税や相続税の課税対象になりうると回答しています。

　問　NFTを贈与又は相続により取得した場合の贈与税又は相続税の取扱いを教
えてください。

　（答）個人から経済的価値のあるNFTを贈与又は相続若しくは遺贈により取得
した場合には、その内容や性質、取引実態等を勘案し、その価額を個別に評価し
た上で、贈与税又は相続税が課されます。

　【解説】
○　相続税法上、個人が、金銭に見積もることができる経済的価値のある財産を
贈与又は相続若しくは遺贈により取得した場合には、贈与税又は相続税の課税対
象となることとされています。
○　この場合のNFTの評価方法については、評価通達に定めがないことから、
評価通達5（（評価方法の定めのない財産の評価））の定めに基づき、評価通達に
定める評価方法に準じて評価することとなります。
○　例えば、評価通達135（（書画骨とう品の評価））に準じ、その内容や性質、

取引実態等を勘案し、売買実例価額、精通者意見価格等を参酌して評価します。

（注）課税時期における市場取引価格が存在するNFTについては、当該市場取引価格により評価して差し支えありません。

このように、被相続人がNFTを保有している場合には、そもそもそれが相続の対象になりうるのか、その時価はいくらであるのかを検討する必要があります。

6.今後の展望

FAQは、主に、デジタルのアートやイラストに関係するNFTの税金の取扱いを解説していますが、今後は、このようなNFTに限らず、実物資産に関係するNFT、何らかの地位や権利に紐づくNFT、ブロックチェーンゲームで利用されるNFTなど様々なNFTの税金の取扱いを検討しなければならない機会が増えてくるでしょう。

例えば、将来的に特定の実物資産と引き換えできるNFTを販売するケースを考えてみても、税金の取扱いについて、次のとおり、個別の状況に応じて検討すべき点は様々なものになるでしょう。

- 販売時にその実物資産が特定されているか。特定されている場合には「NFTの販売＝実物資産の販売」と捉えるべきか
- 引換時期があらかじめ決まっていなかったり、一定の条件を満たさないと引き換えできなかったりする場合にはどのように取り扱うべきか
- 販売時点では引き換えできる実物資産が特定されていないものの、実物資産以外に何らかのサービスや特典を受けることができるのであれば、そのNFTの購入代金は何らかの地位や個々の権利を付与することに対する対価であると考えるべきか
- 将来にわたってサービスを提供する場合には、売り手はどのように収益を計上すべきか、買い手はどのように資産や費用を計上すべきか
- それぞれのNFTの時価はどのように考えるべきか

まとめ

　いずれの税目についても、NFTに紐づけられた（NFTが表象する）権利や資産が存在するか、それはどのようなものであるかが、NFTに関する課税関係を判断する際の重要な考慮要素になると考えます。この点は、そもそも個々の利用規約、合意内容等に応じて種々のパターンが考えられます。よって、NFTの税金を検討する際には、FAQや本書の記載を参考にしつつ、個々の事例に即して課税関係を考察する必要があります。

　また、NFTの時価の算定も問題となるでしょう。NFTの価値がどこにあるのかという点についてはさまざまな議論がありますが、基本的には、その時価は、NFTに紐づけられた権利や資産の時価、NFTのマーケットプレイス等での提示価格・実際に販売された価格（特に、直近の取引価格）、フロアプライス（コレクション中の最低価格）、同じ制作者の類似のNFTの提示価格・実際に販売された価格に基づいて、算定されることになるのではないかと考えます。そのNFTの実際の販売状況、二次流通の状況、原価、購入価格やその後の販売価格、あるとすれば精通者意見価格も参考になります。ただし、販売実績のない者が作成したNFT、コミュニティへの参加権・投票権などが付着している複合的性質を有するNFT、長時間買い手が付かないNFTなど、NFTの時価評価の問題は山積みです。

NFTの未来

Chapter 4

Section 1 ▶ Section 5

1

NFTの未来

4章　はじめに

NFTとweb3のビジョン、
進化と可能性について

終章のテーマは「NFTの未来」。発展途上にありながらも、急速に動いているweb3業界。今後、NFTとweb3はどのようなビジネスが展開し、どのように進化していくべきなのか。可能性はあるのか。大局的見地から語れる識者の4名に編著者である天羽健介が迫る。

Author

Animoca Brands Japan副社長COO
天羽健介　　　　　　　　　　　　　　　　　　　Amo Kensuke

2018年コインチェック株式会社入社。暗号資産の新規取り扱い、業界団体などとの渉外を統括。2020年より執行役員として日本の暗号資産交換業者初のNFTマーケットプレイスや日本初のIEOなどの新規事業を創出。日本暗号資産ビジネス協会にてNFT部会長に就任し、NFTガイドラインの策定を行う。2021年コインチェックテクノロジーズ代表取締役、2022年6月にコインチェックの常務執行役員に就任。web3領域の事業責任者としてNFT事業をリード。2024年2月アニモカブランズ株式会社の副社長COOに就任。

歴史は繰り返している

　終章となる本章のテーマは「NFTの未来」です。NFTやweb3という新たなテクノロジーが今後どう進化していくのか、どのような可能性を秘めているかは、読者の皆様にとってもっとも関心のあるテーマではないかと思います。今回は豪華有識者に私がインタビューを行い、さまざまな話をうかがいました。4名それぞれの貴重でユニークな見解をお伝えしていきたいと思います。

　インタビューを終えた後に全体を通して思い浮かんだキーワードは「既視感」。実績と経験がある有識者の方々がそれぞれのターニングポイントにおいて、「今のweb3はあの時のあの感じと似ている」という感覚をもっていました。過去において潮目が変わる予兆から、実際に変わった瞬間を見届けてきた方々の言葉は事業を進めるうえでの予測材料になり、3カ月先が読めないweb3業

界で終わりのない霧の中を進み、時に心が折れるような感覚にさえなる事業者の方々にとっては踏ん張りにつながりますし、勇気づけられる言葉だと思います。進化しながらも歴史は繰り返していくのです。

　セクション2はgumi創業者としても知られる國光宏尚さん。現在はSocialfi事業の「FiNANCiE」とGamefi事業の「Mint Town」に注力している國光さんに、ここ数年の振り返りと今後の見立て、そしてweb3の重要キーワードのひとつでもあるコミュニティについて語っていただきました。國光さんは実際にweb3サービスを見て触った感覚をもっているので、とてもリアリティのあるお話でした。NFTの使われ方の変化やそれを踏まえたweb3事業の構築方法はとても参考になり、まさに業界の道しるべ、先行指標といえます。

　セクション3はインターネット黎明期以前よりテクノロジーにおけるすべてのシーンに立ち会ってきたデジタルガレージ共同創業者で千葉工業大学学長の伊藤穰一さん。そんなテクノロジーの生き字引的存在のJoiさんが現在のweb3マーケットをどのように見ているのか――NFT、ブロックチェーン、AIなどさまざまな先端テクノロジーが合流した社会やコミュニティにおける未来像は必読です。そして我々ホモサピエンスがテクノロジーとどう向き合うべきかという解説は至極明快で本質的です。

　そして、セクション4は松本大さん。世界の市場を舞台に活躍し成功を収めるもその立場を捨て、伝統的な金融と新しいテクノロジーであるインターネットを融合させて事業を興した日本を代表する起業家です。金融業界にインターネットが入ってきた当時のエピソードを振り返りながら、今のweb3業界に共通している点、資本主義をハックしてきた松本さんだからこそ見えるお金の本質、そしてなによりも今のweb3業界のように混沌とした状況で事業をする上での心構えについてのお話は勇気づけられます。

　そして最後のセクション5は香港に本社を構えるAnimoca Brands（アニモカブランズ）会長のヤット・シュウさん。web3の世界的リーディングカンパニーのトップに、NFTの本質的な価値やデジタル所有権について聞きました。web3業界という、世界全体で荒れ狂う激流のど真ん中を駆け抜けているヤットさんだからこそ見えるビジョンを疑似体験してみてください。

　今後、紆余曲折はありながらもNFTの可能性は広がっていくことでしょう。未来は明るく、私はインターネット以来の「革命」であると考えています。皆さん1人ひとりが描く「NFTの未来」の解像度が少しでも高くなれば幸いです。

2 | NFTの未来

web3コミュニティで進化する
NFTの新たな役割

gumi創業者として知られる國光宏尚は、多数のインフルエンサーが参加するweb3時代のトークンプラットフォーム「FiNANCiE（フィナンシェ）」に注力している。web3とNFTの活用、そしてコミュニティでなにが起こっているのか。web3の最前線について解説する。

Author

株式会社FiNANCiE／株式会社MintTown 代表取締役CEO
國光宏尚　Kunimitsu Hironao

株式会社Thirdverse 代表取締役CEO／ファウンダー、株式会社フィナンシェ 代表取締役CEO／ファウンダー。1974年生まれ。米国Santa Monica College卒業後、2004年5月株式会社アットムービーに入社。同年に取締役に就任し、映画・テレビドラマのプロデュース及び新規事業の立ち上げを担当する。2007年6月、株式会社gumiを設立し、代表取締役社長に就任。2021年7月に同社を退任。2021年8月よりThirdverse、フィナンシェ代表取締役CEO。

web3に訪れるトリクルダウンとマスアダプション

　web3の全体的なマーケットは2022年11月に起きたFTXショック（世界最大規模の仮想通貨取引所であるFTXが破綻した事件）などでビットコインの価格が下落した時代を経て、いよいよルールや規制が定まってきたと感じています。西部の開拓劇みたいに「何でもありのワイルド・ワイルド・ウエスト状態の成長」から、「しっかりしたルールの下での成長」というフェーズに入っているのです。

　そこには2つの観点があると思っていて、ひとつはビットコインからトリクルダウン（富裕者の経済活動が活発化することで低所得者にも富が浸透すること）が起こるかどうか。もうひとつはweb3自体のマスアダプションをどのようなかたちで進めるか、です。

ひとつ目のトリクルダウンは確実に起こると思っています。理由は、今までずっと起こってきたからですね。現状ビットコインが全体の仮想通貨に占める時価総額の割合は50〜60％で、Ethereum（イーサリアム）が20％くらいです。Bitcoin（ビットコイン）の価格さえ上がっていれば、クリプト業界のほとんどの人は儲かっているといえます。まず、Bitcoinが儲かるので価格が上がり、ここで生まれた含み益がより高い利潤を求めて小さいトークンに流れていく。この1〜2年でBitcoinよりパフォーマンスで勝っているものはほとんどないんですね。少なくとも2024年の末くらいまではBitcoinのターンが続くかなと思っています。ただ、Bitcoinがここからもう一段階価格を上げてくると、さらなるアップサイドは限定的と皆が思いはじめるでしょう。そこから、いよいよトリクルダウンが起こってくると思います。なので、NFTのターンは、Bitcoinのターンが終わって、Ethereumのターンが終わって、主要オルトコインのターンが終わってからですね。NFTのターンになるまではしばらく時間がかかるでしょうが、必ず訪れると思っています。

　2つ目はマスアダプションです。web3の大きな話題といえば、ETF（上場投資信託）が認められたり、投資的な話題が中心です。しかし、一般のユーザーがスマホを使うように使用するアプリケーションやプロダクトはまだ出てきていません。現状web3関連でユーザーに一番使われているのはDeFi（分散型金融）でしょう。ただ、DeFiは一般の人には難しいのではないかと感じています。インフラ部分はかなり整ってきたので、一般のユーザーが使えるキラーユースケースやキラーアプリケーションが出てくる必要があります。「キラー」がなにかというと、PC・スマホ時代にもっともユーザー数が多かったのはゲームとSNSなんです。ダウンロードランキングをみれば一目瞭然でしょう。web3のマスアダプションのためには、ゲームとSNSの大ヒットが不可欠なのです。

　web3でしかできないことのひとつは、すべてのサービスがFinTech化することが挙げられます。情報のやり取りと同じかたちで、価値がやり取りできるようになる。DeFiがまさにそうで、「ゲーム×ファイナンス」のGameFi、「ソーシャルネットワーク×ファイナンス」のSocialFiもそうですね。更にもうちょっと時間はかかると思いますが、今まで中央集権的型だったものがディセントラライズド（分散）化されていくことでしょう。

コミュニティにインセンティブ革命が起こる

　これからはNFT単独でなにかをするという時代ではなくなってきたと思っています。DID（分型型ID）やSBT（ソウルバウンドトークン）といった分散型のID、NFT、独自で発行する仮想通貨、オフチェーンポイントなどをうまく活用していくのが重要だと思います。なぜweb3プロジェクトにこういったものが必要なのかというと、やはり一番重要なのはコミュニティだからです。コミュニティを強くするために、用途に応じたかたちで活用するのが重要なのです。

　ぼくが経営しているFiNANCiEは、インフルエンサーたちが自分のトークンを発行して資金を調達するのはもちろん、コミュニティを拡大したり、エンゲージを高めたり、トークンをインセンティブにしてコミュニティメンバーにアクションを促したりしています。インセンティブがあることで、コミュニティはより強固になるかというと、間違いなくあると思っています。これまでのWeb2時代もインフルエンサー・推し活といったコミュニティは拡大していきました。ただし、プラットフォームやツールはクラウドファウンディング型・サブスク型・投げ銭型・広告型と色々とありましたが、それらすべて応援したファンにメリットはありませんでした。

　たとえば伝統的な会社とスタートアップの大きな違いにストックオプションが挙げられます。今までの会社は給与をもらっていただけで、どんなにがんばって会社が伸びても給料分しかもらえません。しかし、スタートアップの場合は株をもらってるから、がんばった結果、上場をすると個人にもすごいリターンが出ます。だから、従業員が自分ごとになってがむしゃらになる。これと同じことがコミュニティにもいえるのではないでしょうか。

　いま、コミュニティにはインセンティブ革命みたいなことが起こると思っています。コミュニティメンバーにトークンやNFTでインセンティブをわたすことでエンゲージが高まる。応援したプロジェクトが有名になれば、そのトークンやNFTの価格が上がり、二次流通で売買することもできるため応援するメリットも出てくるのではないでしょうか。たとえば、今までの推し活系のプロジェクトは、好きな人＝ファンしか買わなかったんです。これは現実の社会のNPOと株式会社の違いに近いと思っていて、これまでの推し活はいうなればNPOと同じ。共感するとか、好きな人だけが支持するような形態です。対

して株式会社の目的は異なります。ぼくはもともと上場したgumiという会社を経営していました。一部ぼくのことが好きだからという理由で株を購入してくださっていた方もゼロではないと思いますが、90％以上は儲かると思うから株を買っていました。これはソニーでもトヨタでもアップルでも全部一緒だと思うんです。NPOと株式会社市場を比べると、圧倒的に株式市場のほうが大きい。だから好きな人しか応援しなかったNPO的な推し活を、トークンとかNFTをからめてプロジェクト自体に可能性を感じさせる株式市場のようなかたちにできるのではないかと思っています。皆さんがNISAをはじめるときでも最初は「どこの会社が伸びて儲かるのかな」ということがきっかけで、調べていくうちにビジョンに共感して、結果長期保有の株主になることがありますよね。同じように「このアイドルやアーティストはもっと人気が出る！」など、好きな人以外の投資家的な感じで支援する人も巻き込んでいけるのです。そうすることでこの市場はさらに成長していくのではないでしょうか。推し活的な「本当に応援したい気持ち」と「金銭的なインセンティブ」は対立概念ではなく、両立することでよりコミュニティが強固になっていくと思うのです。

NFT活用のポイントは「使い分け」

　NFT（ノンファンジブルトークン）とFT（ファンジブルトークン＝仮想通貨）の役割は明確に異なると思っています。NFTはそれ自体が唯一無二のものなので会員権的な使われ方、ポケモンカードみたいな形態でコレクション用途に広がっていくでしょう。PFP（Picture For Profile、いわゆるプロフィール画像）のように、そのコミュニティのなかでのアイデンティティの象徴みたいな役割は、NFTでしかできないことだと思います。逆にいえばNFTの欠点はその長所ゆえに流動性がないことです。NFTは限定品だから価値があるため、1万個限定を販売してそのなかで皆が売買するかたちをとります。それと比べるとFTは発行枚数が多いため、いつでも流動性が生まれるメリットがあります。現在、世の中ではNFTとミームトークン（インターネット上のネタなどから生まれたトークン）の組み合わせが話題になっています。流動性だったりファンを増やしたりする部分はミームトークンやミームコインで行い、コミュニティのエンゲージはNFTで行うといった使い分けが重要になってきているのではないかと思います。

また、当初のNFTは会員権的な役割でコミュニティメンバーの証しといった使い方がほとんどでしたが、この使い方も最近進化してきています。そのコミュニティのなかでの自分のロールだったり、貢献度に応じて違う種類のNFTを付与されたりしているのが特徴でしょう。初期の盛り上げに貢献した人にはジェネシスNFT（初期会員向けの限定NFT）がもらえたり、コミュニティを盛り上げた人にその証明となるNFTがもらえたり、ウォレットに資産がたくさんある人にはお金持ちの証しNFTがもらえたり、ゲームをたくさんプレイしてくれた人にはその証明NFTがもらえたり……という感じで、そのコミュニティが盛り上がっていくためのアクションに合わせてNFTが配られるようなかたちになってきています。

　このようにそのコミュニティでの貢献に応じてNFTが付与されるケースは増えていますが、報酬というかたちでNFTを使うケースは逆に減ってきていると思います。TGE（取引所に上場）するタイミングでNFT保有者に独自仮想通貨をエアドロップ（無料配布）していくといったイメージですね。

　FiNANCiEでも多くのNFTプロジェクトを展開しているのですが、NFTはやはり希少性が重要です。発行枚数は増やしにくいので、そうなるとFiNANCiEで発行するトークンはたくさん発行できるので、コミュニティを広げるときにはこちらが有用だと考えています。なので、NFTは希少性、汎用性はトークンと、うまく使い分けするのが今後成功させていく上ではすごく重要になってくるのではないかと思います。

NFTは応用の時代へ

　2021年ごろのNFTブームと現在のもっとも異なる点は、NFTが得意なこと、FTが得意なことがクリアになってきたことではないでしょうか。また、最終的にはコミュニティをいかに盛り上げていくかが重要だと明確になったのではないかと思います。

　もともとFiNANCiEが成長したのは「クラウドファンディング2.0」ですが、これは「こういうことをやりたい！」という時に、クラウドファウンディングのように商品をつけて資金を調達するもので、そこにおまけでトークンがついてくるんです。このトークンは二次流通マーケットで売買できて、需給に応じて価格が上がったり下がったりします。今までのクラファンだったらただ応援

して終わりだったものが、FiNANCiEはおまけでトークンがついてくるので、支援したプロジェクトの人気が出てくると得するかもしれないのです。

　ここがスタートだったんですが、今、FiNANCiEでもさまざまなおもしろい取り組みをはじめています。たとえば、イケハヤさんのCNG（CryptoNinja Games）ではトークンを活用して資金を調達するだけではなく、トークンを活用してコミュニティを拡大したりエンゲージを高めたり、コミュニティメンバーのアクションをうながす試みをしています。クラファンのような資金調達軸ではなく、トークンコミュニティが軸となる形態が出てきたと感じています。また、「令和の虎」で知られる林尚弘社長とは、FCトークンというものを発行しています。彼はフランチャイズビジネスがとても得意なので、集まったトークンを使って、彼が目利きしたいろんなフランチャイズのところに加盟していく。その後、林社長やコミュニティメンバーの力を使って、このフランチャイズを伸ばしていくという試みです。将来的にここで出た収益がトークン価格の下支えになっていくイメージですね。web3領域ではRWA（リアルワールドアセット）というリアルな世界をバックにしたトークンが注目されているんですけど、ぼくはここから出てくるリアルビジネスアセットに注目しています。要するにリアルなビジネスの収益をベースにしたかたちのトークンですね。
　FiNANCiE自体の機能は変わってないけど、活用方法は増えてきていてとてもおもしろいと感じています。なので、これからの時代により重要になっていくのは、テクノロジーとしてはNFTもFTもある程度見えてきたので、これらを自分のやるプロジェクトやビジネスに合わせてどのようなかたちで応用していくかということです。つまりアイデアが重要になってくるでしょう。そういうなかでさまざまな使い方、最初に述べたキラーユースケースやキラーアプリケーションが出てきて、いよいよマスアダプションに近づいていくのだろうと感じています。

3

NFTの未来

web3の黎明期を経て、
分散型ネットワーク社会へ

インターネット黎明期以前よりテクノロジーにおけるシーンをすべて見てきた伊藤穣一は、現在のweb3マーケットをどのように見ているのか。NFT、ブロックチェーン、AIなどの社会における活用、そして分散型となるコミュニティにおける未来像について解説する。

Author

撮影：森清

株式会社デジタルガレージ 共同創業者 取締役　学校法人千葉工業大学 学長
Neurodiversity School in Tokyo共同創立者

伊藤穣一　　　　　　　　　　　　　　　　　　　　　　Ito Joichi

デジタルアーキテクト、ベンチャーキャピタリスト、起業家、作家、学者。教育、民主主義とガバナンス、学問と科学のシステムの再設計などさまざまな課題解決に向けて活動中。米マサチューセッツ工科大学（MIT）メディアラボ所長、ソニー、ニューヨークタイムズ取締役などを歴任。株式会社デジタルガレージ取締役。デジタル庁デジタル社会構想会議構成員。2023年7月より千葉工業大学学長。Neurodiversity School in Tokyo共同創立者。

web3マーケットとNFTの現状

　私は『デジタル・キャッシュ：eコマース時代の新・貨幣論 』（ダイヤモンド社）という本を、当時日銀に務めていた中村隆夫くんと1996年に書いていて、その頃から新たなデジタル通貨の登場で世の中が変わるだろうと考えていました。解像度は違っているけれど、ディセントラライゼーション（分権化）やガバナンスなど、90年代に見ていた夢は現在の暗号通貨のビジョンと近いと思っています。昨今インフラやテクノロジーのレイヤーはそれほど騒がれてはいませんが、ブロックチェーンの稼働率・安定性・スピードは淡々と進化しています。今までは想像できなかったさまざまなスペックのものがどんどん現れ、使える場面も増えてきているのです。つまり、これまで理想はあっても本格的なコンシューマービジネスに搭載できなかったものが、だんだん対応できるように

なってきた。インターネットも初期はとても遅くて、高くて、安定性が悪かったので使わないほうが楽でした。ブロックチェーンも同様で、これまではアートやギャンブルなどユースケースは限られていました。安定するにしたがって裾野が広がってきている印象ですね。

　インターネットもAOLなどが出てきた時に、一般のコンシューマーが参入して、かなり文化が変わりました。AOL以前のインターネットは、大学生などが非中央集権型で手掛ける小さなプログラムがたくさんあったのです。それが次第に統合されるなかで、最初の理想的なガバナンスの部分は消え、コーポレート色が強まっていきました。黎明期のワクワク感はなくなりましたが、一般化されたことで今は行政も当たり前のようにインターネットを使っていますよね。当時インターネット黎明期の支持者たちが戦っていた相手である電話会社が中心になったのと同じで、今後web3らしさは薄まっていく可能性がある。しかしその反面、一般化することでこの1年以内にさまざまな大企業がコアサービスをweb3とつなげていくと思っています。淡々とインフラが普及し、コンシューマーユースになっていくでしょう。

　実際、NFTのユースケースはどんどん広がっており、ノンファンジビリティ（代替不可性）、スマートコントラクト（ブロックチェーンを使った自動執行プログラム）などの特性を考えると、アートはじりじりと伸びていくでしょう。また、スピードが速くなって価格が安くなると、ゲームの機能により組み込まれていくのかもしれません。ノンファンジブルかつ動かせるスマートコントラクトとして考えると、プログラムとしてNFTがゲームアイテムになったり、最終的に銀行とつながったり、なんでもできるようになります。インフラのパフォーマンスが上がればさまざまなかたちに応用することができるようになり、ユースケースはどんどん広がっていくのです。また、デジタルアイデンティティも重要です。アイデンティティは基本的にノンファンジブルなものです。私が学長を務める千葉工業大学では、学習歴証明書をNFTにしています。SBT（ソウルバウンドトークン）のような交換する用途ではないNFTの利用はすごく増えていくと思います。

未来の分散型ネットワーク社会とは

　次ページの図1は「会計と社会の歴史と未来」を時代に沿って整理したもの

図1 会計と社会の歴史と未来

	中央集権型都市国家	マーケットと民主主義	安定性・成長性のある分散型ネットワーク
社会の種類			
インターフェース	聖職者	会計士 & 弁護士	LLMs
解釈	宗教	法律・金融	シンボリック確率的プログラム
記録管理	元帳	複式簿記	ブロックチェーン & スマートコントラクト
基本的な道具	粘土板	紙 & インク	デジタル

です。一番右の「安定性・成長性のある分散型ネットワーク」の時代はブロックチェーンが記録管理するプレイヤーです。現時点（図中央）では法律や会計という言語がプログラムで構造化されていますが、LLMs（大規模言語モデル）の登場で私たちが日常で使う自然言語へと変換され、この上に分散型のマーケットができてくると考えています。ブロックチェーンはきちんと記録するレイヤーで、その上にプログラムが走り、そのプログラムとのインターフェイスがLLMsやAIになっていく。ブロックチェーンだけでは解析やコントロールが難しいので新しいプログラミングが必要です。とても複雑なプログラムなので、そのインターフェイスがLLMsやAIになると思います。そういうかたちで、中央集権のシステム（図左）、マーケット経済（図中央）からもっと分散型のシステム（図右）に移行していくでしょう。

　昔の法律は「この約束事を破ると罰が当たる」など、宗教とsuperstition（迷信）に基づくものがほとんどなんですよね。16世紀には会計の帳簿にも、数字を書いて最後に「アーメン」と書いていたそうです。つまり、神様に誓う行為が現代の公証役場のような役割を担っていました。マーケットと民主主義の時代には、神様（宗教）を解釈する聖職者の代わりとして会計士や弁護士が現れ、神様の代わりに国（法律・金融）が登場します。今後は、社会構造や権力がもっと分散していくのではないかと思います。

　現在、会社でも株主・顧客・投資家との約束事も手を動かして契約書を書き、いまだに紙というケースさえあります。それがだんだんブロックチェーンとスマートコントラクトでオートメーション化され、記録がデジタル化され、契約の執行もデジタル上で完結するようになっていくでしょう。約束事を私たちが

思っているようなかたちに具現化するのがLLMsやAIです。自動執行されるようになると、もっと透明性が高くてコントロール可能なシステムができるでしょう。それが一般社会に組み込まれると、もっと分散型なマーケットのようなものができてくると思います。

　これが理想的な姿だと私は考えていますが、中央集権型の国家だったり、皆のプレファレンス（相対的な判断や選別、好意）がネガティブだったりすると、当然変なシステムが生まれる可能性もあります。そのため、人間がどの方向を向いているかによって良い社会か、悪い社会かは決まると思うので、今後（図右）はテクノロジーをきちんと使いこなさなければいけません。私たちが今、なにをつくりたいのかがキーだと思います。

テクノロジーとコミュニティ

　これまでは、技術が大好きなギークたちがコミュニティやマーケットで積極的にブロックチェーンを使ってきました。しかし、一般の人はわかりやすいテクノロジーにならないと使うことはないでしょう。本来インパクトを与えるべきところにはまだ到達できていない、ということです。ブロックチェーンがもっと使いやすくなれば、私は必ず普及するはずだと思っています。90年代前半は、CD1枚分の楽曲をダウンロードするのに1日かかっていましたが、現在ではストリーミングでリアルタイムに再生できるようになりました。同じように、ブロックチェーンがタイムラグもなくシームレスに動くようになれば、そのインパクトは絶大です。電子決済は誰でも扱えるぐらい簡単になってきたから、さまざまなお店で使えるようになりました。使いやすさとビジネスや消費者のニーズがマッチすると、テクノロジーはすぐに普及するでしょう。

　NFTというテクノロジーについていえば、メンバーシップや価値の交換などの機能は、コミュニティにとってとても重要なものです。意思の表明やメンバーの参加を記録する機能や、組織の透明性を測る解析ツールなどが登場すれば、よりNFTの役割は明確になるでしょう。たとえば、DAO（分散型自律組織）のようなコミュニティを例にすると、「この組織では何パーセントのメンバーがガバナンスに参加しているのか」「どのぐらい権力が集中しているのか」「温厚なコミュニティなのかどうか」「どういうポリティクス（政治）なのか」など、コミュニティの状態が手に取るようにわかるようになるでしょう。そう変わっ

ていけば、「自分のポリティクスが合うところにだけお金がいくようにしてほしい」「自分のポリティクスに合うところの商品しか買いたくない」など、プログラマブルな自分のプレファレンスを出して、参加する前にいろんなコミュニティを比較検討できます。

このように、コミュニティのアカウンティング（企業会計）レイヤーにおける透明性が高くなっていくと、自分の投資や購買のプレファレンスをきちんとプログラムできるようになります。しかも、そうしたプログラムはインターフェイスがLLMsやAIになることで、自分のメールやSNSなどの履歴からポリティクスを判断し、「モノや組織とかかわる際に、基本的に合わない人かどうかちゃんと教えてほしい」「この政治家が今までどのようなことをやってきて、どういうところとつながっていて、これから何をしようとしているのかを知りたい」といったことも教えてくれるようになってくるでしょう。必ずそういう世界になるかどうかはわかりませんが、実現可能性は高いと思っています。

企業でも同じです。たとえばある会社の会計を見ると、倒産する確率や、円高になったらどうなるのか、リスクがどのぐらいあるのか、どの予算がどういうファクターで上がっているかなどの分析は可能です。また、「女性が一番出世してない部署はどこで、一番出世している部署と一番異なるフィールドはなにか」「それに影響している人はだれか」など、人事情報やアカウント情報などのデータを入力することで、LLMsやAIのインターフェイスを通じて自然言語で質問できるようになります。データサイエンティストなどの専門家しか理解できない領域に、自然言語で聞いて答えが出てくるモデルができると、きっと自分のエージェント（代理）がマネージメントできるような状況になっていくでしょう。ブロックチェーンやDAOは、そういったデータがしっかりと見えるので透明性が高いことが1つの文化になっているのです。今はかなり複雑ですが、LLMsやAIの普及で一般の人たちも自然言語でインタラクション（相互作用）できるようになるのではないでしょうか。私たちも想像してなかった使い方が、これから多く出てくるはずです。

その次の世界の価値とは

では、AIにできないことは何でしょうか。AIはシンボリックなデータを解析してモデルをつくることはできますが、人間のようにリアルワールド（現実

世界）を体験することはできません。かつて哲学者の西田幾多郎先生が指摘した「絶対経験」というものがあり、人間は「木」だと思える前に「木」というものを体験しているわけです。「今日は暑いよね」など、体験によってプレファレンスが出てくるのです。「こういう人が好き」「これはアンフェアだ」「環境問題は大事だね」といったものは皆、感覚的に感じています。人間がディスカッションして、社会のプライオリティが決まっていきます。本来はそのプライオリティに基づいて、国や経済や企業が動いていくものですが、現在のところそれらは必ずしも私たちの長期的なプレファレンスに一致してはいません。人間には、「腹減った」「ビール飲みたい」などの短期的なプレファレンスもありますが、「死ぬまでにはやっぱり家族大事にしたいよね」などのロングターム（長期）で目指すべき大きいゴールもあります。しかしながら、現在の資本主義は短期のプレファレンスばかりを重視します。マーケットやメディアがこの長期的なニーズに目を背け、短期で欲望に忠実なある意味で汚いところばかりを最適化していることは大きな問題です。

　人間がいろんな新しいエクスペリエンス（体験）をして、1人ひとりがプレファレンスに自分たちの視点を盛り込むことが大切です。人類がみんなで体験しながら、世の中の方向性を議論しながら決め、その方向性に基づいてAIや機械がどんどん最適化していくのがあるべき姿でしょう。AIや機械は、最適化はできるけど価値観を持っていないので、人間以外がプレファレンスを決めてはダメなんです。たとえば、ある会社が数年前にデータに基づいて人事のAIをつくったことがあります。すると「絶対に女性を雇うな」という結果が出てしまいました。なぜかといえば、AIや機械は過去のデータを見ているからです。過去のデータでは、その会社でほとんどの女性が出世をしていませんでした。未来は、人間がつくるものです。

　私たちはさまざまな体験をして、その体験のもとにプレファレンスを持ち、世の中の倫理やゴールにおける優先順位を考えます。NFT、ブロックチェーン、AIなどのテクノロジーは、それらを社会に適用するために使いこなす。これが今後の世界のあるべき姿なのではないでしょうか。

4

NFTの未来

デリバティブに通じる
web3の可能性

世界のマーケットを舞台に活躍してきたマネックスグループ会長の松本大。グループのマネックスクリプトバンクではweb3関連事業への参入を検討する企業に幅広いソリューションを提供している。これまで見てきた金融といまのweb3の現状を比較し、その展望を解説する。

Author

マネックスグループ会長
松本 大　　　　　　　　　　　　　Matsumoto Oki

マネックスグループ株式会社取締役会議長兼代表執行役会長。1963年埼玉県生まれ。1987年東京大学法学部卒業、ソロモン・ブラザーズ・アジア証券入社。1990年ゴールドマン・サックス証券に転じ、1994年史上最年少の30歳で同社のゼネラル・パートナーに就任。アジアにおけるトレーディング、リスク・マネジメントの責任者となる。1999年ソニーとの共同出資でマネックス（現マネックス証券）を設立。25年間、社長・CEOとしてマネックスを牽引し続け、2023年6月より現職。

デリバティブ黎明期と似たweb3の現状

私は1987年に社会人になったのですが、当時はデリバティブ（先物取引・スワップ取引・オプション取引）は日本にまだありませんでした。アメリカでその数年前にはじまり一気に大きくなっていったのですが、デリバティブは未知の世界でした。現物資産とデリバティブで会計方法が異なるためヘッジにならなかったりと、いろんな混乱があったことを覚えています。また、数学のノーベル賞といわれるフィールズ賞を取るような人たちがたくさんウォールストリートにやってきました。おそらく当時地球上で一番多くのコンピューティングパワーを使っていたのは、ウォールストリートだったと思います。圧倒的な数学的理論と当時の強烈なコンピューティング――といっても今のiPhone1台ぐらいのものですが、世界で一番のコンピューターが使われていました。さ

まざまな弁護士たちが「これは賭博、いや賭博じゃない」などの議論をして、学者やトレーダーがたくさんやってきました。トレーダーのなかには、インベスターと呼ばれるまともに使い方を考える人たちと、今でいうハッカーみたいな良いとこどりをしようとする悪いけど頭の良い人がいたり……投機家、資本家、会計士、弁護士、数学者、コンピューターサイエンティスト、経済学者、金融機関、政府がごちゃ混ぜでした。今でこそ使い方の問題だと認知されていますが、当時はまだ先物悪玉論があり、5年間ぐらい世界一の学者たちが集まり議論をしていたりしました。この経験から、今のNFTやweb3界隈はデリバティブの黎明期ととてもよく似ていると思っています。良いものなのか悪いものなのか、本当に必要なものなのか、会計や税金はどうなるのかが議論されていますね。

また、デリバティブの世界は一時期数学的にもっともすぐれているフィールズ賞を取るような天才的数学者を抱えているプレーヤーが勝ちました。しかし、数年したらコンピューティングパワーが上がり、難しい数式を解けなくてもシミュレーションをかけてコンピューターを使えば答えが出るようになりました。数学者の特権だったものが、だれでもコンピューターがあればできる時代に変化していきました。そして、インフラ、ユースケース、エコシステムといったところに勝負する場所が変わっていったのです。理論ではなくテクノロジーになり、テクノロジーではなくユースケースとかになっていく変化がデリバティブの黎明期で起きたのです。このような混沌とした状況は現在のNFTやweb3界隈に起きていることと非常によく似ていると感じています。限られた人が持っている理論や技術で勝っていたものは、大勢の人が使えるようになるにつれて衰退していくものだと思うのです。

デリバティブの場合、早い段階から大きい金融機関や大きい存在が、その潜在的利用価値を認めました。世界初のスワップ取引はIBMと世銀（ワールドバンク）との間で行われました。まだ会計や税とかさまざまな諸条件が整わない時代に行ったのです。しかし当時、デリバティブは大きな存在が試しに使っていて、そういう取り組みがweb3界隈でもっとあってもいいのではと思っています。ただし、そもそもブロックチェーンやweb3というものは市井のもので、人々のものみたいなところもあり、コーポレートが主役ではないのかもしれません。

ブロックチェーンで社会は変わるのか

　デリバティブは金融取引の派生なので、ある意味すごくマーケットは限られています。対してブロックチェーンは社会の基盤を変えたインターネットの上に違うレイヤーを引くものです。ブロックチェーン・NFT・web3はデリバティブよりずっと可能性は広いと思っています。たとえばスワップ取引は聖地めぐりを主にする人にはあまり関係ないでしょう。しかし、NFTは聖地めぐりする人全員が使えるものを考えられる可能性もあるのです。

　また、web3の実装が進むと社会は自由主義になっていくのか、全体主義になっていくのかという問題はあると思います。究極のフリクションレス（摩擦や抵抗がない）な世界は、全体主義的な同質化が起こる可能性だってあると思います。つまり、差がつかなくなるということです。それが人間という動物にとってはたしていいことなのか、それが良い結果につながるかどうかはわかりません。ある種の格差のなかでのみ欲望や突破力は育まれるもので、そこで何か新しいものが生まれると考えることもできます。中央集権的なかたちで何かを管理するのはコストが高いようで、意外と効率的な面もあります。現代の問題をweb3的な開放によって解決できるかというと、それはまだわかりません。一気にユートピアに行くよりも、現代の社会システムを使いながら、部分部分で「これはおかしいでしょう？」というところを変えていくのが適しているのかもしれません。

　アメリカの保険でおもしろい試みがありました。アメリカはインチキな保険申請が多く、極端な話だと自分で金槌を使って足を叩いて事故に遭ったと主張して多額の保険金を受け取るケースなどもあるのです。そうなると、保険金が払われることが多くなり、結果として保険料も高くなります。そこである人がこれをブロックチェーンを使い、保険の申請があったときに申請者のまわりの人を複数のバリデーター（取引を承認する人）にする仕組みを考えました。本当にその人が事故に遭ったかを確認できるためインチキが減り、保険料が安くできる。バリデーターにもトークンによるインセンティブが与えられる。社会的にもプラスになるブロックチェーンの仕組みをうまく使った例といえるでしょう。しかし、保険料の支払い自体を全部DAOでやるかというと別の問題が生じます。入院してすぐにお金が必要になるが、手続きに3カ月かかってしまうという問題があるわけです。そうなると、既存の保険会社でスピーディー

に払ってくれるほうが便利です。なので、保険会社という中央の仕組みがありながらも一部をブロックチェーンで置き換えるなど、ハイブリッドで今の仕組みとweb3のアプローチを組み合わせることでより良い社会にできると思います。このようなところからweb3の浸透ははじまるのではないかと思っています。

　お金はあくまでも交換価値、つまりユーティリティです。日本で働いて貯めたお金だろうが、アメリカで働いて貯めたものだろうが、交換すれば違う国でも使える同じものです。これは、それまでにした努力や成功や運などの結果と、ある程度見合うものを手にすることができ、とても便利でフェアな仕組みです。電気がないと生きていけないけど、電気を触ってもしびれるだけです。お金も同じです。お金があるといろいろなことができるけれど、通帳などの数字を見ても（それで興奮する人もいるかもしれませんが）なにも起こりません。お金は使ったときにサティスファクション（満足）を得られるものです。あくまでも交換価値であり、交換した時にサティスファクションがあり、そこまでを企業としての領域にできると考えています。

　私自身はあまり難しいことを考えずに、20歳すぎてたまたま資本市場という川に流れ着いて、45歳ぐらいまではひたすらに資本市場の上流をめざしていました。振り返れば美談のように聞こえるかもしれませんが、実際の現場はきれいなものではありません。とにかく誰よりも速く走り、誰も行かない道を走るようなこともやりながら登っていきました。今、60歳になりますが、山登りをすることで見えた景色もあります。山は登るまで何も見えません。がんばって登り切ったその先には尾根が広がっている。なので今、web3に参入している人たちは苦しい時も信じて登り切り明るい未来に到達してほしいと願っています。

5

世界的web3企業が考える
デジタル所有権の未来

香港を拠点とするAnimoca Brands（アニモカ・ブランズ）は、ブロックチェーン、NFT等、web3業界における世界的なリーディングカンパニー。2015年の創業で、2021年に評価額10億ドル以上を達成、ユニコーン企業となった。創業者のヤット・シュウ会長がweb3の本質に迫り、未来を語る。

Author

Animoca Brands共同創業者

ヤット・シュウ（蕭逸）　　　　　　　　　　　　Yat Siu

Animoca Brands（アニモカ・ブランズ）の共同創設者兼会長、Outblaze（アウトブレイズ）の創設者兼CEO。香港を拠点とするテクノロジー起業家／投資家。1990年にAtariGermanyでキャリアを開始し、1995年に香港に移りアジア初の無料Webページ・電子メールプロバイダーであるHongKong Cyber city / Freenationを設立。その後も香港のIT業界を牽引し、アジアを代表する経営者として数々の賞を受賞。

NFTは死んでいない

　NFT市場は明らかに2、3年前よりも小さくなっていますが、いまは「短いリセット期間」「web3の回復期」だととらえるべきでしょう。ビットコイン相場も今は2022〜23年に比べて回復していますが、しばらくは冬が続きました。市場の回復には少し時間がかかるものです。

　世の中には「NFTは死んだ」などと発言する人もいますが、そんなことは絶対にありません。そう主張する人はごく狭い範囲の値動きにしか注目していない、ただの傍観者なので無視してかまいません。そしてweb3のトークン・エコシステムが、以前よりもずっと複雑になっていることを見過ごすべきではありません。そして、エコシステム全体を見れば、NFTはいまでも最高レベルの資産だと言えます。

初期のNFTは、「値上がりするかもしれない」という期待感から、大きく買われました。しかし、エコシステムが多様化するにしたがって、人々がNFTに求める価値は変化しています。現時点でNFTの真価に気づいているのは一部に限られますが、その数は増えていっています。今後数年間でNFTの存在感はこれまでにないほど大きくなるでしょう。

　それでは「NFTの価値」とは、いったい何なのでしょうか。
　たとえば、高級バッグの代名詞であるバーキンの持つ価値の99％は、「バーキンという製品を愛し、そこに価値を見いだす人たちのコミュニティに支えられた仮想的なネットワーク・エフェクト」から生じています。
　もちろん高級ブランド品には実用性もありますが、時間を知るためだけにロレックスを買ったり、荷物を運ぶためだけにバーキンを買ったりする人はいませんよね。製品にまつわるストーリーや文化に共感する気持ち、自分自身もそこに価値を見出す人たちのコミュニティの一員でありたいという欲求。そうしたものがあるからこそ、人は高価なブランド品を所有したいと願うのです。
　マーケティング文脈でよく言及されるマズローの欲求5段階説によると、人間の欲求は下位から上位へと「生理的欲求」「安全欲求」「社会的欲求」「承認欲求」「自己実現欲求」と5段階になっています。人間の意識は下位の欲求が満たされるにしたがって、次の欲求へと移っていきます。人間が生きていくうえで、衣食住や安全性の確保が最重要なのは間違いありません。しかし、一度それらが満たされれば、人間関係を深めたい、他人から良く思われたい、理想の自分になりたい……といった欲求が次々と生まれてきます。
　そうした欲求を満たすのが、高級ブランドの商品たちです。経済的な成功の象徴、ステータスシンボルとなり、それを持っていれば、周囲の人たちに敬意を払ってもらえたり、愛好家コミュニティに溶け込めたりする。社会的欲求や承認欲求も満たされるし、自己実現にもつながる。そうした欲求を満たすために、人はブランド品を買い求めるのです。
　高級ブランド品である時計や車、カバン、宝石などがステータスとして成立する大前提としてあるのが、「希少性」や「所有の概念」です。そして、デジタル社会にそうした概念を持ち込むツールがNFTなのです。BAYCやAzukiのような高価なNFTシリーズは発行総数が限られているうえ、一つひとつのNFTごとに個性があるため希少性が高い。それを「所有する」ということには、

特別な意味合いが生じます。

　またNFTによっては、特定のコミュニティへの「パスポート」としての役割を担っていることもあります。たとえば限定Discordチャンネルや、定期的に開催されるリアルイベントに参加するために、NFTを購入する人もいます。

　NFTの役割は、デジタル・コンテンツを高級ブランドとして活用させることには、とどまりません。

　たとえば、自動車をめぐるエコシステムを思い浮かべてください。そこにはUberなどのサービスはもちろん、ガソリンスタンド、スペアパーツの供給業者、修理店、カスタマイズ製品、自動車整備士、その他数えきれないほどの自動車関連ビジネスが存在しています。いわば自動車をめぐる「プラットフォーム」ができているわけですが、その大前提にあるのが「大勢の人が自動車を所有していること」です。

　NFTの登場により、デジタル・コンテンツについても、多様なエコシステム・プラットフォームをつくり上げるための前提条件が整いました。

　デジタル・コンテンツのプラットフォーム化を、わかりやすく実現した事例がBAYCです。このNFTシリーズには、保有者がBAYCブランドを活用してさまざまなビジネスを展開するための「Made by Apes」という仕組みがあります。この仕組みを通じて、これまでに飲食店や飲料ブランド、ゲームなどさまざまな商品・サービスが誕生しました。つまり、自動車と同じように「BAYCというコンテンツ」をめぐるプラットフォームが構築され、そこに多数の関連ビジネスが存在するという図式になっているのです。

　web3がすぐれているのは、そういった諸々の活動によってネットワーク全体に生じる利益を、幅広い関係者で公平に分け合う仕組みが構築しやすいことです。利益を得られるのはクリエイターや投資家、開発者だけにとどまりません。NFTの所有者も「ステークホルダー」となってエコシステムに貢献し、それに応じた利益を得ることができるのです。

NFTが表現できる、さまざまな「価値」

　また、NFTによってデジタル上で表現できる価値は、必ずしもお金に換算できるものにも限られません。直接お金には換算しにくい「資本」を分類・整

理したのが、フランスの社会学者ピエール・ブルデューです。彼はそれを「文化資本（Cultural Capital）」「社会関係資本（Social Capital）」「象徴資本（Symbolic Capital）」の3つに分けました。文化資本は教養、知識、資格などを、社会関係資本は人脈やネットワークなどを、象徴資本は社会的な認知・評価が生みだす価値を意味しています。

　実例を挙げると、たとえば博士号や受賞歴は、文化資本や象徴資本として機能します。オリンピックの金メダルを持っていれば、アスリートとしての高い競技能力（文化資本）や名声（象徴資本）の証明になるでしょう。

　そうした取引にはなじまない価値も、NFTに「譲渡不可能」という条件を付けることによって、デジタル上で表現できるようになりました。譲渡不可能なNFTは、SBT（ソウルバウンドトークン）とも呼ばれていてDID（分散型ID）として活用が期待されています。たとえば、大学の卒業証書やスポーツ大会での入賞結果なども、譲渡不可能なNFTの形式になっていれば、活用がしやすくなります。

「信頼」や「実績」のようなものは、客観的に見えにくく評価が難しいものでした。それに、いくらコミュニティ内で信頼を築いてもその外で、同様の評価をしてもらえるとは限りません。私自身も日本の地方で住宅を買おうとしたところ、「よく知らない人には売りたくない」という理由で、売ってもらえなかった経験があります。交流のない人から信頼してもらうのは、それぐらい難しいものかもしれません。

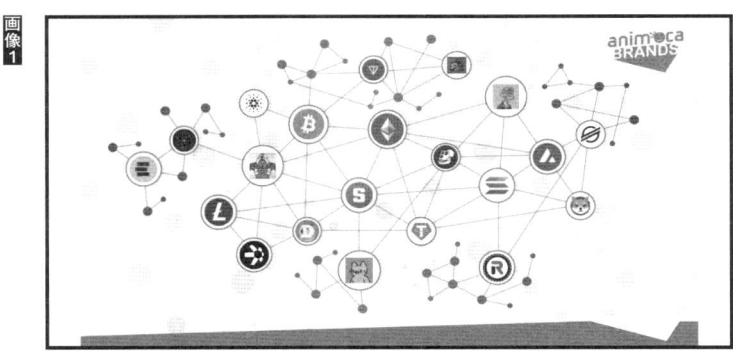

web3の分散型ネットワークはさまざまなサービスを横断して、同じNFTを利用することができるようになる

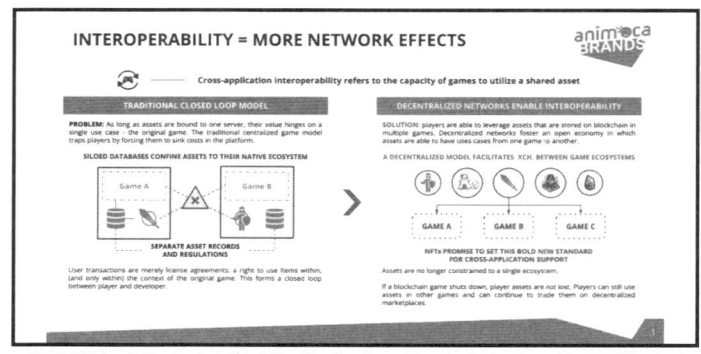

web3は共創ネットワーク。さまざまなサービスやコミュニティがつながってユーザーは回遊していく

　デジタル社会ではソーシャルメディアによって、そういった価値の一部が可視化され、より活用しやすくなりました。しかし、Web2社会においては、そうした価値が特定のプラットフォームに依存するかたちで構築されてしまっています。たとえばインスタグラムで築き上げたフォロワーや信頼関係をそのまま、X（旧Twitter）など別のソーシャルメディアに持って行くことはできません。サービスが終了すればすべてリセット。新しいプラットフォームで発言をするときには「何の信用もない無名の人」になってしまいます。

　しかし、もしデジタル社会での活動実績がNFT化され、自己管理できるようなものになっていたらどうでしょうか。デジタル・コミュニティへの貢献や、成し遂げた実績がNFT化されていれば、それを自在に持ち運んで客観的に示せるようになります。

これからの「デジタル所有権」のかたち

　もうひとつ、Web2の大きな問題点は、エンドユーザーが生み出したコンテンツから生じる利益を、プラットフォーム企業が独占してきたことです。

　ソーシャルメディアが生み出す利益の源泉は、エンドユーザーの投稿です。しかし、エンドユーザーがどれだけ積極的に活動し、プラットフォームの発展に貢献しても、見返りがほとんどなかった。さまざまな仕組みがブラックボックス化されていて、ユーザーは自ら発信する情報の「真の価値」を知らされることもありません。さらに悪いことには、コンテンツの生み出す「ネットワー

ク効果」も、特定のプラットフォーム上に限定される形となってしまっています。

　この状況を変えることができる技術がweb3・NFTです。NFTを使うことで、1人ひとりがプラットフォームとなり、自作コンテンツが生み出すネットワーク・エフェクトを活用できるようになります。さらには、関与したすべての人が貢献に応じた利益を得ることもできるようになります。

　Animoca Brandsは、誰もが真のデジタル所有権を保持し、活用できるようにするためのプラットフォームをつくり上げようとしています。そこには、NFT化された仮想アイテムの所有権にとどまらず、これまでは見過ごされがちだった「ユーザーがプラットフォーム上で時間を費やすことによって生み出された価値」の所有権も含まれています。

　そして「Mocaverse」は、まさにそうした未来を実現するためのプラットフォームです。Mocaverseの仕組みはこれまでにないユニークなものですが、ひとまずはweb3界のSteam（ゲーム配信プラットフォーム）のような存在をイメージしてもらえればいいかもしれません。

　Mocaverseの特徴の一つが、譲渡不能なNFTとして機能するMoca ID（.Moca）が、それぞれのユーザーに割り振られることです。ユーザーはMocaverseと結びついたありとあらゆるサービス・プラットフォームを横断利用できます。

　そこでの活動を通じて、エンドユーザーたちはさまざまなNFTを獲得し、自らの評判を築き上げていくことができます。そうした評判はさまざまな活用が可能です。たとえば「製品開発に貢献した」という実績をNFTで示すことができたら、転職活動を有利に進められるかもしれません。推し活の場面で「あの歴史的瞬間に立ち会った」と証明できるかもしれません。

　NFTを活用することによって、1人ひとりがデジタル・コンテンツの持つ力を活用しながら、同時に強力なネットワーク効果を作り出していくことが可能になります。たとえ利用していたサービスが終了しても、NFTそのものが消えてなくなることはありません。

　1人ひとりの人間が「単なる1ユーザー」ではなく、それぞれ個性を持った人間として、正当に扱われる社会を切り開く。NFTはその原動力となっているのです。

【 あとがき 】

「Society 5.0」
——バズワードとしてのNFTから
社会インフラへ

　わが国は2016年以来、狩猟社会、農耕社会、工業社会、情報社会に続く5番目の社会構造を「サイバー空間とフィジカル空間を高度に融合させたシステムにより、経済発展と社会的課題の解決を両立する人間中心の社会」と見定め、これを「Society 5.0」と称してきました。2023年には欧州連合（EU）も、AI、IoT、ブロックチェーン、仮想世界やXR等を駆使して実現される、物理環境とデジタル環境がシームレスに融合する新たなウェブの在り方を「Web 4.0」と称し、その実現に向けたイニシアチブを公表しています。

　このような「物理」と「デジタル」の融合という視点は、昨今の生成AIの爆発的な発展・普及によりさらに注目され、今や世界的なトレンドとなりつつあります。その重要なパーツの一つとして位置付けられるのがweb3のインフラたるブロックチェーンであり、そこで発行・流通するトークンは、人・物・情報・価値を結びつけるための重要な存在となります。web3によって実現されるのは「デジタル経済圏」にとどまらないということです。折しも、法定通貨に対応するステーブルコイン、実物資産に対応するRWAトークンなど、ブロックチェーンによる取引インフラと現実世界とを結びつける動きが加速しており、まさにその延長戦上に「Society 5.0」の世界観があると言ってよいでしょう。

　NFTは、前著『NFTの教科書』が発刊された2021年頃のバズワードとして

の扱い（一過性のブーム）から転じ、社会インフラの重要な構成要素として、その価値を見直されつつあります。NFTは手段であって、それ自体が目的ではありません。その意味では、「NFT」という言葉を一般のメディアで目にしなくなってからが本番、すなわちweb3がマスアダプションを迎えた状態といえるかもしれません。

　そのとき社会をリードするのは、新たな社会構造の仕組みやルールを知るプレイヤーたちでしょう。本書が来るべき新時代への備えとなり、やがて新たな社会を切り拓く一助となれば幸いです。

2024年10月
増田雅史

編著者　**天羽健介**（あもう・けんすけ）

Animoca Brands Japan（アニモカブランズ株式会社）副社長COO。2007年株式会社リクルート入社。複数の新規事業開発を経験後、2018年コインチェック株式会社入社。主に新規事業開発や暗号資産の新規取り扱い、業界団体等との渉外を担当する部門を統括。2020年より執行役員として日本の暗号資産交換業者初のNFTマーケットプレイスや日本初のIEOなどの新規事業を創出。2021年コインチェックテクノロジーズ代表取締役、2022年6月にコインチェックの常務執行役員に就任。web3領域の事業責任者としてNFT事業、メタバース事業などをリード。同社とAnimoca Brandsが2020年に締結したパートナーシップのもと、『The Sandbox』や『Otherside』などの日本展開にも携わる。現在は渋谷区のスタートアップ・エコシステム、web3プロジェクト『OASIS』、株式会社LIFULLのアドバイザーを務める。

増田雅史（ますだ・まさふみ）

弁護士・ニューヨーク州弁護士（森・濱田松本法律事務所）、一橋大学大学院法学研究科特任教授。スタンフォード大学ロースクール卒。理系から転じて弁護士となり、IT全般の法務に広く精通。金融庁にて常勤の専門官としてブロックチェーン関連の法改正を担当。AI・web3・メタバース分野では官公庁をはじめ多くの会議体に関与。日本オンラインゲーム協会（JOGA）アドバイザー、ブロックチェーン推進協会（BCCC）アドバイザー、日本暗号資産ビジネス協会（JCBA）NFT部会法律顧問・ブロックチェーンゲーム部会顧問、自由民主党web3PTワーキンググループ構成員として、数々の政策提言や自主規制策定に参画。『ゼロからわかる 生成AI法律入門』（朝日新聞出版）、『いまさら聞けないWeb3、NFT、メタバースについて増田雅史先生に聞いてみた』(Gakken)、『マンガでわかる！NFTビジネス』（宝島社）、『新アプリ法務ハンドブック』（日本加除出版）など著書多数。

新NFTの教科書
web3時代のビジネスモデルと法律・会計・税務

2024年11月30日　第1刷発行

編　著	天羽健介	
	増田雅史	
装　丁	天池聖（drnco.）	
印刷所	株式会社加藤文明社	

発行者	宇都宮健太朗
発行所	朝日新聞出版
	〒104-8011 東京都中央区築地5-3-2
電　話	03-5541-8832（編集）
	03-5540-7793（販売）

定価はカバーに表示してあります。本書掲載の文章・図版の無断複製・転載を禁じます。落丁・乱丁の場合は弊社業務部（☎03-5540-7800）へご連絡ください。送料弊社負担にてお取り換えいたします。